KB145183

쿠버네티스 시작하기 3/e

Korean edition copyright © 2023 by acORN Publishing Co. All rights reserved.

Authorized Korean translation of the English edition of
Kubernetes: Up and Running, 3E ISBN 9781098110208
© 2022 Brendan Burns, Joe Beda, Kelsey Hightower, and Lachlan Evenson.

This translation is published and sold by permission of O'Reilly Media, Inc.,
which owns or controls all rights to publish and sell the same.

이 책은 O'Reilly Media, Inc.와 에이콘출판(주)가 정식 계약하여 번역한 책이므로
이 책의 일부나 전체 내용을 무단으로 복사, 복제, 전재하는 것은 저작권법에 저촉됩니다.

쿠버네티스 시작하기 3/e

이준 옮김 브렌던 번스 · 조 베다 · 켈시 하이타워 · 라클런 이븐슨 지음

i!i
에이콘

에이콘출판의 기틀을 마련하신 故 정완재 선생님 (1935-2004)

옮긴이 소개

이준

경희대학교 컴퓨터공학과를 졸업하고 동 대학원에서 네트워크 분야 석사 학위를 받았다. 졸업 후 네트워크 장비 개발업체에서 소프트웨어 개발자로 근무하며 경력을 쌓았다. 이후 자동차 회사에서 커넥티드카 서비스를 위한 클라우드 인프라 및 플랫폼 기획/개발/운영 업무를 담당했으며, 현재 통신회사에서 SRE 업무를 담당하고 있다. 다양한 유형의 클라우드 환경에서 컨테이너를 효율적으로 관리하기 위한 쿠버네티스 및 이를 안정적으로 운영하기 위한 모니터링 기술에 관심이 있으며, 이러한 관심사를 반영해 번역한 책으로는 『개발자를 위한 쿠버네티스』(에이콘, 2019), 『쿠버네티스 시작하기 2/e』(에이콘, 2020), 『헬름 배우기』(에이콘, 2021) 등이 있다.

옮긴이의 말

클라우드 컴퓨팅 분야의 발전과 함께 최근 많은 기업이 온프레미스 자원을 클라우드로 전환해 IT 인프라 환경을 베어메탈에서 가상머신으로 전환했다. 그 결과 인프라 자원을 공유함으로써 좀 더 효율적으로 사용하고 비용을 절감할 수 있었다. 이러한 장점에도 높은 오버헤드, 보안 취약점, 낮은 성능 등 여러 단점이 부각됐다. 가상머신의 한계를 느끼게 된 사용자들은 좀 더 안전하고 경량화된 도커/컨테이너 기술에 관심을 갖게 됐으며, 최근 많은 기업이 애플리케이션의 개발과 배포 환경을 가상머신에서 격리 기반의 도커/컨테이너로 변경하고 있다.

이처럼 기업 내에서 도커/컨테이너 전환이 점점 더 가속화 되고 관리해야 하는 컨테이너의 수가 많아지면서 컨테이너 오케스트레이션Container Orchestration 기술의 필요성이 대두됐다. 컨테이너 오케스트레이션이란 컨테이너의 배포, 관리, 확장, 네트워킹 등을 자동화하는 기술을 의미한다.

초기에는 컨테이너 오케스트레이션을 위한 여러 관리 도구가 등장했지만 오늘날에는 쿠버네티스가 사실상의 업계 표준으로 자리매김했다. 쿠버네티스는 구글에서 개발해 오픈소스로 공개한 관리 시스템이며, 수백 또는 수천 개의 컨테이너를 관리하는 구글의 기술과 경험이 집약돼 있다. 따라서 대규모 환경에서 도커/컨테이너를 효율적으로 관리할 수 있는 쿠버네티스에 대한 체계적인 이해와 학습이 필요한 시점이다.

이 책은 세 번째 개정을 통해 최근에 개념이 추가된 쿠버네티스 보안, 서비스 메시 등을 포함해 쿠버네티스 학습에 필요한 필수 요소를 예제와 함께 다루고 있으며, 실제 운영 환경에 정책을 정의하고 컨테이너화된 애플리케이션을 배포하는 것은 물론 보안을 강화하며 관리할 수 있는 방법까지도 설명한다.

이 책이 클라우드 환경에 쿠버네티스 도입을 꿈꾸는 모든 담당자에게 큰 도움이 되길 바란다.

지은이 소개

브렌던 번스 ^{Brendan Burns}

짧은 기간 동안 소프트에이 닙입 징릭을 싸은 후 인간처럼 움직이는 로봇 팔에 대한 운동 계획을 연구해 로보틱스 분야에서 박사 학위를 취득했다. 그 후 잠시 동안 컴퓨터과학 교수로 활동했다. 결국 시애틀로 돌아와 구글에 합류해 저지연 색인을 사용한 웹 검색 인프라에 대한 업무를 담당했다. 구글에 있는 동안 조 베다, 크레이크 맥룩키^{Craig McLuckie}와 함께 쿠버네티스 프로젝트를 탄생시켰다. 현재 마이크로소프트 애저^{Microsoft Azure}의 엔지니어링 임원으로 재직 중이다.

조 베다 ^{Joe Beda}

마이크로소프트에서 인터넷 익스플로러 관련 업무를 담당하며 경력을 시작했다. 마이크로소프트에서 7년, 구글에서 10년간 GUI 프레임워크, 실시간 음성 및 채팅, 전화, 광고용 머신러닝, 클라우드 컴퓨팅 분야에서 경력을 쌓았다. 가장 주목할 만한 업적은 구글 재직 시 브렌던, 크레이그 맥룩키와 함께 구글 컴퓨트 엔진^{Google Compute Engine}을 처음 시작해 쿠버네티스를 만든 것이다. 또한 크레이그와 함께 설립한 스타트업 기업인 헵티오^{Heptio}가 VM웨어^{VMWare}에 인수됐으며, 현재 VM웨어의 수석 엔지니어로 재직 중이다.

8

켈시 하이타워^{Kelsey Hightower}

구글의 클라우드 플랫폼을 담당하는 구글의 수석 디벨로퍼 애드보킷^{principal developer advocate}이다. 구글의 쿠버네티스 엔진, 클라우드 펑션^{Cloud Functions}, 애피지^{apigee}의 API 게이트웨이 등을 포함한 구글 클라우드의 수많은 제품을 개발 및 개선하는 데 도움을 줬다. 또한 대부분의 시간을 글로벌 <포춘지> 선정 1000대 경영진 및 개발자와 함께 보내며, 이들이 구글의 기술과 플랫폼을 제대로 이해하고 활용해 비즈니스를 성장시키는 데 도움을 줬다. 클라우드 친화적인 애플리케이션을 구축하고 제공하는 데 있어 소프트웨어 개발자와 운영 전문가를 도울 수 있는 프로젝트를 유지 관리하는 데 크게 기여한 오픈소스 컨트리뷰터다. 뛰어난 저자 겸 기조연설자로, 쿠버네티스 커뮤니티의 활동을 도운 공로로 CNCF Top 앰버서더 상^{CNCF Top Ambassador Award}을 수상했다. 멘토이자 기술 고문으로 창업자가 자신의 비전을 현실로 바꿀 수 있게 도와주고 있다.

라클런 이븐슨^{Lachlan Evenson}

애저 오픈소스 팀의 수석 프로그램 매니저다. 쿠버네티스 커뮤니티의 매우 활동적인 회원이며 운영 위원회와 릴리스 리더로 활동 중이다. 수많은 클라우드 네이티브 프로젝트에 대한 깊은 운영 지식을 보유하고 있으며, 클라우드 네이티브 에코시스템에서 오픈소스 프로젝트를 구축하고 기여하는 데 많은 시간을 보내왔다.

감사의 말

이 책을 발간하는 데 도움을 주신 편집자 버지니아 윌슨^{Virginia Wilson}과 사라 그레이^{Sarah Grey} 그리고 O'Reilly의 위대한 동료들은 물론 이 책을 개선하는 데 큰 도움을 준 기술 리뷰어들을 포함한 모든 사람에게 감사의 말을 전한다.

마지막으로 3판에서 발견되고 수정된 오류를 보고하고자 많은 시간을 할애해 준 1판 및 2판 독자들 모두에게 감사드린다.

차례

1장 쿠버네티스 소개

8장   인그레스를 통한 HTTP 로드밸런싱   163

들어가며

쿠버네티스는 프로세스를 재기동하고자 새벽 3시에 잠에서 깨는 모든 시스템 관리자에게 감사의 말을 전한다. 모든 개발자는 자신의 개발 환경에서 잘 실행되던 코드가 실제 운영 환경에서는 제대로 실행되지 않는 경험을 해봤을 것이다. 시스템 아키텍트는 아직 업데이트되지 않은 호스트 이름으로 인해 운영 환경의 서버에 잘못된 부하 테스트를 지시한 경험도 있을 것이다. 쿠버네티스 개발에 영감을 준 것은 이러한 고통스러운 시간과 끔찍한 오류였다. 한마디로 요약하면 쿠버네티스는 분산 시스템의 구축, 배포 및 유지 관리를 근본적으로 단순화하려는 노력의 산물이다. 쿠버네티스는 신뢰할 수 있는 시스템을 구축하려는 수십 년 동안의 실제 경험에서 영감을 얻었으며, 이러한 작업을 수행할 때 행복감까지는 아니더라도 적어도 즐거운 경험을 할 수 있도록 처음부터 설계됐다. 여러분이 이 책의 내용을 즐기길 바란다.

이 책의 대상 독자

분산 시스템을 처음 접하든, 아니면 수년간 클라우드 네이티브 시스템을 배포한 경험이 있는 사용자든 관계없이 컨테이너와 쿠버네티스는 새로운 수준의 속도, 민첩성, 신뢰성, 효율성을 달성하는 데 도움이 될 수 있다. 이 책은 쿠버네티스 클러스터 오케스트레이터, 도구와 API를 사용해 분산 애플리케이션의 개발, 배포, 보안, 유지 관리를 개선하는 방법을 설명한다. 쿠버네티스에 대한 사전 경험이 없는 상태에서 이 책을 최대한 활용하려면 서버 기반 애플리케이션에 대한 빌드와 배포 지식을 갖추고 있어야 한다. 또한 로드밸런서와 네트워크 스토리지 같은 개념에 익숙하다면 내용을 이해하는 데 도움이 된다. 마찬가지로 리눅스, 리눅스 컨테이너, 도커에 대한 경험 역시 필수는 아니지만 경험이 있다면 이 책을 최대한 활용하는 데 있어 큰 도움이 될 것이다.

이 책의 집필 목적

필자는 초창기부터 쿠버네티스에 관여했다. 호기심 차원에서 실험적으로 사용하던 기술이 머신러닝에서 온라인 서비스에 이르기까지 다양한 분야의 대규모 운영 환경 애플리케이션을 지원하는 핵심 인프라로 전환되는 것은 주목할 만한 일이다. 이러한 전환 과정을 보면서 쿠버네티스 핵심 개념의 사용 방법과 이 개념의 개발 동기를 포함하고 있는 책은 클라우드 네이티브 애플리케이션 개발에 지대한 공헌을 할 것이란 믿음으로 이 책을 집필했다. 이 책을 통해 쿠버네티스를 기반으로 안정적이고 확장 가능한 애플리케이션을 빌드하는 방법을 학습하고, 분산 시스템의 핵심 과제 개발에 대한 통찰력을 얻을 수 있기를 바란다.

업데이트된 내용

쿠버네티스 생태계는 이 책의 1판과 2판 이후로 계속 성장하고 발전해왔다. 쿠버네티스 자체적으로 많은 릴리스가 있었으며, 쿠버네티스를 유용하게 사용할 수 있는 수많은 도구와 패턴이 사실상 표준으로 자리 잡았다. 3판에서는 보안, 프로그래밍 언어에서 쿠버네티스 접근, 멀티클러스터 애플리케이션 배포를 포함해 쿠버네티스 생태계에서 관심이 높아진 주제를 추가하는 데 초점을 맞췄다. 또한 1판과 2판 이후 쿠버네티스의 변화와 진화를 반영하고자 기존의 모든 장을 업데이트했다. 쿠버네티스가 계속 발전함에 따라 이 책을 몇 년 안에 다시 개정하게 되리라 기대한다.

오늘날의 클라우드 네이티브 애플리케이션

최초의 프로그래밍 언어부터 객체지향 프로그래밍, 가상화, 클라우드 인프라 개발에 이르기까지 컴퓨터 과학의 역사는 복잡한 부분은 숨기고 좀 더 정교한 애플리케이션의 개발을 수행할 수 있는 추상화^{abstraction}를 발전시켜온 역사라 할 수 있다. 그럼에도 안정적이고 확장 가능한 애플리케이션 개발은 예상보다 훨씬 더 어렵다. 최근 쿠버네티스 같은 컨테이너 및 컨테이너 오케스트레이션 API는 안정적이고 확장 가능한 분산 시스템 개발을 근본적으로 단순화하는 중요한 추상화로 입증됐다. 컨테이너와 오케스트레이터는 여전히 발전 단계에 있지만 개발자는 이미 몇 년 전부터 컨테이너와 오케스트레이터를 통해 속도, 민첩성, 안정성을 갖춘 애플리케이션을 구축하고 배포할 수 있다.

이 책의 구성

이 책에서 다루는 내용은 다음과 같다.

1장, 쿠버네티스 소개에서는 쿠버네티스의 장점을 상위 수준 개념으로 소개하며, 쿠버네티스를 처음 접하는 경우 이 책의 나머지 부분을 모두 읽어야 하는 이유를 설명한다.

2장, 컨테이너 생성과 실행에서는 컨테이너 및 컨테이너화된 애플리케이션 개발 방법을 자세히 소개한다. 이전에 도커^{Docker}를 사용해본 경험이 있다면 2장이 매우 유용할 것이다. 이미 도커 전문가라면 다시 한 번 리뷰할 수 있는 기회가 될 것이다.

3장, 쿠버네티스 클러스터 배포에서는 쿠버네티스를 배포하는 방법을 설명한다. 이 책의 내용 대부분은 쿠버네티스 사용 방법에 중점을 두고 있지만 클러스터를 본격적으로 사용하기에 앞서 클러스터를 구동하고 이를 실행해야 한다. 운영 환경 구성을 위해 클러스터를 실행하는 방법은 이 책에서 다루지 않지만 3장에서 클러스터를 생성하는 쉬운 방법을 통해 쿠버네티스 사용 방법을 이해할 수 있다.

4장, 공통 kubectl 명령에서는 쿠버네티스 클러스터와 상호작용하는 데 사용되는 공통 명령을 소개한다.

5장부터는 쿠버네티스를 사용해 애플리케이션을 배포하는 방법을 자세히 살펴보는데, 파드(5장), 라벨과 애노테이션(6장), 서비스(7장), 인그레스(8장), 레플리카셋(9장)을 다룬다. 이들은 쿠버네티스에서 서비스를 배포하는 데 필요한 핵심 사항들이다. 그런 다음 완전한 애플리케이션의 생명주기와 밀접하게 관련이 있는 디플로이먼트(10장)를 살펴본다.

이후에는 쿠버네티스에서 데몬셋(11장), 잡(12장), 컨피그맵과 시크릿(13장) 같은 좀 더 쿠버네티스에 특화된 객체를 다룬다. 이 개념들은 대부분의 운영 환경 애플리케이션에 필수적이지만 쿠버네티스를 학습하는 단계에서는 일단 건너뛰고 더 많은 경험과 전문 지식을 쌓고 난 후에 살펴보는 것이 더 도움이 될 수 있다.

다음으로 역할 기반 접근 제어(14장)를 소개하고 서비스 메시(15장) 및 쿠버네티스와 스토리지 연계(16장)를 살펴본다. 쿠버네티스 확장(17장)과 프로그래밍 언어에서 쿠버네티스 접근(18장)을 살펴본다. 그런 다음 쿠버네티스에서 애플리케이션 보안(19장), 쿠버네티스 정책과 거버넌스(20장)에 초점을 맞춰 설명한다. 마지막으로 멀티클러스터에서 애플리케이션을 개발하고 배포하는 방법(21장)에 대한 몇 가지 예제와 소스 컨트롤 시스템에서 애플리케이션을 구성하는 방법(22장)을 살펴보는 것으로 마무리한다.

온라인 자원

도커는 https://docker.com에서 설치할 수 있다. 또한 도커를 처음 접하는 사용자일 경우 이 사이트에서 얻을 수 있는 관련 문서를 통해 도커에 익숙해질 수 있다.

마찬가지로 kubectl 커맨드라인 도구(https://kubernetes.io)를 설치할 수 있다. 쿠버네티스 슬랙Kubernetes Slack 채널(http://slack.kubernetes.io)에 가입하면 커뮤니티를 통해 언제든지 의견을 교환하고 질문할 수 있다.

실력이 향상되면 깃허브에 있는 오픈소스 기반의 쿠버네티스 리포지터리(https://github.com/kubernetes/kubernetes)에 참여해볼 수도 있다.

편집 규약

이 책에서는 다음과 같은 표기법을 사용한다.

고딕 글자
  본문 중에서 새로 나온 용어나 메뉴 항목 등을 표시한다.

고정폭 글자
  변수 또는 함수 이름, 데이터베이스, 데이터 유형, 환경 변수, 명령, 키워드와 같은 프로그램 요소를 참조하고자 단락 내에서뿐만 아니라 프로그램 목록에 사용한다.

고정폭 굵은 글자
  사용자가 입력해야 하는 명령을 표시한다.

이 요소는 일반적인 참고를 의미한다.

이 요소는 경고나 주의를 나타낸다.

코드 예제 사용

보충 자료(코드 예제, 연습 등)는 깃허브(https://github.com/kubernetes-up-and-running/examples)에서 다운로드할 수 있다.

에이콘출판사의 도서정보 페이지 http://www.acornpub.co.kr/book/kubernetes-up-and-running-3e에서도 다운로드할 수 있다.

기술적인 질문이 있거나 코드 예제 사용에 문제가 있는 경우 bookquestions @oreilly.com으로 이메일을 보내주길 바란다.

일반적으로 이 책과 함께 예제 코드가 제공되는 경우 프로그램 및 문서에서 사용할 수 있다. 코드의 상당 부분을 복제하지 않는 한 허가를 위해 당사에 연락할 필요가 없다. 예를 들어 이 책에 있는 여러 코드 덩어리를 사용하는 프로그램을 작성하는 데는 권한이 필요하지 않나. 오라일리 책의 예제를 판매하거나 배포하려면 허가가 필요하다. 이 책을 인용하고 예제 코드를 인용해 질문에 답하는 것은 허가가 필요하지 않다. 이 책의 상당한 양의 예제 코드를 제품 설명서에 통합하려면 허가가 필요하다.

문의

이 책에 관한 의견이나 문의는 출판사로 보내주기 바란다.

이 책의 오탈자 목록, 예제, 추가 정보는 책의 웹 페이지인 https://oreil.ly/kubernetesUR3를 참고한다. 한국어판의 정오표는 에이콘출판사의 도서정보 페이지 http://www.acornpub.co.kr/book/kubernetes-up-and-running-3e에서 확인할 수 있다.

이 책의 기술적인 내용에 관한 의견이나 문의는 메일 주소 bookquestions@Oreilly.com으로 보내주기 바란다. 그리고 한국어판에 관해 질문이 있다면 에이콘출판사 편집 팀(editor@acornpub.co.kr)으로 연락주길 바란다.

표지 설명

표지에 등장하는 동물은 대서양낫돌고래Atlantic white-sided dolphin(학명: 라게노린쿠스 아쿠투스 Lagenorhynchus acutus)다. White-sided dolphin이라는 영문 이름에서 알 수 있듯이 측면에 밝은 반점이 있고 눈 위에서 등지느러미 아래까지 이어지는 밝은 회색 줄무늬가 있는 것이 특징이다. 대서양낫돌고래는 해양에 서식하는 돌고래 중에서 가장 큰 종 중 하나며 북대서양 전체에 서식하고 있다. 해양을 좋아하기 때문에 해안가에서는 잘 볼 수 없지만 보트에 쉽게 접근해 다양한 곡예를 선보이곤 한다.

이 돌고래들은 일반적으로 60마리의 대규모 그룹(파드pod라고도 불림)으로 발견되는 사회적 동물이지만 크기는 서식지와 먹이의 양에 따라 다르게 나타난다. 돌고래는 주로 물고기 떼를 잡고자 팀을 이뤄 일하지만 개별적으로 사냥을 하기도 한다. 이 돌고래들은 주로 수중 음파탐지기와 유사한 반향정위echolocation를 사용해 먹이를 찾는다. 이 해양 포유류의 주요 식단은 청어, 고등어, 오징어로 구성돼 있다.

평균 수명은 22 ~ 27년이다. 암컷은 2년에 한 번씩 짝짓기를 하며 임신 기간은 11개월이다. 새끼 돌고래는 일반적으로 6월이나 7월에 태어나고 18개월 후에 젖을 뗀다. 돌고래는 지능이 매우 뛰어나고 높은 뇌와 신체 비율을 갖고 있어 (수생 포유동물 중 가장 높음) 슬픔, 협력, 문제 해결과 같은 복잡한 사회적 행동을 보이고 있다.

O'Reilly 표지에 나오는 많은 동물은 멸종 위기에 처해 있으며, 모두 전 세계에 중요한 존재다.

표지는 카렌 몽고메리 Karen Montgomery의 작품으로, 브리티시 쿼드러피드 British Quadrupeds 이 흑백 판화를 바탕으로 제작했다.

## 1장

쿠버네티스 소개

쿠버네티스^{Kubernetes}는 컨테이너화된 애플리케이션을 배포하기 위한 오픈소스 오케스트레이터다. 쿠버네티스는 구글이 지난 십여 년 동안 애플리케이션 지향 API^{application-oriented API}를 통해 컨테이너 환경에서 확장성^{scalable}과 신뢰성^{reliable}을 갖춘 시스템을 배포했던 경험을 기반으로 만들어졌다.[1]

쿠버네티스는 2014년에 처음 소개된 이래 세계에서 가장 크고 인기 있는 오픈소스 중 하나로 성장했다. 쿠버네티스는 거의 모든 퍼블릭 클라우드에서 지원하고 있으며 클라우드 네이티브 애플리케이션을 구축하기 위한 표준 API로 자리매김했다. 쿠버네티스는 라즈베리 파이^{Raspberry Pi} 컴퓨터 클러스터부터 최신 기기들로 가득 찬 데이터센터에 이르기까지 모든 규모의 클라우드 네이티브 개발자에 적합하며, 분산 시스템을 위한 검증된 인프라스트럭처다. 쿠버네티스는 신뢰성과 확장성을 갖춘 분산 시스템을 성공적으로 구축하고 배포하는 데 필요한 소프트웨어를 제공한다.

여기서 '신뢰성과 확장성을 갖춘 분산 시스템'이 무엇을 뜻하는지 궁금할 것이다. 점점 더 많은 서비스가 API를 통해 네트워크로 제공된다. 이러한 API는 주로 분산 시스템^{distributed system}에 의해 제공되며, API를 구현하는 다양한 부분들은

---

1. Brendan Burns et al., "Borg, Omega, and Kubernetes: Lessons Learned from Three Container-Management Systems over a Decade," ACM Queue 14 (2016): 70–93, https://oreil.ly/ltE1B.

각기 다른 머신에서 실행되고 네트워크로 연결되며 네트워크 커뮤니케이션을 통해 액션을 조정한다. 일상생활의 모든 측면에서 이러한 API에 점점 더 의존하고 있기 때문에(예, 가장 가까운 병원으로 가는 길 찾기), 이러한 시스템은 높은 신뢰성을 보장해야 한다. 다시 말해 시스템의 한 부분이 고장 났거나 동작을 멈춘 경우에도 전체 시스템이 실패해서는 안 된다. 마찬가지로, 소프트웨어가 롤아웃^{rollout}되는 동안이나 그 밖의 유지 관리 작업 중에도 해당 시스템은 가용성^{availability}을 보장해야 한다. 마지막으로 세계가 점점 더 온라인으로 연결되면서 이러한 서비스를 이용하기 때문에 서비스를 구현하는 분산 시스템은 지속적으로 증가하는 사용량을 인지해 근본적인 재설계 없이도 시스템이 용량을 늘릴 수 있도록 높은 확장성을 갖춰야 한다. 여기서 확장성이란 애플리케이션이 최대한 효율적일 수 있게 용량을 자동으로 늘리거나 줄이는 것을 의미한다.

이 책을 접하는 시점이나 목적에 따라 컨테이너, 분산 시스템, 쿠버네티스에 대한 경험의 정도는 각기 다를 수 있다. 여러분은 퍼블릭 클라우드 인프라, 프라이빗 데이터센터 또는 하이브리드 환경 위에서 애플리케이션을 구축할 계획을 갖고 있을 것이다. 이 책은 기존 경험에 관계없이 쿠버네티스를 최대한 활용할 수 있게 안내해줄 것이다.

쿠버네티스 같은 컨테이너와 컨테이너 API를 사용하는 이유는 여러 가지가 있겠지만 결국 다음과 같은 이점 때문일 것이다.

- 개발 속도

- 확장성(소프트웨어와 팀 모두에 해당)

- 인프라 추상화

- 효율성

- 클라우드 네이티브 에코시스템

다음 절에서는 쿠버네티스가 이러한 특징을 어떻게 제공하는지 살펴본다.

속도

속도^{Velocity}는 오늘날 거의 모든 소프트웨어 개발에서 핵심 요소다. 소프트웨어 산업은 박스 포장된 CD나 DVD 제품을 배송하는 형태에서 매시간 업데이트되는 웹 기반 서비스를 통해 네트워크상으로 제공되는 소프트웨어 형태로 진화하고 있다. 이러한 변화 환경은 주로 경쟁사와의 차이점이 새로운 컴포넌트와 기능을 개발할 수 있는 속도, 즉 다른 누군가에 의해 이뤄진 혁신에 대응할 수 있는 속도라는 것을 의미한다.

하지만 여기서 말하는 속도가 단순히 글자 그대로의 속도가 아님에 유의해야 한다. 사용자는 항상 반복적인 개선을 기대하면서도 높은 신뢰성을 갖는 서비스에 좀 더 많은 관심을 갖는다. 예전에는 매일 밤 자정에 유지 보수를 위해 서비스를 중지할 수 있었다. 반면 오늘날에는 모든 사용자가 소프트웨어가 변경되는 중에도 멈춤 없이 동작하기를 바란다.

결론적으로 속도는 시간당이나 일별로 제공할 수 있는 기능의 수가 아닌 높은 가용성을 갖는 서비스를 유지하면서 제공할 수 있는 항목의 수로 측정한다.

이처럼 컨테이너와 쿠버네티스는 가용성을 보장하면서 빠르게 작업할 수 있는 도구를 제공한다. 이를 가능하게 하는 핵심 개념은 다음과 같다.

- 불변성^{immutability}
- 선언형 컨피규레이션^{declarative configuration}
- 온라인 자가 치유 시스템^{online self-healing system}
- 재사용 가능한 공유 라이브러리와 도구

이런 아이디어는 새로운 소프트웨어를 안정적으로 배포할 수 있도록 개발 속도를 근본적으로 향상시키는 것과 관련이 있다.

불변성의 가치

컨테이너와 쿠버네티스는 개발자들이 불변형 인프라^{immutable infrastructure}[2] 원칙을 준수하는 분산 시스템을 구축할 수 있게 도와준다. 불변형 인프라를 사용할 경우 시스템에 생성된 아티팩트^{artifact}[3]는 사용자의 수정에 의해 변경될 수 없다.

전통적으로 컴퓨터와 소프트웨어 시스템은 변경 가능한 인프라^{mutable infrastructure}로 취급됐다. 변경 가능한 인프라에서는 기존 시스템에 대한 증분 업데이트를 통해 변경 사항을 적용했다. 이러한 업데이트는 한 번에 이뤄지거나 장기간에 걸쳐 업데이트를 분산시킬 수 있다. apt-get update 도구를 통한 시스템 업그레이드는 변경 가능한 인프라 업데이트의 좋은 사례다. apt 명령을 실행하면 업데이트된 모든 바이너리 파일을 다운로드하고, 이를 오래된 바이너리 파일 위에 덮어쓰고 컨피규레이션 파일에 대한 증분 업데이트를 수행한다. 변경 가능한 시스템에서 인프라의 현재 상태는 단일 아티팩트로 표시되지 않고 시간이 지남에 따라 누적된 증분 업데이트와 변경 사항으로 표시된다. 많은 시스템에서 이러한 증분 업데이트는 단순한 시스템의 업그레이드뿐만 아니라 운영자의 수정으로 인해서도 발생한다.

더욱이 큰 규모의 팀에서 운영하는 시스템의 경우 이러한 변경 사항은 다른 많은 사람에 의해 발생했을 가능성이 높기 때문에 대부분의 경우 변경 사항이 그 어디에도 기록되지 않았을 가능성이 높다.

이와 대조적으로 불변형 시스템에서는 일련의 증분 업데이트와 변경 사항 대신 완전히 새로운 이미지를 빌드하고 업데이트 실행 시 단 한 번의 작업을 통해 전체 이미지를 새로운 버전의 이미지로 간단하게 교체할 수 있다. 즉, 증분 변경이 없다. 이는 전통적인 컨피규레이션 관리 방식에서 벗어난 중요한 변화다.

---

2. 변경 불가능한 인프라를 뜻하며, 서버가 한 번 배포된 이후 절대 변경되지 않는 인프라 패러다임을 의미한다. — 옮긴이
3. 시스템에서 실행 파일을 의미한다. — 옮긴이

좀 더 구체적인 이해를 돕고자 컨테이너 환경에서 소프트웨어를 업그레이드하는 두 가지 방법을 생각해보자.

1. 컨테이너에 로그인해 새로운 소프트웨어를 다운로드하는 명령을 입력한 후 기존 서버를 중지하고 새로운 서버를 시작한다.

2. 새로운 컨테이너 이미지를 빌드해 이를 컨테이너 레지스트리^{container registry}[4]로 푸시^{push}[5] 후 기존 컨테이너를 중지하고 새로운 컨테이너를 시작한다.

처음에는 두 가지 접근 방식의 차이를 크게 느끼지는 못할 것이다. 그렇다면 신뢰성을 높일 수 있는 새로운 컨테이너 이미지를 빌드하는 방법이 무엇인지 생각해볼 필요가 있다.

주요 차이점은 생성한 아티팩트와 생성 방법에 대한 기록이다. 이러한 기록을 토대로 새로운 버전에서 에러가 있는 경우 변경된 부분과 함께 해결 방법을 쉽고 명확하게 확인할 수 있다.

또한 기존 이미지를 수정하지 않고 새 이미지를 빌드할 경우 기존 이미지가 그대로 남아 있기 때문에 에러가 발생할 경우 즉시 롤백^{rollback}[6] 가능하다는 장점이 있다. 이와 대조적으로 기존 바이너리 파일에 새로운 바이너리 파일을 덮어쓸 경우 롤백은 거의 불가능해진다.

이처럼 변경 불가능한 컨테이너 이미지는 앞으로 학습할 모든 쿠버네티스 개념의 핵심이 된다. 실행 중인 컨테이너를 부득이하게 변경할 수는 있지만 이는 선택의 여지가 없는 극단적인 경우에 해당한다(예, 매우 중요한 운영 시스템을 임시로 고칠 수 있는 유일한 방법인 경우). 문제를 해결한 다음 변경된 부분은 선언형 컨피규레이션 업데이트^{declarative configuration update}를 통해 기록해야 한다.

---

4. 컨테이너 이미지 저장소를 의미한다. - 옮긴이
5. 컨테이너 이미지를 저장소에 저장하는 것을 의미한다. - 옮긴이
6. 업데이트 에러가 발생할 때 이전 상태로 되돌리는 것을 의미한다. - 옮긴이

선언형 컨피규레이션

불변성은 클러스터에서 실행되는 컨테이너를 넘어 쿠버네티스에서 애플리케이션을 기술하는 방식으로 확장할 수 있다. 쿠버네티스의 모든 구성 요소는 시스템의 원하는 상태$^{desired\ state}$를 나타내는 **선언형 컨피규레이션 객체**$^{declarative\ configuration\ object}$다. 실제 상태$^{actual\ state}$와 원하는 상태를 일치시켜주는 것이 쿠버네티스의 역할이다.

변경 가능한 인프라와 불변형 인프라의 관계와 마찬가지로 선언형 컨피규레이션은 **명령형 컨피규레이션**$^{imperative\ configuration}$과 대비된다. 즉, 명령형 컨피규레이션에서 실제 상태는 원하는 상태의 선언이 아닌 일련의 명령문 실행으로 정의된다. 명령형 명령$^{imperative\ commands}$은 동작을 정의하는 반면 선언형 컨피규레이션은 상태를 정의한다.

이러한 두 가지 접근 방식을 이해하고자 소프트웨어에서 3중 복제본$^{three\ replica}$을 생성하는 작업을 생각해보자. 명령형 접근 방식의 경우 컨피규레이션은 "A를 실행하고, B를 실행하고, 그런 다음 C를 실행하라."라고 할 것이다. 반면 이에 상응하는 선언형 컨피규레이션에서는 "복제본의 수는 3과 같다."라고 할 것이다.

선언형 컨피규레이션의 경우 실제 상태를 기술하고 있기 때문에 이를 이해하고자 실행할 필요가 없다. 또한 컨피규레이션의 영향이 구체적으로 선언된다. 선언형 컨피규레이션은 실행하기 전에 영향도를 확인할 수 있기 때문에 에러 발생 가능성이 훨씬 더 적다. 더욱이 명령형 명령으로는 불가능한 방법으로 소스 컨트롤, 코드 리뷰, 단위 테스트 같은 전통적인 소프트웨어 개발 도구를 선언형 컨피규레이션에 사용할 수 있다. 소스 컨트롤 시스템에 선언형 컨피규레이션을 저장하는 아이디어는 종종 'IAC$^{Infrastructure\ As\ Code}$'라고 불린다.

최근의 깃옵스^{GitOps}의 아이디어는 소스 컨트롤 시스템을 신뢰성 있는 원천 데이터$^{Source\ of\ Truth}$로 하는 IAC의 관행을 공식화하기 시작했다. 깃옵스를 채택하면 운영 환경에 대한 변경 사항은 전적으로 깃 리포지터리$^{Git\ Repository}$에 푸시를 통해 이뤄지며 자동화를 통해 클러스터에 반영된다. 실제로 운영 환경에 위치한 쿠버네티스 클러스터는 사실상 읽기 전용 환경으로 간주된다. 또한 깃옵스는 클라우드 네이티브 인프라를 선언적으로 관리하는 가장 쉬운 방법으로, 클라우드 사업자가 제공하는 쿠버네티스 서비스에 점차 통합되고 있다.

버전 관리 시스템에 저장된 선언적 상태와 쿠버네티스가 현재 상태를 이 선언적 상태에 일치시키려고 하는 기능의 결합을 통해 변경에 대한 롤백을 매우 쉽고 간단하게 할 수 있다. 단순히 시스템의 이전 선언 상태를 언급하기만 하면 된다. 명령형 시스템에서는 일반적으로 A 지점에서 B 지점으로 가는 방법만 설명하고 되돌아오는 방법을 설명하지 않기 때문에 명령형 시스템에서 롤백은 사실상 거의 불가능하다.

자가 치유 시스템

쿠버네티스는 온라인 자가 치유 시스템이다. 원하는 상태의 컨피규레이션이 설정되면 현재 상태를 원하는 상태와 일치시키고자 단순히 한 번만 일련의 조치를 취하는 것이 아니라 끊임없이 조치를 취한다. 이는 쿠버네티스가 시스템을 초기화할 뿐만 아니라 시스템을 불안정하게 하고 신뢰성에 영향을 줄 수 있는 장애나 변화로부터 보호함을 의미한다.

좀 더 전통적인 운영 방식에서 장애 복구의 경우 수동적인 일련의 마이그레이션 단계나 일종의 경고에 대응해 수행되는 인적 개입을 포함하고 있다. 이와 같은 명령형 장애 복구 방식의 경우(일반적으로 장애 복구를 수행할 수 있도록 상시 대기 중인 운영자를 필요로 하기 때문에) 좀 더 많은 비용이 든다. 또한 운영자가 장애를 인지해야 하고 이에 대응하고자 시스템에 로그인을 해야 하기 때문에 일반적으로 느리게 진행될 수밖에 없다. 더욱이 일련의 명령형 장애 복구 작업의 경우 앞에서 설명한 명령형 관리의 모든 문제를 겪게 되므로 신뢰성이 낮아질 수밖에 없다. 쿠버네티스 같은 자기 치유 시스템은 빠른 속도로 신뢰성 있는 장애 복구를 수행함으로써 운영자의 부담을 덜어주고 시스템의 전반적인 신뢰성을 높인다.

자가 치유의 구체적인 예를 살펴보자. 쿠버네티스에 원하는 상태로 3개의 복제본을 설정할 경우 쿠버네티스는 단지 3개의 복제본을 생성하는 데 그치지 않는다. 쿠버네티스는 항상 3개의 복제본을 유지한다. 수동으로 네 번째 복제본을 생성할 경우, 쿠버네티스는 하나의 복제본을 삭제하고 3개의 복제본을 유지할 것이다. 반대로 복제본을 직접 삭제할 경우 쿠버네티스는 처음 지정했던 원하는 상태(3개의 복제본)로 돌아가고자 복제본을 생성할 것이다.

온라인 자가 치유 시스템은 시간과 에너지를 운영 및 유지 보수에 낭비하지 않는 대신 새로운 기능의 개발과 테스트에 집중하게 해, 개발자의 개발 속도를 높인다.

좀 더 진보된 형태의 자가 치유 관점에서 쿠버네티스의 오퍼레이터^{operator} 패러다임에 대한 연구가 최근에 진행됐다. 이 연구에서 운영자는 클러스터 내부에 컨테이너 형태로 실행되는 운영자 역할의 애플리케이션이며, 이 애플리케이션에는 특정 소프트웨어(예. MySQL)를 유지 관리, 확장, 치유에 필요한 좀 더 진보된 로직이 삽입된다. 운영자 애플리케이션의 코드는 쿠버네티스의 일반적인 자가 치유를 통해 달성할 수 있는 것보다 목표가 명확하고, 진보된 상태 검사와 치유에 대한 역할이 있다. 이는 주로 17장에서 다룰 '오퍼레이터'로 패키지화된다.

서비스와 팀의 확장

제품이 성장함에 따라 해당 제품을 개발하는 소프트웨어와 이를 담당하는 팀 또한 확장이 필요하다. 다행스럽게도 쿠버네티스는 이 두 가지 목표를 모두 도울 수 있다. 쿠버네티스는 분리된 아키텍처^{decoupled architecture}를 지향해 확장성에 대한 목표를 달성한다.

분리

분리된 아키텍처에서 각 컴포넌트는 정의된 API와 서비스 로드밸런서를 통해 기타 컴포넌트들로부터 분리된다. API와 로드밸런서는 시스템의 각 부분들을 격리하는 역할을 한다. API는 구현자^{implementer}와 소비자^{consumer} 사이에 버퍼^{buffer}를 제공하며, 로드밸런서는 각 서비스의 실행 중인 인스턴스 간에 버퍼를 제공한다.

로드밸런서로 컴포넌트를 분리하면 서비스의 다른 계층^{layer}을 조정하거나 재구성하지 않고도 프로그램의 크기(및 용량)를 늘릴 수 있기 때문에 서비스를 구성하는 프로그램을 쉽게 확장할 수 있다.

API를 통해 서버를 분리하면 각 팀은 더 작은 단일 마이크로서비스^{microservice}에만 집중할 수 있기 때문에 개발 팀을 좀 더 쉽게 확장할 수 있다. 마이크로서비스 사이의 API는 소프트웨어를 빌드하고 배포하는 데 필요한 팀 간 커뮤니케이션 오버헤드의 양을 제한한다. 커뮤니케이션 오버헤드는 팀이 확장하는 과정에서 자주 발생하는 주요 걸림돌이다.

애플리케이션과 클러스터의 손쉬운 확장

쿠버네티스 환경에서 서비스에 대한 확장이 필요할 때 쿠버네티스의 불변적이고 선언적인 특성으로 인해 손쉽게 확장할 수 있다. 컨테이너는 변경 불가능하며 복제본의 수는 선언형 컨피그에 포함돼 있기 때문에 서비스를 확장하려면 단순히 컨피규레이션 파일에서 복제본의 수만 변경하고 새로운 선언적 상태를 쿠버네티스에게 알리면 나머지 동작은 쿠버네티스가 알아서 한다. 또는 자동확장^{autoscaling}을 설정해 서비스에 대한 확장을 쿠버네티스가 자동으로 처리하게 할 수 있다.

물론 이러한 종류의 확장은 클러스터 내부에 가용 리소스가 충분하다는 가정하에 가능하다. 때로는 쿠버네티스 클러스터 자체를 확장해야 하는 경우도 발생한다. 다시 한 번 말하자면 쿠버네티스는 이러한 작업을 좀 더 쉽게 할 수 있도록 지원한다. 클러스터 내에 있는 많은 머신이 해당 세트 내에 있는 다른 머신들과 완전히 동일하며 애플리케이션 자체는 컨테이너에 의해 머신의 세부 사항들로부터 분리돼 있기 때문에 클러스터에 새로운 리소스를 추가하는 작업은 단순히 동일한 클래스의 새로운 머신을 이미지화하고 클러스터에 조인하기만 하면 된다. 이러한 작업은 몇 가지 간단한 명령이나 이미 만들어져 있는 머신 이미지를 사용해 수행할 수 있다.

머신의 리소스를 확장하는 데 있어 고려할 사항 중 하나는 사용량에 대한 예측이다. 물리 인프라에서 실행 중인 경우 새로운 머신을 얻고자 며칠에서 길면 몇 주가 걸리기도 한다. 물리 인프라와 클라우드 인프라 모두에서 특정 애플리케이션의 성장과 확장에 대한 수요를 예측하기란 어렵기 때문에 향후 발생하는 비용을 예측하는 것은 어려운 일이다.

쿠버네티스는 미래의 컴퓨팅 비용 예측을 단순화할 수 있다. 좀 더 쉬운 이해를 위해 A, B, C라는 3개의 팀을 확장한다고 가정해보자. 역사적으로 봤을 때 각 팀의 성장은 매우 가변적이기 때문에 예측하기 어렵다는 사실을 알고 있다고 하자. 각 서비스별로 개별 머신을 프로비저닝^{provisioning}하는 경우 한 팀에서 사용하는 머신은 다른 팀에서 사용할 수 없기 때문에 각 서비스별로 예상되는 최대 성장 수치를 기반으로 예측할 수밖에 없을 것이다. 반면 쿠버네티스를 사용할 경우 팀이 특정 머신을 사용하지 않게 분리해 3개 서비스의 전체 성장률을 기반으로 성장을 예측할 수 있다. 3개의 가변 성장률을 단일 성장률로 결합해 통계적 잡음을 줄이고 좀 더 신뢰할 수 있는 예상 성장률을 얻을 수 있게 된다. 더욱이 팀을 특정 머신에서 분리하면 팀이 각기 다른 머신의 일부를 공유할 수 있어 컴퓨팅 리소스 증가 예측 같은 오버헤드를 줄일 수 있다.

마지막으로 쿠버네티스를 사용하면 리소스의 자동 확장(수평 및 수직 모두)을 달성할 수 있다. 특히 API를 통해 새로운 시스템을 생성할 수 있는 클라우드 환경에서 쿠버네티스를 애플리케이션과 클러스터 자체에 대한 자동 확장과 결합하면 항상 현재 로드에 대한 비용을 적절하게 조정할 수 있다.

40

마이크로서비스를 통한 개발 팀 확장

여러 연구에 따르면 이상적인 팀의 규모는 '피자 2판 규모의 팀', 즉 대략 6~8명으로 구성된 팀이다. 이는 지식을 공유하거나 빠른 의사 결정, 공통된 목적을 갖기 좋은 그룹 규모이기 때문이다. 규모가 큰 팀은 위계 질서, 가시성 부족, 내부 문제를 일으키기 쉬우며, 이는 민첩성^{agility}과 성공을 저해하는 요소로 작용한다.

하지만 많은 프로젝트에서는 성공과 목표 달성을 위해 상당히 많은 양의 리소스를 요구한다. 결과적으로 민첩성을 위한 이상적인 팀의 규모와 제품의 최종 목표 달성을 위한 팀의 규모 사이에는 큰 격차가 발생한다.

이러한 격차에 대한 일반적인 해결책은 분리된 서비스 지향 팀^{service-oriented team}을 구성해 각 팀별로 개별 마이크로서비스를 개발하게 하는 것이다. 각각의 소규모 팀은 다른 소규모 팀에서 사용하는 서비스의 설계와 제공을 담당한다. 이러한 모든 서비스를 통합하면 전체 제품을 구현할 수 있게 된다.

쿠버네티스는 이러한 분리된 마이크로서비스 아키텍처를 좀 더 쉽게 구축할 수 있도록 다양한 추상화와 API를 제공한다.

- 파드^{pod}, 즉 컨테이너의 그룹은 여러 팀이 개발한 컨테이너 이미지를 단일 배포 단위로 그룹화할 수 있다.

- 쿠버네티스 서비스는 로드밸런싱, 네이밍, 격리돼 있는 마이크로서비스를 위한 디스커버리^{discovery} 기능을 제공한다.

- 네임스페이스^{Namespace}는 격리와 접근 제어를 제공해 각각의 마이크로서비스가 다른 서비스와 상호작용하는 정도를 제어할 수 있다.

- 인그레스^{ingress} 객체는 여러 마이크로서비스를 단일의 외부 API로 그룹화해 사용하기 쉬운 프론트엔드^{frontend}를 제공한다.

마지막으로 애플리케이션 컨테이너 이미지와 머신을 분리하면 각기 다른 마이크로서비스가 동일한 머신에 위치하게 해 서로 간섭하지 않도록 배치할 수 있으며, 이를 통해 마이크로서비스 아키텍처에서 오버헤드와 비용을 줄일 수 있다. 쿠버네티스의 상태 검사와 롤아웃 기능은 애플리케이션 롤아웃과 신뢰성에 대한 일관된 접근 방식을 보장해 마이크로서비스 팀의 확산이 서비스 프로덕션 라이프사이클과 운영에 대한 다양한 접근 방식을 확산하지 않도록 보장한다.

일관성과 확장에 대한 고려 사항 분리

쿠버네티스가 운영에 제공하는 일관성 외에도 쿠버네티스 스택에 의해 생성되는 고려 사항의 분리는 인프라의 하위 수준에 대한 일관성을 크게 향상시킨다. 이를 통해 소규모의 단일 핵심 팀으로 많은 머신을 관리하도록 인프라 운영을 확장할 수 있다. 앞서 애플리케이션 컨테이너와 머신/운영체제^{OS}의 분리에 대해 다뤘지만 분리의 중요한 측면은 컨테이너 오케스트레이션 API를 통해 애플리케이션 운영자와 클러스터 오케스트레이션 운영자의 책임을 명확히 분리하는 것이다. 애플리케이션 개발자는 컨테이너 오케스트레이션 API가 제공하는 서비스 수준 계약^{SLA, Service-Level Agreement}만을 필요로 할 뿐 SLA 달성을 위한 세부 사항은 크게 신경 쓰지 않는다. 마찬가지로 컨테이너 오케스트레이션 API의 안전성을 담당하는 엔지니어의 경우 오케스트레이션 API의 SLA 제공에만 관심을 가질 뿐 그 위에서 실행되는 애플리케이션은 크게 신경 쓰지 않는다.

고려 사항의 분리는 쿠버네티스 클러스터를 운영하는 소규모 팀이 해당 클러스터 내에서 애플리케이션을 실행하는 수백 또는 수천 개의 팀을 지원할 수 있음을 의미한다(그림 1-1). 마찬가지로 소규모 팀도 전 세계에 배포된 수십 개(또는 그 이상)의 클러스터를 관리할 수 있다. 컨테이너와 OS에도 동일한 방식의 분리를 통해 OS의 안전성을 담당하는 엔지니어는 개별 머신의 OS에 대한 SLA에만 전념하면 된다는 사실을 인지하고 있어야 한다. 이는 OS의 SLA에 의존하고 있는 쿠버네티스 운영자와 OS의 SLA를 제공하기 위한 OS 운영자 사이에서 또 다른 책임 분리의 경계가 된다. 다시 말하자면 OS 전문가로 구성된 소규모 팀을 수천 대의 머신을 담당하게 확장할 수 있다.

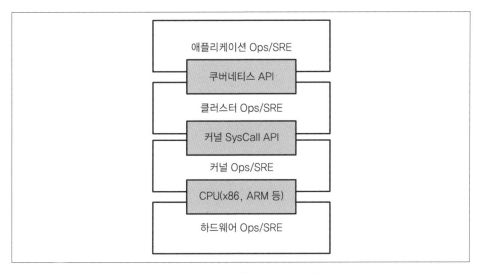

그림 1-1. API를 통한 운영 팀의 분리

물론 소규모 팀이라도 OS 관리에만 전념하기란 매우 어려운 일이다. 이러한 환경에서 퍼블릭 클라우드 제공자가 제공하는 관리형 KaaS^{Kubernetes-as-a-Service}는 훌륭한 옵션이다. 쿠버네티스가 점점 보편화되면서 KaaS는 현재 거의 모든 퍼블릭 클라우드에서 제공되고 있다. 물론 KaaS를 사용하면 쿠버네티스 클러스터를 구축하고 구성하는 방법을 운영자가 결정하기 때문에 몇 가지 제약 사항이 있다. 예를 들면 대다수의 KaaS 플랫폼은 관리되는 클러스터를 불안정하게 만들 수 있기 때문에 알파 기능을 비활성화한다.

완전 관리형 쿠버네티스 서비스 외에도 쿠버네티스를 설치하고 관리하는 데 도움이 되는 회사와 프로젝트로 구성된 에코시스템^{ecosystem}이 있다. 쿠버네티스 설치와 관리를 하는 데 있어 '어려운 방법'과 '완전 관리형 서비스' 사이에는 다양한 솔루션이 있다.

결과적으로 KaaS를 사용할지 아니면 직접 관리할지(또는 그 중간 단계를 사용할지)에 대한 결정은 각 사용자의 상황에서 기술과 요구 조건에 따라 달라진다. 대개 소규모 조직의 경우 KaaS는 사용하기 쉬운 솔루션을 제공해 해당 조직이 쿠버네티스 클러스터 관리보다는 업무를 지원하는 소프트웨어 구축에 시간과 에너지를 집중할 수 있게 한다. 쿠버네티스 클러스터를 직접 관리할 수 있는 전담 팀을 배치할 수 있는 대규모 조직의 경우 클러스터 기능과 운영 측면에서 좀 더 높은 유연성을 제공할 수 있기 때문에 직접 관리하는 것이 이치에 맞다.

인프라 추상화

퍼블릭 클라우드의 목표는 사용하기 쉬운 셀프 서비스 인프라를 개발자들에게 제공하는 것이다. 하지만 대개 클라우드 API는 IT가 기대는 개념(예, 가상머신, 애플리케이션)이 아닌 인프라 미러링mirroring을 지향한다. 또한 대부분의 경우 클라우드는 클라우드 제공자에 특화된 구현 세부 사항이나 서비스와 함께 제공된다. 이러한 API를 직접 호출하는 것은 다양한 환경에서 애플리케이션 실행이나 클라우드와 물리 환경 간 배포를 어렵게 만든다.

쿠버네티스 같은 애플리케이션 지향 컨테이너 API로의 전환은 두 가지 구체적인 장점이 있다. 첫째, 앞서 설명했던 것처럼 개발자를 특정 머신으로부터 분리한다. 클러스터를 확장하고자 머신을 간단히 추가할 수 있기 때문에 머신 지향machine-oriented IT 역할을 좀 더 쉽게 만들며 개발자는 특정 클라우드 인프라 API 관점에서 구현된 높은 수준의 API를 사용하기 때문에 클라우드 환경에서 높은 수준의 이식성portability을 제공한다.

개발자가 컨테이너 이미지로 애플리케이션을 빌드하고 이를 이식 가능한 쿠버네티스 API로 배포할 경우 여러 환경 간에 애플리케이션을 전송하거나 심지어 하이브리드 환경에서 실행하는 것은 단순히 선언형 컨피그declarative config를 새로운 클러스터로 보내는 것이다. 쿠버네티스는 특정 클라우드에서 사용자를 추상화하는 다양한 플러그인을 제공한다. 예를 들면 쿠버네티스 서비스는 모든 주요 퍼블릭 클라우드뿐만 아니라 여러 프라이빗 클라우드와 물리 인프라에서 로드 밸런서를 생성하는 방법을 알고 있다. 마찬가지로 쿠버네티스 PersistentVolume 과 PersistentVolumeClaim의 경우 애플리케이션을 특정 스토리지 구현체로부터 추상화할 수 있다. 물론 이와 같은 이식성을 달성하고자 클라우드 제공자가 제공하는 클라우드 관리형 서비스(예, 아마존의 다이나모DB^{DynamoDB}, 애저의 이하 코스모스 DB$^{Cosmos DB}$, 구글의 클라우드 스패너$^{Cloud\ Spanner}$)의 사용을 피해야 한다. 이는 사용자가 카산드라^{Cassandra}, MySQL, 몽고DB^{MongoDB} 같은 오픈소스 스토리지 솔루션을 직접 배포하고 관리해야 함을 의미한다.

종합하자면 쿠버네티스의 애플리케이션 지향 추상화 기반으로 애플리케이션을 구축할 경우 다양한 환경에서 애플리케이션을 빌드, 배포, 관리할 수 있다.

효율성

컨테이너와 쿠버네티스가 제공하는 개발자 및 IT 관리 이점 외에 추상화를 통한 구체적인 경제적 이점도 있다. 더는 개발자가 머신의 관점에서 생각하지 않아도 되기 때문에 여러 애플리케이션을 서로 영향을 주지 않고 동일한 머신에 배포할 수 있다. 이는 여러 사용자의 작업을 좀 더 적은 수의 머신으로 수행할 수 있음을 의미한다.

효율성^{Efficiency}은 머신이나 프로세스가 수행한 유용한 작업과 해당 작업을 수행하는 데 소비한 전체 에너지양의 비율로 측정할 수 있다. 애플리케이션을 배포하고 관리하는 경우 사용 가능한 도구와 프로세스(예, 배시 스크립트$^{bash\ scripts}$, apt 업데이트 또는 명령형 컨피규레이션 관리)는 다소 비효율적이다. 효율성을 논의할 때는 서버를 운영할 때 들어가는 금전적인 비용과 관리에 필요한 인적 비용을 모두 고려하는 것이 종종 도움이 된다.

서버 실행 시 전력 사용량, 냉각 요구 사항, 데이터센터 공간, 기본 컴퓨팅 파워를 기준으로 비용이 발생한다. 서버가 랙에 장착되고 전원이 들어오면(또는 동작하기 시작하면) 미터기가 작동한다. CPU의 유휴 시간은 낭비되는 비용이다. 따라서 시스템 관리자는 사용률을 적정 수준으로 유지해야 할 책임이 있으며, 이를 위해 지속적인 관리가 필요하다. 컨테이너와 쿠버네티스 워크플로가 시작되는 곳이 바로 이 부분이다. 쿠버네티스는 머신 클러스터 전체에 애플리케이션 배포를 자동화하는 도구를 제공해 전통적인 방식의 도구에서 제공 가능한 것보다 높은 수준의 사용률을 보장한다.

개발자의 테스트 환경을 공유 쿠버네티스 클러스터상에 (네임스페이스라고 하는 기능을 사용해) 개별적으로 실행되는 컨테이너 형태로 신속하고 저렴하게 실행할 수 있다는 점에서 효율성이 더욱 높아진다고 할 수 있다. 과거에는 개발자를 위한 테스트 클러스터를 구동하고자 세 대의 머신이 필요했다. 쿠버네티스를 사용할 경우에는 모든 개발자가 단일 테스트 클러스터를 쉽게 공유하고 훨씬 더 적은 수의 머신으로 사용량을 통합할 수 있다. 사용되는 전체 머신의 수를 줄이면 각 시스템의 효율성은 향상된다. 각 개별 머신에서 더 많은 리소스(CPU, RAM 등)가 사용될 경우 각 컨테이너의 전체 비용은 훨씬 더 낮아지기 때문이다.

스택에서 개발 인스턴스 비용을 줄이면 이전에 비용 문제로 진행하지 못했던 개발 사례를 가능하게 할 수 있다. 예를 들어 쿠버네티스를 통해 배포된 애플리케이션을 사용할 경우 전체 스택에 걸쳐 모든 개발자가 기여한 모든 커밋commit을 배포하고 테스트할 수 있게 된다.

각 배포 비용이 여러 대의 가상머신이 아닌 적은 수의 컨테이너로 측정될 경우 테스트에 소요되는 비용은 크게 줄어든다. 쿠버네티스의 원래 가치로 돌아가서 생각해보면 문제가 발생한 지점을 신속하게 파악할 수 있는 세부 사항뿐만 아니라 코드의 신뢰성을 확보할 수 있기 때문에 이 향상된 테스트는 속도를 증가시킨다.

마지막으로 이전에 언급한 것처럼 자동 확장을 사용해 필요할 때 리소스를 추가하고 그렇지 않을 경우 제거하면 성능을 유지하면서 애플리케이션의 전반적인 효율성을 높일 수 있다.

클라우드 네이티브 에코시스템

쿠버네티스는 처음부터 확장 가능한 환경과 광범위한 커뮤니티를 기반으로 설계됐다. 이러한 설계 목표와 매우 많은 컴퓨팅 환경에서의 편재성은 쿠버네티스 도구와 서비스에 대해 활발한 대규모의 에코시스템으로 이어졌다. 쿠버네티스(그리고 그 이전의 도커와 리눅스)의 뒤를 이어 이러한 에코시스템의 프로젝트 대부분이 오픈소스다. 이는 쿠버네티스를 구축하고자 하는 개발자가 처음부터 시작할 필요가 없다는 것을 의미한다. 출시된 이후 수년 동안 머신러닝에서 지속적인 개발과 서버리스 프로그래밍 모델에 이르기까지 거의 모든 작업을 위한 도구가 쿠버네티스를 위해 구축됐다. 실제로 대부분의 경우 문제는 잠재적인 솔루션을 찾는 것이 아니라 다양한 솔루션 중에 가장 적합한 솔루션을 결정하는 것이다. 클라우드 네이티브 에코시스템의 풍부한 도구는 그 자체로 많은 사람이 쿠버네티스를 채택하는 강력한 이유가 됐다. 클라우드 네이티브 에코시스템을 활용하면 시스템의 거의 모든 부분에 대해 커뮤니티가 구축하고 지원하는 프로젝트를 사용할 수 있기 때문에 개발자는 핵심 비즈니스 로직과 서비스 개발에만 집중할 수 있다.

다른 오픈소스 에코시스템과 마찬가지로 쿠버네티스 에코시스템이 갖는 주요 과제는 가능성을 갖고 있는 다양한 솔루션들이 엔드 투 엔드 통합이 부족한 경우가 많다는 사실이다. 이러한 복잡성을 해결할 수 있는 한 가지 방법은 CNCF^Cloud Native Computing Foundation의 기술 지침이다. CNCF는 클라우드 네이티브 프로젝트의 코드와 지적 재산을 위한 산업 중립적인 역할을 한다. 클라우드 네이티브 프로젝트 채택에 대한 가이드로 도움이 될 수 있도록 세 가지 레벨의 프로젝트 성숙도가 있다. CNCF의 대부분 프로젝트는 샌드박스 단계에 있다. 샌드박스는 프로젝트가 아직 초기 개발 단계에 있음을 나타내며 얼리어댑터가 아니거나 프로젝트 개발에 기여하는 데 관심이 있는 경우가 아니라면 채택하지 않는 것이 좋다. 성숙의 단계를 나타낼 때 샌드박스의 다음 단계는 인큐베이팅이다. 인큐베이팅 프로젝트는 채택과 운영 환경 사용을 통해 유용성과 신뢰성이 입증된 프로젝트다. 단, 이 단계에 있는 프로젝트는 여전히 커뮤니티를 통해 개발과 성장 과정 중에 있다. 수백 개의 샌드박스 프로젝트가 있는 반면에 인큐베이팅 프로젝트는 겨우 20개가 넘는 수준이다. CNCF 프로젝트의 마지막 단계는 졸업이다. 이 단계에 있는 프로젝트는 완전히 성숙돼 었으며 널리 채택됐다. 쿠버네티스 자체를 포함해 몇 개의 졸업 프로젝트가 있다.

클라우드 네이티브 에코시스템을 탐색하는 또 다른 방법은 KaaS와의 통합이다. 대부분의 KaaS 제품은 클라우드 네이티브 에코시스템의 오픈소스 프로젝트를 통해 추가 서비스를 제공한다. 이러한 서비스는 클라우드 제품에 통합돼 있기 때문에 프로젝트가 완성됐고 운영 환경에서 사용할 준비가 됐음을 확신할 수 있다.

요약

쿠버네티스는 클라우드 환경에서 애플리케이션을 빌드하고 배포하는 방식을 근본적으로 변화시키고자 개발됐다. 기본적으로 개발자에게 더 빠른 속도, 효율성, 민첩성을 제공하도록 설계됐다. 현재 매일 사용하고 있는 인터넷 서비스와 애플리케이션이 쿠버네티스에서 실행되고 있다. 여러분은 현재 쿠버네티스 사용자임을 몰랐을 뿐 쿠버네티스 사용자일 것이다. 지금까지 쿠버네티스를 사용해 애플리케이션을 배포해야 하는 이유를 살펴봤다. 이제 이에 대한 확신이 있으므로 2장에서는 애플리케이션을 배포하는 방법을 살펴본다.

## 2장

컨테이너 생성과 실행

쿠버네티스는 분산 애플리케이션을 생성, 배포, 관리하기 위한 플랫폼이다. 이 러한 애플리케이션의 형상과 크기는 다양하지만 궁극적으로는 개별 머신에서 실행되는 하나 이상의 프로그램으로 구성돼 있다. 보통 이러한 프로그램은 입력을 받아들이고 데이터를 조작한 다음 결과를 반환한다. 분산 시스템 구축에 앞서 이러한 프로그램을 포함하는 애플리케이션 컨테이너 이미지^{application container image}의 빌드와 분산 시스템 구성 방법을 고려해야 한다.

애플리케이션 프로그램은 일반적으로 프로그래밍 언어 런타임, 라이브러리, 소스코드로 구성돼 있다. 대부분의 경우 애플리케이션은 `libc`와 `libssl` 같은 외부 공유 라이브러리^{external shared library}에 의존성을 갖는다. 이러한 외부 라이브러리는 일반적으로 특정 머신에 설치한 OS의 공유 컴포넌트 형태로 제공된다.

공유 라이브러리에 대한 의존성은 프로그래머의 노트북에서 개발된 애플리케이션이 운영 시스템 OS로 이관됐을 때 동작하지 않는 공유 라이브러리를 포함하고 있을 경우 문제를 일으킨다. 개발과 운영 환경이 정확히 동일한 OS 버전을 공유하더라도 개발자가 운영 시스템에 배포하는 패키지 내에서 의존 관계에 있는 파일을 포함시키는 것을 잊었을 경우에도 문제가 발생할 수 있다.

단일 머신에서 여러 프로그램을 실행하기 위한 전통적인 방법은 이러한 모든 프로그램이 시스템상에서 동일한 버전의 공유 라이브러리를 공유하는 것이다.

다른 팀이나 조직에서 새로운 프로그램을 개발하려는 경우 이러한 공유 라이브 러리로 인해 팀 간에 불필요한 결합이 추가되고 복잡성이 증가한다.

프로그램은 실행하려고 하는 머신에 안정적으로 배포할 수 있는 경우에만 성공 적으로 실행될 수 있다. 필연적으로 복잡하고 비잔틴 장애 케이스^{byzantine failure case} 가 있는 명령형 스크립트 실행을 수반한다. 이로 인해 분산 시스템의 전체 또는 일부를 새로운 버전으로 롤아웃하는 작업을 노동 집약적이고 어렵게 만든다.

1장에서는 불변의 이미지와 인프라의 가치를 강력히 주장했다. 이 불변성은 컨테이너 이미지가 제공하는 것이다. 앞으로 살펴보겠지만 앞서 설명한 의존성 관리와 캡슐화의 모든 문제를 쉽게 해결할 것이다

애플리케이션 개발을 진행할 때는 다른 사람과 쉽게 공유할 수 있는 방식으로 애플리케이션을 패키징하는 것이 유용하다. 대부분의 사람이 컨테이너에 사용 하는 기본 도구인 도커^{Docker}를 사용하면 실행 파일을 쉽게 패키징하고 추후에 다른 사람이 쉽게 다운로드할 수 있게 이를 레지스트리^{registry}[1]로 푸시할 수 있 다. 컨테이너 레지스트리는 모든 주요 퍼블릭 클라우드에서 사용 가능하며 클 라우드 환경에서 이미지를 빌드하는 서비스도 사용할 수 있다. 또한 오픈소스 나 상용 시스템을 사용해 자체 컨테이너 레지스트리를 구축하고 실행할 수 있 다. 이러한 레지스트리를 사용해 사용자는 프라이빗 이미지를 쉽게 관리하고 배포할 수 있으며, 이미지 빌더 서비스^{image-builder service}는 지속적인 배포^{CD, Continuous Delivery}와 손쉬운 통합 환경을 제공한다.

1장과 이 책의 나머지 부분에서는 해당 워크플로를 실제로 보여주고자 만든 간 단한 예제 애플리케이션을 사용할 예정이다. 이 애플리케이션은 깃허브(https:// github.com/kubernetes-up-and-running/kuard)에서 다운로드할 수 있다.

컨테이너 이미지는 애플리케이션과 이에 관련된 의존성^{dependency}들을 루트 파일 시스템에서 하나의 아티팩트로 패키징한다. 가장 많이 사용되는 컨테이너 이미

---

1. 컨테이너 이미지 저장소를 의미한다. - 옮긴이

지 포맷은 도커 이미지 포맷으로, OCI^{Open Container Initiative}에 의해 OCI 이미지 형식으로 표준화됐다. 쿠버네티스는 도커와 기타 런타임 환경을 제공함으로써 도커와 OCI 호환 이미지 모두를 지원한다. 도커 이미지에는 컨테이너 이미지 내용을 기반으로 실행 애플리케이션이 구동될 수 있도록 컨테이너 런타임이 사용하는 메타데이터를 포함한다.

2장에서 다루는 내용은 다음과 같다.

- 도커 이미지 포맷을 사용해 애플리케이션을 패키징하는 방법
- 도커 컨테이너 런타임을 사용해 애플리케이션을 구동하는 방법

컨테이너 이미지

컨테이너 이미지는 컨테이너 기술을 다루는 거의 모든 사람이 처음 접하게 되는 기술이다. 컨테이너 이미지는 OS 컨테이너 내부에서 프로그램을 실행하는 데 필요한 모든 파일을 캡슐화하는 바이너리 패키지다. 컨테이너를 처음 접하는 방식에 따라 로컬 파일 시스템에서 컨테이너 이미지를 빌드하거나 이미 구축돼 있는 **컨테이너 레지스트리**^{container registry}로부터 이미지를 다운로드하기도 한다. 두 경우 모두 컴퓨터에 컨테이너 이미지가 있으면 해당 이미지를 실행해 OS 컨테이너 내부에서 실행되는 애플리케이션을 생성할 수 있다.

가장 유명하고 널리 사용되는 컨테이너 이미지 포맷은 도커 이미지 포맷이며, 이를 사용할 경우 도커 명령으로 컨테이너를 패키징, 배포, 실행할 수 있다. 도커 이미지 포맷은 도커 오픈소스 프로젝트에 의해 개발됐으며, 이후 OCI 프로젝트로 도커 사^{Docker Inc.}와 기타 여러 업체를 통해 컨테이너 이미지 포맷이 표준화됐다. OCI 표준은 2017년 중반 1.0 버전을 릴리스했지만 표준 채택 작업은 느리게 진행되고 있다. 도커 이미지 포맷은 사실상 표준이며 일련의 파일 시스템 계층으로 구성돼 있다. 각 계층은 파일 시스템의 이전 계층으로부터 파일을

추가, 제거 또는 수정한다. 이것이 바로 오버레이overlay 파일 시스템의 예다. 오버레이 시스템은 이미지를 패키징할 때와 해당 이미지를 실제로 사 용할 때 모두 사용된다. aufs, overlay, overlay2를 포함한 다양한 종류의 오버레이 파일 시스템이 런타임 환경에 존재한다.

컨테이너 계층화

'도커 이미지 포맷'과 '컨테이너 이미지'라는 문구는 약간 혼동될 수 있다. 이미지는 단일 파일이 아니라 다른 파일을 가리키는 매니페스트manifest 파일의 명세specification다. 매니페스트와 관련 파일은 사용자가 단위로 취급하는 경우가 많다. 간접 참조를 통해 좀 더 효율적인 저장과 전송이 가능하다. 이 포맷과 연관된 이미지는 이미지를 이미지 레지스트리에 업로드하고 다운로드하기 위한 API다.

컨테이너 이미지는 일련의 파일 시스템 계층으로 구성돼 있으며, 각 계층은 이전 계층을 상속하고 수정한다. 자세한 설명을 위해 몇 가지 컨테이너를 빌드해보자. 정확성을 위해 계층의 순서는 상향식으로 아래에서 위쪽을 향해야 하지만 쉬운 이해를 위해 반대의 접근법을 취한다.

```
└─ A 컨테이너: 데비안(Debian) 같은 기본적인 운영체제만 존재
   └─ B 컨테이너: A 컨테이너를 기반으로 루비(Ruby) v2.1.10 추가
   └─ C 컨테이너: A 컨테이너를 기반으로 고랭(Golang) v1.6 추가
```

여기에 A, B, C의 세 가지 컨테이너가 있다. B와 C는 A에서 분기fork되며 기본 컨테이너 파일 외에는 아무것도 공유하지 않는다. 더 나아가 컨테이너 B에 루비 온 레일즈Ruby on Rails(버전 4.2.6)를 추가해 빌드할 수 있다. 또한 좀 더 이전 버전의 루비 온 레일즈(예, 버전 3.2.x)를 필요로 하는 레거시 애플리케이션을 지

원할 수 있다. 언젠가 앱을 버전 4로 마이그레이션할 계획이 있는 경우 컨테이너 B를 기반으로 해당 애플리케이션을 지원하는 이미지를 빌드할 수 있다.

```
. (상기 예제에 이어서)
└─ B 컨테이너: A 컨테이너를 기반으로 루비 v2.1.10 추가
    └─ D 컨테이너: B 컨테이너를 기반으로 레일즈 v4.2.6 추가
    └─ E 컨테이너: B 컨테이너를 기반으로 레일즈 v3.2.x 추가
```

결과적으로 각 컨테이너 이미지 계층은 이전 컨테이너를 기반으로 빌드된다. 각 부모 계층에 대한 참조는 포인터를 활용한다. 여기 예제는 간단한 컨테이너 세트지만 실제 운영 환경의 컨테이너는 크고 광범위한 비순환 그래프의 일부분이 될 것이다.

컨테이너 이미지는 일반적으로 컨테이너 환경을 설정하고 애플리케이션의 엔트리 포인트를 실행하는 방법에 대한 지침을 제공하는 컨테이너 컨피규레이션 파일과 결합된다. 컨테이너 컨피규레이션에는 네트워킹 설정 방법, 네임스페이스 격리, 리소스 제약 조건(cgroup)과 실행 중인 컨테이너 인스턴스의 syscall을 제한하는 방법 등의 정보를 포함한다. 컨테이너 루트 파일 시스템과 컨피규레이션 파일은 도커 이미지 포맷을 통해 번들로 제공된다.

컨테이너는 크게 두 가지 범주로 구분할 수 있다.

- 시스템 컨테이너
- 애플리케이션 컨테이너

시스템 컨테이너는 가상머신처럼 동작하고 전체 부팅 프로세스를 실행한다. 시스템 컨테이너에는 ssh, cron, syslog와 같이 가상머신에서 일반적으로 찾아볼 수 있는 일련의 서비스를 포함하고 있다. 도커가 처음 등장했을 때는 이러한 유형의 컨테이너가 훨씬 일반적이었다. 시간이 지남에 따라 실용성이 없어 애

플리케이션 컨테이너가 각광받게 됐다.

애플리케이션 컨테이너는 일반적으로 단일 프로그램을 실행한다는 점에서 시스템 컨테이너와 다르다. 컨테이너당 하나의 프로그램을 실행하는 것은 불필요한 제약 사항처럼 보일 수 있지만 확장 가능한 애플리케이션을 작성하기 위한 완벽한 수준의 세분성을 제공하며, 이는 파드에서 크게 활용되는 디자인 철학이다. 파드의 동작 방식은 5장에서 자세히 살펴본다.

도커를 활용한 애플리케이션 이미지 빌드

일반적으로 쿠버네티스 같은 컨테이너 오케스트레이션 시스템은 애플리케이션 컨테이너로 구성된 분산 시스템을 구축하고 배포하는 데 초점을 맞추고 있다. 따라서 이 장의 나머지 부분에서는 애플리케이션 컨테이너를 중점적으로 다룬다.

도커파일

도커파일^{Dockerfile}을 사용해 도커 컨테이너 이미지 생성을 자동화할 수 있다.

간단한 Node.js 프로그램용 애플리케이션 이미지를 빌드하는 것부터 시작하자. 이 예제는 파이썬^{Python}이나 루비^{Ruby} 같은 많은 동적 언어와 매우 유사하다.

간단한 npm/Node/Express 앱은 package.json(예제 2-1)과 server.js(예제 2-2)라는 두 가지 파일로 구성돼 있다. 실습에 앞서 두 파일은 한 디렉터리에 넣고 npm install express --save 명령으로 Express에 대한 의존성을 설정하고 설치해야 한다.

예제 2-1. package.json

```json
{
  "name": "simple-node",
  "version": "1.0.0",
  "description": "A sample simple application for Kubernetes Up & Running",
  "main": "server.js", "scripts": {
    "start": "node server.js"
  },
  "author": ""
}
```

예제 2-2. server.js

```javascript
var express = require('express');

var app = express();
app.get('/', function (req, res) {
  res.send('Hello World!');
});
app.listen(3000, function () {
  console.log('Listening on port 3000!');
  console.log(' http://localhost:3000');
});
```

이를 도커 이미지로 패키징하려면 .dockerignore(예제 2-3)와 도커파일(예제 2-4)이라는 두 개의 파일을 추가로 생성해야 한다. 도커파일은 컨테이너 이미지를 작성하는 방법에 대한 레시피며, .dockerignore 파일은 이미지에 복사할 때 무시해야 하는 파일 세트를 정의한다. 도커파일 문법에 대한 자세한 설명은 도커 웹 사이트(https://dockr.ly/2XUanvl)에서 확인할 수 있다.

예제 2-3. dockerignore

```
node_modules
```

예제 2-4. 도커파일

```
# Node.js 16 이미지에서 시작 ❶
FROM node:16

# 모든 명령이 실행될 이미지 내부의 디렉터리를 지정 ❷
WORKDIR /usr/src/app

# 패키지 파일 복사와 의존성 설치 ❸
COPY package*.json ./
RUN npm install
RUN npm install express

# 모든 앱 파일을 이미지에 복사 ❹
COPY . .

# 컨테이너를 시작할 때 실행할 기본 명령 지정 ❺
CMD [ "npm", "start" ]
```

❶ 모든 도커파일은 컨테이너 이미지를 기반으로 빌드된다. 해당 라인은 도커 파일 빌드 시 도커 허브^{Docker Hub}의 node:16 이미지에서 시작하도록 지정한다. 해당 이미지는 Node.js 16으로 사전 구성된 이미지다.

❷ 해당 라인은 컨테이너 이미지 내에서 실행되는 모든 명령에 대한 작업 디렉터리를 설정한다.

❸ 세 라인은 Node.js의 의존성을 초기화한다. 먼저 패키지 파일을 이미지에 복사한다. 여기에는 package.json과 package-lock.json이 포함돼 있다. 그런 다음 RUN 명령은 컨테이너 내에서 npm install 명령을 실행해 필요한 의존성을 설치한다.

❹ 해당 라인은 프로그램 파일을 이미지에 복사한다. .dockerignore 파일에 정의된 것처럼 node_modules를 제외한 모든 파일이 여기에 해당된다.

❺ 마지막으로 컨테이너가 구동될 때 실행해야 하는 명령을 지정한다.

다음과 같은 명령으로 simple-node 도커 이미지를 생성한다.

```
$ docker build -t simple-node .
```

위 이미지를 실행하려면 다음 명령을 사용할 수 있다. http://localhost:3000에 접속해 컨테이너에서 실행 중인 프로그램에 접근한다.

```
$ docker run --rm -p 3000:3000 simple-node
```

이때 simple-node 이미지는 빌드돼 단일 머신에서만 접근할 수 있는 로컬 도커 레지스트리에 저장된다. 도커의 최대 장점은 수천 대의 컴퓨터와 광범위한 도커 커뮤니티를 통해 이미지를 공유할 수 있는 능력에서 비롯된다.

이미지 크기 최적화

대용량의 컨테이너 이미지를 사용하기 시작하면 몇 가지 문제에 직면하게 된다. 가장 먼저 기억해야 할 사항은 시스템의 하위 계층에서 제거된 파일(접근하기는 어렵지만)이 실제 이미지에서 존재한다는 점이다. 다음 상황을 고려해보자.

```
└─ A 계층: 이름이 BigFile인 대용량 파일 포함
   └─ B 계층: BigFile 제거
      └─ C 계층: B 계층을 기반으로 정적 바이너리 추가
```

위와 같은 상황에서는 BigFile이 더 이상 컨테이너 이미지 내에 존재하지 않는 다고 생각할 것이다. 결과적으로 이미지를 실행할 경우 해당 파일에는 더 이상 접근이 불가능하다. 그러나 실제로는 A 계층에 여전히 위치하고 있다. 이는 BigFile에 더 이상 접근할 수 없음에도 컨테이너 이미지를 푸시push하거나 풀pull 할 경우 네트워크를 통해 전송되는 것을 의미한다.

또 다른 함정은 이미지 캐싱 및 빌드와 관련이 있다. 각 계층은 그 하위 계층과 독립적인 델타(변경분)임을 기억해야 한다. 계층을 변경할 때마다 그 하위에 오는 모든 계층이 변경된다. 상위 계층의 변경은 이미지를 개발 환경에 배포할 때 다시 빌드, 올리기, 가져오기 작업을 할 필요가 있음을 의미한다.

더 자세한 이해를 위해 다음 두 이미지를 살펴보자.

```
.
└─ A 계층: 기본 운영체제 컨테이너
   └─ B 계층: 소스코드 server.js 추가
      └─ C 계층: node 패키지 설치

└─ A 계층: 기본 운영체제의 컨테이너
   └─ B 계층: node 패키지 설치
      └─ C 계층: 소스코드 server.js 추가
```

앞의 두 이미지는 동일하게 동작할 것으로 보이며, 실제로도 처음 이미지를 가져올 때는 동일하게 동작한다. 그러나 server.js 파일이 변경되는 경우를 고려해 보자. 두 번째 경우 다운로드(풀)를 하거나 업로드(푸시)를 해야 하는 변경 사항일 뿐이지만 첫 번째 경우에는 node 계층이 server.js 계층에 종속돼 있기 때문에 server.js와 node 패키지를 제공하는 모든 계층을 다운로드하고 업로드해야 한다. 일반적으로 업로드하고 다운로드하는 이미지의 크기를 최적화하려면 변경 가능성이 가장 적은 계층부터 변경 가능성이 높은 계층 순으로 배치해야 한다. 이것이 예제 2-4에서 나머지 프로그램 관련 파일을 복사하기 전에 package*.json 파일을 복사하고 의존성을 설치한 이유다. 이는 일반적으로 개발자는 의존성보다 훨씬 더 자주 프로그램 파일을 업데이트하고 변경하기 때문이다.

이미지 보안

보안과 관련된 지름길은 없다. 운영 시스템 쿠버네티스 클러스터에서 사용할 이미지를 빌드할 때는 애플리케이션 패키징과 배포를 위한 모범 사례를 따라야 한다. 예를 들면 비밀번호가 포함된 채로 컨테이너를 빌드해서는 안 된다. 이는 이미지를 구성하는 모든 계층에 해당된다. 컨테이너 계층에서 발생하는 반직관적인 문제 중 하나는 한 계층에서 파일을 삭제해도 이전 계층에서 해당 파일이 삭제되지 않는다는 것이다. 이는 불필요한 공간을 차지할 뿐만 아니라 올바른 도구를 사용하는 사람이라면 누구든 쉽게 접근할 수 있다. 단순히 암호가 포함된 계층으로만 구성된 이미지를 만드는 것도 가능하다.

비밀로 유지돼야 하는 정보와 이미지가 혼재해서는 안 된다. 그럴 경우 쉽게 공격받을 수 있으며 회사나 부서 전체에 치명적인 타격을 줄 수 있다.

또한 컨테이너 이미지는 개별 애플리케이션 실행에만 초점을 맞추고 있기 때문에 컨테이너 이미지 내의 파일을 최소화하는 것이 좋다. 이미지에 추가된 모든 라이브러리는 애플리케이션에 나타날 수 있는 취약점에 대한 잠재적인 벡터를 제공한다. 언어에 따라, 매우 엄격한 의존성 집합을 설정해 매우 작은 크기의 이미지를 얻을 수 있다. 이렇게 작은 집합을 사용하면 이미지가 절대 사용하지 않는 라이브러리의 취약성에 노출되지 않는다.

다단계 이미지 빌드

크기가 큰 이미지를 생성하게 하는 일반적인 실수 중 하나는 애플리케이션 컨테이너 이미지 구성의 일부로 실제 프로그램 컴파일을 수행하는 것이다. 이미지 빌드 과정의 일부로 코드를 컴파일하는 것은 자연스러워 보일 뿐만 아니라 프로그램에서 컨테이너 이미지를 빌드하는 가장 쉬운 방법이다. 이러한 방식으로 작업할 경우 가장 큰 문제점은 불필요한 개발 도구를 컨테이너 이미지 내부에 남겨둔다는 것이다. 일반적으로 개발 도구는 용량이 커서 이미지 내부에 위치할 경우 컨테이너의 배포 속도가 느려질 수 있다.

이런 문제점을 해결하고자 도커는 다단계 빌드^{multistage build}를 도입했다. 다단계 빌드를 통해 도커 파일은 단일 이미지를 생성하지 않고 실제로 여러 이미지를 생성하게 된다. 각 이미지는 단계^{stage}로 간주할 수 있다. 아티팩트는 이전 단계에서 현재 단계로 복사할 수 있다.

좀 더 상세한 설명을 위해 예제 애플리케이션인 kuard를 빌드하는 방법을 살펴보자. 이 애플리케이션은 React.js 프론트엔드(자체 빌드 프로세스와 함께)를 포함하는 다소 복잡한 애플리케이션으로, Go 프로그램에 내장된다. Go 프로그램은 React.js 프론트엔드와 상호작용하는 백엔드 API 서버를 실행한다.

예제 애플리케이션 컨테이너 이미지를 빌드하기 위한 도커파일은 다음과 같다.

```
FROM golang:1.17-alpine # Node와 NPM 설치
RUN apk update && apk upgrade && apk add --no-cache git nodejs bash npm

# Go 빌드를 위한 의존성 설치
RUN go get -u github.com/jteeuwen/go-bindata/... RUN go get
github.com/tools/godep

WORKDIR /go/src/github.com/kubernetes-up-and-running/kuard

# 모든 소스코드를 컨테이너에 복사
COPY . .

# 빌드 스크립트에 필요한 환경 변수를 지정
ENV VERBOSE=0
ENV PKG=github.com/kubernetes-up-and-running/kuard ENV ARCH=amd64
ENV VERSION=test

# 빌드를 수행
RUN build/build.sh
```

```
CMD [ "/go/bin/kuard" ]
```

이 도커파일은 정적 실행 파일이 포함된 컨테이너 이미지를 생성하지만 이외에
도 애플리케이션에 불필요한 Go 개발 도구, React.js 프론트엔드 빌드 도구, 애
플리케이션 소스코드를 포함하고 있다. 이미지는 모든 계층에 걸쳐 최대
500MB가 추가된다.

다음 도커파일로 다단계 빌드가 어떻게 동작하는지 파악해보자.

```
# 1단계: 빌드
FROM golang:1.17-alpine AS build

# Node와 NPM 설치
RUN apk update && apk upgrade && apk add --no-cache git nodejs bash npm

# Go 빌드를 위한 의존성 설치
RUN go get -u github.com/jteeuwen/go-bindata/...
RUN go get github.com/tools/godep

WORKDIR /go/src/github.com/kubernetes-up-and-running/kuard

# 모든 소스코드를 컨테이너에 복사
COPY . .

# 빌드 스크립트에 필요한 환경 변수를 지정
ENV VERBOSE=0

ENV PKG=github.com/kubernetes-up-and-running/kuard ENV ARCH=amd64
ENV VERSION=test

# 빌드를 수행
RUN build/build.sh

# 2단계: 배포
FROM alpine
```

```
USER nobody:nobody
COPY --from=build /go/bin/kuard /kuard
CMD [ "/kuard" ]
```

이 도커파일은 두 개의 이미지를 생성한다. 첫 번째는 빌드 이미지이며 Go 컴파일러, React.js 툴체인과 프로그램의 소스코드가 포함돼 있다. 두 번째는 배포 이미지며 단순히 컴파일된 바이너리 파일이 포함돼 있다. 다단계 빌드 방법을 사용해 컨테이너 이미지를 빌드할 경우 최종적으로 생성되는 컨테이너 이미지가 수백 메가바이트 감소해 배포 시간을 크게 단축할 수 있다. 배포 대기 시간은 네트워크 성능에 의해 결정된다. 이 도커파일에 의해 생성된 최종 이미지의 크기는 약 20MB다.

이 스크립트는 깃허브(https://oreil.ly/6c9MX)의 kuard 저장소에 있으며, 다음 명령으로 이미지를 빌드하고 실행할 수 있다.

```
#참고: 윈도우 환경에서 실행 중인 경우 다음을 사용해 줄 바꿈을 수정해야 할 수 있다.
#--config core.autocrlf=input
$ git clone https://github.com/kubernetes-up-and-running/kuard
$ cd kuard
$ docker build -t kuard .
$ docker run --rm -p 8080:8080 kuard
```

원격 레지스트리에 이미지 저장

단일 머신에서만 컨테이너 이미지를 사용할 수 있다면 얻을 수 있는 장점은 무엇일까? 쿠버네티스는 클러스터를 구성하는 모든 머신에서 파드 매니페스트에 기술된 이미지를 사용할 수 있음을 전제로 한다. 이미지를 클러스터의 모든 머신으로 가져오는 방법 중 하나는 kuard 이미지를 내보내고[export] 다른 모든 머신에서 이를 가져오는^{import} 것이다. 이러한 방법으로 도커 이미지를 관리하는 것은 매우 지루한 작업이다. 도커 이미지를 수동으로 가져오고 내보내는 과정에서 휴먼 에러가 발생할 가능성이 있다.

도커 커뮤니티의 표준은 도커 이미지를 원격 레지스트리에 저장하는 것이다. 도커 레지스트리에는 많은 옵션이 있으며 보안 및 협업 기능 측면 등 사용자의 필요에 따라 다양하게 선택할 수 있다.

일반적으로 레지스트리와 관련해 가장 먼저 고려해야 할 사항은 사설^{private} 또는 공용^{public} 레지스트리의 사용 여부를 선택하는 것이다. 공용 레지스트리를 사용하면 누구나 레지스트리에 저장된 이미지를 다운로드할 수 있으며, 사설 레지스트리를 사용할 경우 이미지를 다운로드할 때 인증이 필요하다. 사용 사례를 고려해 사설 또는 공용 레지스트리의 사용 여부를 결정하는 것이 도움이 된다.

공용 레지스트리의 경우 컨테이너 이미지를 별도의 인증 없이 쉽게 사용할 수 있도록 허용하고 있기 때문에 전 세계 사용자를 대상으로 이미지를 공유하는 데 적합하다. 공용 레지스트리로 소프트웨어를 컨테이너 이미지로 쉽게 배포할 수 있으며, 모든 사용자가 동일한 경험을 할 수 있다.

반대로 사설 레지스트리의 경우 비공개 서비스를 대상으로 하는 애플리케이션을 저장하는 데 적합하다. 또한 사설 레지스트리의 경우 전 세계를 대상으로 서비스를 제공하는 것이 아니라 사설 레지스트리를 사용하는 사용자와 사용자의 이미지에 특정돼 있기 때문에 좀 더 나은 가용성과 보안을 보장하는 경우가 많다.

이미지를 레지스트리에 푸시하려면 반드시 인증이 필요하다. 특정 레지스트리에는 약간의 차이가 있을 수 있지만 일반적으로 **docker login** 명령으로 이를 수행할 수 있다. 이 책의 예제에서는 구글 컨테이너 레지스트리^{GCR, Google Container Registry}라고 하는 구글 클라우드 플랫폼에서 제공하는 레지스트리를 사용한다. 애저나 아마존 웹 서비스^{AWS, Amazon Web Services}를 비롯한 다른 클라우드도 컨테이너 레지스트리를 제공하고 있다. 사용자가 처음으로 이미지를 공개적으로 게시하고자 하는 경우 도커 허브(https://hub.docker.com)를 사용할 것을 추천한다.

로그인할 경우 대상 도커 레지스트리를 추가해 kuard 이미지에 태그를 지정할 수 있다. 콜론(:)으로 구분해 해당 이미지의 버전이나 변경 사항에 대한 식별자를 추가할 수 있다.

```
$ docker tag kuard gcr.io/kuar-demo/kuard-amd64:blue
```

태그를 지정한 후 kuard 이미지를 푸시할 수 있다.

```
$ docker push gcr.io/kuar-demo/kuard-amd64:blue
```

이제 원격 레지스트리에서 kuard 이미지를 사용할 수 있게 됐으니 도커를 사용해 이를 배포해보자. 공용 도커 레지스트리로 이미지를 푸시할 때 public으로 표시됐기 때문에 별도의 인증 없이 어디에서나 쉽게 사용할 수 있다.

컨테이너 런타임 인터페이스

쿠버네티스는 애플리케이션 배포를 위한 API를 제공하지만 컨테이너 런타임runtime에 의존해 대상 OS별로 고유한 컨테이너에 특화된 API를 사용해 애플리케이션 컨테이너를 설정한다. 리눅스 시스템의 경우 cgroup과 네임스페이스 구성을 의미한다. 컨테이너 런타임에 대한 인터페이스는 컨테이너 런타임 인터페이스CRI, Container Runtime Interface 표준에 의해 정의된다. CRI API는 도커에 의해 빌드된 contained-cri와 레드햇이 제공하는 cri-o와 기타 여러 프로그램으로 구현된다. 도커 도구를 설치하면 containerd 런타임도 설치돼 도커 데몬에서 사용된다. 쿠버네티스 릴리스 1.25부터 CRI를 지원하는 컨테이너 런타임에 한해 쿠버네티스에서 동작한다. 다행스럽게도 관리형 쿠버네티스 공급자는 관리형 쿠버네티스 사용자를 위해 이러한 전환을 거의 자동으로 수행했다.

도커로 컨테이너 실행

쿠버네티스에서 컨테이너는 대개 쿠블릿^{kubelet}이라고 하는 각 노드에 위치한 데몬에 의해 구동되지만 도커 커맨드라인 도구를 사용해 컨테이너를 구동하는 편이 훨씬 더 쉽다. 도커 CLI 도구를 사용해 컨테이너를 배포할 수 있다. gcr.io/kuar-demo/kuard-amd64:blue 이미지를 사용해 컨테이너를 배포하고자 하는 경우 다음과 같은 명령을 실행한다.

```
$ docker run -d --name kuard \
  --publish 8080:8080 \
  gcr.io/kuar-demo/kuard-amd64:blue
```

위 명령은 kuard 컨테이너를 구동하고 로컬 시스템의 8080번 포트를 컨테이너의 8080번 포트에 매핑한다. --publish 옵션은 -p로 줄여 사용할 수 있다. 각 컨테이너가 자체 IP 주소를 부여받았고 호스트 머신이 아닌 컨테이너 내부의 로컬 호스트에서 리스닝하고 있기 때문에 포워딩 규칙이 반드시 필요하다. 포트 포워딩 옵션을 사용하지 않을 경우 컨테이너 내부에 접근할 수 없다. -d 옵션은 백그라운드(데몬)에서 실행되도록 지정하고 --name kuard 옵션의 경우 컨테이너 실행 시 kuard 이름을 부여한다.

kuard 애플리케이션 탐색

kuard는 브라우저에서 http://localhost:8080에 접속하거나 커맨드라인을 통해 로드할 수 있는 간단한 웹 인터페이스를 제공한다.

```
$ curl http://localhost:8080
```

또한 kuard는 이 책의 뒷부분에서 다룰 흥미로운 기능들을 포함하고 있다.

리소스 사용량 제한

도커는 리눅스 커널이 기본으로 제공하는 기본 cgroup 기술을 이용해 애플리케이션이 좀 더 적은 리소스를 사용하게 할 수 있다. 쿠버네티스도 이러한 기능을 활용해 각 파드에서 사용하는 리소스의 양을 제한할 수 있다

메모리 리소스 제한

컨테이너 내에서 애플리케이션을 실행할 경우 얻을 수 있는 주요 이점 중 하나는 바로 리소스 사용률을 제한할 수 있다는 것이다. 따라서 여러 애플리케이션이 동일한 하드웨어에 공존할 수 있으며 공정한 사용을 보장해준다.

kuard를 200MB의 메모리와 1GB의 스왑 공간으로 제한하려면 docker run 명령과 함께 --memory 및 --memory-swap 플래그를 사용할 수 있다.

우선 실행되고 있는 kuard 컨테이너를 중지하고 제거한다.

```
$ docker stop kuard
$ docker rm kuard
```

그런 다음 메모리 사용량을 제한하기 위한 적절한 플래그를 사용해 kuard 컨테이너를 구동한다.

```
$ docker run -d --name kuard \
```

```
--publish 8080:8080 \
--memory 200m \
--memory-swap 1G \
gcr.io/kuar-demo/kuard-amd64:blue
```

컨테이너의 프로그램이 너무 많은 메모리를 사용할 경우 해당 컨테이너는 종료된다.

CPU 리소스 제한

머신의 또 다른 중요한 리소스는 CPU다. docker run 명령과 함께 --cpu-shares 플래그를 사용해 CPU 사용을 제한할 수 있다.

```
$ docker run -d --name kuard \
  --publish 8080:8080 \
  --memory 200m \
  --memory-swap 1G \
  --cpu-shares 1024 \
  gcr.io/kuar-demo/kuard-amd64:blue
```

정리

이미지 빌드를 완료할 경우 docker rmi 명령을 사용해 이미지를 삭제할 수 있다.

```
docker rmi <태그 이름>
```

또는

```
docker rmi <이미지 ID>
```

이미지는 태그 이름(예, gcr.io/kuar-demo/kuard-amd64:blue) 또는 이미지 ID를 사용해 삭제할 수 있다. 도커 도구의 모든 ID 값과 마찬가지로 이미지 ID는 유니크하고 가능한 한 짧은 형식을 유지해야 한다. 일반적으로 ID는 세 글자 또는 네 글자를 필요로 한다.

이미지를 명시적으로 삭제하지 않을 경우 동일한 이름으로 새 이미지를 빌드하더라도 이미지가 시스템에 영구적으로 존재한다는 점에 유의해야 한다. 새 이미지를 빌드할 경우 단순히 태그가 새로운 이미지에 연결된다. 기존 이미지에 대한 삭제나 대체 작업이 발생하지 않는다.

결과적으로 새 이미지 만들기를 반복하는 동안 매우 많은 수의 다른 이미지들이 빌드돼 컴퓨터에서 불필요한 공간을 차지하게 된다.

현재 머신에 존재하는 이미지를 확인하려면 docker images 명령을 사용할 수 있다. 그런 다음 더 이상 사용하지 않는 태그를 삭제할 수 있다.

도커는 일반적인 정리cleanup를 위해 docker system prune이라는 도구를 제공한다. 이는 태그가 없는 이미지와 빌드 프로세스의 일부로 캐시된 모든 미사용 이미지 계층을 포함해 중지 상태에 있는 모든 컨테이너를 제거한다.

좀 더 정교한 방식은 이미지 가비지 컬렉터image garbage collector를 실행하기 위한 크론잡cronjob을 실정하는 것이다. 예를 들어 생성하는 이미지 수에 따라 하루에 한 번 또는 한 시간에 한 번씩 반복되는 크론잡으로 docker system prune을 쉽게 실행할 수 있다.

요약

애플리케이션 컨테이너는 애플리케이션에 대한 명확한 추상화를 제공하고 도커 이미지 형식으로 패키징되면 애플리케이션을 쉽게 빌드, 배포, 분배할 수 있다. 또한 컨테이너는 동일한 머신에서 실행되는 애플리케이션 간에 격리 isolation를 제공해 의존성 충돌을 방지한다.

3장에서는 외부 디렉터리를 마운트하는 방법을 살펴본다. 이를 통해 컨테이너는 상태 비저장 stateless 애플리케이션뿐만 아니라 MySQL과 많은 데이터를 생성하는 애플리케이션을 실행할 수 있다.

쿠버네티스 클러스터 배포

이제 애플리케이션 컨테이너를 성공적으로 구축했으므로 다음 단계로 애플리케이션 컨테이너를 완전하고 안정적이며 확장 가능한 분산 시스템으로 변환하는 방법을 살펴본다. 이를 위해서는 정상적으로 동작하고 있는 쿠버네티스 클러스터가 필요하다. 대부분의 퍼블릭 클라우드의 경우 클라우드 기반 쿠버네티스 서비스가 존재해 단지 몇 개의 커맨드라인 명령으로 쿠버네티스 클러스터를 쉽게 생성할 수 있다. 쿠버네티스를 처음 시작하는 경우 이와 같은 방법을 적극 권장한다. 궁극적으로 베어메탈 환경에서 쿠버네티스를 운영할 계획이라도 쿠버네티스를 빠르게 시작하고 이에 대해 학습한 후 실제 물리 머신에 설치하는 방법을 배우는 것이 좋다. 더욱이 쿠버네티스 클러스터 관리는 그 자체로 복잡한 작업이기 때문에 대개 클러스터 관리를 클라우드에 위임하는 것이 좋다. 특히 대부분의 클라우드에서 관리 서비스는 무료다.

물론 클라우드 기반 솔루션을 사용하려면 해당 클라우드 기반 리소스에 대한 비용을 지불하고 클라우드에 대한 활성화된 네트워크 연결이 필요하다. 이러한 이유로 로컬 개발이 선호되며, 이 경우 미니큐브^{minikube} 도구를 사용해 로컬 노트북이나 데스크톱의 가상머신에서 로컬 쿠버네티스 클러스터를 쉽게 구성해 사용할 수 있다. 미니큐브는 쿠버네티스 클러스터 학습에 좋은 옵션이지만 단일 노드 클러스터만을 제공하고 쿠버네티스 클러스터의 모든 기능을 제공하지는 못한다. 이러한 이유로 미니큐브 사용이 실제 상황에 맞지 않는 경우에는 클라우드 기반 솔루션으로 시작하는 것이 좋다. 좀 더 최근의 대안은 단일 시스템에서 다중 노드 클러스터를 가동할 수 있는 도커 인 도커^{Docker-in-Docker} 클러스터를 실행하는 것이다. 이 프로젝트는 여전히 베타 버전이며, 사용할 경우 예기치 않은 문제에 직면할 수 있다.

베어메탈 환경에서 시작하고 싶다면 이 책의 끝부분에 있는 부록에서 라즈베리 파이 단일 보드 컴퓨터 구성을 통해 쿠버네티스 클러스터를 구축하는 방법을 소개하고 있다. 부록에서 다루는 내용은 kubeadm 도구를 사용하고 있기 때문에 라즈베리 파이 외의 시스템에도 적용할 수 있다.

퍼블릭 클라우드 제공자 환경에 쿠버네티스 설치

3장에서는 구글 클라우드 플랫폼^{GCP, Google Cloud Platform}, 마이크로소프트 애저^{Microsoft Azure}, 아마존 웹 서비스라는 세 가지 주요 클라우드 제공자 환경에 쿠버네티스를 설치하는 방법을 소개한다.

클라우드 제공자를 사용해 쿠버네티스를 관리하기로 선택한 경우 다음 옵션 중 하나만 설치하면 된다. 클러스터 구성과 준비를 모두 마쳤고 쿠버네티스 클러스터를 다른 곳에 설치할 필요가 없는 경우 '쿠버네티스 클라이언트' 절로 건너뛸 수 있다.

구글 쿠버네티스 엔진을 활용해 쿠버네티스 설치

GCP는 구글 쿠버네티스 엔진^{GKE, Google Kubernetes Engine}이라고 불리는 호스팅된 서비스형 쿠버네티스를 제공한다. GKE를 시작하려면 결제 가능한 GCP 계정과 gcloud 도구(https://oreil.ly/uuUQD) 설치가 필요하다.

gcloud가 설치되면 디폴트 존^{default zone} 설정이 필요하다.

```
$ gcloud config set compute/zone us-west1-a
```

그런 다음 쿠버네티스 클러스터를 생성할 수 있다.

```
$ gcloud container clusters create kuar-cluster ?num-nodes=3
```

이 작업은 몇 분 이상이 소요된다. 클러스터가 준비되면 다음과 같은 명령을 사용해 클러스터에 대한 자격증명을 얻을 수 있다.

```
$ gcloud container clusters get-credentials kuar-cluster
```

문제가 발생하는 경우 구글 클라우드 플랫폼 문서(https://oreil.ly/HMwnD)에서 GKE 클러스터 생성에 관한 전체 지침을 찾을 수 있다.

애저 쿠버네티스 서비스에 쿠버네티스 설치

마이크로소프트 애저는 애저 컨테이너 서비스^{Azure Container Service}의 일부로, 호스팅 KaaS를 제공한다. 애저 컨테이너 서비스를 시작하는 가장 쉬운 방법은 애저 포탈에 내장돼 있는 애저 클라우드 셸^{Azure Cloud Shell}을 사용하는 것이다. 오른쪽 상단 도구 모음에서 셸 아이콘을 클릭해 셸을 활성화할 수 있다.

셸에는 애저 환경에서 동작하도록 az 도구가 자동으로 설치되고 구성된다.

대안으로 로컬 머신에 az 커맨드라인 인터페이스^{CLI, Command-Line Interface}를 설치할
수 있다(https://oreil.ly/xpLCa).

셸을 만들고 동작시키면 다음과 같은 명령을 실행할 수 있다.

```
$ az group create --name=kuar --location=westus
```

리소스 그룹이 생성되면 다음 명령을 사용해 클러스터를 생성할 수 있다.

```
$ az aks create --resource-group=kuar --name=kuar-cluster
```

이 작업은 몇 분 이상이 소요된다. 클러스터가 준비되면 다음과 같은 명령을
사용해 클러스터에 대한 자격증명을 얻을 수 있다.

```
$ az aks get-credentials --resource-group=kuar --name=kuar-cluster
```

kubectl 도구가 설치돼 있지 않은 경우 다음 명령을 사용해 설치할 수 있다.

```
$ az aks install-cli
```

애저 환경에서의 쿠버네티스 설치에 관련된 전체 지침은 애저 문서(https://oreil.ly/
hsLWA)에서 찾을 수 있다.

아마존 웹 서비스에 쿠버네티스 설치

아마존은 일래스틱 쿠버네티스 서비스^{EKS, Elastic Kubernetes Service}라고 불리는 관리형
쿠버네티스 서비스를 제공한다. EKS 클러스터를 생성하는 가장 쉬운 방법은
eksctl (https://eksctl.io)이라는 오픈소스 커맨드라인 도구를 사용하는 것이다.

eksctl이 설치되면 다음과 같은 명령을 사용해 클러스터를 생성할 수 있다.

```
$ eksctl create cluster
```

설치 옵션과 관련된 좀 더 자세한 사항은 다음과 같은 명령을 통해 확인할 수 있다.

```
$ eksctl create cluster ?help
```

클러스터 설치에는 kubectl 커맨드라인 도구에 대한 올바른 구성이 포함돼 있다. kubectl이 아직 설치돼 있지 않은 경우 문서(https://oreil.ly/rorrD)의 지침에 따라 설치한다.

미니큐브를 통해 로컬 환경에 쿠버네티스 설치

로컬 개발 환경이 필요하거나 퍼블릭 클라우드의 사용을 원하지 않는 경우 미니큐브를 사용해 간단한 단일 노드 클러스터를 구축할 수 있다.

대안으로 도커 데스크톱이 이미 설치돼 있는 경우 단일 머신 쿠버네티스가 함께 제공된다.

미니큐브(또는 도커 데스크톱)는 쿠버네티스 클러스터의 좋은 시뮬레이션 도구로 로컬 개발, 학습, 실험 용도로 활용하는 것이 좋다. 미니큐브는 단일 노드의 가상머신에서만 실행되기 때문에 분산된 쿠버네티스 클러스터의 신뢰성은 제공하지 않는다.

또한 이 책에서 설명하는 특정 기능을 위해 퍼블릭 클라우드와 연계가 필요한데, 이는 미니큐브에서 사용할 수 없거나 제한된 방식으로 동작한다.

미니큐브를 사용하려면 머신에 하이퍼바이저를 설치해야 한다. 리눅스와 맥OS의 경우 일반적으로 virtualbox(https://virtualbox.org)를 사용한다. 윈도우에서는 Hyper-V 하이퍼바이저가 기본 옵션이다. 미니큐브를 사용하기 전에 반드시 하이퍼바이저를 설치하자.

미니큐브 도구는 깃허브(https://oreil.ly/iHcuV)에서 확인할 수 있다. 리눅스, 맥OS, 윈도우용 바이너리를 다운로드할 수 있다. 미니큐브 도구가 설치되면 다음과 같은 명령으로 로컬 클러스터를 생성할 수 있다.

```
$ minikube start
```

위 명령의 실행 결과 로컬 VM이 생성되고 쿠버네티스가 프로비저닝되며 해당 클러스터를 대상으로 하는 kubectl 컨피규레이션이 생성된다. 앞서 언급했던 것처럼 해당 클러스터에는 단일 노드만 있기 때문에 테스트와 실험 환경에는 유용할 수 있지만 대부분의 운영 환경과는 약간의 차이가 있다.

클러스터에 대한 작업이 완료됐을 경우 다음과 같은 명령을 사용해 VM을 중지할 수 있다.

```
$ minikube stop
```

클러스터를 제거하고자 할 경우 다음과 같은 명령을 사용해 해결할 수 있다.

```
$ minikube delete
```

도커 환경에서 쿠버네티스 실행

쿠버네티스 클러스터 생성의 또 다른 접근 방식이 최근에 개발됐다. 이는 여러 쿠버네티스 클러스터 노드를 시뮬레이션하고자 가상머신을 사용하는 대신 도커 컨테이너를 이용한다. kind 프로젝트(https://kind.sigs.k8s.io)는 도커 환경에서 테스트 클러스터를 실행하고 관리할 수 있게 한다. kind는 'Kubernetes In Docker'를 의미한다. kind 프로젝트는 현재 진행 중이며 빠르고 쉽게 쿠버네티스 클러스터를 구축해 테스트하고자 하는 사람들에 의해 널리 사용되고 있다.

설치 방법은 kind 사이트(https://oreil.ly/EOgJn)에서 확인할 수 있다. kind 프로젝트를 설치할 경우 다음과 같은 명령을 사용해 쿠버네티스 클러스터를 쉽게 구축할 수 있다.

```
$ kind create cluster --wait 5m \
$ export KUBECONFIG="$(kind get kubeconfig-path)"
$ kubectl cluster-info
$ kind delete cluster
```

쿠버네티스 클라이언트

공식적인 쿠버네티스 클라이언트는 kubectl이다. kubectl은 쿠버네티스 API와 상호작용하기 위한 커맨드라인 도구다. kubectl을 사용해 파드, 레플리카셋 ReplicaSet 및 서비스 같은 대부분의 쿠버네티스 객체를 관리할 수 있다. 또한 kubectl을 사용해 클러스터의 전반적인 상태를 탐색하고 확인할 수 있다.

kubectl 도구를 사용해 방금 생성한 클러스터를 살펴보자.

클러스터 상태 확인

가장 먼저 해야 할 일은 실행 중인 클러스터의 버전을 확인하는 것이다.

```
$ kubectl version
```

위 명령의 실행 결과 쿠버네티스 API와 로컬 kubectl라는 두 가지 다른 버전이 표시된다.

 두 가지 버전이 다르더라도 걱정할 필요는 없다. 쿠버네티스 도구와 클러스터가 마이너 버전 2개 이내로 차이가 있고, 이전 버전이 클러스터에서 새로운 기능을 사용하시 않을 경우 쿠버네티스 도구는 쿠버네티스 API와 상위 또는 하위 호환성을 제공한다. 쿠버네티스는 시맨틱 버저닝(semantic versioning)[1]을 따르며, 중간의 숫자는 마이너 버전을 의미한다(예, 1.18.2에서 18). 그러나 지원되는 버전 내에 있는지 확인해야 한다. 그렇지 않을 경우 문제가 발생할 수 있다.

이제 쿠버네티스 클러스터와의 정상적인 통신을 확인했으므로 좀 더 자세히 살펴보자.

먼저 클러스터에 간단한 진단을 수행할 수 있다. 이는 일반적으로 클러스터의 상태가 정상임을 확인하는 좋은 방법이다.

```
$ kubectl get componentstatuses
```

위 명령의 실행 결과는 다음과 같다.

```
NAME                 STATUS    MESSAGE        ERROR
scheduler            Healthy   ok
controller-manager   Healthy   ok
```

---

1. 의미에 맞게 세 자리 버전(X.Y.Z)을 부여하는 것을 말한다. - 옮긴이

```
etcd-0                    Healthy    {"health": "true"}
```

 쿠버네티스는 시간이 지남에 따라 변경되고 개선돼, 때로는 kubectl 명령의 출력 결과
가 변경된다. 따라서 출력 결과가 이 책의 예제와 정확히 일치하지 않더라도 걱정할
필요 없다.

위 명령으로 쿠버네티스 클러스터를 구성하는 컴포넌트들을 확인할 수 있다.
controller-manager는 클러스터의 동작을 제어하는 다양한 컨트롤러를 실행한
다. 예를 들어 서비스의 모든 복제본에 대해 사용 가능 여부와 정상 동작 여부
를 확인한다. scheduler는 클러스터의 다른 노드에 다른 파드를 배치하는 역할
을 담당한다. 마지막으로 etcd 서버는 모든 API 객체가 저장된 클러스터의 저장
소다.

쿠버네티스 노드 조회

다음으로 쿠버네티스 클러스터의 모든 노드 목록을 조회할 수 있다.

```
$ kubectl get nodes
NAME      STATUS    ROLES                  AGE   VERSION
Kube0     Ready     Control-plane,master   45d   v1.22.4
Kube1     Ready     <none>                 45d   v1.22.4
Kube2     Ready     <none>                 45d   v1.22.4
Kube3     Ready     <none>                 45d   v1.22.4
```

이를 통해 4개의 노드로 구성된 클러스터가 45일 동안 가동되고 있음을 확인할
수 있다. 쿠버네티스에서 노드는 API 서버, 스케줄러 등과 같이 클러스터를 관
리하는 control-plane 노드와 컨테이너가 실행되는 worker 노드로 구분된다.
쿠버네티스는 일반적으로 사용자 워크로드workload(작업 부하)가 클러스터 전체 운영

에 영향을 주지 않도록 control-plane 노드에 스케줄링을 수행하지 않는다.
kubectl describe 명령으로 kube-1과 같은 특정 노드에 대한 상세한 정보를 얻
을 수 있다.

```
$ kubectl describe nodes kube-1
```

먼저 노드의 기본 정보가 표시된다.

```
Name                kube-1
Role:
Labels              beta.kubernetes.io/arch=arm
                    beta.kubernetes.io/os=linux
                    kubernetes.io/hostname=node-1
```

위 정보를 통해 해당 노드가 리눅스 OS와 ARM 프로세서에서 실행 중임을 알
수 있다.

다음으로 kube-1 자체의 운영 정보를 확인할 수 있다(간결한 정보 제공을 위해 출력 결과에서
날짜는 제거했다).

```
Conditions:
  Type              Status ...  Reason                    Message
  -----             ------      ------                    -------
  NetworkUnavailable False ...  FlannelIsUp               Flannel...
  MemoryPressure    False  ...  KubeletHasSufficientMemory kubelet...
  DiskPressure      False  ...  KubeletHasNoDiskPressure  kubelet...
  PIDPressure       False  ...  KubeletHasSufficientPID   kubelet...
  Ready             True   ...  KubeletReady              kubelet...
```

이 상태는 노드가 충분한 디스크와 메모리 공간을 확보하고 있음을 보여주며,

정상 상태임을 쿠버네티스 마스터에게 보고한다. 다음은 머신의 용량에 대한 정보다.

```
Capacity:
 alpha.kubernetes.io/nvidia-gpu:    0
 cpu:                               4
 memory:                            882636Ki
 pods:                              110
Allocatable:
 alpha.kubernetes.io/nvidia-gpu:    0
 cpu:                               4
 memory:                            882636Ki
 pods:                              110
```

그다음은 실행 중인 도커 버전, 쿠버네티스 버전, 리눅스 커널 버전 등 노드에 위치한 소프트웨어에 대한 정보다.

```
System Info:
  Machine ID:                   44d8f5dd42304af6acde62d233194cc6
  System UUID:                  c8ab697e-fc7e-28a2 7621-94c691120fb9
  Boot ID:                      e78d015d-81c2-4876-ba96-106a82da263e
  Kernel Version:               4.19.0-18-amd64
  OS Image:                     Debian GNU/Linux 10 (buster)
  Operating System:             linux
  Architecture:                 amd64
  Container Runtime Version:    containerd://1.4.12 [DP2]
  Kubelet Version:              v1.22.4
  Kube-Proxy Version:           v1.22.4
PodCIDR:                        10.244. 1.0/24
PodCIDRs:                       10.244. 1.0/24
```

마지막으로 노드에서 실행 중인 파드에 관련된 정보를 확인할 수 있다.

```
Non-terminated Pods:              (3 in total)
  Namespace    Name       CPU RequestsCPU Limits  Memory Requests  Memory Limits
  ---------    ----       ---------   ----------  -----------      -----------
  kube-system  kube-dns...  260m (6%)  0 (0%)      140Mi (16%)      220Mi (25%)
  kube-system  kube-fla...  0 (0%)     0 (0%)      0 (0%)           0 (0%)
  kube-system  kube-pro...  0 (0%)     0 (0%)      0 (0%)           0 (0%)
Allocated resources:
  (Total limits may be over 100 percent, i.e., overcommitted.
  CPU Requests   CPU Limits    Memory Requests   Memory Limits
  -----------    --------      ---------------   -----------
  260m (6%)      0 (0%)        140Mi (16%)       220Mi (25%)
No events.
```

위의 출력 결과에서 노드상에 위치한 파드의 정보(예, 클러스터에 DNS 서비스를 제공하는 kube-dns 파드)를 확인할 수 있으며, 요청된 전체 리소스뿐만 아니라 각 파드가 노드에 요청하는 CPU와 메모리 정보를 확인할 수 있다. 쿠버네티스는 머신에서 실행 중인 파드가 요청한 리소스의 요청^{request}과 제한^{limit}을 추적할 수 있음을 주목해야 한다. 리소스에 대한 요청과 제한의 차이는 5장에서 자세히 설명한다. 요약하자면 파드에서 요청한 리소스는 노드에서 그만큼의 사용을 보장해주지만 제한은 파드가 사용할 수 있는 리소스의 최대량이다. 파드의 제한은 요청보다 적용 우선순위가 높을 수 있으며, 이 경우 여분의 리소스가 최선 노력$^{best-effort}$ 기반으로 제공된다. 하지만 이 리소스가 노드에 존재하는 것은 보장되지 않는다.

클러스터 컴포넌트

쿠버네티스에서 흥미로운 사실 중 하나는 쿠버네티스 클러스터를 구성하는 많은 컴포넌트가 실제로 쿠버네티스 자체를 통해 배포된다는 점이다. 몇 가지 경우를 살펴보자. 이러한 컴포넌트들은 이후의 장에서 소개할 개념들을 사용한다. 이 모든 컴포넌트는 kube-system 네임스페이스[2]에서 실행된다.

쿠버네티스 프록시

쿠버네티스 프록시proxy는 쿠버네티스 클러스터 내의 부하 분산된 서비스로 네트워크 트래픽을 라우팅하는 역할을 한다. 이러한 작업을 위해 프록시는 클러스터 내의 모든 노드에 위치해야 한다. 쿠버네티스에는 데몬셋DaemonSet이라고 하는 API 객체가 있으며, 프록시는 이 객체를 통해 배포된다. 데몬셋은 11장에서 다룬다. 데몬셋 형태로 배포되는 쿠버네티스 프록시를 다음과 같은 명령으로 확인할 수 있다.

```
$ kubectl get daemonSets --namespace=kube-system kube-proxy
NAME         DESIRED CURRENT READY UP-TO-DATE AVAILABLE NODE SELECTOR
kube-proxy   5       5       5     5          5         ...  45d
```

클러스터 설정 방법에 따라 kube-proxy 데몬셋에 다른 이름이 부여되거나 데몬셋을 전혀 사용하지 않을 수도 있다. 그 형태가 어찌됐든 kube-proxy 컨테이너는 클러스터의 모든 노드에서 실행되고 있어야 한다.

쿠버네티스 DNS

쿠버네티스는 DNS 서버를 실행해 클러스터에 정의된 서비스의 이름 지정과 검색 기능을 제공한다. 이 DNS 서버는 클러스터에서 복제된 서비스 형태로 실행된다. 클러스터의 크기에 따라 하나 이상의 DNS 서버가 클러스터에서 실행 중임을 확인할 수 있다. DNS 서비스는 이러한 복제본(이것의 이름은 coredns 또는 다른 변형일

---

2. 4장에서 학습하겠지만 쿠버네티스의 네임스페이스는 쿠버네티스 리소스를 구성하는 개체(entity)다. 쉽게 설명하자면 파일 시스템의 폴더처럼 생각할 수 있다.

수도 있음)을 관리하는 쿠버네티스 디플로이먼트^{deployment} 형태로 실행된다.

```
$ kubectl get deployments --namespace=kube-system core-dns
NAME       DESIRED   CURRENT   UP-TO-DATE   AVAILABLE AGE
core-dns   1         1         1            1         45d
```

DNS 서버에 대한 로드밸런싱을 수행하는 쿠버네티스 서비스도 있다.

```
$ kubectl get services --namespace=kube-system core-dns
NAME       CLUSTER-IP    EXTERNAL-IP PORT(S)      AGE
core-dns   10.96.0.10    <none>      53/UDP,53/TCP 45d
```

이는 클러스터 내에서 DNS 서비스의 주소가 10.96.0.10임을 보여준다. 클러스터 내에 있는 컨테이너에 로그인해 /etc/resolv.conf 파일을 확인해보면 DNS 서비스 주소가 기입돼 있는 것을 볼 수 있다.

쿠버네티스 UI

GUI^{Grphic User Interface}에서 클러스터를 시각화하려는 경우 대부분의 클라우드 서비스 제공업체는 이러한 시각화를 클라우드용 GUI에 통합한다. 클라우드 서비스 제공업체가 이러한 UI를 제공하지 않거나 클러스터 내의 GUI를 선호하는 경우 설치 가능한 커뮤니티 버전 GUI가 존재한다. 클러스터에 대시보드를 설치하는 방법은 설명서(https://oreil.ly/wKfEx)를 참고한다. 또한 비주얼 스튜디오 코드^{Visual Studio Code}와 같은 개발 환경용 익스텐션^{extension}을 사용해 클러스터의 상태를 한눈에 볼 수 있다.

요약

지금까지 쿠버네티스 클러스터에 대한 설치를 진행했으며 생성된 클러스터를 탐색하기 위한 몇 가지 명령을 실행해봤다. 4장에서는 쿠버네티스 클러스터에 대한 CLI를 살펴보고 kubectl 도구를 활용하는 방법을 살펴본다. 이 책의 나머지 부분에서는 kubectl 도구와 테스트 클러스터를 사용해 쿠버네티스의 다양한 API 객체를 살펴본다.

## 4장

공통 kubectl 명령

kubectl 커맨드라인 유틸리티는 강력한 도구로, 이후 장들에서 객체를 생성하고 쿠버네티스 API와 상호작용하는 데 사용할 것이다. 하지만 그전에 모든 쿠버네티스 객체에 적용되는 기본적인 kubectl 명령을 살펴보자.

네임스페이스

쿠버네티스는 클러스터의 객체들을 관리하고자 네임스페이스^{namespace}를 사용한다. 각각의 네임스페이스는 객체들의 집합을 담고 있는 폴더라고 이해할 수 있다. 기본적으로 kubectl 명령은 기본 네임스페이스와 상호작용한다. 다른 네임스페이스를 사용하고 싶다면 kubectl 명령에 --namespace 플래그를 추가해야 한다. 예를 들어 kubectl --namespace=mystuff 명령은 mystuff 네임스페이스의 객체들을 참조한다. 또한 좀 더 간결하게 사용하고자 -n 플래그를 사용할 수도 있다. 클러스터 내의 모든 파드 조회 등과 같이 모든 네임스페이스와 상호작용하고 싶다면 --all-namespaces 플래그를 추가해야 한다.

콘텍스트

기본 네임스페이스를 영구적으로 변경하고 싶다면 콘텍스트^{context}를 사용할 수 있다. 이것은 주로 $HOME/.kube/config 경로에 존재하는 kubectl 컨피규레이션 파일에 기록돼 있다. 이 컨피규레이션 파일에는 클러스터를 찾고 인증하는 방법도 저장돼 있다. 예를 들어 다음 명령을 사용해 kubectl에 다른 기본 네임스페이스를 가진 콘텍스트를 생성할 수 있다.

```
$ kubectl config set-context my-context -namespace=mystuff
```

새로운 콘텍스트를 생성했지만 아직까지는 실제로 사용한 것은 아니다. 새롭게 생성된 콘텍스트를 사용하려면 다음과 같은 명령을 실행하면 된다.

```
$ kubectl config use-context my-context
```

또한 콘텍스트는 set-context 명령과 함께 --users 또는 --clusters 플래그를 사용해 클러스터를 인증해 다른 사용자나 클러스터를 관리할 수 있다.

쿠버네티스 API 객체 조회

쿠버네티스에 포함된 모든 것은 RESTful 리소스로 표현된다. 이 책에서는 이것들을 쿠버네티스 객체라고 표현한다. 각 쿠버네티스 객체는 고유의 HTTP 경로에 존재한다. 예를 들어 https://your-k8s.com/api/v1/namespaces/default/pods/my-pod는 my-pod라 불리는 기본 네임스페이스에 있는 파드를 의미한다. kubectl 명령은 해당 URL 경로에 존재하는 쿠버네티스 객체에 접근하고자 HTTP 요청을 보낸다.

kubectl 명령으로 쿠버네티스 객체를 조회하는 가장 기본적인 명령은 바로 get 이다. kubectl get <리소스 이름>을 실행할 경우 현재 네임스페이스에 존재하는 모든 리소스 목록을 조회할 수 있다. 특정 리소스를 조회하고자 할 경우에는 kubectl get <리소스 이름> <객체 이름>을 사용할 수 있다.

기본적으로 kubectl은 API 서버로부터 오는 응답을 보여주고자 사람이 읽을 수 있는 출력 방식을 사용하지만 이 출력 방식은 터미널 한 줄에 각 객체를 표현하고자 객체의 많은 세부 사항을 생략한다. 좀 더 많은 정보를 얻고자 -o 플래그를 추가하면 긴 줄로 표현된 세부 사항을 확인할 수 있다. 객체의 전체 정보를 얻고자 할 경우에는 -o json 또는 -o yaml 플래그를 사용해 객체를 JSON 이나 YAML 형식으로 조회할 수 있다.

kubectl 명령의 출력 결과를 조작하는 일반적인 옵션은 헤더를 제거하는 것인데, 이는 주로 kubectl과 유닉스 파이프를 조합해 유용하게 사용할 수 있다(예, kubectl ... | awk ...). --no-headers 조건을 명시하면 kubectl은 사람이 읽을 수 있는 표의 상단에 있는 헤더들을 제거할 것이다.

또 다른 일반적인 작업은 객체에서 특정 영역을 추출하는 것이다. kubectl은 JSONPath 쿼리 언어를 사용해 반환된 객체에서 특정 필드를 선택할 수 있다. 다음 명령은 특정 파드의 IP 주소를 추출해 표시한다(JSONPath에 관한 자세한 설명은 4장에서 다루지 않는다).

```
$ kubectl get pods my-pid --o jsonpath --template={.status.podIP}
```

쉼표로 구분된 타입 목록을 사용해 타입이 다른 여러 객체를 동시에 확인할 수도 있다. 예를 들면 다음과 같다.

```
$ kubectl get pods,services
```

이 명령은 실행 결과 지정된 네임스페이스에 대한 모든 파드와 서비스가 출력된다.

특정 객체에 대해 좀 더 자세한 정보를 얻고 싶을 경우 describe 명령을 사용한다.

```
$ kubectl describe <리소스 이름> <객체 이름>
```

위 명령은 해당 객체뿐만 아니라 쿠버네티스 클러스터에서 해당 객체와 관련 있는 다른 객체와 이벤트까지도 사람이 읽을 수 있는 형태로 제공한다.

쿠버네티스 객체 타입에 대해 지원되는 필드 목록을 보려면 explain 명령을 사용할 수 있다.

```
$ kubectl explain pods
```

때로는 쿠버네티스 리소스의 상태를 지속적으로 관찰해 리소스에 대한 변경 사항이 발생할 때를 확인하려는 경우가 존재한다. 예를 들어 애플리케이션이 재시작되기를 기다리고 있을 수 있다. 이때 --watch 플래그는 이를 가능하게 한다. 이 플래그를 kubectl get 명령에 추가해 특정 리소스의 상태를 지속적으로 모니터링할 수 있다.

쿠버네티스 객체 생성, 수정, 삭제

쿠버네티스 API의 객체들은 JSON이나 YAML 파일로 표현된다. 이러한 파일들은 쿼리에 대한 응답으로 서버에 의해 반환되거나 API 요청의 한 부분으로서 서버로 전송된다. YAML이나 JSON 파일들을 사용해 쿠버네티스 서버에 객체를 생성, 수정, 삭제할 수 있다.

obj.yaml이라는 파일에 간단한 객체가 저장돼 있다고 가정해보자. 그런 다음 kubectl 명령을 사용해 쿠버네티스에 해당 객체를 생성할 수 있다.

```
$ kubectl apply -f obj.yaml
```

리소스 타입[resource type]이 객체 파일 자체에 포함돼 있기 때문에 객체의 리소스 타입을 별도로 지정해주지 않아도 된다.

이와 비슷하게 객체를 변경한 후에도 apply 명령을 사용해 객체를 수정할 수 있다.

```
$ kubectl apply -f obj.yaml
```

위 명령은 클러스터에 있는 현재 객체와 다른 객체들만 수정한다. 생성 중인 객체가 이미 클러스터에 존재할 경우 변경 사항 없이 해당 명령은 종료된다. 이는 파일의 상태와 클러스터의 상태를 일치시키는 반복문을 만들 때 매우 유용하다. 파일과 객체의 상태를 일치시키고자 apply 명령을 반복적으로 사용할 수 있다.

변경 없이 apply 명령이 어떻게 적용되는지 확인하고자 할 경우 --dry-run 플래그를 사용해 실제 서버에 전송하지 않고 터미널에 객체를 출력해 확인할 수 있다.

로컬 파일을 수정하는 대신 대화식 편집(interactive edit)을 원할 경우, 다음 edit 명령을 사용해 객체의 최신 상태를 다운로드하고 정의돼 있는 상태를 편집할 수 있다.

```
$ kubectl edit <리소스 이름> <객체 이름>
```

해당 파일을 저장하면 자동으로 쿠버네티스 클러스터에 업로드한다.

또한 apply 명령은 애노테이션[annotation]을 사용해 이전 컨피규레이션 이력을 객체 안에 기록할 수 있다. 이 기록은 edit-last-applied, set-last-applied, view-last-applied의 명령을 사용해 조작할 수 있는데, 예를 들면 다음과 같다.

```
$ kubectl apply -f myobj.yaml view-last-applied
```

위 명령은 객체에 적용된 최근 상태를 보여준다.

객체를 삭제하고자 할 경우 간단히 다음과 같은 명령을 실행한다.

```
$ kubectl delete -f obj.yaml
```

kubectl은 사용자에게 삭제에 대한 확인 메시지를 보여주지 않음에 주의해야 한다. 명령을 실행하면 해당 객체는 바로 삭제될 것이다.

다음과 같이 리소스 타입과 이름을 사용해 객체를 삭제할 수 있다.

```
$ kubectl delete <리소스 이름> <객체 이름>
```

객체 라벨링과 애노테이션

라벨과 애노테이션은 객체에 대한 태그다. label과 annotate 명령을 사용해 모든 쿠버네티스 객체의 라벨과 애노테이션을 업데이트할 수 있다(6장에서 설명). 예를 들어 bar라는 이름의 파드에 color=red라는 라벨을 추가하고 싶을 경우 다음 명령을 실행한다.

```
$ kubectl label pods bar color=red
```

애노테이션을 설정하기 위한 구문은 동일하다.

92

기본적으로 라벨과 애노테이션은 덮어쓰기를 허용하지 않는다. 이를 위해서는 --overwrite 플래그를 사용해야 한다.

라벨을 제거하고 싶다면 <라벨 이름> 구문을 사용한다.

```
$ kubectl label pods bar color-
```

위 명령은 이름이 bar인 파드의 color 라벨을 삭제할 것이다.

디버깅 명령

kubectl은 컨테이너를 디버깅할 수 있도록 여러 가지 명령을 제공한다. 현재 동작 중인 컨테이너의 로그를 확인하려면 다음 명령을 사용할 수 있다.

```
$ kubectl logs <파드 이름>
```

파드 안에 여러 컨테이너가 있을 경우 -c 플래그를 사용해 조회하고자 하는 특정 컨테이너를 선택할 수 있다.

기본적으로 kubectl logs 명령은 현재 로그들을 보여주고 종료된다. 종료하지 않고 계속해서 로그를 터미널에 출력하고자 할 경우에는 -f 플래그를 명령에 추가한다.

현재 실행 중인 컨테이너에 명령을 실행하고자 할 경우 exec 명령을 사용한다.

```
$ kubectl exec -it <파드 이름> --bash
```

이 명령은 좀 더 자세한 디버깅을 수행할 수 있도록 현재 동작 중인 컨테이너 안에서 대화형 셸을 제공한다.

배시 셸이 없거나 컨테이너 안에 다른 터미널이 사용 가능할 경우 attach 명령을 사용한다.

```
$ kubectl attach -it <파드 이름>
```

attach 명령은 kubectl logs 명령과 비슷하지만 표준 입력으로부터 읽어오도록 설정돼 프로세스에 입력값을 보낼 수 있다

cp 명령을 사용해 컨테이너에 파일을 붙여 넣거나 컨테이너에서 파일을 가져올 수 있다.

```
$ kubectl cp <파드 이름>:</path/to/remote/file> </path/to/local/file>
```

위 명령은 실행 중인 컨테이너에서 로컬 머신으로 파일을 복사한다. 디렉터리를 지정하거나 구문을 역으로 해 로컬 머신에서 컨테이너로 파일을 복사하는 것도 가능하다.

네트워크를 통해 파드에 접근하고자 할 경우 port-forward 명령을 사용해 로컬 머신에서 파드로 네트워크 트래픽을 전달할 수 있다. 이는 퍼블릭 네트워크에 노출시키지 않고 컨테이너로 안전하게 네트워크 트래픽을 터널링할 수 있다. 예를 들면 다음 명령과 같다.

```
$ kubectl port-forard <파드 이름> 8080:80
```

로컬 머신의 8080 포트에서 원격 컨테이너 80 포트로 트래픽을 전달하는 연결을 생성한다.

<파드 이름> 대신 services/<서비스 이름>을 명시함으로써 서비스에 port-forward 명령을 적용할 수 있다. 하지만 서비스로 port-forward를 할 경우 요청은 서비스 내의 단일 파드로만 전달됨에 유의해야 한다. 이는 서비스 로드밸런서를 통해 전달되지 않는다.

쿠버네티스 이벤트를 확인하려면 kubectl get events 명령을 사용해 지정된 네임스페이스의 모든 객체에 대한 최신 10개 이벤트 목록을 확인할 수 있다.

```
$ kubectl get events
```

kubectl get events 명령에 --watch를 추가해 발생하는 이벤트를 스트리밍할 수도 있다. 모든 네임스페이스의 이벤트를 보려면 -A를 포함한다.

마지막으로 클러스터의 리소스 사용 현황을 조회하고자 할 경우에는 top 명령을 사용해 각 노드나 파드의 리소스 사용량을 조회할 수 있다.

```
$ kubectl top nodes
```

이 명령은 절대 단위(예, 코어)와 가용 리소스의 백분율(전체 코어 수)을 사용해 각 노드들의 CPU와 메모리 리소스 사용량을 보여준다.

```
$ kubectl top pods
```

이 명령 실행 결과 모든 파드의 목록과 리소스 사용량을 보여준다. 이 명령은 기본적으로 현재 네임스페이스 내의 파드를 보여주기 때문에, --all-namespaces 플래그를 추가해 클러스터 내 모든 파드의 리소스 사용량을 확인할 수가 있다.

이러한 top 명령은 메트릭 서버가 클러스터에서 실행 중인 경우에만 동작한다. 메트릭 서버는 거의 모든 관리형 쿠버네티스 환경과 비관리형 환경에도 있다. 그러나 이러한 명령이 실패하는 경우 메트릭 서버를 설치해야 하기 때문일 수 있다.

클러스터 관리

kubectl 도구를 사용해 클러스터 자체를 관리할 수도 있다. 클러스터를 관리하고자 취하는 가장 일반적인 조치는 특정 노드를 차단^{cordon}하고 비우기^{drain}를 수행하는 것이다. 노드를 차단하면 해당 노드에 팟이 스케줄링되지 않는다. 노드에 대한 비우기를 설정하면 해당 머신에서 실행 중인 모든 파드가 제거된다. 이러한 명령의 좋은 사용 사례는 수리나 업그레이드를 위해 물리 머신을 제거하는 것이다. 이러한 시나리오에서는 kubectl cordon 다음에 kubectl drain 명령을 사용해 클러스터에서 시스템을 안전하게 제거할 수 있다. 머신이 수리되면 kubectl uncordon 명령으로 노드에 대한 파드 스케줄링을 다시 활성화할 수 있나. undrain 명령은 존재하지 않는다. 파드가 생성될 때 자연스럽게 빈 노드에 스케줄링된다. 노드에 빠르게 영향을 미치는 것(예, 시스템 재부팅)의 경우 일반적으로 차단하거나 비울 필요가 없다. 파드를 다른 머신으로 이동하기를 원할 만큼 오랜 기간 동안 서비스를 중단할 경우에만 필요하다.

명령 자동 완성

kubectl은 셸과의 통합^{integration}을 지원해 명령과 리소스 모두에 대한 탭 완성 기능을 제공한다. 환경에 따라 명령 자동 완성 기능을 활성화하기 전에 bash-completion 패키지를 설치해야 할 수도 있다. 환경에 따라 적절한 패키지 매니저를 사용해 bash-completion 패키지를 설치할 수 있다.

```
# 맥OS
$ Brew install bash-completion

# 센트OS/레드햇
$ yum install bash-completion
```

```
# 데비안/우분투
$ apt-get install bash-completion
```

맥OS에 설치하는 경우 ${HOME}/.bash_profile을 사용해 탭 완성 기능을 활성화하는 방법에 대한 brew 지침을 따른다.

bash-completion이 설치되면 터미널에서 다음 명령을 사용해 일시적으로 활성화할 수 있다.

```
$ source <(kubectl completion bash)
```

모든 터미널에서 자동으로 활성화되도록 적용하려면 ${HOME}/.bashrc 파일에 다음 내용을 추가해야 한다.

```
$ echo "source <(kubectl completion bash)" >> ${HOME}/.bashrc
```

zsh를 사용할 경우 위와 유사한 지침을 다음 링크(https://oreil.ly/aYujA)에서 확인할 수 있다.

클러스터 조회의 대안

kubectl 외에도 쿠버네티스 클러스터와 상호작용하기 위한 도구들이 있다.

예를 들어 다음과 같이 쿠버네티스와 편집 환경을 통합하는 여러 편집기용 플러그인들이 있다.

- 비주얼 스튜디오 코드Visual Studio Code(http://bit.ly/32ijGV1)

- 인텔리제이IntelliJ(http://bit.ly/2Gen1eG)

- 이클립스^{Eclipse}(http://bit.ly/2XHi6gP)

관리형 쿠버네티스 서비스를 사용하는 경우 대부분 웹 기반 UX^{User Experience}에 통합된 쿠버네티스에 대한 그래픽 인터페이스를 제공한다. 퍼블릭 클라우드의 관리형 쿠버네티스는 애플리케이션 실행 방식에 대한 통찰력을 얻을 수 있는 정교한 모니터링 도구와 통합된다. 또한 랜처 대시보드(https://oreil.ly/mliob)와 Headlamp 프로젝트를 포함해 쿠버네티스를 위한 여러 오픈소스 그래픽 인터페이스가 있다.

요약

kubectl은 쿠버네티스 클러스터에서 애플리케이션을 관리하는 강력한 도구다. 4장에서는 kubectl의 일반적인 사용 방법을 소개했으나 kubectl에 내장된 도움말을 통해 더 많은 정보를 확인할 수 있다. 다음은 kubectl 도움말을 확인할 수 있는 명령이다.

```
$ kubectl help
```

또는

```
$ kubectl help <명령 이름>
```

## 5장

파드

이전 장들에서는 애플리케이션을 컨테이너화하는 방법을 살펴봤지만 실제로 컨테이너화된 애플리케이션을 배포할 때는 주로 다수의 애플리케이션을 단일 머신 위에 단일 원자 단위^{atomic unit}로 배포하고자 할 것이다.

이러한 배포의 일반적인 예제는 그림 5-1에 나와 있는 것처럼 웹 요청을 처리하는 컨테이너와 원격에 위치한 깃 리포지터리^{Git repository}와 파일 시스템을 동기화하는 컨테이너로 구성된다.

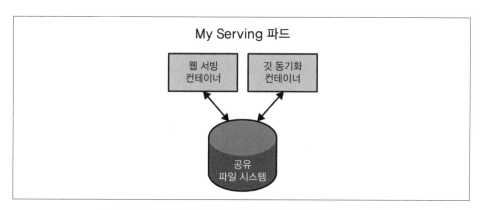

그림 5-1. 2개의 컨테이너와 1개의 공유 파일 시스템을 갖는 파드의 예

처음에는 웹 서버와 깃 동기화 서버를 하나의 컨테이너에 담고 싶을 것이다. 하지만 좀 더 자세히 살펴보면 웹 서버와 깃 동기화 서버를 분리해야 하는 이유

가 명확해진다. 첫째, 리소스 사용 관점에서 보면 2개의 컨테이너는 요구 사항이 굉장히 다르다. 메모리를 예로 들어보자. 웹 서버는 사용자의 요청을 처리하기 때문에 항상 사용 가능한 상태이며 응답이 보장돼야 한다. 반면에 깃 동기화 서버는 사용자와 대면하지 않고 최선 노력 서비스best-effort service[1]만을 제공하면 된다.

깃 동기화 서버에 메모리 누수memory leak 현상이 발생했다고 가정해보자. 이러한 경우 성능에 영향을 주거나 서버를 손상시킬 수 있기 때문에 웹 서버가 사용하려고 하는 메모리를 깃 동기화 서버가 사용하지 않도록 보장해줘야 한다.

이러한 종류의 리소스 격리resource isolation는 컨테이너가 수행하도록 설계됐다. 두 애플리케이션을 2개의 별도 컨테이너로 분리해 안정적인 웹 서버 운영을 보장할 수 있다.

물론 2개의 컨테이너는 공생 관계에 있기 때문에 웹 서버를 한 머신에 두고 깃 동기화 서버를 다른 머신에 스케줄링하는 것은 의미가 없다. 결과적으로 쿠버네티스는 여러 개의 컨테이너를 파드Pod라고 불리는 단일 원자 단위로 그룹화한다(파드가 고래 무리를 뜻하기 때문에 이 이름은 도커 컨테이너에서 고래 주제의 의미와도 연결된다).

이처럼 여러 컨테이너를 단일 파드로 그룹화하는 것이 쿠버네티스에서 처음 소개됐을 때 논란의 소지가 있고 혼동스럽게 보였지만 결과적으로 다양한 종류의 애플리케이션을 인프라에 배포하고자 채택됐다. 예를 들어 여러 서비스 메시를 구현할 때 애플리케이션 파드에 네트워크 관리 기능을 삽입하고자 사이드카를 사용한다.

쿠버네티스에서의 파드

파드는 동일한 실행 환경에서 동작하는 애플리케이션 컨테이너와 볼륨의 집합이다. 쿠버네티스 클러스터에서 배포할 수 있는 가장 작은 아티팩트는 컨테이

---

1. 최선의 노력을 하지만 확실한 품질은 보장하지 않음을 의미한다. - 옮긴이

너가 아닌 파드다. 이는 파드에 포함된 모든 컨테이너는 같은 머신에 존재한다는 것을 의미한다.

파드 내의 각 컨테이너는 자체 cgroup에서 실행되지만 여러 리눅스 네임스페이스를 공유한다.

동일한 파드에서 실행되는 애플리케이션들은 동일한 IP 주소와 포트port 공간(네트워크 네임스페이스)을 공유하고 동일한 호스트명(UTS 네임스페이스)을 가지며, 시스템 V IPC 또는 POSIX 메시지 큐(IPC 네임스페이스) 위의 프로세스 간 통신 채널을 사용해 통신할 수 있다. 하지만 다른 파드에 있는 애플리케이션은 서로 격리돼 있어 서로 다른 IP 주소와 호스트명을 갖는다. 동일한 노드에서 실행되는 다른 파드의 컨테이너는 다른 서버에서도 실행될 수 있다.

파드에 대한 생각

쿠버네티스를 채택할 때 발생하는 가장 일반적인 질문 중 하나는 바로 "파드 안에 무엇을 넣어야 하는가?"이다.

때때로 사람들은 파드를 보고 "아하! 워드프레스 인스턴스를 만들고자 워드프레스 컨테이너와 MySQL 데이터베이스 컨테이너는 같은 파드에 존재해야 하는구나"라고 생각한다. 하지만 실제로 이러한 종류의 파드는 파드 구성의 안티패턴anti-pattern[2]의 한 예다. 그 이유는 두 가지다. 첫째, 워드프레스와 데이터베이스는 공생 관계에 있지 않다. 워드프레스 컨테이너와 데이터베이스 컨테이너가 각기 다른 머신 위에 존재할 경우 네트워크 연결을 기반으로 통신하기 때문에 여전히 매우 효과적으로 함께 작동할 수 있다. 둘째, 워드프레스와 데이터베이스를 한 단위로 스케일링할 필요가 없다. 대개 워드프레스는 상태 비저장stateless이기 때문에 프론트엔드의 부하에 대응해 워드프레스 파드를 좀 더 생성해 위

---

2. 실제 많이 사용되는 패턴이지만 비효율적이거나 비생산적인 패턴을 의미한다. – 옮긴이

드프레스 프론트엔드를 확장scale하고자 할 수 있다. MySQL 데이터베이스를 확장하는 방법은 훨씬 까다롭기 때문에 단일 MySQL 파드에 할당된 리소스를 증가시킬 가능성이 높다. 워드프레스와 MySQL 컨테이너를 단일 파드로 그룹화할 경우 두 컨테이너 모두에 대해 동일한 스케일링 전략을 사용해야 하는데, 이는 적합하지 않다.

일반적으로 파드를 설계할 때 스스로에게 던져봐야 할 질문은 "이러한 컨테이너들이 각기 다른 머신에서 존재해도 정상적으로 동작하는가?"이다. 이에 대한 답변이 "아니요"일 경우 해당 파드는 컨테이너를 올바르게 그룹화한 것이다. 답변이 "예"일 경우 단일 파드가 아닌 여러 개의 파드로 구성하는 것이 올바른 해결책이다. 5장 초반부에서 살펴봤던 예제에서는 2개의 컨테이너가 로컬 파일 시스템을 통해 상호작용한다. 따라서 컨테이너들이 각기 다른 머신 위에 있을 경우 정상적으로 동작하는 것은 불가능하다.

5장의 나머지 절에서는 쿠버네티스에서 파드를 생성, 검사, 관리, 삭제하는 방법을 살펴본다.

파드 매니페스트

파드는 파드 매니페스트Pod manifest에 기술된다. 파드 매니페스트는 쿠버네티스 API 객체를 단순히 텍스트 파일 형태로 표현한 것이다. 쿠버네티스는 선언형 컨피규레이션declarative configuration을 강력하게 신뢰한다. 선언형 컨피규레이션이란 원하는 상태desired state를 컨피규 레이션 파일에 작성한 다음 이를 원하는 상태가 실제 상태가 되도록 조치를 취하는 서비스로 제출하는 것을 의미한다.

선언형 컨피규레이션은 시스템의 상태 변경을 위해 단순히 일련의 동작을 취하는 명령형 컨피규레이션(imperative configuration)과는 다르다(예, apt-get install foo). 수년간의 경험을 통해 시스템의 원하는 상태를 잘 기록해두면 관리가 더욱 용이하고 안정적인 시스템을 만들 수 있다는 사실을 알게 됐다. 선언형 컨피규레이션은 분산된 팀에게 현재 시스템의 상태에 대한 문서 작업뿐만 아니라 컨피규레이션에 대한 코드 리뷰 등 여러 이점을 가져다준다. 또한 쿠버네티스에서 사용자의 개입 없이도 애플리케이션이 계속 동작하게 유지할 수 있는 자가 치유의 기반이 된다.

쿠버네티스 API 서버는 파드 매니페스트를 영구 저장소(etcd)에 저장하기 전에, 우선 파드 매니페스트를 수락하고 처리한다. 또한 스케줄러는 쿠버네티스 API를 사용해 노드에 스케줄링(특정 노드에 파드를 배치하는 것을 의미함)되지 않은 파드를 찾는다. 그런 다음 스케줄러는 파드 매니페스트에 기재된 리소스와 기타 제약 조건에 따라 파드를 노드에 배치한다. 리소스가 충분하다면 스케줄러는 여러 개의 파드를 동일한 머신에 위치시킬 수 있다. 하지만 같은 머신에 동일한 애플리케이션의 여러 복제본을 배치하는 것은 머신이 단일 장애점SPOF, Single Point Of Failure이 될 수 있기 때문에 안전성 측면에서는 좋지 않다. 이러한 단일 장애점에 근거해, 쿠버네티스 스케줄러는 동일한 애플리케이션을 각기 다른 머신으로 분산해 파드의 신뢰성을 보장해준다. 파드가 일단 노드에 스케줄링되고 나면 이동이 불가능하기 때문에 명시적으로 삭제하거나 다시 스케줄링을 해야 한다.

앞서 설명한 워크플로를 반복함으로써 파드의 여러 인스턴스를 배포할 수 있다. 하지만 여러 인스턴스를 실행하기에는 9장에서 살펴볼 레플리카셋ReplicaSet이 더 적합하다(단일 파드를 운영하기에도 레플리카셋이 더 적합하지만 이는 추후에 살펴볼 예정이다).

파드 생성

파드를 생성하는 가장 간단한 방법은 kubectl run 명령을 실행하는 것이다. 예를 들어 kuard 서버를 구동하기 위한 방법은 다음과 같다.

```
$ kubectl run kuard --generator=run-pod/v1 \
   --image=gcr.io/kuar-demo/kuard-amd64:blue
```

그런 후 다음과 같은 명령으로 파드의 상태를 확인할 수 있다.

```
$ kubectl get pods
```

처음에는 컨테이너의 상태가 Pending으로 보일 수 있으며, 결국 Running 상태로 변경되는 것을 확인할 수 있다. 이는 파드와 그 안의 컨테이너들이 성공적으로 생성됐음을 의미한다.

이제 다음과 같은 명령으로 해당 파드를 삭제할 수 있다.

```
$ kubectl delete pods/kuard
```

이제 직접 완전한 파드 매니페스트를 작성하는 방법을 살펴보자.

파드 매니페스트 생성

파드 매니페스트는 YAML이나 JSON 형식을 사용해 작성할 수 있지만 일반적으로 좀 더 수정이 용이하고 주석comment을 지원할 수 있는 YAML 형식을 선호한다. 파드 매니페스트(그리고 기타 쿠버네티스 API 객체)는 소스코드와 같은 방식으로 다뤄야 하며, 주석을 사용할 경우 팀의 새로운 구성원에게 이를 설명하는 데 도움이 된다.

파드 매니페스트는 키 필드와 속성의 쌍으로 구성돼 있다. 파드 매니페스트는 파드와 그 라벨에 대한 설명을 포함하는 metadata 섹션과 볼륨 및 파드에서 실행될 컨테이너 목록을 설명하는 spec 섹션으로 구성돼 있다.

2장에서는 다음과 같은 도커 명령을 사용해 kuard를 배포했다.

```
$ docker run -d --name kuard \
   --publish 8080:8080 \
   gcr.io/kuar-demo/kuard-amd64:blue
```

예제 5-1과 같이 kuard-pod.yaml이라는 이름의 파일을 작성한 후 kubectl 명령을 사용해 해당 매니페스트를 쿠버네티스에 로드해도 비슷한 결과를 얻을 수 있다.

예제 5-1. kuard-pod.yaml

```yaml
apiVersion: v1
kind: Pod
metadata:
  name: kuard
spec:
  containers:
    - image: gcr.io/kuar-demo/kuard-amd64:blue
      name: kuard
      ports:
        - containerPort: 8080
          name: http
          protocol: TCP
```

위와 같은 방식으로 애플리케이션을 처음 관리하는 경우 더 번거로워 보일 수 있지만 원하는 상태를 서면으로 기록하는 것은 다수의 애플리케이션을 소유하고 있는 대규모의 팀에게 장기적인 관점으로 봤을 때 매우 좋은 모범 답안이다.

파드 실행

이전 절에서는 kuard를 실행하는 파드를 구동하기 위한 파드 매니페스트를 작성했다.

kubectl apply 명령으로 kuard의 단일 인스턴스를 실행해보자.

```
$ kubectl apply -f kuard-pod.yaml
```

이 명령의 실행 결과 파드 매니페스트는 쿠버네티스 API 서버로 전달될 것이다. 쿠버네티스 시스템은 클러스터 내에서 상태가 정상인 노드에 파드를 스케줄링할 것이며, kubelet이라고 하는 데몬은 이 프로세스를 모니터링할 것이다. 쿠버네티스의 구성 요소에 대해서는 이 책을 진행하면서 자세히 살펴볼 예정이므로 지금 당장 이해되지 않더라도 걱정할 필요는 없다.

파드 조회

이제 실행 중인 파드에 대해 좀 더 자세히 알아보자. kubectl 커맨드라인 도구를 사용해 클러스터 내 모든 파드의 목록을 조회할 수 있다. 아직까지는 이전 단계에서 생성한 1개의 파드만 존재한다.

```
$ kubectl get pods
NAME      READY    STATUS     RESTARTS    AGE
kuard     1/1      Running    0           44s
```

이전 예제의 YAML 파일에서 지정했던 kuard라는 이름의 파드를 볼 수 있다. 또한 준비된 컨테이너 수(1/1) 외에도 파드의 상태, 파드의 수명, 파드가 재시작된 수를 확인할 수 있다.

파드가 생성된 직후 위 명령을 실행하면 다음과 같은 결과를 확인할 수 있다.

```
NAME      READY    STATUS     RESTARTS    AGE
kuard     0/1      Pending    0           1s
```

Pending 상태는 파드가 제출submit됐지만 아직 스케줄링되지 않은 것을 의미한다. 좀 더 심각한 에러가 발생할 경우(존재하지 않는 컨테이너 이미지로 파드를 만들거나) STATUS 필드에 표시될 것이다.

기본적으로 kubectl 커맨드라인 도구는 간결한 정보를 보여주지만 커맨드라인 플래그로 좀 더 많은 정보를 얻을 수 있다. kubectl 명령 사용 시 -o wide를 추가하면 더 많은 정보를 보여준다(이때 정보는 한 줄로 표시된다). 또한 -o json 또는 -o yaml을 추가하면 각각 JSON이나 YAML의 형태로 전체 객체를 확인할 수 있다. kubectl이 수행하는 작업에 대해 상세한 로그를 확인하려면 --v=10 플래그를 추가해 이를 수행할 수 있다.

파드 세부 사항

가끔은 한 줄로 표시되는 결과가 너무 간결해서 충분하지 않을 수 있다. 더욱이 쿠버네티스는 파드 객체에 저장돼 있지 않고 이벤트 스트림^{event stream}에 존재하는 파드에 대한 수많은 이벤트를 관리한다.

파드(또는 다른 쿠버네티스 객체)에 대해 좀 더 많은 정보를 확인하려면 kubectl describe 명령을 사용할 수 있다. 예를 들어 이전에 생성한 파드의 세부 사항을 확인하고 싶을 경우 다음과 같은 명령을 실행한다.

```
$ kubectl describe pods kuard
```

위 명령 실행 결과 파드에 대한 많은 정보가 여러 섹션으로 출력된다. 상단에는 파드의 기본적인 정보를 보여준다.

```
Name:          kuard
Namespace:     default
Node:          node1/10.0.15.185
Start Time:    Sun, 02 Jul 2017 15:00:38 -0700
Labels:        <none>
Annotations:   <none>
Status:        Running
IP:            192.168.199.238
Controllers:   <none>
```

이어서 파드 내에서 실행 중인 컨테이너에 대한 정보를 보여준다.

```
Containers:
  kuard:
    Container ID:  docker://055095...
    Image:         gcr.io/kuar-demo/kuard-amd64:blue
    Image ID:      ocker-pullable://gcr.io/kuar-demo/kuard-amd64@sha256:a580...
    Port:          8080/TCP
    State:         Running
      Started:     Sun, 02 Jul 2017 15:00:41 -0700
    Ready:         True
    Restart Count: 0
    Environment:   <none>
    Mounts:
  /var/run/secrets/kubernetes.io/serviceaccount from default-token-cg5f5 (ro)
```

마지막으로 스케줄링된 시간과 이미지를 가져온 시간, 상태 검사 실패로 인한 재시작 여부, 시간 등 파드와 관련된 이벤트 정보를 보여준다.

```
Events:
  Seen From             SubObjectPath            Type    Reason    Message
  ---- ----             ------------             ----    -------   ------
  50s  default-scheduler                          Normal  Scheduled Success...
  49s  kubelet, node1   spec.containers{kuard}   Normal  Pulling   pulling...
  47s  kubelet, node1   spec.containers{kuard}   Normal  Pulled    Success...
  47s  kubelet, node1   spec.containers{kuard}   Normal  Created   Created...
  47s  kubelet, node1   spec.containers{kuard}   Normal  Started   Started...
```

파드 삭제

파드 삭제 시 다음과 같이 이름을 사용해 삭제할 수 있다.

108

```
$ kubectl delete pods/kuard
```

또는 파드를 생성할 때 사용했던 파일을 사용할 수 있다.

```
$ kubectl delete -f kuard-pod.yaml
```

파드를 삭제하더라도 즉시 삭제되는 것은 아니다. 파드 삭제 후 kubectl get pods 명령을 실행해보면 파드의 상태가 Terminating(종료 중)임을 확인할 수 있다. 모든 파드는 기본적으로 30초의 종료 유예 기간$^{grace\ period}$을 갖는다. 파드의 상태가 Terminating으로 변경되면 더 이상 새로운 요청을 받지 않는다. 서비스 관점에서 보면 파드가 삭제되기 전에 현재 처리 중인 요청을 끝낼 수 있게 하기 때문에 유예 기간은 신뢰성 측면에서 매우 중요하다.

파드 삭제 시 해당 파드와 관련된 컨테이너의 데이터도 함께 삭제된다. 데이터를 파드의 여러 인스턴스에 걸쳐 유지하기를 원한다면 5장의 마지막 부분에서 설명할 Persistent Volume을 사용해야 한다.

파드에 접근

이제 파드가 실행 중이므로 여러 이유로 파드에 접근할 수 있다. 파드에 실행 중인 웹 서비스를 불러오고 싶을 수 있다. 또한 직면한 문제를 디버깅하고자 파드의 로그를 확인하거나 파드의 내부에서 디버깅을 도와줄 다른 명령을 실행하고자 할 수 있다. 다음 절에서는 파드 내부에서 실행되는 코드 및 데이터와 상호작용할 수 있는 다양한 방법을 자세히 살펴본다.

로그를 통해 더 많은 정보 얻기

애플리케이션에서 디버깅이 필요할 경우 애플리케이션의 동작을 이해하고자 kubectl describe 명령보다 깊게 파고들 수 있는 방법이 있다면 매우 유용할 것이다. 쿠버네티스는 실행 중인 컨테이너를 디버깅하고자 두 가지 명령을 제공한다. kubectl logs 명령은 실행 중인 인스턴스에서 현재 로그를 다운로드한다.

```
$ kubectl logs kuard
```

-f 플래그를 추가하면 연속적인 로그 스트림을 확인할 수 있다.

kubectl logs 명령은 현재 실행 중인 컨테이너에서 로그를 불러온다. --previous 플래그를 추가하면 컨테이너의 이전 인스턴스에서 로그를 가져온다. 예를 들어 컨테이너 시작 시 문제가 발생해 컨테이너가 계속 재시작되는 경우 유용하게 사용할 수 있다.

kubectl logs의 경우 운영 환경에서 가끔씩 컨테이너의 디버깅에는 유용하지만 일반적으로 로그 수집 서비스(log aggregation service)를 사용하는 것이 유용하다. 많은 클라우드 로깅 제공자가 있을 뿐만 아니라, fluentd와 일래스틱서치(elasticsearch) 같은 몇 가지 오픈소스 로그 수집 도구가 있다. 이러한 로그 수집 서비스는 다양한 로그 검색과 필터링 기능 외에도 장기간 로그를 저장할 수 있는 용량을 제공한다. 또한 여러 파드에서 나오는 로그를 통합해 하나의 뷰에서 보여주는 기능도 제공한다.

exec를 사용해 컨테이너에서 명령 실행

때로는 로그를 통해 확인할 수 있는 정보가 충분하지 않아 컨테이너 내부에서 직접 명령 실행이 필요할 때가 있다. 이를 위해 다음과 같은 명령을 사용할 수 있다.

110

```
$ kubectl exec kuard -- date
```

또한 -it 플래그를 추가해 대화형 세션을 확인할 수 있다.

```
$ kubectl exec -it kuard -- ash
```

컨테이너 내외부로 파일 복사

4장에서 kubectl cp 명령을 사용해 파드 내부의 파일에 접근하는 방법을 살펴봤다. 일반적으로 컨테이너로 파일을 복사하는 것은 안티패턴이다. 컨테이너의 콘텐츠를 변경이 불가능한 것으로 생각해야 한다. 하지만 때로는 이와 같은 방법이 새로운 이미지를 빌드, 푸시, 롤아웃하는 것보다 빠르기 때문에 장애를 멈추고 서비스를 정상 상태로 복구할 수 있는 가장 빠른 방법이다. 하지만 장애가 해결된 경우 즉시 이미지 빌드와 롤아웃을 수행하고 컨테이너에 가한 변경 사항을 정기적으로 예정된 롤아웃을 통해 덮어써야 한다.

상태 검사

쿠버네티스에서 컨테이너로 애플리케이션을 실행하는 경우 **프로세스 상태 검사** process health check 를 사용해 파드를 항상 살아 있는 상태로 유지할 수 있다. 이 상태 검사는 단순히 애플리케이션의 주요 프로세스가 항상 실행되게 한다. 그렇지 않은 경우 쿠버네티스가 애플리케이션을 재시작한다.

그러나 대부분의 경우 단순한 프로세스 상태 검사만으로는 충분하지 않다. 예를 들어 프로세스가 데드락 deadlock 에 걸려 요청을 처리할 수 없는 경우 프로세스 상태 검사는 애플리케이션의 프로세스가 여전히 동작하고 있기 때문에 애플리케이션의 상태를 정상으로 판단할 것이다.

이러한 문제를 해결하고자 쿠버네티스는 애플리케이션 활성^{liveness}에 대한 상태 검사를 도입했다. 활성 상태 검사는 단순히 애플리케이션의 동작 여부뿐만 아니라 정상 기능 수행 여부까지 검사하고자 애플리케이션에 특화된 로직(웹 페이지 로딩과 같은)을 실행한다. 이 활성 상태 검사는 애플리케이션에 따라 다르기 때문에 파드 매니페스트에서 정의해야 한다.

활성 프로브

일단 kuard 프로세스가 구동돼 실행되면 파드의 상태 및 게시자 여부를 확인할 방법이 필요하다. 활성 프로브^{liveness probe}는 컨테이너 단위로 정의되며, 파드의 각 컨테이너별로 상태 검사를 수행한다. 예제 5-2는 kuard 컨테이너의 /healthy 경로로 HTTP 요청을 수행하는 활성 프로브를 추가했다.

예제 5-2. kuard-pod-health.yaml

```
apiVersion: v1
kind: Pod
metadata:
  name: kuard
spec:
  containers:
    - image: gcr.io/kuar-demo/kuard-amd64:blue
      name: kuard
      livenessProbe:
        hLLpGeL:
          path: /healthy
          port: 8080
        initialDelaySeconds: 5
        timeoutSeconds: 1
        periodSeconds: 10
```

```
        failureThreshold: 3
    ports:
      - containerPort: 8080
        name: http
        protocol: TCP
```

위의 파드 매니페스트는 httpGet 프로브를 사용해 kuard 컨테이너 8080 포트상의
/healthy 엔드포인트로 HTTP GET 요청을 수행한다. 프로브는 initialDelaySeconds
를 5로 설정했기 때문에 파드의 모든 컨테이너가 생성되고 5초 후에 상태 검사
를 수행할 것이다. 프로브는 1초의 타임아웃 내에 응답해야 하며, HTTP 상태
코드는 200 이상 400 미만의 경우에 성공으로 간주된다. 쿠버네티스는 10초마
다 프로브를 호출한다. 프로브가 세 번 이상 연속으로 실패하면 컨테이너는
중지되고 재시작될 것이다.

이는 kuard 상태 페이지를 통해 확인할 수 있다. 앞서 생성한 매니페스트를 사
용해 파드를 생성하고 해당 파드로 포트 포워딩을 설정하자.

```
$ kubectl apply -f kuard-pod-health.yaml
$ kubectl port-forward kuard 8080:8080
```

브라우저를 통해 http://localhost:8080으로 접속하고 활성 프로브 탭을 클릭해
보자. kuard 인스턴스가 수신한 모든 프로브를 나열한 표를 확인할 수 있다.
해당 페이지의 '실패' 링크를 클릭하면 kuard는 상태 검사에 실패할 것이다. 따
라서 일정 시간 후에 쿠버네티스는 컨테이너를 재시작할 것이다. 이 시점에
화면 표시는 재설정되고 재시작된다. 재시작에 관한 세부 정보는 kubectl
describe pods kuard 명령을 실행해 확인할 수 있다. Events 섹션의 내용은 다
음과 같을 것이다.

```
Killing container with id docker://2ac946...:pod "kuard_default(9ee84...)"
container "kuard" is unhealthy, it will be killed and re-created.
```

 활성 상태 검사 실패에 대한 기본 반응은 파드를 재시작하는 것이지만 실제 동작은 파드의 재시작 정책(restartPolicy)에 따라 결정된다. 재시작 정책에는 Always(기본값), OnFailure(활성 실패 또는 0이 아닌 프로세스 정지 코드일 경우), Never라는 세 가지 옵션이 있다.

준비 프로브

눌본 활성 프로브가 상태 검사를 위한 유일한 방법은 아니다. 쿠버네티스는 활성^{liveness}과 준비^{readiness}를 구분한다. 활성은 애플리케이션의 정상 동작 여부(제대로 실행되고 있는지)를 검사한다. 활성 검사에 실패한 컨테이너는 재시작된다. 준비는 컨테이너가 사용자 요청 처리에 대한 준비 유무를 검사한다. 준비 상태 검사에 실패한 컨테이너는 서비스 로드밸런서$^{service\ load\ balancer}$에서 제거된다. 준비 프로브는 활성 프로브와 비슷하게 설정된다. 쿠버네티스 서비스에 대한 내용은 7장에서 자세히 살펴본다.

준비 및 활성 프로브를 함께 사용해 클러스터 내에서 정상 상태의 컨테이너만 실행되게 할 수 있다.

시작 프로브

시작 프로브$^{Startup\ probe}$는 느리게 구동되는 컨테이너$^{slow-starting\ container}$를 관리하기 위한 대안으로 최근에 도입됐다. 파드가 구동되면 파드의 다른 프로브가 구동되기 전에 이 시작 프로브가 실행된다. 시작 프로브는 시간이 초과(이 경우 파드가 다시 시작됨)되거나 성공할 때까지 진행되며, 이때 활성 프로브로 인계된다. 시작 프로브를 사용하면 느리게 구동되는 컨테이너에 대해 느리게 폴링하는 동시에 느리게 구동되는 컨테이너가 초기화된 후에 응답 활성 검사를 가능하게 할 수 있다.

고급 프로브 구성

쿠버네티스의 프로브에는 파드 구동 후 프로브를 시작하고자 대기하는 시간, 실제 실패로 간주해야 하는 실패 수, 실패 수를 재설정하는 데 필요한 성공 횟수를 포함해 여러 가지 고급 옵션이 있다. 이러한 모든 컨피규레이션은 지정되지 않은 경우 기본값으로 설정되지만 본질적으로 애플리케이션이 불안정하거나 시작하는 데 오랜 시간이 걸리는 경우와 같은 고급 사용 사례에 필요할 수 있다.

상태 검사의 기타 타입

HTTP 검사 외에도 쿠버네티스는 TCP 소켓을 열어 상태 검사를 수행하는 tcpSocket 상태 검사를 지원한다. 연결이 정상적으로 생성될 경우 TCP 소켓 프로브는 성공으로 간주된다. 이러한 종류의 프로브는 HTTP 기반이 아닌 애플리케이션(데이터베이스 또는 기타 HTTP 기반 API와 같은)에 유용하다.

마지막으로 exec 프로브도 지원한다. 이 프로브는 컨테이너 내부에서 스크립트나 프로그램을 실행한다. 일반적인 규칙에 따라 스크립트가 종료 코드 0(zero exit code)을 반환할 경우 해당 프로브는 성공이고 그렇지 않은 경우 실패로 간주한다. exec 스크립트는 주로 HTTP 호출에 적합하지 않은 사용자 정의 애플리케이션 검증 로직에 유용하게 사용된다.

리소스 관리

많은 사람은 컨테이너와 쿠버네티스 같은 오케스트레이터에서 제공하는 개선된 이미지 패키징과 안정적인 배포를 이유로 컨테이너와 쿠버네티스로의 전환을 시도하고 있다. 분산 시스템 개발을 단순화하는 애플리케이션 지향 프리미티브^{application-oriented primitive} 외에도 쿠버네티스 클러스터를 구성하는 컴퓨트 노드의 전체 사용률을 높이는 것도 중요하다. 가상 또는 물리 머신의 기본적인 운영 비용은 리소스의 사용률(유휴 상태 또는 완전 로드된 상태)에 관계없이 동일하다. 따라서 머신을 최대한 활성화하면 비용 효율성이 향상된다.

일반적으로 이 효율성은 사용률 메트릭을 통해 측정된다. 사용률^{utilization}은 현재 사용 중인 리소스의 양을 갖고 있는 전체 리소스의 양으로 나눈 값으로 정의된다. 예를 들어 1 코어 머신을 구매했고, 애플리케이션이 코어의 1/10을 사용하면 사용률은 10%다. 쿠버네티스 같은 스케줄링 시스템은 리소스 묶음^{resource packing}을 관리해 사용률을 50% 이상으로 높일 수 있다. 이를 위해 애플리케이션이 필요한 리소스의 양을 쿠버네티스에 알려줘 쿠버네티스가 머신에 할당되는 최적의 컨테이너 묶음^{container packing}을 찾을 수 있게 해야 한다.

애플리케이션이 필요로 하는 리소스의 양을 정의하고자 쿠버네티스에서 사용자는 각기 다른 두 가지 리소스 메트릭을 지정할 수 있다. 리소스 요청^{requests}은 애플리케이션 실행을 위해 필요한 최소 리소스의 양을 지정한다. 리소스 제한^{limits}은 애플리케이션이 사용할 수 있는 최대 리소스의 양을 지정한다. 다음 절에서 이를 좀 더 자세히 다룬다.

쿠버네티스는 literals("12345")에서 millicores("100m")에 이르기까지 리소스를 지정하고자 다양한 표기법을 인식한다. 중요한 것은 MB/GB/PB와 MiB/GiB/PiB의 차이다. 전자는 2단위의 제곱(예, 1MB = 1,024KB)이고, 후자는 10단위의 제곱(예, 1MiB= 1000KiB)이다.

에러의 일반적인 원인은 소문자 m을 사용해 밀리 단위를 지정하는 것과 대문자 M을 사용해 메가 단위를 지정하는 것이다. 구체적으로 설명하자면 "400m"은 400Mb가 아니라 0.4MB로 상당한 차이가 있다.

리소스 요청: 최소 필요 리소스

파드가 컨테이너 실행에 필요한 리소스를 요청할 때 쿠버네티스는 해당 리소스를 파드가 이용할 수 있도록 보장한다. 가장 일반적으로 요청되는 리소스는 CPU와 메모리지만 쿠버네티스는 GPU 같은 종류의 리소스도 지원한다. 예를 들어 kuard 컨테이너에 머신의 CPU 절반과 128MB의 메모리를 할당하려면 예제 5-3과 같이 파드를 정의해야 한다.

예제 5-3. kuard-pod-resreq.yaml

```yaml
apiVersion: v1
kind: Pod
metadata:
  name: kuard
spec:
  containers:
    - image: gcr.io/kuar-demo/kuard-amd64:blue
      name: kuard
      resources:
        requests:
          cpu: "500m"
          memory: "128Mi"
      ports:
        - containerPort: 8080
          name: http
          protocol: TCP
```

리소스는 파드가 아닌 컨테이너 단위로 요청된다. 파드가 요청한 전체 리소스는 파드 내 모든 컨테이너가 요청한 전체 리소스의 합과 같다. 이는 컨테이너마다 요구하는 CPU 리소스의 정도가 다르기 때문이다. 예를 들어 파드가 웹 서버와 데이터를 동기화하는 컨테이너를 포함하고 있는 경우 웹 서버는 사용자와 직접 연결돼 있어 많은 CPU 리소스가 필요한 반면에 데이터 동기화의 경우 적은 리소스로도 충분하다.

리소스에 대한 요청은 파드를 노드에 스케줄링할 때 사용한다. 쿠버네티스 스케줄러는 노드에 위치한 모든 파드가 요청한 리소스의 합이 해당 노드의 용량을 초과하지 않게 해야 한다. 따라서 파드는 노드에서 실행될 때 적어도 요청한 리소스만큼은 보장받아야 한다. 여기서 중요한 점은 '요청'은 최소를 의미한다는 것이다. 파드가 사용할 수 있는 리소스의 최댓값도 명시하지 않는다. 이것이 의미하는 바를 확인하고자 다음 예제를 살펴보자.

사용 가능한 모든 CPU 코어를 점유하는 코드를 가진 컨테이너가 있다고 가정해보자. 0.5 CPU를 요청하게 명시하고 이 컨테이너를 갖는 파드를 생성할 경우 쿠버네티스는 해당 파드를 총 2개의 CPU 코어가 있는 머신으로 스케줄링할 것이다.

머신에 해당 파드 1개만 있을 경우 0.5 CPU만 요청했다 하더라도 사용 가능한 코어는 2 CPU 전체다. 0.5 CPU를 요청하고 동일한 컨테이너를 갖는 두 번째 파드가 머신에 위치할 경우 각 파드에는 1 코어씩 할당될 것이다. 동일한 세 번째 파드가 스케줄링될 경우 각 파드에는 0.66 코어씩 할당될 것이다. 마지막으로 동일한 네 번째 파드가 스케줄링될 경우 각 파드는 실제로 요청한 0.5 코어씩 할당받을 것이다. 네 번째로 같은 파드를 배포하면 각 파드는 요청한 0.5 코어를 받고 노드의 용량은 한계에 다다를 것이다.

CPU 요청은 리눅스 키널의 **cpu-shares** 기능을 사용해 구현됐다.

메모리 요청은 CPU와 유사하게 처리되지만 중요한 차이점이 있다. 컨테이너가 요청한 메모리 이상으로 사용할 경우 메모리가 이미 할당돼 있기 때문에 OS는 프로세스에서 메모리를 간단히 제거할 수 없다. 따라서 시스템의 메모리가 부족해질 경우 kubelet은 요청한 메모리보다 많은 메모리를 사용하는 컨테이너를 삭제한다. 이 컨테이너는 자동으로 재시작되지만 컨테이너가 머신에서 사용 가능한 메모리양은 줄어든다.

리소스 요청은 파드에 대한 리소스 가용성을 보장하기 때문에, 부하가 많은 상황에서 컨테이너가 충분한 리소스를 갖도록 보장해주는 것이 중요하다.

리소스 제한으로 리소스 사용량 제한

파드에서 최소 리소스를 사용할 수 있게 요청된 리소스를 설정하는 것 외에 리소스 제한을 통해 파드가 사용 가능한 최대 리소스를 설정할 수도 있다.

이전 예제에서는 최소 0.5 코어의 CPU와 128MB의 메모리를 요청한 kuard 파드를 생성했다. 예제 5-4의 파드 매니페스트에서는 위 컨피규레이션을 확장해 1 코어 CPU와 256MB 메모리의 제한을 추가하는 컨피규레이션을 추가할 것이다.

예제 5-4. kuard-pod-reslim.yaml

```yaml
apiVersion: v1
kind: Pod
metadata:
  name: kuard
spec:
  containers:
    - image: gcr.io/kuar-demo/kuard-amd64:blue
      name: kuard
      resources:
        requests:
          cpu: "500m"
          memory: "128Mi"
        limits:
          cpu: "1000m"
          memory: "256Mi"
      ports:
        - containerPort: 8080
          name: http
          protocol: TCP
```

컨테이너에 제한을 설정하면 커널은 이 제한값을 초과해 리소스를 소비하지 않음을 보장하도록 설정된다. 0.5 코어의 CPU 제한을 가진 컨테이너는 CPU가 휴면idle 상태에 있더라도 0.5 코어만 사용할 수 있다. 256MB의 메모리 제한을 가진 컨테이너는 256MB의 메모리 사용량을 초과하더라도 추가 메모리를 사용할 수 없다(예, malloc에 실패한다).

볼륨을 통한 데이터 보존

파드가 삭제되거나 컨테이너가 재시작되면 컨테이너 파일 시스템에 있는 모든 데이터는 삭제된다. 상태 비저장 웹 애플리케이션에서 발생하는 불필요한 데이터를 남겨두지 않기를 원한다면 때로는 좋은 방법일 수 있다. 다른 경우에는 영구 디스크 스토리지에 접근하는 것이 정상 상태의 애플리케이션에서 중요한 부분이기도 하다. 쿠버네티스는 이러한 영구 저장소persistent storage를 제공한다.

파드에 볼륨 사용

파드 매니페스트에 볼륨을 추가하려면 컨피규레이션에 두 개의 새로운 절을 추가해야 한다. 첫 번째는 spec.volumes 섹션이다. 이 배열은 파드 매니페스트에서 컨테이너가 접근할 수 있는 모든 볼륨을 정의한다. 파드의 모든 컨테이너가 모든 볼륨을 마운트할 필요는 없다. 두 번째 추가 항목은 containers 섹션 정의의 volumeMounts 배열이다. 이 배열은 특정 컨테이너에 마운트될 볼륨과 각 볼륨들이 마운트될 경로를 정의한다. 파드 내의 각기 다른 2개의 컨테이너에 동일한 볼륨을 각기 다른 경로로 마운트할 수 있다.

예제 5-5의 매니페스트는 kuard 컨테이너의 /data 경로에 마운트될 kuard-data 라는 새로운 볼륨 1개를 정의한다.

예제 5-5. kuard-pod-vol.yaml

```yaml
apiVersion: v1
kind: Pod
metadata:
  name: kuard
spec:
  volumes:
    - name: "kuard-data"
      hostPath:
        path: "/var/lib/kuard"
  containers:
    - image: gcr.io/kuar-demo/kuard-amd64:blue
      name: kuard
      volumeMounts:
        - mountPath: "/data"
          name: "kuard-data"
      ports:
        - containerPort: 8080
          name: http
          protocol: TCP
```

파드에서 볼륨을 사용하는 다양한 방법

애플리케이션에서 데이터를 사용할 수 있는 다양한 방법이 있다. 다음은 이러한 방법 중 일부와 쿠버네티스에서 권장하는 패턴이다.

통신/동기화

파드의 첫 번째 예제에서 두 컨테이너가 공유 볼륨을 사용해 원격 깃 리포지터리와 동기화를 유지하며 사이트를 제공하는 방법을 살펴봤다. 이를 위해 파드는 emptyDir 볼륨을 사용했다. 이러한 볼륨은 파드의 수명과 함께하지만 깃 동기화와 웹 서비스 컨테이너 간 통신 기반을 형성해 두 컨테이너 간에 데이터 공유가 가능하다.

캐시

애플리케이션은 성능에는 중요하지만 애플리케이션이 정상적으로 동작하는데는 필요하지 않은 볼륨을 사용할 수 있다. 예를 들면 애플리케이션이 큰이미지로 렌더링된 썸네일을 유지하는 경우다. 물론 원본 이미지로부터 썸네일을 재구성할 수 있지만 썸네일을 제공하는 비용이 상승할 것이다. 상태검사 실패로 인해 컨테이너가 재시작하더라도 데이터를 보존할 수 있는 캐시가 필요할 것이며 emptyDir은 이런 캐시 사용 사례에 잘 부합한다.

영구 데이터

때로는 영구 데이터persistent data 보존을 위해 볼륨을 사용한다. 여기서 영구데이터란 특정 파드의 수명과 무관하며 노드에 장애가 발생하거나 어떤 이유로 파드가 다른 머신으로 이동하는 경우 클러스터 내의 노드로 이동해야하는 데이터를 의미한다. 이를 위해 쿠버네티스는 NFS나 iSCSI처럼 광범위하게 지원되는 프로토콜은 물론 아마존의 EBSElastic Block Store, 애저의 파일 및디스크, 구글의 영구 디스크Persistent Disk 같은 클라우드 제공업체의 네트워크스토리지를 포함해 다양한 원격 네트워크 스토리지 볼륨을 지원한다.

호스트 파일 시스템 마운트

영구 볼륨이 필요하진 않지만 기본 호스트 파일 시스템에 접근이 필요한 애플리케이션이 있다. 예를 들어 시스템상의 장치에 원시 블록 수준raw block-level의 접근을 하고자 /dev 파일 시스템에 대한 접근이 필요하다. 이러한 경우를위해 쿠버네티스는 워커 노드의 임의의 위치를 컨데이너에 마운트할 수 있노록 hostPath라는 볼륨을 지원한다. 이전 예제에서는 hostPath 볼륨 타입을 사용했다. 볼륨은 호스트의 /var/lib/kuard에 생성됐다.

다음은 NFS 서버를 사용한 예제다.

```
...
# 이전 파드 정의의 남은 부분
volumes:
  - name: "kuard-data"
    nfs:
      server: my.nfs.server.local
      path: "/exports"
```

영구 볼륨 부분은 매우 심도 있는 토론이 필요한 주제다. 따라서 이는 16장에서 좀 더 자세하게 살펴본다.

종합

많은 애플리케이션이 상태 저장^{stateful}(스테이트풀) 방식이므로 모든 데이터를 보존하고 애플리케이션이 실행되고 있는 머신에 관계없이 기본 스토리지 볼륨에 접근을 보장해야 한다. 앞서 살펴본 것과 같이 네트워크 결합 스토리지$^{NAS, Network-Attached Storage}$를 사용하면 영구 볼륨 사용이 가능하다. 또한 애플리케이션의 인스턴스가 항상 정상적인 상태로 있기를 원하는데, 이는 kuard를 실행하는 컨테이너가 클라이언트에게 노출되기 전에 준비 상태가 돼야 한다는 뜻이다.

영구 볼륨, 준비, 활성 프로브, 리소스 제한을 통해 쿠버네티스는 상태 저장 애플리케이션을 안정적으로 실행하는 데 필요한 모든 것을 제공한다. 예제 5-6은 이 모든 것을 하나의 매니페스트에 담은 것이다.

예제 5-6. kuard-pod-full.yaml

```
apiVersion: v1
kind: Pod
metadata:
```

```yaml
  name: kuard
spec:
  volumes:
    - name: "kuard-data"
      nfs:
        server: my.nfs.server.local
        path: "/exports"
  containers:
    - image: gcr.io/kuar-demo/kuard-amd64:blue
      name: kuard
      ports:
        - containerPort: 8080
          name: http
          protocol: TCP
      resources:
        requests:
          cpu: "500m"
          memory: "128Mi"
        limits:
          cpu: "1000m"
          memory: "256Mi"
      volumeMounts:
        - mountPath: "/data"
          name: "kuard-data"
      livenessProbe:
        httpGet:
          path: /healthy
          port: 8080
        initialDelaySeconds: 5
        timeoutSeconds: 1
        periodSeconds: 10
        failureThreshold: 3
      readinessProbe:
        httpGet:
          path: /ready
```

```
        port: 8080
      initialDelaySeconds: 30
      timeoutSeconds: 1
      periodSeconds: 10
      failureThreshold: 3
```

파드에 대한 정의는 5장을 학습하는 동안 확장됐다. 애플리케이션에 추가된 새로운 기능은 이 파드에 대한 정의에 새로운 섹션도 추가했다.

요약

파드는 쿠버네티스 클러스터에서 작업의 원자 단위로 표현된다. 파드는 유기적으로 함께 동작하는 1개 이상의 컨테이너로 구성된다. 파드를 생성하려면 파드 매니페스트를 작성하고 커맨드라인 도구를 사용해 쿠버네티스 API 서버에 제출하거나 (드문 경우이긴 하지만) HTTP 및 JSON 호출을 만들어 서버로 직접 요청해야 한다.

API 서버로 매니페스트를 제출하면 쿠버네티스 스케줄러는 파드에 맞는 머신을 찾고 파드를 해당 머신에 스케줄링한다. 파드가 스케줄링되면 해당 머신의 kubelet 데몬은 파드에 해당되는 컨테이너를 만들 뿐만 아니라 파드 매니페스트에 정의된 상태 검사를 수행한다.

일단 파드가 노드에 스케줄링되면 노드에 장애가 발생할 때까지 재스케줄링 작업은 일어나지 않는다. 또한 동일한 파드의 복제본을 여러 개 만들려면 수동으로 직접 생성하고 이름을 붙여야 한다. 9장에서는 레플리카셋 객체를 소개함으로써 동일한 여러 파드를 자동으로 생성하는 방법과 노드 머신 장애 발생 시 파드를 재생성하는 방법을 살펴본다.

## 6장

라벨과 애노테이션

쿠버네티스는 애플리케이션의 크기와 복잡성이 모두 확장되는 환경의 변화에 맞춰 함께 성장했다. 라벨과 애노테이션은 기본적인 개념이며 쿠버네티스에서 라벨과 애노테이션을 사용하면 애플리케이션에 대한 생각을 매핑하는 일련의 작업을 수행할 수 있다. 모든 리소스를 구성, 표시, 교차 인덱싱해 애플리케이션에 가장 적합한 그룹으로 표시할 수 있다.

라벨^{label}은 파드와 레플리카셋 같은 쿠버네티스 객체에 연결할 수 있는 키/값 쌍이다. 라벨은 임의적일 수 있지만 쿠버네티스 객체에 식별 정보를 첨부하는 데 매우 유용하다. 라벨은 객체를 그룹화하기 위한 기초를 제공한다.

반면에 애노테이션^{annotation}은 라벨과 유사한 저장 메커니즘을 제공한다. 도구와 라이브러리에서 활용할 수 있게 비식별 정보를 유지해 설계된 키/값 쌍이다. 라벨과 다르게 애노테이션은 쿼리, 필터링 또는 파드를 서로 구분하기 위한 수단이 아니다.

라벨

라벨은 객체의 메타데이터를 식별하는 기능을 제공한다. 이는 그룹화, 보기, 운영에 사용될 객체의 기본 특성이다. 라벨에 대한 개발 동기는 크고 복잡한 애플리케이션을 운영해왔던 구글의 경험에서 비롯됐다. 이와 같은 경험에서 몇 가지 교훈이 도출됐다.

- 운영 환경에 싱글톤^{singleton}은 적합하지 않다. 소프트웨어를 배포할 때 사용자는 주로 단일 인스턴스로 시작할 것이다. 그러나 애플리케이션이 발전함에 따라 이러한 싱글톤의 수는 점점 많아지고 객체의 집합을 이루게 된다. 이를 고려해 쿠버네티스는 라벨을 사용해 객체 집합을 처리한다.

- 시스템에 포함된 계층 구조는 많은 사용자에게 적합하지 않다. 또한 계층 구조는 시간이 지남에 따라 변경될 수 있다. 예를 들어 사용자는 모든 앱이 많은 서비스로 구성된다는 아이디어로 시작한다. 그러나 시간이 지나면서 서비스가 여러 앱 간에 공유될 필요가 있다. 쿠버네티스 라벨은 이러한 상황에서 쉽게 적용할 수 있도록 유연한 구조를 갖추고 있다.

벳시 베이어$^{Betsy\ Beyer}$ 등이 집필한 『사이트 신뢰성 엔지니어링』(제이펍, 2018)을 참고하자. 이 책은 구글이 운영 시스템에 접근하는 방식을 자세히 설명하고 있다.

라벨의 문법은 간단하다. 문자열인 키/값 쌍으로 표시한다. 라벨의 키^{key}는 두 부분으로 나눌 수 있는데, 선택적 접두사^{prefix}와 이름이며 슬래시(/)로 구분된다. 접두사로 지정된 경우 253자로 제한된 DNS 하위 도메인이어야 한다. 설정할 수 있는 키의 이름은 최대 63자. 이름의 경우 영숫자로 시작하고 끝나야 하며 문자 사이는 대시(-), 밑줄(_), 점(.)을 사용해 구분할 수 있다.

라벨의 값^{value}은 최대 63자의 문자열이다. 라벨 값의 구성은 라벨 키와 동일한 규칙을 따른다. 표 6-1은 유효한 라벨의 키와 값을 보여준다.

표 6-1. 라벨 예

키	값
acme.com/app-version	1.0.0
appVersion	1.0.0
app.version	1.0.0
kubernetes.io/cluster-service	true

도메인 이름이 라벨과 애노테이션에 사용될 경우 어떤 방식으로든 특정 개체^{entity}에 맞춰질 것으로 예상된다. 예를 들면 프로젝트는 다양한 애플리케이션 배포 단계(검증계, 카나리, 운영계 등과 같은)를 식별하는 데 사용되는 표준 라벨 세트를 정의할 수 있다.

또는 클라우드 제공자가 해당 제공자에 특화된 애노테이션을 정의할 수 있다. 이 애노테이션은 쿠버네티스 객체를 확장해 서비스별 기능을 활성화하는 데 사용된다.

라벨 적용

여기서 흥미로운 라벨을 사용해 몇 가지 디플로이먼트^{deployment}(파드의 배열을 생성하는 방법)를 생성한다. 두 개의 앱(alpaca와 bandicoot)을 각각 2개의 환경(테스트와 운영)에 배포해 본다.

먼저 alpaca-prod 디플로이먼트를 생성하고 ver, app, env 라벨을 설정한다.

```
$ kubectl run alpaca-prod \
  --image=gcr.io/kuar-demo/kuard-amd64:blue \
  --replicas=2 \
```

```
    --labels="ver=1,app=alpaca,env=prod"
```

다음으로 alpaca-test 디플로이먼트를 생성하고 ver, app, env 라벨을 적절한
값으로 설정한다.

```
$ kubectl run alpaca-test \
  --image=gcr.io/kuar-demo/kuard-amd64:green \
  --replicas=1 \
  --labels="ver=2,app=alpaca,env=test"
```

마지막으로 두 개의 bandicoot 디플로이먼트를 생성한다. 여기서 디플로이먼
트의 이름을 각각 prod(운영 시스템)와 staging(검증계) 의미를 갖도록 명명한다.

```
$ kubectl run bandicoot-prod \
  --image=gcr.io/kuar-demo/kuard-amd64:green \
  --replicas=2 \
  --labels="ver=2,app=bandicoot,env=prod"
$ kubectl run bandicoot-staging \
  --image=gcr.io/kuar-demo/kuard-amd64:green \
  --replicas=1 \
  --labels="ver=2,app=bandicoot,env=staging"
```

위 명령 실행 결과 4개의 디플로이먼트(alpaca-prod, alpaca-test, bandicoot-prod, bandicoot-
staging)가 생성된다.

```
$ kubectl get deployments --show-labels

NAME                ... LABELS
alpaca-prod         ...app=alpaca,env=prod,ver=1
alpaca-test         ...app=alpaca,env=test,ver=2
```

130

```
bandicoot-prod          ...app=bandicoot,env=prod,ver=2
bandicoot-staging       ...app=bandicoot,env=staging,ver=2
```

라벨을 기반으로 벤다이어그램으로 시각화할 수 있다(그림 6-1).

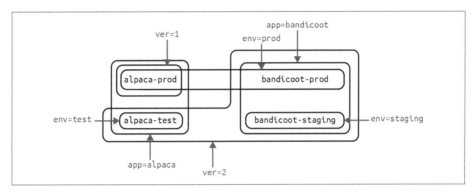

그림 6-1. 디플로이먼트에 적용된 라벨의 시각화

라벨 수정

라벨은 객체를 생성한 후 객체에 적용하거나 업데이트할 수 있다.

```
$ kubectl label deployments alpaca-test "canary=true"
```

 여기서 주의해야 할 사항이 있다. 이 예제에서 kubectl label 명령은 디플로이먼트 자체의 라벨만 변경한다. 디플로이먼트에서 생성한 어떠한 객체(디플로이먼트가 생성한 레플리카셋과 파드)에는 영향을 미치지 않는다. 이를 변경하려면 디플로이먼트에 포함된 템플릿을 변경해야 한다(10장 참고).

kubectl get 명령 사용 시 -L 옵션을 통해 라벨 값을 열로 표시할 수 있다.

```
$ kubectl get deployments -L canary
```

```
NAME              DESIRED      CURRENT      ... CANARY
alpaca-prod       2            2            ... <none>
alpaca-test       1            1            ... true
bandicoot-prod    2            2            ... <none>
bandicoot-staging 1            1            ... <none>
```

대시(-) 접미사로 라벨을 제거할 수 있다.

```
$ kubectl label deployments alpaca-test "canary-"
```

라벨 셀렉터

라벨 셀렉터label selector는 라벨의 집합을 기반으로 쿠버네티스 객체를 필터링하는 데 사용된다. 셀렉터는 간단한 불리언Boolean 식에 대한 간단한 구문을 사용한다. 라벨 셀렉터는 kubecttl 같은 도구를 사용하는 엔드 유저end user[1]와 다른 타입의 객체(예, 레플리카셋과 파드의 관계 설정)에 의해 사용된다.

각 디플로이먼트(레플리카셋을 통한)는 디플로이먼트에 포함된 템플릿에 명시된 라벨을 사용해 파드의 집합을 생성한다. 이는 kubectl run 명령으로 구성된다.

kubectl get pods 명령을 실행할 경우 현재 클러스터에서 실행 중인 모든 파드의 상태를 확인할 수 있다. 현재 3개의 환경에 총 6개의 kuard 파드가 실행되고 있음을 확인할 수 있다.

```
$ kubectl get pods --show-labels

NAME                           ... LABELS
```

---

1. 특정 프로그램을 이용해 필요한 작업을 수행하는 일반 사용자를 의미한다. 옮긴이

```
alpaca-prod-3408831585-4nzfb        ... app=alpaca,env=prod,ver=1,...
alpaca-prod-3408831585-kga0a        ... app=alpaca,env=prod,ver=1,...
alpaca-test-1004512375-3r1m5        ... app=alpaca,env=test,ver=2,...
bandicoot-prod-373860099-0t1gp      ... app=bandicoot,env=prod,ver=2,...
bandicoot-prod-373860099-k2wcf      ... app=bandicoot,env=prod,ver=2,...
bandicoot-staging-1839769971-3ndv   ... app=bandicoot,env=staging,ver=2,...
```

전에 보지 못했던 새로운 라벨(pod-template-hash)이 표시될 수 있다. 이 라벨은 디플로이먼트에 적용되기 때문에 특정 파드가 어떤 템플릿 버전에서 생성됐는지 추적할 수 있다. 이를 통해 디플로이먼트의 업데이트를 관리할 수 있다. 자세한 내용은 10장에서 다룬다.

오로지 ver 라벨이 2로 설정된 파드만을 나열하려면 --selector 플래그를 사용할 수 있다.

```
$ kubectl get pods --selector="ver=2"

NAME                                READY    STATUS     RESTARTS    AGE
alpaca-test-1004512375-3r1m5        1/1      Running    0           3m
bandicoot-prod-373860099-0t1gp      1/1      Running    0           3m
bandicoot-prod-373860099-k2wcf      1/1      Running    0           3m
bandicoot-staging-1839769971-3ndv5  1/1      Running    0           3m
```

두 개의 셀렉터는 쉼표로 구분할 수 있으며, 두 개의 조건을 모두 만족하는 객체만 반환한다. 이것은 논리적 AND 연산이다.

```
$ kubectl get pods --selector="app=bandicoot,ver=2"

NAME                                READY    STATUS     RESTARTS    AGE
bandicoot-prod-373860099-0t1gp      1/1      Running    0           4m
bandicoot-prod-373860099-k2wcf      1/1      Running    0           4m
```

```
bandicoot-staging-1839769971-3ndv5   1/1        Running   0          4m
```

또한 라벨이 값의 집합 중 하나인지 질의하는 것도 가능하다. 다음은 app 라벨
이 alpaca 또는 bandicoot로 설정된 모든 파드(6개의 파드)를 확인하는 예제다.

```
$ kubectl get pods --selector="app in (alpaca,bandicoot)"

NAME                                  READY     STATUS    RESTARTS   AGE
alpaca-prod-3408831585-4nzfb          1/1       Running   0          6m
alpaca-prod-3408831585-kga0a          1/1       Running   0          6m
alpaca-test-1004512375-3r1m5          1/1       Running   0          6m
bandicoot-prod-373860099-0t1gp        1/1       Running   0          6m
bandicoot-prod-373860099-k2wcf        1/1       Running   0          6m
bandicoot-staging-1839769971-3ndv5    1/1       Running   0          6m
```

마지막으로 라벨이 설정돼 있는지 확인한다. 다음은 canary 라벨이 설정돼 있
는 모든 디플로이먼트를 확인하는 명령이다.

```
$ kubectl get deployments --selector="canary"

NAME           DESIRED   CURRENT   UP-TO-DATE   AILABLE   AGE
alpaca-test    1         1         1            1         7m
```

표 6-2에서 보이는 것처럼 부정 연산자의 사용도 가능하다.

표 6-2 셀렉터 연산자

연산자	설명
key=value	키를 해당 값으로 설정
key!=value	키를 해당 값으로 설정하지 않음

(이어짐)

연산자	설명
`key in (value1, value2)`	키가 value1, value2 중 하나
`key notin (value1, value2)`	키가 value1, value2 중 하나가 아님
`key`	키가 설정됨
`!key`	키가 설정돼 있지 않음

예를 들어 키가 canary로 설정돼 있지 않은 경우를 질의하는 경우는 다음과 같다.

```
$ kubectl get deployments --selector='!canary'
```

다음과 같이 긍정^{positive} 및 부정^{negative} 셀렉터를 사용할 수 있다.

```
$ kubectl get pods -l 'ver=2,!canary'
```

API 객체의 라벨 셀렉터

쿠버네티스에서 특정 객체가 다른 객체 집합을 참조하고자 라벨 셀렉터를 사용한다. 앞 절에서 설명한 간단한 문자열 대신 구문 분석된 구조$^{parsed\ structure}$를 사용한다.

역사적인 이유로(쿠버네티스는 API 호환성을 깨뜨리지 않는다) 두 가지 형식이 있다. 대부분의 객체는 더 강력하고 새로운 셀렉터 연산자 집합을 제공한다. app=alpaca,ver in (1, 2) 셀렉터는 다음과 같이 변환된다.

```
selector:
```

```
matchLabels:
    app: alpaca
matchExpressions:
    - {key: ver, operator: In, values: [1, 2]} 1
```

이 예제는 간단한 YAML 구문을 사용한다. 이는 리스트(matchExpressions)에 있는 항목으로 3개의 항목이 있는 맵^{map}이다. 마지막 항목(values)에는 두 가지 항목을 갖고 있는 리스트가 있다.

모든 용어는 논리적 **AND**로 평가된다. != 연산자를 나타내는 유일한 방법은 단일 값을 사용해 NotIn으로 변환하는 것이다.

이전 형식 셀렉터(ReplicationController와 서비스에서 사용)의 경우 단지 = 연산자만을 지원한다. 이는 선택된 대상 객체와 모두 일치해야 하는 간단한 키/값 쌍 집합이다. 셀렉터 app=alpaca,ver=1은 다음과 같이 표시된다.

```
selector:
    app: alpaca
    ver: 1
```

쿠버네티스 아키텍처의 라벨

라벨은 사용자가 인프라를 구성할 수 있게 해줄 뿐만 아니라 서로 관련이 있는 다양한 쿠버네티스 객체를 연결하는 데 중요한 역할을 한다. 쿠버네티스는 의도적으로 분리된^{decoupled} 시스템이다. 계층 구조가 없을 경우 모든 컴포넌트는 독립적으로 동작한다. 그러나 대부분의 경우 객체는 서로 관련이 있으며, 이러한 관계는 라벨과 라벨 셀렉터에 의해 정의된다.

예를 들어 파드의 여러 복제본을 생성하고 유지 관리하는 레플리카셋의 경우

136

셀렉터를 통해 관리 중인 파드를 찾는다. 마찬가지로 서비스 로드밸런서는 셀렉터 쿼리를 통해 트래픽을 전달해야 하는 파드를 찾는다. 파드가 생성되면 노드 셀렉터를 사용해 스케줄링할 수 있는 특정 노드의 집합을 식별할 수 있다. 사용자가 클러스터에서 네트워크 트래픽을 제한하려고 하는 경우 특정 라벨과 함께 NetworkPolicy를 사용해 서로 통신이 필요하거나 허용하면 안 되는 파드를 식별한다. 라벨은 쿠버네티스에서 애플리케이션을 서로 연결하고 관리해주는 강력한 도구다. 애플리케이션의 경우 초기에 간단한 라벨과 쿼리 집합으로 시작할 수 있지만 시간이 지남에 따라 크기와 복잡도가 점차 증가할 것으로 예상된다.

애노테이션

애노테이션annotation은 도구와 라이브러리 지원을 목적으로 한다. 애노테이션은 메타데이터의 유일한 목적인 쿠버네티스 객체에 추가적인 정보를 저장할 수 있는 장소를 제공한다. 애노테이션은 쿠버네티스를 구동하는 다른 프로그램들이 API를 통해 객체에 추가적인 데이터를 저장하는 방법이다. 애노테이션은 외부 시스템 간에 컨피규레이션 정보를 전달하거나 도구 자체에 대한 정보를 제공하고자 사용한다.

라벨은 객체를 식별하고 그룹화하는 데 사용하지만 애노테이션은 객체의 출처, 사용 방법 또는 객체에 대한 정책 같은 추가 정보를 제공하는 데 사용한다. 애노테이션과 라벨은 일부 기능이 겹치며 사용하는 시기나 취향에 따라 그 사용이 달라진다. 확실하지 않은 경우 애노테이션을 통해 객체에 정보를 추가하고 셀렉터에서 사용하려는 경우 라벨을 사용한다.

애노테이션은 다음과 같은 용도로 사용한다.

- 객체의 최신 업데이트에 대한 '이유' 추적

- 특화된 스케줄링 정책을 특정 스케줄러에 전달

- 최신 도구에 대한 데이터를 확장해 리소스 업데이트에 대한 내용과 방법을 기술(다른 도구로 변경 사항을 감지하고 스마트한 병합을 수행하는 데 사용)

- 라벨에 적합하지 않은 빌드, 릴리스 또는 이미지 관련 정보 첨부(깃 해시^{Git} hash, 타임스탬프, 풀 요청$^{Pull\ Request}$ 번호 등)

- 디플로이먼트 객체(10장 참고)를 활성화해 롤아웃을 위해 관리하는 레플리카셋을 추적

- UI의 시각적 품질이나 유용성을 향상시키고자 추가 데이터 제공, 예를 들어 객체에는 아이콘(또는 base64로 인코딩된 버전의 아이콘)에 대한 링크가 포함될 수 있다.

- 쿠버네티스의 알파 기능을 프로토타입화(최고의$^{first-class}$ API 필드를 생성하는 대신 해당 기능의 매개변수가 애노테이션으로 인코딩됨)

애노테이션은 쿠버네티스의 여러 곳에서 사용되고 있으며, 주요 사용 사례는 롤링 배포$^{rolling\ deployment}$다. 롤링 배포에서 애노테이션은 롤아웃 상태를 추적하고 디플로이먼트를 이전 상태로 롤백하는 데 필요한 정보를 제공하는 데 사용된다.

쿠버네티스 API 서버를 범용 데이터베이스로 사용하는 것을 피해야 한다. 애노테이션은 특정 리소스와 관련이 있는 작은 데이터 비트에 적합하다. 쿠버네티스에 데이터를 저장하고 싶지만 데이터를 연결할 명확한 객체가 없는 경우 해당 데이터를 좀 더 적절한 다른 데이티베이스에 서상하는 것을 고려해야 한다.

애노테이션 키는 라벨 키와 동일한 포맷을 사용한다. 그러나 도구 간의 정보 교환에 주로 사용되므로 키의 '네임스페이스' 부분이 더 중요하다. 키의 예로는 deployment.kubernetes.io/revision 또는 kubernetes.io/change-cause가 있다.

애노테이션 값은 자유 형식의 문자열 필드로 구성돼 있다. 이는 임의의 텍스트

로 사용자가 임의의 데이터를 저장할 수 있기 때문에 최대한의 유연성을 제공하지만 포맷에 대한 유효성 검사는 진행하지 않는다. 예를 들어 JSON 문서가 문자열로 인코딩돼 애노테이션에 저장되는 것은 일반적이지 않다. 쿠버네티스 서버는 애노테이션의 값으로 요구되는 포맷에 대해 알지 못한다는 점에 유의해야 한다. 애노테이션을 통해 데이터를 전달하거나 저장하는 경우 데이터의 유효성을 보장해주지 않는다. 이로 인해 에러 추적이 더 어려워질 수 있다.

애노테이션은 모든 쿠버네티스 객체의 공통 `metadata` 섹션에 정의된다.

```
...
metadata:
  annotations:
    example.com/icon-url: "https://example.com/icon.png"
...
```

애노테이션은 매우 편리하며 강력하고 느슨한 결합(coupling)을 제공한다. 그러나 형식화되지 않은 데이터 사용에 따른 혼란을 피하고자 신중하게 사용해야 한다.

정리

6장에서 시작한 모든 디플로이먼트를 다음과 같이 쉽게 정리할 수 있다.

```
$ kubectl delete deployments -all
```

좀 더 선택적으로 적용하고자 하는 경우 --selector 플래그를 사용해 삭제할 배포 대상을 선택할 수 있다.

요약

라벨은 쿠버네티스 클러스터에서 객체를 식별하고 선택적으로 그룹화하는 데 사용한다. 라벨은 셀렉터 쿼리에서 파드와 같은 객체의 유연한 런타임 그룹화를 제공하는 데도 사용한다.

애노테이션은 자동화 도구와 클라이언트 라이브러리에서 사용할 수 있는 키/값 형태의 메타데이터를 제공한다. 애노테이션을 사용해 서드파티^{third-party} 스케줄러와 모니터링 도구 같은 외부 도구의 컨피규레이션 데이터를 보관할 수도 있다.

라벨과 애노테이션은 쿠버네티스 클러스터의 주요 구성 요소와 함께 작동해 원하는 클러스터의 상태를 유지하는 방법을 이해하는 데 중요한 역할을 한다. 라벨과 애노테이션을 올바르게 사용할 경우 쿠버네티스의 유연성을 최대한 활용할 수 있으며, 자동화 도구와 배포 워크플로를 생성하는 시작점을 제공한다.

140

## 7장

서비스 탐색

쿠버네티스는 매우 동적인 시스템^{dynamic system}이다. 쿠버네티스는 파드를 노드에 배치하고 작동 및 실행 상태를 확인한 후 필요에 따라 리스케줄링한다. 또한 부하에 따라 파드의 수를 자동으로 변경하는 방법을 제공한다(예, 수평적 파드 자동 확장. 9장의 '레플리카셋 자동 확장' 절 참고). 쿠버네티스가 갖고 있는 API 기반 특성은 더 높은 수준의 자동화를 만들 수 있게 도와준다.

쿠버네티스의 동적인 특성으로 인해 많은 작업을 쉽게 수행할 수 있지만 몇 가지 어려운 점이 있다. 대부분의 전통적인 네트워크 인프라의 경우 쿠버네티스가 제시하는 동적인 특성을 지원할 수 있도록 구축되지는 않았다는 것이다.

서비스 탐색이란?

이러한 유형의 문제에 대한 해결책은 일반적으로 서비스 탐색^{service discovery}으로 부른다. 서비스 탐색 도구는 특정 프로세스가 서비스를 위해 리스닝^{listening}하고 있는 주소를 찾는 데 도움을 준다. 훌륭한 서비스 탐색 시스템을 통해 사용자는 이와 같은 정보를 빠르고 신뢰성 있게 얻을 수 있다. 또한 좋은 시스템은 대기 시간이 짧아 서비스와 관련된 정보가 변경되면 곧 바로 클라이언트에게 업데이트된다. 마지막으로 좋은 서비스 탐색 시스템은 해당 서비스가 무엇인지에 대한 좀 더 풍부한 정의(예, 서비스와 관련된 여러 포트와 같은 정보)를 저장할 수 있다.

DNS[Domain Name System]는 인터넷에서 사용하는 전통적인 서비스 탐색 시스템이다. DNS는 광범위하고 효율적인 캐싱을 통해 비교적 안정적인 **이름 확인**[name resolution]을 위해 설계됐다. DNS의 경우 인터넷 환경에서는 훌륭한 시스템이지만 쿠버네티스처럼 동적인 환경에서는 부족한 부분이 있다.

안타깝게도 대다수의 시스템(예, 기본적으로 자바)에서는 DNS에서 이름을 직접 조회하면 이후 재해석[re-resolve] 작업을 수행하지 않는다. 이로 인해 클라이언트가 오래된 매핑 정보를 캐싱하고 잘못된 IP와 통신할 수 있다. 짧은 TTL[Time-To-Tive][1]과 정상적으로 동작하는 클라이언트의 경우에도 이름 확인이 변경되는 시점과 클라이언트가 이를 인지하는 시점 사이에는 어느 정도 지연이 발생한다. 또한 일반적인 DNS 쿼리에서는 반환될 수 있는 정보의 양과 타입에 제한이 있다. 이와 같은 문제를 해결하고자 하나의 도메인에 대한 20 ~ 30여 개의 A 레코드[2]를 사용하기도 한다. 또한 SRV[3] 레코드를 통해 일부 문제를 해결할 수 있지만 사용 방법이 매우 어렵다. 마지막으로 클라이언트가 DNS 레코드에서 여러 IP를 처리할 수 있는 일반적인 방법은 클라이언트가 첫 번째 IP만을 사용하되 DNS 서버에서 무작위 혹은 라운드로빈[round-robin] 방식으로 이를 제공하는 것이다. 이러한 방법은 특수한 목적에 맞게 구성된 로드밸런싱을 대체하지는 못한다.

서비스 객체

쿠버네티스의 실제 서비스 탐색은 **서비스 객체**[Service object]로부터 시작된다. 서비스 객체는 명명된 라벨 셀렉터를 생성하는 방법이다. 앞으로 살펴보겠지만 서비스 객체는 많은 기능을 제공한다.

---

1. 컴퓨터나 네트워크에서 데이터의 유효 기간을 나타내기 위한 방법이다. – 옮긴이

2. DNS에서 IP 주소로 응답하는 레코드를 의미한다. – 옮긴이

3. Service Record로, DNS에서 호스트 이름과 포트 번호를 저장하고자 사용하는 레코드를 의미한다. – 옮긴이

kubectl run 명령으로 쿠버네티스 디플로이먼트를 쉽게 생성할 수 있는 것처럼 kubectl expose 명령을 사용해 서비스를 생성할 수 있다. 10장에서 디플로이먼트에 대해 자세히 살펴보겠지만 당장은 디플로이먼트를 마이크로서비스의 객체로 생각하면 된다. 다음 예제를 통해 몇 가지 디플로이먼트와 서비스를 생성해 동작 방식을 살펴보자.

```
$ kubectl create deployment alpaca-prod \
    --image=gcr.io/kuar-demo/kuard-amd64:blue \
    --port=8080 \
$ kubectl scale deployment alpaca-prod ?replicas 3
$ kubectl expose deployment alpaca-prod
$ kubectl create deployment bandicoot-prod \
    --image=gcr.io/kuar-demo/kuard-amd64:green \
    --port=8080 \
$ kubectl scale deployment bandicoot-prod ?replicas 2
$ kubectl expose deployment bandicoot-prod
$ kubectl get services -o wide

NAME              CLUSTER-IP      ... PORT(S)    ... SELECTOR
alpaca-prod       10.115.245.13   ... 8080/TCP   ... app=alpaca
bandicoot-prod    10.115.242.3    ... 8080/TCP   ... app=bandicoot
Kubernetes        10.115.240.1    ... 443/TCP    ... <none>
```

위와 같은 명령을 실행하면 세 가지 서비스가 생성된다. 방금 생성한 것은 alpaca-prod와 bandicoot-prod다. 쿠버네티스 서비스는 앱 내에서 쿠버네티스 API를 찾아 통신할 수 있도록 자동으로 생성된다.

SELECTOR 열을 살펴보면 alpaca-prod 서비스가 단순히 셀렉터에 이름을 지정하고 해당 서비스와 통신할 포트를 지정한다는 사실을 알 수 있다. kubectl expose 명령은 디플로이먼트의 정의에서 라벨 셀렉터와 관련 포트(이 경우 8080)를 편리하게 가져올 수 있다.

또한 해당 서비스에는 클러스터 IP^cluster IP라는 새로운 타입의 가상 IP가 할당된다. 이것은 시스템이 셀렉터로 식별한 모든 파드에서 로드밸런싱할 특별한 목적의 IP 주소다.

서비스와 상호작용하고자 alpaca 파드 중 하나로 포트 포워딩을 수행할 것이다. 터미널에서 다음과 같은 명령을 실행하고 실행 상태로 남겨둔다. http://localhost:48858 주소로 alpaca 파드에 접속함으로써 포트 포워딩 기능의 동작 여부를 확인할 수 있다.

```
$ ALPACA_POD=$(kubectl get pods -l app=alpaca-prod \
    -o jsonpath='{.items[0].metadata.name}')
$ kubectl port-forward $ALPACA_POD 48858:8080
```

서비스 DNS

클러스터 IP는 가상의 IP 주소이기 때문에 안정적이며 DNS 주소로 제공하기에 적합하다. 클러스터 IP 사용 시 DNS 결과에 대한 캐싱을 통해 클라이언트에서 발생할 수 있는 모든 문제를 해결할 수 있다. 네임스페이스 내에서 서비스 이름을 사용해 서비스가 식별하는 파드 중 하나로 쉽게 연결할 수 있다.

쿠버네티스는 클러스터에서 실행되는 파드에 DNS 서비스를 제공한다. 쿠버네티스 DNS 서비스는 클러스터를 처음 생성할 때 시스템의 구성 요소로 설치된다. DNS 서비스는 쿠버네티스에 의해 자체적으로 관리되며 쿠버네티스를 구성하는 좋은 예다. 쿠버네티스 DNS 서비스는 클리스터 IP에 내한 DNS 이름을 제공한다.

kuard 서버 상태 페이지에서 DNS Query 섹션을 확장해 DNS 서비스를 시험해볼 수 있다. alpaca-prod에 대한 A 레코드를 질의하면 다음과 같은 결과가 출력된다.

```
;; opcode: QUERY, status: NOERROR, id: 12071
;; flags: qr aa rd ra; QUERY: 1, ANSWER: 1, AUTHORITY: 0, ADDITIONAL: 0

;; QUESTION SECTION:
;alpaca-prod.default.svc.cluster.local.    IN      A

;; ANSWER SECTION:
alpaca-prod.default.svc.cluster.local. 30         IN      A    10.115.245.13
```

DNS 전체 이름은 alpaca-prod.default.svc.cluster.local.이다. 이 부분을 자세히 살펴보자.

alpaca-prod

서비스의 이름

default

서비스가 속한 네임스페이스

svc

서비스임을 인식한다. 이를 통해 쿠버네티스는 향후 다른 타입의 항목을 DNS로 노출할 수 있다.

cluster.local.

클러스터의 기본 도메인 이름. 기본값이며 대부분의 클러스터에 표시된다. 관리자는 여러 클러스터에서 고유한 DNS 이름만 허용하도록 이를 변경할 수 있다.

자신의 네임스페이스에서 서비스를 참조할 때 서비스 이름(alpaca-prod)을 사용할 수 있다. alpacaprod.default를 사용해 다른 네임스페이스의 서비스를 참조할 수도 있다. 물론 정규화된 전체 서비스 이름(alpacaprod.default.svc.cluster.local.)을 사용할 수도 있다. kuard의 DNS Query 섹션에서 이들을 각각 사용해보자.

준비 검사

애플리케이션이 처음 시작될 때 요청을 처리할 준비가 되지 않는 경우가 종종 발생한다. 일반적으로 초기화를 위해 짧게는 몇 초에서 많게는 몇 분까지 시간이 소요된다. 서비스 객체의 좋은 점은 준비 검사^{readiness check}를 통해 어떤 파드가 준비됐는지 추적할 수 있다는 것이다. 5장에서 설명했던 것처럼 파드에 준비 검사를 수행할 수 있도록 디플로이먼트 파일을 수정해보자.

```
$ kubectl edit deployment/alpaca-prod
```

이 명령은 현재 버전의 alpaca-prod 디플로이먼트 파일을 가져와 편집기로 실행한다. 편집기를 저장하고 종료한 후에는 객체를 쿠버네티스에 다시 쓴다. YAML 파일로 저장하지 않고 객체를 편집할 수 있는 가장 빠른 방법이다.

다음 섹션을 추가하자.

```
spec:
  ...
  template:
    ...
    spec:
      containers:
        ...
        name: alpaca-prod
        readinessProbe:
          httpGet:
            path: /ready
            port: 8080
          periodSeconds: 2
          initialDelaySeconds: 0
          failureThreshold: 3
          successThreshold: 1
```

이와 같은 설정으로 디플로이먼트가 생성한 파드에 대해 HTTP GET 메서드를 통해 8080번 포트의 /ready 경로로 접속을 시도해 준비 상태를 검사한다. 이 상태 검사는 파드가 시작되는 즉시 2초마다 수행된다. 세 번의 검사가 연속으로 실패하면 파드는 준비되지 않은 것으로 간주된다. 그러나 한 번의 검사만 성공적으로 수행돼도 파드는 준비 상태로 간주된다.

준비된 파드로만 트래픽이 보내진다.

이와 같이 디플로이먼트 정의를 업데이트하면 alpaca 파드가 삭제되고 다시 생성된다. 따라서 그전에 수행했던 port-forward 명령을 재실행해야 한다.

```
$ ALPACA_POD=$(kubectl get pods -l app=alpaca \
    -o jsonpath='{.items[0].metadata.name}')
$ kubectl port-forward $ALPACA_POD 48858:8080
```

브라우저를 통해 http://localhost:48858에 접속하면 kuard 인스턴스에 대한 디버그 페이지를 볼 수 있다. Readiness Probe 섹션을 확장해보자. 시스템에서 새로운 준비 검사가 있을 때마다 해당 페이지가 업데이트되는 것을 볼 수 있다 (2초마다 발생해야 함).

또 다른 터미널 창에서 alpaca-prod 서비스의 엔드포인트에서 watch 명령을 실행한다. 엔드포인트는 서비스가 트래픽을 전송하는 대상을 찾기 위한 낮은 수준의 방법이며, 이 장의 뒷부분에서 살펴본다. 여기서 --watch 옵션을 사용하면 kubectl 명령이 중단되고 업데이트 정보가 출력된다. 이는 시간의 흐름에 따라 쿠버네티스 객체가 어떻게 변하는지 쉽게 확인할 수 있는 방법이다.

```
$ kubectl get endpoints alpaca-prod --watch
```

이제 브라우저로 돌아가서 'Fail' 링크를 클릭해 준비 상태를 확인해보자. 서버가 현재 500번대 코드와 함께 에러를 반환하고 있는지 확인해야 한다. 세 번

연속으로 500 에러가 발생할 경우 해당 서버는 엔드포인트 목록에서 제거된다. 'Succeed' 링크를 클릭해 단일 준비 검사 후 엔드포인트가 다시 추가됐음을 확인한다.

이 준비 검사는 과부하 상태나 비정상 상태의 서버가 더 이상 트래픽을 수신하지 않으려는 신호를 시스템에 보내는 방법이다. 이는 정상적인 종료를 구현하기 위한 좋은 방법이다. 서버는 더 이상 트래픽을 수신하기를 원치 않는다는 신호를 보내고 기존 연결이 닫힐 때까지 기다렸다가 완전히 종료한다. 터미널에서 port-forward 및 watch 명령을 모두 종료하려면 Ctrl+C를 입력하면 된다.

클러스터 외부로의 서비스

지금까지 7장에서는 클러스터 내부에서 서비스를 노출하는 방법을 다뤘다. 보통 파드의 IP는 클러스터 내에서만 접근할 수 있었지만 클러스터 외부에서의 트래픽 허용이 필요할 때도 있다.

가장 간단한 방법은 노드포트^{NodePorts} 기능을 사용하는 것이며, 이는 서비스를 한층 더 향상시킨다. 시스템은 클러스터 IP 외에 포트를 선택하고(또는 사용자가 지정할 수 있음) 클러스터의 모든 노드는 트래픽을 해당 포트를 통해 서비스에 전달한다.

이 기능을 사용해 클러스터의 모든 노드에 접근할 수 있다면 서비스에도 접근할 수 있다. 해당 서비스에 매핑되는 파드가 어디에서 실행 중인지 알지 못해도 노드포트 사용이 가능하다. 또한 노드포트는 하드웨어나 소프트웨어 로드밸런서와 연계해 사용할 수 있다.

노드포트를 사용하고자 alpaca-prod 서비스를 수정한다.

```
$ kubectl edit service alpaca-prod
```

spec.type 필드를 NodePort로 변경하자. 또한 kubectl expose를 통해 서비스를 생성할 때 --type=NodePort를 지정해 수행할 수도 있다. 이렇게 하면 시스템은 새로운 노드포트를 할당한다.

```
$ kubectl describe service alpaca-prod

Name:              alpaca-prod
Namespace:         default
Labels:            app=alpaca
Annotations:       <none>
Selector:          app=alpaca
Type:              NodePort
IP:                10.115.245.13
Port:              <unset> 8080/TCP
NodePort:          <unset> 32711/TCP
Endpoints:         10.112.1.66:8080,10.112. 2.104:8080,10.112.2.105:8080
Session Affinity:  None
No events.
```

위 명령 실행 결과 시스템이 서비스에 32711 포트를 할당했음을 알 수 있다. 이제 클러스터에서 모든 노드의 해당 포트를 통해 서비스에 접근할 수 있다. 동일 네트워크에 있을 경우 직접 접근도 가능하다. 클러스터가 클라우드에 있다면 SSH 터널링을 다음과 같이 사용할 수 있다.

```
$ ssh <노드> -L 8080:localhost:32711
```

이제 브라우저를 통해 http://localhost:8080에 접속하면 해당 서비스에 연결된다. 서비스로 전송되는 각 요청은 서비스를 구현하는 파드 중 하나에 무작위로 전달된다. 페이지를 몇 번 다시 새로 고침할 경우 다른 파드에 임의로 전달되는 것을 확인할 수 있다.

작업을 마치면 SSH 세션을 종료한다.

로드밸런서 연계

외부 로드밸런서와 연계할 수 있는 클러스터가 있는 경우 LoadBalancer 타입을 사용할 수 있다. LoadBalancer 타입은 NodePort 타입을 기반으로 동작하며, 클라우드에서 새로운 로드밸런서를 생성하도록 구성해 이를 클러스터의 노드에 연결한다. 대부분의 클라우드 업체에서 제공해주는 쿠버네티스 클러스터는 로드밸런서 연계를 제공하며 일반적이 물리 로드밸린서와의 연계를 구현하는 많은 프로젝트가 존재하고 있지만 실제 환경에서는 클러스터와 로드밸런서 간의 수동 연계가 더 필요할 것이다. alpaca-prod 서비스를 다시 편집해(kubectl edit service alpaca-prod) spec.type을 LoadBalancer[4]로 변경한다.

LoadBalancer 타입의 서비스를 생성하면 해당 서비스가 퍼블릭 인터넷망에 노출된다. 따라서 이와 같은 작업을 수행하기 전에 전 세계 모든 사용자(퍼블릭 인터넷망)에 노출되는 것이 안전한지 확인해야 한다. 이번 절에서 보안 위험에 대해 자세히 설명한다. 또한 9장과 20장에서는 애플리케이션을 보호하는 방법에 대한 가이드를 제공한다.

kubectl get services를 실행하면 alpaca-prod의 EXTERNAL-IP 열이 처음에 <pending> 상태임을 확인할 수 있다. 조금만 기다리면 클라우드에서 할당한 공인 IP 주소가 표시된다. 클라우드 계정으로 콘솔에 접속해 쿠버네티스가 수행한 컨피규레이션 작업을 확인할 수 있다.

```
$ kubectl describe service alpaca-prod

Name:           alpaca-prod
Namespace:      default
```

---

4. 쿠버네티스의 LoadBalancer는 상용 로드밸런서가 아닌 클라우드 사업자가 제공하는 로드밸런서 사용을 의미한다. – 옮긴이

```
Labels:               app=alpaca
Selector:             app=alpaca
Type:                 LoadBalancer
IP:                   10.115.245.13
LoadBalancer Ingress: 104.196.248.204
Port:                 <unset> 8080/TCP
NodePort:             <unset> 32711/TCP
Endpoints:            10.112.1.66:8080,10.112.2.104:8080,10.112.2.105:8080
Session Affinity:     None
Events:
  FirstSeen ...   Reason                  Message
  -------   ...   -----                   -------
  3m        ...   Type                    NodePort -> LoadBalancer
  3m        ...   CreatingLoadBalancer    Creating load balancer
  2m        ...   CreatedLoadBalancer     Created load balancer
```

위 명령 실행 결과 **alpaca-prod** 서비스에 104.196.248.204의 주소가 할당돼 있음을 확인할 수 있다. 브라우저를 통해 확인해보자.

 이 예제는 GKE를 통해 구글 클라우드 플랫폼(Google Cloud Platform)에서 구동 및 관리되는 예제다. 로드밸런서가 구성되는 방식은 클라우드에 따라 다르다. 일부 클라우드에는 DNS 기반 로드밸런서(예, AWS ELB(Elastic Load Balancing))가 있다. 이 경우 여기에 IP 주소 대신 호스트 이름이 표시된다. 또한 클라우드 제공자에 따라 로드밸런서가 완전히 작동하는 데 약간의 시간이 소요될 수 있다.

클라우드 기반 로드밸런서를 생성하는 데는 다소 시간이 걸릴 수 있다. 이는 대부분의 클라우드 제공업체에서 나타나는 공통적인 현상이며, 몇 분이 걸리더라도 놀라지 않기를 바란다.

지금까지 살펴본 예제에서는 외부external 로드밸런서를 사용한다. 이는 퍼블릭 인터넷망에 연결된 로드밸런서다. 이는 서비스를 전 세계에 노출시키는 데는 적합하지만 프라이빗 네트워크private network 내에서만 애플리케이션을 노출하려는 경우가 많다. 이를 위해서는 내부internal 로드밸런서를 사용한다. 내부 로드밸런서에 대한 지원이 쿠버네티스에 비교적 최근에 추가됐기 때문에 객체 애노테이션을 통해 임시방편적으로 수행된다. 예를 들어 애저 쿠버네티스 서비스 클러스터에서 내부 로드밸런서를 생성하려면 service.beta.kubernetes.io/azure-load-balancer-internal: "true" 애노테이션을 서비스 리소스에 추가한다. 주요 클라우드 제공업체의 설정 방법은 다음과 같다.

마이크로소프트 애저

service.beta.kubernetes.io/azure-load-balancer-internal: "true"

아마존 웹 서비스

service.beta.kubernetes.io/aws-load-balancer-internal: "true"

알리바바 클라우드

service.beta.kubernetes.io/alibaba-cloud-loadbalancer-address-type:
"intranet"

구글 클라우드 플랫폼

cloud.google.com/load-balancer-type: "Internal"

위와 같은 애노테이션을 서비스에 추가하면 다음과 같다.

```
...
metadata:
  ...
  name: some-service
  annotations:
    service.beta.kubernetes.io/azure-load-balancer-internal: "true"
...
```

위와 같은 애노테이션 중 하나를 사용해 서비스를 생성하는 경우 퍼블릭 인터넷망에 서비스가 노출되는 대신 내부 네트워크망에 서비스가 생성된다.

기존 IP 주소를 사용하기 위한 애노테이션을 포함해 로드밸런서의 동작을 확장하기 위한 몇 가지 다른 애노테이션이 있다. 클라우드 공급업체별로 특정 확장 방법은 각 웹 사이트에 문서화돼 존재한다.

고급 세부 정보

쿠버네티스는 확장 가능한 시스템으로 제작됐다. 따라서 좀 더 발전된 형태로 연계가 가능한 계층이 존재한다. 서비스와 같이 정교한 개념이 구현되는 방법을 자세히 이해하면 고급 연계를 생성하거나 문제를 해결하는 데 도움이 된다. 이번 절에서는 좀 더 세부적인 내용을 살펴본다.

엔드포인트

일부 애플리케이션(그리고 시스템 자체)은 클러스터 IP를 사용하지 않고 바로 서비스를 사용하기를 원할 수 있다. 이는 다른 타입인 엔드포인트^{Endpoints} 객체를 통해 수행할 수 있다. 모든 서비스 객체에 대해 쿠버네티스는 해당 서비스의 IP 주소를 포함하는 엔드포인트 객체를 생성한다.

```
$ kubectl describe endpoints alpaca-prod

Name:                alpaca-prod
Namespace:           default
Labels:              app=alpaca
Subsets:
  Addresses:         10.112.1.54,10.112.2.84,10.112.2.85
  NotReadyAddresses: <none>
```

```
     Ports:
       Name     Port     Protocol
       ----     ----     --------
       <unset>  8080     TCP

  No events.
```

서비스를 사용하고자 고급 애플리케이션은 쿠버네티스 API와 직접 통신해 엔드포인트를 찾아 호출한다. 쿠버네티스 API를 통해 객체를 '감시'하고 변경되자마자 알림을 받을 수도 있다. 이러한 방식으로 클라이언트는 서비스와 관련된 IP가 변경되는 즉시 확인하고 대응할 수 있다.

터미널 창에서 다음 명령을 실행하고 살펴보자.

```
$ kubectl get endpoints alpaca-prod --watch
```

위 명령 실행 결과 엔드포인트의 현재 상태를 계속 보여준다.

```
NAME          ENDPOINTS                                              AGE
alpaca-prod   10.112.1.54:8080,10.112.2.84:8080,10.112.2.85:8080     1m
```

이제 다른 터미널 창을 열어 디플로이먼트를 삭제하고 alpaca-prod를 재생성해보자.

```
$ kubectl delete deployment alpaca-prod
$ kubectl create deployment alpaca-prod \
  --image=gcr.io/kuar-demo/kuard-amd64:blue \
  --port=8080 \
 $ kubectl scale deployment alpaca-prod ?replicas=3
```

감시 중인 엔드포인트의 출력을 확인하면 파드를 삭제하고 재생성하면서 변경된 최신 IP 주소의 집합이 반영됐음을 확인할 수 있다. 출력 결과는 다음과 같다.

```
NAME          ENDPOINTS                                              AGE
alpaca-prod   10.112.1.54:8080,10.112.2.84:8080,10.112.2.85:8080     1m
alpaca-prod   10.112.1.54:8080,10.112.2.84:8080                      1m
alpaca-prod   <none>                                                 1m
alpaca-prod   10.112.2.90:8080                                       1m
alpaca-prod   10.112.1.57:8080,10.112.2.90:8080                      1m
alpaca-prod   10.112.0.28:8080,10.112.1.57:8080,10.112.2.90:8080     1m
```

처음부터 쿠버네티스에서 실행되도록 설계된 새로운 코드를 작성하는 경우 엔드포인트 객체를 사용하는 것이 좋다. 하지만 대부분의 프로젝트가 이에 해당하지 않는다. 대부분의 기존 시스템은 자주 변경되지 않는 IP 주소로 작동하게 구현돼 있다.

수동 서비스 탐색

쿠버네티스 서비스는 파드의 라벨 셀렉터 최상위에서 구축된다. 즉, 쿠버네티스 API를 사용해 서비스 객체를 전혀 사용하지 않고도 기본적인 서비스 탐색을 수행할 수 있다.

kubectl(그리고 API를 통해)을 사용하면 디플로이먼트 예제에서 각 파드에 할당된 IP를 쉽게 확인할 수 있다.

```
$ kubectl get pods -o wide --show-labels

NAME                         ... IP             ... LABELS
alpaca-prod-12334-87f8h      ... 10.112.1.54    ... app=alpaca
```

```
alpaca-prod-12334-jssmh       ... 10.112.2.84  ... app=alpaca
alpaca-prod-12334-tjp56       ... 10.112.2.85  ... app=alpaca
bandicoot-prod-5678-sbxzl     ... 10.112.1.55  ... app=bandicoot
bandicoot-prod-5678-x0dh8     ... 10.112.2.86  ... app=bandicoot
```

이 기능은 매우 훌륭하지만 파드의 개수가 많은 환경에서는 확인이 어렵다. 이러한 경우 디플로이먼트에 적용된 라벨을 기반으로 일부를 필터링할 수 있다. alpaca 앱으로 실행해보자.

```
$ kubectl get pods -o wide --selector=app=alpaca

NAME                       ... IP          ...
alpaca-prod-3408831585-bpzdz ... 10.112.1.54  ...
alpaca-prod-3408831585-kncwt ... 10.112.2.84  ...
alpaca-prod-3408831585-l9fsq ... 10.112.2.85  ...
```

이제 서비스 탐색에 대한 기초를 학습했다. 라벨을 사용해 관심 있는 파드의 집합을 식별하고, 해당 라벨을 갖는 모든 파드의 정보를 가져오고, IP 주소를 확인할 수 있다. 그러나 올바른 라벨 집합을 동기화해 유지하는 일은 매우 까다로운 작업이다. 이것이 바로 서비스 객체가 탄생한 계기다.

kube-proxy와 클러스터 IP

클러스터 IP는 서비스의 모든 엔드포인트에 트래픽을 로드밸런싱하는 안정적인 가상 IP다. 이 기술은 클러스터의 모든 노드에서 실행되는 구성 요소인 kube-proxy에 의해 수행된다(그림 7-1).

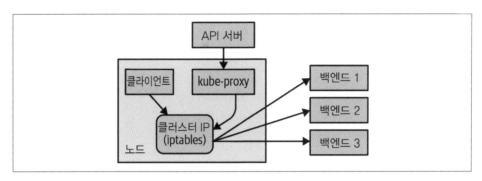

그림 7-1. 클러스터 IP의 설정과 사용

그림 7-1에서 **kube-proxy**는 API 서버를 통해 클러스터의 새로운 서비스를 감시한다. 그런 다음 해당 호스트의 커널에서 **iptables** 규칙 집합을 프로그래밍해패킷의 목적지를 재작성해 해당 서비스의 엔드포인트 중 하나를 향하게 한다.서비스에 대한 엔드포인트 집합이 변경되면(파드가 생성되고 삭제되거나 준비 검사 실패로 인해)**iptables** 규칙 집합이 다시 작성된다.

API 서버는 서비스가 생성될 때 클러스터 IP를 할당한다. 또한 서비스를 생성할때 사용자는 특정 클러스터 IP를 지정할 수 있다. 클러스터 IP가 한 번 설정되면서비스 객체를 삭제하고 다시 생성할 때까지 클러스터 IP를 변경할 수 없다.

쿠버네티스 서비스의 주소 범위는 kube-apiserver 바이너리에서 --service-cluster-ip-range 플래그를 사용해 설정한다. 서비스의 주소 범위는 각 도커 브리지나 쿠버네티스 노드에 할당된 IP 서브넷 및 범위와 중복되지 않아야 한다. 또한 클러스터 IP를지정해 요청할 경우에 클러스터 IP는 해당 범위에 속하되 사용하지 않는 IP 주소여야한다.

클러스터 IP 환경 변수

대부분의 사용자는 클러스터 IP를 찾고자 DNS 서비스를 사용해야 하지만 여전히 사용 중인 오래된 메커니즘이 있다. 그중 하나는 시작될 때 환경 변수 집합을 파드에 주입하는 것이다.

이것이 실제로 작동하는지 확인하려면 kuard의 bandicoot 인스턴스에 대한 콘솔을 살펴보자. 터미널에서 다음 명령을 입력해보자.

```
$ BANDICOOT_POD=$(kubectl get pods -l app=bandicoot \
    -o jsonpath='{.items[0].metadata.name}')
$ kubectl port-forward $BANDICOOT_POD 48858:8080
```

이제 브라우저에서 http://localhost:48858을 입력하고 이 서버의 상태를 확인하자. Server Env 섹션을 열고 alpaca 서비스에 대한 환경 변수 집합을 입력하자. 표 7-1과 유사한 상태 페이지를 확인할 수 있다.

표 7-1. 서비스 환경 변수

키	값
ALPACA_PROD_PORT	tcp://10.115.245.13:8080
ALPACA_PROD_PORT_8080_TCP	tcp://10.115.245.13:8080
ALPACA_PROD_PORT_8080_TCP_ADDR	10.115.245.13
ALPACA_PROD_PORT_8080_TCP_PORT	8080
ALPACA_PROD_PORT_8080_TCP_PROTO	tcp
ALPACA_PROD_SERVICE_HOST	10.115.245.13
ALPACA_PROD_SERVICE_PORT	8080

사용할 주요 환경 변수는 ALPACA_PROD_SERVICE_HOST와 ALPACA_PROD_SERVICE_PORT다. 그 밖의 환경 변수는 (너 이상 사용되지 않는) 도커 링크 변수와 호환되도록 작성된다.

환경 변수 접근 방식의 문제점은 특정 순서로 리소스를 생성해야 한다는 것이다. 서비스를 참조하는 파드보다 먼저 서비스를 생성해야 한다. 이는 좀 더 큰 규모의 애플리케이션을 구성하는 일련의 서비스를 배포할 때 상당히 복잡할 수 있다. 또한 환경 변수만 사용하면 많은 사용자에게 이상하게 보일 수 있다. 이러한 이유로 DNS의 사용이 더 좋은 선택이 될 수 있다.

기타 환경과 연결

클러스터 내에서 서비스를 검색하는 것이 좋지만 실제로 대다수 애플리케이션의 경우 쿠버네티스에 배포된 클라우드 네이티브 애플리케이션을 레거시legacy 환경에 배포된 애플리케이션과 연계해야 한다. 또한 클라우드(예, AWS, 애저, GCP 등)에 구축된 쿠버네티스 클러스터를 사내에 구축된 인프라와 연계해야 할 수도 있다. 쿠버네티스 영역은 여전히 상당한 양의 솔루션에 대한 검토와 개발이 진행되고 있다.

클러스터 외부 리소스에 연결

쿠버네티스를 클러스터 외부의 레거시 리소스에 연결하는 경우 셀렉터가 없는 서비스selector-less service로 클러스터 외부의 IP 주소를 수동으로 할당해 쿠버네티스 서비스를 선언할 수 있다. 이렇게 하면 DNS를 통한 쿠버네티스 서비스 탐색이 예상대로 작동하지만 네트워크 트래픽 자체가 외부 리소스로 흐르게 된다. 셀렉터가 없는 서비스를 생성하려면 리소스에서 spec.selector 필드를 제거하고 메타데이터와 포트 섹션은 변경하지 않고 그대로 둔다. 서비스에 셀렉터가 존재하지 않기 때문에 엔드포인트가 서비스에 자동으로 추가되지 않는다. 즉, 수동으로 추가해야 한다. 일반적으로 추가해야 할 엔드포인트는 고정 IPfixed IP 주소(예, 데이터베이스 서버의 IP 주소)이므로 한 번만 추가하면 된다. 그러나 서비스를 지원하는 IP 주소가 변경되는 경우 해당 엔드포인트 리소스를 업데이트해야 한다. 엔드포인트 리소스를 생성하거나 업데이트하려면 다음과 같은 엔드포인트를 사용해야 한다.

```
apiVersion: v1
kind: Endpoints
metadata:
  # This name must match the name of your service
  name: my-database-server
subsets:
  - addresses:
    # Replace this IP with the real IP of your server
    - ip: 1.2.3.4
  ports:
    # Replace this port with the port(s) you want to expose
    - port: 1433
```

클러스터 내부의 서비스에 외부 리소스 연결

쿠버네티스 서비스에 외부 리소스를 연결하는 방법은 다소 까다롭다. 클라우드 제공자가 외부와의 연동을 지원하는 환경일 경우 가장 쉬운 방법은 가상 사설 네트워크에 앞에서 설명한 '내부' 로드밸런서를 생성해 고정 IP 주소에서 클러스터로 트래픽을 전달하게 하는 것이다. 그런 다음 기존 DNS를 사용해 이 IP 주소를 외부 리소스에서 사용하게 할 수 있다. 내부 로드밸런서를 사용할 수 없는 경우 NodePort 서비스를 사용해 클러스터에 있는 노드의 IP 주소를 통해 서비스를 실행할 수 있다. 그런 다음 물리 로드밸런서를 프로그래밍해 해당 노드에 트래픽을 전달하거나 DNS 기반 로드밸런싱을 사용해 노드 간에 트래픽을 분산시킬 수 있다. 이러한 솔루션 중 어느 것도 사용 사례에 적합하지 않는 경우 좀 더 복잡한 옵션은 외부 리소스에서 kube-proxy를 실행하고 해당 머신이 쿠버네티스 클러스터의 DNS 서버를 사용하도록 프로그래밍하는 것이다. 이러한 설정은 제대로 적용하기가 훨씬 어렵고 온프레미스^{on-premise} 환경에서만 사용해야 한다. 또한 클러스터 내외부의 리소스 연결을 관리하는 데 사용할 수

160

있는 다양한 오픈소스 프로젝트(예, 해시코프^{HashiCorp} 사의 콘술^{Consul})도 존재한다. 이러한 옵션을 올바르게 사용하려면 네트워킹과 쿠버네티스에 대한 상당한 지식을 필요로 하며, 이는 최후의 수단으로 고려해야 한다.

정리

7장에서 생성된 모든 객체를 정리하려면 다음과 같은 명령을 실행한다.

```
$ kubectl delete services,deployments -l app
```

요약

쿠버네티스는 서비스의 이름을 지정하고 네트워크를 통해 이 서비스를 연결하는 전통적인 방법에 도전하는 동적 시스템이다. 서비스 객체는 클러스터 내외에서 서비스를 노출할 수 있는 유연하고 강력한 방법을 제공한다. 여기서 설명한 기술을 사용해 서비스를 서로 연결하고 이를 클러스터 외부에 노출할 수 있다. 쿠버네티스에서 동적 서비스 탐색 메커니즘 사용을 위해 몇 가지 새로운 개념이 도입돼 복잡해보일 수 있지만 이러한 기술을 이해하고 적용하는 것이 쿠버네티스의 장점을 발휘할 수 있는 핵심적인 요소다. 애플리케이션이 동적으로 서비스를 찾고 해당 애플리케이션의 동적 배치에 대응할 수 있으면 작업이 실행되는 위치와 이동 시점을 걱정할 필요가 없다. 논리적인 방식으로 서비스에 대해 생각하고 쿠버네티스가 컨테이너 배치의 세부 사항을 처리하는 것이 중요한 부분이다.

물론 서비스 탐색은 애플리케이션 네트워킹이 쿠버네티스와 동작하는 방식의 시작점일 뿐이다. 8장에서는 7계층 로드밸런싱과 라우팅 전용 인그레스 네트워킹에 대한 내용을 다루고, 15장에서는 서비스 탐색과 로드밸런싱 외에도 많은 추가 기능을 제공하는 클라우드 네이티브 네트워킹에 대해 최근에 개발된 접근 방식인 서비스 메시를 살펴본다.

## 8장

인그레스를 통한 HTTP 로드밸런싱

모든 애플리케이션에서 중요한 부분은 다른 애플리케이션과 네트워크 트래픽을 주고받는다는 것이다. 7장에서 설명했듯이 쿠버네티스에는 서비스가 클러스터 외부에 노출될 수 있게 하는 기능들이 있다. 대부분의 사용자와 간단한 사용 사례의 경우 이러한 기능만으로 충분하다.

그러나 서비스 객체는 OSI 모델[1]의 4계층에서 작동한다. 즉, TCP 및 UDP 연결만 전달하고 해당 연결 내부를 확인하지 않는다. 이와 같은 이유로 클러스터에 많은 애플리케이션을 호스팅하면 다양한 종류의 노출된 서비스exposed service가 사용된다. 서비스 타입이 NodePort인 경우 클라이언트는 서비스당 고유한 포트에 연결해야 한다. 서비스 타입이 LoadBalancer인 경우 각 서비스에 대해 클라우드 리소스를 할당하는 경우가 많다. 그러나 HTTP(7계층) 기반 서비스의 경우 더 좋은 방법이 있다.

쿠버네티스가 아닌 환경에서 유사한 문제를 해결할 때 사용자는 종종 가상 호스팅virtual hosting이라는 개념을 사용했다. 이는 단일 IP 주소를 사용해 많은 HTTP 사이트를 호스팅하는 메커니즘이다. 일반적으로 사용자는 로드밸런서나 리버스 프록시reverse proxy를 사용해 HTTP(80) 및 HTTPS(443) 포트에서 들어오는 연결을

---

1. OSI(Open Systems Interconnection) 모델(https://en.wikipedia.org/wiki/OSI_model)은 각기 다른 네트워킹 계층이 서로 어떻게 구축되는지를 설명하는 표준 방법이다. TCP와 UDP는 4계층으로 간주되고 HTTP는 7계층으로 간주된다.

받아들인다. 로드밸런서나 리버스 프록시는 HTTP 연결을 파싱해 다른 프로그램으로 향하는 HTTP 호출을 요청된 Host 헤더와 URL 경로를 기반으로 프록시 (중개인 역할)한다. 이와 같은 방법으로 로드밸런서나 리버스 프록시는 들어오는 연결을 해석해 올바른 '업스트림' 서버로 보내는 '트래픽 전달'의 역할을 한다.

쿠버네티스 자체의 HTTP 기반 로드밸런싱 시스템을 인그레스^Ingress라고 부른다. 인그레스는 방금 언급한 '가상 호스팅' 패턴을 구현하는 쿠버네티스의 기본 방식이다. 이 패턴의 조금은 복잡한 특징은 사용자가 로드밸런서의 컨피규레이션 파일을 관리해야 한다는 것이다. 동적 환경에서 가상 호스트들이 확장될 경우 관리가 더 복잡해질 수 있다. 쿠버네티스 인그레스 시스템은 '컨피규레이션 표준화', '표준 쿠버네티스 객체로 이동', '여러 인그레스 객체를 하나의 로드밸런서 컨피그로 병합' 등을 통해 복잡해질 수 있는 관리를 단순화한다.

일반적인 소프트웨어 기반 구현은 그림 8-1에서 보여준다. 인그레스 컨트롤러는 두 개의 파트로 구성된 소프트웨어 시스템이다. 첫 번째는 LoadBalancer 타입의 서비스를 사용해 클러스터 외부에 노출되는 인그레스 프록시다. 이 프록시는 요청을 '업스트림 서버'로 보낸다. 또 다른 컴포넌트는 인그레스 리콘실러^ingress reconciler 또는 오퍼레이터^operator다. 인그레스 오퍼레이터는 쿠버네티스 API에서 인그레스 객체를 읽고 모니터링하고 인그레스 리소스에 명시된 것처럼 트래픽을 라우팅하도록 인그레스 프록시를 재구성하는 일을 담당한다. 인그레스를 구현하기 위한 다양한 방법이 있다. 일부에서는 이 두 구성 요소가 단일 컨테이너로 결합된다. 다른 경우에는 쿠버네티스 클러스터에 별도로 배포되는 별도의 컴포넌트로 존재한다. 그림 8-1에서는 인그레스 컨트롤러의 예를 소개한다.

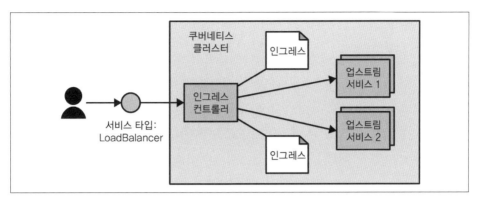

그림 8-1. 일반적인 소프트웨어 인그레스 컨트롤러 컨피규레이션

인그레스 스펙과 인그레스 컨트롤러

개념은 간단하지만 구현 수준에서 말하는 인그레스는 쿠버네티스의 다른 모든 일반적인 리소스 객체와 매우 다르다. 특히 공통 리소스 명세와 컨트롤러 구현으로 나뉜다. 쿠버네티스에는 내장된 '표준' 인그레스 컨트롤러가 없기 때문에 사용자는 많은 구현 방식 중 하나를 선택해 이를 설치해야 한다.

사용자는 다른 모든 객체와 마찬가지로 인그레스 객체를 만들고 수정할 수 있다. 그러나 기본적으로 해당 객체에 대해 실제로 동작하는 코드는 존재하지 않는다. 외부 컨트롤러를 설치하고 관리하는 것은 사용자(또는 사용 중인 배포 버전)에 달려있다. 이와 같은 방식으로 컨트롤러는 선택적인 구성이 가능하다.

인그레스가 이렇게 된 데는 두 가지 이유가 있다. 첫째, 일반적으로 사용할 수 있는 HTTP 로드밸런서는 하나가 아니다. 많은 소프트웨어 로드밸런서(오픈소스 및 사용) 외에도 클라우드 제공자(예, AWS에서 제공하는 ELB) 및 하드웨어 기반 로드밸런서가 제공하는 로드밸런싱 기능이 있다. 둘째, 공통 확장 기능이 추가되기 전에 인그레스 객체가 쿠버네티스에 추가됐기 때문이다(16장 참고). 인그레스 프로젝트가 진행됨에 따라 이러한 메커니즘을 사용하도록 발전할 가능성이 높다.

컨투어 설치

사용할 수 있는 많은 종류의 인그레스 컨트롤러가 존재하지만 여기서는 컨투어Contour라고 불리는 인그레스 컨트롤러를 사용한다. 엔보이Envoy라는 오픈소스(그리고 CNCF 프로젝트) 로드밸런서를 구성하고자 개발된 컨트롤러다. 엔보이는 API를 통해 동적으로 설정할 수 있도록 개발됐다. 컨투어 인그레스 컨트롤러는 인그레스 객체를 엔보이가 이해할 수 있게 변환한다.

 Contour 프로젝트(https://oreil.ly/5lHmq)는 Heptio[2]가 실제 고객과 협력해 제작됐으며 운영 환경에서 사용되지만 현재는 독립적인 오픈소스 프로젝트다.

단 한 줄의 명령 실행으로 컨투어를 설치할 수 있다.

```
$ kubectl apply -f https://projectcontour.io/quickstart/contour.yaml
```

위 명령은 클러스터 관리자(cluster-admin) 권한이 있는 사용자가 실행해야 함을 유의해야 한다.

대부분의 구성에서 동작하는 위 명령을 실행하면 projectcontour라는 네임스페이스가 생성된다. 그리고 해당 네임스페이스 내에 디플로이먼트(2개의 복제본 포함)와 LoadBalancer 타입의 외부 연결 서비스를 생성한다. 또한 서비스 계정을 통해 정확한 권한을 설정하고 '인그레스의 미래' 절에서 설명하는 일부 확장 기능에 대한 CustomResourceDefinition(17장 참고)을 설치한다.

글로벌 설치이므로 설치하려는 클러스터에 대한 admin 권한이 있는지 확인해야 한다. 설치한 후 다음 명령으로 컨투어의 외부external 주소를 확인할 수 있다.

---

2. 헵티오(heptio)는 최근에 VMWare에 인수됐다. 따라서 URL이 변경될 수 있지만 깃허브에서 새로운 URL로 포워딩할 것이다. - 옮긴이

```
$ kubectl get -n projectcontour service envoy -o wide

NAME      CLUSTER-IP     EXTERNAL-IP           PORT(S)        ...
contour   10.106.53.14   a477...amazonaws.com  80:30274/TCP   ...
```

EXTERNAL-IP 열을 보면 IP 주소(GCP와 애저의 경우)나 호스트 이름(AWS의 경우)을 확인할 수 있다. 다른 클라우드와 환경에서는 위 예제와 일치하지 않을 수 있다. 쿠버네티스 클러스터가 LoadBalancer 타입의 서비스를 지원하지 않는 경우 컨투어 설치를 위한 YAML을 NodePort 타입으로 변경하고 해당 환경에서 동작하는 방식을 통해 클러스터 시스템으로 트래픽을 라우팅해야 한다.

미니큐브를 사용하는 경우 EXTERNAL-IP에 대한 목록이 존재하지 않을 것이다. 이 문제를 해결하려면 별도의 터미널 창을 열고 minikube tunnel을 실행해야 한다. LoadBalancer 타입의 모든 서비스에 고유한 IP 주소가 할당되도록 네트워킹 경로를 구성해야 한다.

DNS 설정

인그레스가 제대로 동작하려면 로드밸런서의 외부 주소를 DNS 엔트리로 설정해야 한다. 여러 호스트 이름을 단일 외부 엔드포인트에 매핑할 수 있으며, 이렇게 되면 인그레스 컨트롤러는 해당 호스트 이름으로 들어오는 요청을 적절한 서비스로 보내는 역할을 할 것이다.

8장에서는 example.com이라는 도메인이 존재한다고 가정해보자. alpaca.example.com과 bandicoot.example.com이라는 2개의 DNS 엔트리를 구성해야 한다. 외부 로드밸런서의 IP 주소만 있는 경우 A 레코드를 구성하고 호스트 이름이 있는 경우 CNAME 레코드를 구성해야 한다.

ExternalDNS 프로젝트(https://oreil.ly/ILdEj)는 DNS 레코드를 관리하는 데 사용할 수 있는 클러스터 애드온add-on이다. ExternalDNS는 쿠버네티스를 모니터링하고 쿠버네티스 서비스 리소스의 IP 주소를 외부 DNS 공급자와 동기화한다. ExternalDNS 는 기존 도메인 등록 기관과 퍼블릭 클라우드 공급업체를 비롯한 다양한 DNS 공급자를 지원한다.

로컬 hosts 파일 설정

도메인이 존재하지 않거나 미니큐브 같은 로컬 솔루션을 사용하는 경우 /etc/ hosts 경로의 파일을 편집해 IP 주소를 추가해서 로컬 컨피규레이션을 설정할 수 있다. 이를 위해 워크스테이션에 대한 **admin/root** 권한이 필요하다. 파일의 위치 는 플랫폼에 따라 다를 수 있으며, 적용하려면 추기적인 단계가 필요알 수 있다. 예를 들어 윈도우 환경에서 해당 파일은 일반적으로 C:\Windows\System32\ drivers\etc\hosts에 있으며, 최신 버전의 맥OS에서는 파일을 변경한 후 **sudo killall -HUP mDNSResponder** 명령을 실행해야 한다. 파일을 편집해 다음과 같은 줄을 추가하자.

```
<IP 주소> alpaca.example.com bandicoot.example.com
```

<IP 주소>의 경우 컨투어의 외부 IP 주소를 사용한다. 보유하고 있는 모든 것이 호스트 이름(예, AWS)이라면 host -t a <주소>를 실행해 호스트 이름에 매핑되는 IP 주소(향후 변경될 수 있음)를 얻을 수 있다. 테스트가 완료되면 이러한 변경 사항을 다시 되돌리는 것을 잊지 말자.

인그레스의 사용

이제 인그레스 컨트롤러가 구성됐으니 좀 더 자세히 살펴보자. 먼저 다음과 같은 명령을 실행해 몇 가지 업스트림(백엔드라고도 함) 서비스를 생성한다.

168

```
$ kubectl create deployment be-default \
    --image=gcr.io/kuar-demo/kuard-amd64:blue \
    --replicas=3 \
    --port=8080
$ kubectl expose deployment be-default
$ kubectl create deployment alpaca \
    --image=gcr.io/kuar-demo/kuard-amd64:green \
    --replicas=3 \
    --port=8080
$ kubectl expose deployment alpaca
$ kubectl create deployment bandicoot \
    --image=gcr.io/kuar-demo/kuard-amd64:purple \
    --replicas=3 \
    --port=8080
$ kubectl expose deployment bandicoot
$ kubectl get services -o wide

NAME            CLUSTER-IP       ... PORT(S)     ... SELECTOR
Alpaca          10.115.245.13    ... 8080/TCP    ... run=alpaca
bandicoot       10.115.242.3     ... 8080/TCP    ... run=bandicoot
be-default      10.115.246.6     ... 8080/TCP    ... run=be-default
kubernetes      10.115.240.1     ... 443/TCP     ... <none>
```

가장 간단한 사용법

인그레스를 사용하는 가장 간단한 방법은 모든 것을 맹목적으로 업스트림 서비스에 전달하는 것이다. kubectl로 인그레스를 작동시키는 명령에 대한 지원이 제한돼 있기 때문에 YAML 파일을 통해 시작한다(예제 8-1 참고).

예제 8-1. simple-ingress.yaml

```
apiVersion: networking.k8s.io/v1
kind: ingress
```

```
metadata:
  name: simple-ingress
spec:
  service:
    name: alpaca
    port:
      number: 8080
```

kubectl apply 명령으로 인그레스를 생성한다.

```
+$ kubectl apply -f simple-ingress.yaml
ingress.extensions/simple-ingress created
```

kubectl get과 kubectl describe 명령으로 올바르게 설정됐는지 확인할 수 있다.

```
$ kubectl get ingress

NAME             HOSTS     ADDRESS   PORTS   AGE
simple-ingress   *                   80      13m

$ kubectl describe ingress simple-ingress
Name:            simple-ingress
Namespace:       default
Address:
Default backend: alpaca:8080
(172.17.0.6:8080,172.17.0.7:8080,172.17.0.8:8080)
Rules:
  Host   Path   Backends
  ----   ----   --------
  *      *      alpaca:8080 (172.17.0.6:8080,172.17.0.7:8080,172.17.0.8:8080)
Annotations:
```

```
...

Events: <none>
```

인그레스 컨트롤러를 통하는 모든 HTTP 요청이 alpaca 서비스로 전달되도록
설정했다. 이제 alpaca.example.com이나 bandicoot.example.com 같은 서비스
의 실제 IP나 CNAME으로 kuard의 alpaca 인스턴스에 접속할 수 있다.

아직 LoadBalancer 타입의 단순한 서비스 이상의 가치를 추가하지는 않았다.
다음 절에서 좀 더 복잡한 컨피규레이션을 확인해보자.

호스트 이름의 사용

요청의 속성에 따라 트래픽을 제어하면 흥미로워진다. 가장 일반적인 예제는
인그레스 시스템이 HTTP 호스트 헤더(원래 URL에서 DNS 도메인으로 설정됨)를 보고 해당 헤
더를 기반으로 트래픽을 전달하는 것이다. alpaca.example.com으로 향하는 트
래픽에 대해 alpaca 서비스로 전달할 수 있게 하기 위한 또 다른 인그레스 객체
를 추가해보자(예제 8-2 참고).

예제 8-2. host-ingress.yaml

```
apiVersion: networking.k8s.io/v1
kind: ingress
metadata:
  name: host-ingress
spec:
  defaultBackend:
    service:
      name: be-default
      port:
        number: 8080
```

```
    rules:
      - host: alpaca.example.com
        http:
          paths:
          - backend:
              serviceName: alpaca
              servicePort: 8080
```

kubectl apply 명령으로 앞에서 정의한 인그레스를 생성한다.

```
$ kubectl apply -f host-ingress.yaml
ingress.extensions/host-ingress create
```

다음과 같은 명령으로 올바르게 설정됐는지 확인할 수 있다.

```
$ kubectl get ingress

NAME              HOSTS                   ADDRESS   PORTS   AGE
host-ingress      alpaca.example.com                80      54s
simple-ingress    *                                 80      13m

$ kubectl describe ingress host-ingress
Name:             host-ingress
Namespace:        default
Address:
Default backend: be-default:8080 (<none>)
Rules:
  Host                      Path    Backends
  ----                      ----    -------
  alpaca.example.com
                            / alpaca:8080 (<none>)
Annotations:
  ...
```

```
Events: <none>
```

여기서 약간 혼란스러운 점이 몇 가지 있다. 먼저 **default-http-backend**에 대한 참조가 있다. 이는 다른 방식으로 처리되지 않은 요청을 처리하고자 일부 인그레스 컨트롤러에서만 사용하는 규칙이다. 이 컨트롤러는 이처럼 처리되지 않은 요청을 **kube-system** 네임스페이스의 **default-http-backend** 서비스로 보낸다. 다음으로 **alpaca** 백엔드 서비스에 대한 엔드포인트가 존재하지 않는다. 이는 쿠버네티스 1.14 버전에서 수정된 **kubectl**의 버그다.

어찌됐든 이제 http://alpaca.example.com을 통해 **alpaca** 서비스를 처리할 수 있게 됐다. 대신 다른 방법을 통해 서비스 엔드포인트에 도달하면 **default**에 해당하는 서비스를 받아야 한다.

경로 사용

다음으로 흥미로운 시나리오는 호스트 이름뿐만 아니라 HTTP 요청의 경로를 기반으로 트래픽을 전달하는 것이다. **paths** 항목에 경로를 지정하면 이 작업을 쉽게 수행할 수 있다(예제 8-3 참고). 이번 예제에서는 http://bandicoot.example.com으로 들어오는 모든 요청은 **bandicoot** 서비스로 보내지만 http://bandicoot.example.com/a를 **alpaca** 서비스로 전달한다. 이러한 유형의 시나리오는 단일 도메인의 다른 경로에서 여러 서비스를 호스팅하는 데 사용할 수 있다.

예제 8-3. path-ingress.yaml

```
apiVersion: networking.k8s.io/v1
kind: ingress
metadata:
  name: path-ingress
spec:
```

```
rules:
- host: bandicoot.example.com
  http:
    paths:
    - pathType: Prefix
      path: "/"
      backend:
        service:
          name: bandicoot
          port:
            number: 8080
    - pathType: Prefix
      path: "/a/"
      backend:
        name: alpaca
        port:
          number: 8080
```

인그레스 시스템에 나열된 동일한 호스트에 여러 경로가 있는 경우 가장 구체화된 주소부터 규칙이 적용된다. 따라서 위 예제에서 /a/로 시작하는 트래픽은 alpaca 서비스로 전달되고 다른 모든 트래픽(/로 시작)은 bandicoot 서비스로 전달된다.

요청이 업스트림 서비스로 프록시될 때 경로는 수정되지 않은 상태로 유지된다. 즉, bandicoot.example.com/a/에 대한 요청은 해당 요청 호스트 이름과 경로에 대해 구성된 업스트림 서버에 표시된다. 업스트림 시비스는 해당 하위 경로에서 트래픽을 처리할 준비가 돼 있어야 한다. 이 경우 kuard에는 테스트를 위한 특수 코드가 있으며, 여기서 미리 정의된 하위 경로(/a/, /b/, /c/)와 함께 루트 경로(/)에 응답한다.

정리

다음 명령으로 앞서 실행한 내용을 삭제할 수 있다.

```
$ kubectl delete ingress host-ingress path-ingress simple-ingress
$ kubectl delete service alpaca bandicoot be-default
$ kubectl delete deployment alpaca bandicoot be-default
```

심화된 인그레스 주제와 문제

인그레스는 또 다른 훌륭한 기능을 지원한다. 이러한 기능의 수준은 인그레스 컨트롤러 구현에 따라 다르며, 컨트롤러마다 약간 다른 방식으로 기능을 구현한다.

확장 기능의 대부분은 인그레스 객체의 애노테이션을 통해 노출된다. 이러한 애노테이션은 확인이 어렵고 잘못되기 쉽다. 이러한 애노테이션 중 다수는 전체 인그레스 객체에 적용되므로 원하는 것보다 더 넓은 범위일 수 있다. 애노테이션의 범위를 좁히려면 항상 하나의 인그레스 객체를 여러 인그레스 객체로 분할해야 한다. 인그레스 컨트롤러는 이를 판단하고 하나로 병합해야 한다.

다중 인그레스 컨트롤러 실행

여러 개의 인그레스 컨트롤러에 대한 구현이 있으면 단일 클러스터에서 여러 개의 인그레스 컨트롤러를 실행할 수 있다. 이를 해결하고자 인그레스 리소스가 특정 구현을 요청할 수 있도록 IngressClass 리소스가 존재한다. 인그레스 리소스를 생성할 때 spec.ingressClassName 필드를 사용해 특정 인그레스 리소스를 명시한다. spec.ingressClassName 애노테이션이 누락된 경우 기본값의 인그레스 컨트롤러가 사용된다. 올바른 IngressClass 리소스에 ingressclass.

`kubernetes.io/is-default-class` 애노테이션을 추가해 지정한다.

 1.18 이전 버전의 쿠버네티스에서는 `IngressClassName` 필드가 존재하지 않았고 대신 `kubernetes.io/ingress.class` 애노테이션이 사용됐다. 이는 여전히 많은 컨트롤러에서 지원하고 있지만 향후 컨트롤러에서는 더 이상 사용되지 않을 가능성이 있기 때문에 애노테이션을 사용힐 때 주의하길 바란다.

다중 인그레스 객체

여러 개의 인그레스 객체를 지정하면 인그레스 컨트롤러가 해당 객체를 모두 읽고 일관된 컨피규레이션으로 병합해야 한다. 그러나 중복되고 충돌하는 컨피규레이션을 지정하면 동작이 정의되지 않는다. 다른 인그레스 컨트롤러는 다르게 동작할 수 있다. 단일 구현조차도 분명하지 않은 요소로 인해 다르게 동작할 수 있다.

인그레스와 네임스페이스

인그레스는 분명하지 않은 방식으로 네임스페이스와 상호작용한다. 첫째, 많은 보안 유의 사항으로 인해 인그레스 객체는 동일한 네임스페이스에 있는 업스트림 서비스만 참조할 수 있다. 즉, 인그레스 객체를 사용할 때 다른 네임스페이스에 있는 서비스에 대한 하위 경로를 참조할 수 없다.

그러나 다른 네임스페이스에 위치한 여러 인그레스 객체는 동일한 호스트에 대해 하위 경로로 지정할 수 있다. 그런 다음 인그레스 객체가 병합돼 인그레스 컨트롤러에 대한 최종 설정이 완료된다.

이 네임스페이스 간 동작은 클러스터 전체에 걸쳐 인그레스가 클러스터를 글로벌하게 조정해야 함을 의미한다. 주의해서 조정하지 않으면 한 네임스페이스의 인그레스 객체가 다른 네임스페이스에서 문제(및 정의되지 않은 동작)를 유발할 수 있다.

일반적으로 어떤 네임스페이스가 어떤 호스트 이름과 경로를 지정할 수 있는지에 대한 인그레스 컨트롤러에는 제한이 없다. 고급 사용자는 **사용자 정의 승인 컨트롤러**custom admission controller를 사용해 이에 대한 정책을 시행할 수 있다. 이 문제를 해결하고자 '인그레스의 미래' 절에서 인그레스의 발전 방향을 살펴본다.

경로 재작성

일부 인그레스 컨트롤러에 대한 구현의 경우 선택적으로 **경로 재작성**path rewriting을 지원한다. 프록시로 동작해 HTTP 요청에 대한 경로를 수정하는 데 사용할 수 있다. 이는 일반적으로 인그레스 객체의 애노테이션에 의해 지정되며 해당 객체에 의해 지정된 모든 요청에 적용된다. 예를 들어 NGINX 인그레스 컨트롤러를 사용하는 경우 `nginx.ingress.kubernetes.io/rewrite-target: /`이라고 애노테이션을 지정할 수 있다. 이렇게 하면 하위 경로에서 업스트림 서비스가 작동하도록 구축되지 않은 경우에도 동작하게 된다.

경로 재작성을 구현할 뿐만 아니라 경로를 지정할 때 정규식도 지원하는 여러 구현이 있다. 예를 들어 NGINX 컨트롤러를 사용하면 정규식으로 경로의 일부를 캡처한 다음 다시 작성할 때 캡처된 콘텐츠를 사용할 수 있다. 이것이 어떻게 수행되고 어떤 정규 표현식이 사용되는지는 구현에 따라 다르다.

경로 재작성은 만병통치약이 아니며 종종 버그로 이어질 수 있다. 많은 웹 애플리케이션은 절대 경로를 사용해 자체적으로 연결할 수 있다고 가정하자. 이 경우 해당 앱이 /subpath에 호스팅될 수 있지만 /에 요청이 표시될 수 있다. 그런 다음 사용자를 /app-path로 보낼 수 있다. 그 후 앱에 대한 '내부' 링크인지 (이 경우 대신 /subpath/app-path여야 함) 또는 다른 앱에 대한 링크인지에 대한 의문이 생긴다. 이러한 이유로 복잡한 애플리케이션에 도움이 될 수 있으면 하위 경로를 피하는 것이 가장 좋다.

TLS 제공

웹 사이트를 제공할 때 TLS와 HTTPS를 사용해 안전하게 제공해야 하는 중요성이 점차 커지고 있다. 인그레스는 이를 지원한다(대부분의 인그레스 컨트롤러와 마찬가지로).

먼저 사용자는 예제 8-4와 같이 TLS 인증서와 키를 사용해 시크릿^{secret}을 정의할 수 있다. 또한 다음과 같이 간단하게 시크릿을 만들 수도 있다.

```
kubectl create secret tls <시크릿 이름> --cert <인증서 pem 파일> -key <개인키 pem 파일>
```

예제 8-4. tls-secret.yaml

```
apiVersion: v1
kind: Secret
metadata:
  creationTimestamp: null
  name: tls-secret-name
type: kubernetes.io/tls
data:
  tls.crt: <base64 encoded certificate>
  tls.key: <base64 encoded private key>
```

인증서가 업로드되면 인그레스 객체에서 인증서를 참조할 수 있다. 인증서를 사용해야 하는 호스트 이름과 함께 인증서 목록을 지정한다(예제 8-5 참고). 또한 여러 인그레스 객체가 동일한 호스트 이름에 대한 인증서를 지정하면 동작이 정의되지 않는다.

예제 8-5. tls-ingress.yaml

```
apiVersion: networking.k8s.io/v1
kind: Ingress
metadata:
```

```
    name: tls-ingress
  spec:
    tls:
    - hosts:
      - alpaca.example.com
      secretName: tls-secret-name
    rules:
    - host: alpaca.example.com
      http:
        paths:
        - backend:
            serviceName: alpaca
            servicePort: 8080
```

TLS 시크릿의 업로드와 관리가 어려울 수 있다. 또한 인증서는 상당한 비용이 든다. 이 문제를 해결하고자 API 중심의 무료 인증기관을 운영하는 Let's Encrypt(https://letsencrypt.org/)라는 비영리 단체가 있다. API 기반이므로 TLS 인증서를 자동으로 가져오고 설치하는 쿠버네티스 클러스터를 설정할 수 있다. 설정하기 까다로울 수 있지만 작업할 때 사용이 매우 간단하다. 더 필요한 정보는 CNCF에 온보딩된 영국의 스타트업인 젯스택^{Jetstack}의 오픈소스 프로젝트 cert-manager(https://cert-manager.io)에서 얻을 수 있다. cert-manager.io 웹 사이트 또는 깃허브 리포지터리(https://oreil.ly/S0PU4)에서 cert-mananger를 설치하고 시작하는 방법에 대한 자세한 정보를 제공한다.

인그레스의 대체 구현

인그레스 컨트롤러는 여러 가지 구현 방법이 있으며 기본 인그레스 객체는 각각 고유한 기능을 갖고 있는데, 에코시스템이 활발하다.

먼저 각 클라우드 제공자에는 해당 클라우드에 대한 특정 클라우드 기반 L7

로드밸런서를 노출하는 인그레스 구현이 있다. 이러한 컨트롤러는 파드에서 실행되는 소프트웨어 로드밸런서를 구성하는 대신 인그레스 객체를 가져와 API를 통해 클라우드 기반 로드밸런서를 구성하는 데 사용한다. 이로 인해 클러스터의 부하와 운영자의 관리 부담이 줄어들지만 비용이 많이 들 수 있다.

많이 사용하는 가장 일반적인 인그레스 컨트롤러는 오픈소스 NGINX 인그레스 컨트롤러(https://oreil.ly/EstHX)일 것이다. 상용 제품인 NGINX Plus를 기반으로 한 상용 컨트롤러도 있으니 주의하자. 오픈소스 컨트롤러는 기본적으로 인그레스 객체를 읽고 NGINX 컨피규레이션 파일로 병합한다. 그런 다음 NGINX 프로세스에 신호를 보내 새로운 컨피규레이션으로 재시작한다(사용 중인 기존 연결을 그대로 서비스함). 오픈소스 NGINX 컨트롤러에는 애노테이션(https://oreil.ly/V8nM7)을 통해 누출되는 수많은 기능과 옵션이 있다.

Emissary(https://oreil.ly/5HDun)와 Gloo(https://oreil.ly/rZDlX)는 API 게이트웨이에 중점을 둔 엔보이^{Envoy} 기반 인그레스 컨트롤러다.

Traefik(https://traefik.io/)은 고^{Go}에서 구현된 리버스 프록시로, 인그레스 컨트롤러로도 작동할 수 있다. 개발자에게 친숙한 기능과 대시보드 세트가 있다.

여기까지 간단히 살펴봤다. 인그레스 에코시스템은 매우 활동적이며 단순한 인그레스 객체를 고유한 방식으로 구현하는 많은 새로운 프로젝트와 상업용 제품이 있다.

인그레스의 미래

보다시피 인그레스 객체는 L7 로드밸런서를 구성하는 데 매우 유용한 추상화를 제공하지만 사용자가 원하는 모든 기능과 다양한 구현이 제공하고자 하는 모든 기능으로 확장되지는 않았다.

인그레스의 많은 기능이 정의돼 있지 않은 상태다. 구현은 이러한 기능을 다른 방식으로 제공해 구현 간 컨피규레이션의 이식을 어렵게 만들기도 한다.

또 다른 문제는 인그레스를 잘못 구성하기 쉽다는 점이다. 여러 객체가 함께 구성되는 방식은 구현에 따라 다르게 동작하는 문제가 생긴다. 또한 네임스페이스 간에 병합되는 방식은 네임스페이스 격리라는 개념을 깨뜨리게 된다.

인그레스는 서비스 메시^{Service Mesh}(Istio 및 Linkerd 같은 프로젝트)가 잘 알려지기 전에 만들어졌다. 인그레스와 서비스 메시의 교차점은 여전히 정의 중이다. 서비스 메시에 대한 좀 더 자세한 내용은 15장에서 상세히 다룬다.

쿠버네티스용 HTTP 로드밸런싱의 미래는 네트워킹 전담 쿠버네티스 SIG^{Special Interest Group}에서 개발 중인 게이트웨이 API가 될 것으로 보인다. 게이트웨이 API 프로젝트는 쿠버네티스에서 라우팅을 위한 최신 API를 개발하기 위한 것이다. HTTP 밸런싱에 좀 더 중점을 두고 있지만 게이트웨이 API에는 4계층(TCP) 밸런싱을 제어하기 위한 리소스도 포함하고 있다. 게이트웨이 API는 아직 상당 부분 개발 중이기 때문에 현재 쿠버네티스에 존재하는 기존 인그레스 및 서비스 리소스를 사용하는 것을 추천한다. 게이트웨이 API의 현재 상태는 온라인(https://oreil.ly/zhlil)에서 확인할 수 있다.

요약

인그레스는 쿠버네티스의 고유한 시스템이다. 이는 스키마일 뿐이며 해당 스키마에 대한 컨트롤러 구현은 별도로 설치하고 관리해야 한다. 그러나 사용자에게 실용적이고 비용 효율적인 방법으로 서비스를 제공하고자 중요한 시스템이기도 하다. 쿠버네티스가 계속 성장함에 따라 인그레스의 영향력이 점점 더 높아질 것으로 기대된다.

## 9장

레플리카셋

개별 컨테이너를 파드로 실행하는 방법을 살펴봤다. 파드는 본질적으로 일회성 싱글톤^{singleton}[1]이다. 다양한 이유로 특정 시간에 컨테이너의 여러 복제본을 실행하려고 한다.

중복성^{redundancy}

여러 개의 인스턴스가 실행되므로 장애가 허용될 수 있다.

확장성^{scale}

여러 개의 인스턴스가 실행되므로 더 많은 요청을 처리할 수 있다.

샤딩^{sharding}

여러 개의 복제본을 통해 병렬 처리가 가능하다.

여러 개의 각기 다른 파드 매니페스트를 사용해 파드의 복제본을 수동으로 만들 수도 있다. 하지만 이러한 작업은 오래 걸리고 에러가 발생하기 쉽다. 파드 복제 집합을 관리하는 사용자는 이것을 논리적으로 하나의 개체^{entity}로 정의하고 관리한다. 이 개념이 바로 9장에서 살펴볼 레플리카셋^{ReplicaSet}이다. 레플리카셋은 클러스터 전반에 걸쳐 파드를 관리하는 역할을 수행해 항상 올바른 타입

---

1. 애플리케이션 생명주기 간 하나의 인스턴스 생성만을 보장하는 디자인 패턴이다. – 옮긴이

과 개수의 파드가 실행되게 한다.

레플리카셋을 사용하면 파드의 복제본 집합을 손쉽게 생성하고 관리할 수 있기 때문에 일반적인 애플리케이션 배포 패턴과 인프라 수준에서 애플리케이션 자가 치유의 토대가 되는 구성 요소다. 레플리카셋에 의해 관리되는 파드는 노드 장애와 네트워크 파티션network partition[2] 같은 특정 장애 상황에서 자동으로 리스케줄링된다.

레플리카셋을 이해하는 가장 쉬운 방법은 쿠키 틀cookie cutter과 원하는 수의 쿠키를 하나의 API 객체로 생각하는 것이다. 레플리카셋을 정의할 때 생성하고자 하는 파드의 명세(쿠키 틀)와 원하는 복제본의 수를 정의한다. 또한 레플리카셋이 제어할 파드를 찾는 방법도 정의해야 한다. 복제본 파드를 관리하는 실제 작업은 조정 루프reconciliation loop의 한 사례다. 이러한 루프는 대부분의 쿠버네티스 설계와 구현의 근간이 된다.

조정 루프

조정 루프의 핵심은 '원하는' 상태와 '관찰된' 또는 '현재' 상태다. 원하는 상태는 사용자가 바라는 상태다. 레플리카셋을 사용하는 경우 원하는 상태는 복제본의 수와 복제할 파드의 정의가 된다. 예를 들어 원하는 상태는 'kuard 서버를 실행하는 3개의 파드 복제본'이다. 반대로 현재 상태는 시스템에서 현재 관찰되는 상태다. 예를 들어 "현재 동작하는 kuard 파드는 2개다."

조정 루프는 지속적으로 파드의 상태를 관찰하고, 관찰된 상태가 원하는 상태와 일치할 수 있게 동작한다. 예를 들어 앞선 예제에서 조정 루프는 관찰 상태를 원하는 상태인 3개의 복제본으로 맞추기 위해 하나의 새로운 kuard 파드를 생성한다.

---

2. 클러스터 노드 중 일부가 관리 네트워크를 통해 다른 노드와 통신할 수 없는 상황을 말한다. - 옮긴이

상태를 관리하는 조정 루프의 접근 방식은 여러 이점이 있다. 몇 줄의 코드로 본질적으로 목표 지향적인 자가 치유 시스템을 쉽게 표현할 수 있다.

예를 들어 레플리카셋에 대한 조정 루프는 단일 루프지만 노드가 사라지거나 장애가 발생했을 경우 이를 다시 클러스터에 참여시킬 뿐만 아니라 사용자의 요청에 따른 확장과 축소를 처리한다.

이 책의 나머지 부분에서 조정 루프의 다양한 예를 살펴본다.

파드와 레플리카셋의 관계

분리^{decoupling}는 쿠버네티스의 핵심 주제 중 하나다. 특히 쿠버네티스의 모든 핵심 개념 요소는 모듈화돼 있고 다른 구성 요소와 교환 및 대체가 가능하다. 이러한 의미에서 레플리카셋과 파드의 관계는 느슨한 결합^{loosely coupled} 관계다. 레플리카 셋은 파드를 생성하고 관리하지만 생성한 파드를 소유하지는 않는다. 레플리카 셋은 라벨 쿼리를 사용해 관리해야 할 파드를 식별한다. 그런 다음 5장에서 직접 사용한 것과 동일한 파드 API를 사용해 관리할 파드를 생성한다. "정문으로 들어오다^{coming in the front door}"라는 개념은 쿠버네티스의 또 다른 핵심 설계 개념이다. 분리 개념이 적용돼 여러 개의 파드를 생성하는 레플리카셋과 이렇게 생성된 파드에 로드밸런싱을 수행하는 서비스는 서로 완전히 분리된 API 객체다. 모듈화를 지원하는 것 외에도 파드와 레플리카셋의 분리는 다음 절에서 살펴볼 중요한 동작을 가능하게 한다.

기존 컨테이너 수용

선언형 컨피규레이션이 지닌 장점에도 명령형 컨피규레이션을 통해 구현하는 것이 더 간편할 때가 있다. 특히 초기에는 레플리카셋으로 관리하지 않고 단순히 컨테이너 이미지를 포함한 단일 파드를 배포하는 경우가 있다. 단일 파드에 트래픽을 전달하도록 로드밸런서를 정의할 수도 있다.

그러나 어느 시점에 싱글톤 컨테이너를 복제된 서비스로 확장하고 다수의 비슷한 컨테이너를 생성하고 관리해야 할 수 있다. 레플리카셋이 자신이 만든 파드를 소유할 경우 파드를 복제하는 유일한 방법은 현재 실행 중인 파드를 삭제하고 레플리카셋으로 다시 실행하는 것이다. 이러한 경우 실행 중인 컨테이너의 복사본이 없는 순간이 있어 서비스가 중단될 수 있다. 하지만 레플리카셋은 관리하는 파드와 분리돼 있기 때문에 기존 파드를 수용^{adopt}하는 레플리카셋을 생성하고 컨테이너의 추가 복사본을 스케일아웃^{scale out}(수평적 확장)하면 된다. 이러한 방식으로 명령형 컨피규레이션으로 생성된 단일 파드를 레플리카셋이 관리하는 파드의 복제 집합으로 원활하게 옮길 수 있다.

컨테이너 격리

가끔 서버가 제대로 동작하지 않으면 파드 수준의 상태 검사에서 해당 파드를 자동으로 재시작할 것이다. 하지만 상태 검사가 완료되기 전까지 파드는 오동작할 수 있으며 여전히 레플리카셋의 일부로 존재한다. 이런 상황에서 간단한 해결 방법은 파드를 중지하는 것이지만 이는 개발자가 로그만으로 발생한 문제를 디버깅해야 하는 문제가 있다. 대신 문제가 있는 파드의 라벨 집합을 수정하는 방법이 있다. 이렇게 하면 파드를 디버깅할 수 있게 레플리카셋(및 서비스)에서 연결이 해제된다. 레플리카셋 컨트롤러는 파드가 사라진 것을 인지해 새 복사본을 생성하지만 문제가 발생한 파드는 여전히 실행되고 있기 때문에 개발자는 대화형 디버깅이 가능하다. 이는 로그를 통한 디비깅보다 훨씬 더 유용한 방법이다.

레플리카셋을 통한 설계

레플리카셋은 아키텍처 내에서 확장 가능한 단일 마이크로서비스를 구성하게 설계됐다, 주요 특징은 레플리카셋 컨트롤러에 의해 생성된 모든 파드가 완전히 동일하다는 점이다. 보통 이러한 파드의 앞단에는 쿠버네티스 서비스 로드밸런서가 위치해 서비스를 구성하는 파드에 트래픽을 분배한다. 일반적으로 레플리카셋은 상태 비저장^{stateless} 서비스를 위해 설계됐다. 생성된 요소는 상호 교환이 가능하며 레플리카셋이 스케일다운^{scale down}(수직적 축소)되면 임의의 파드가 삭제되도록 선택된다. 이러한 스케일다운 작업 때문에 애플리케이션의 동작이 변경돼서는 안 된다.

일반적으로 새로운 버전의 릴리스를 관리할 수 있도록 애플리케이션이 디플로이먼트 객체를 사용하는 것을 볼 수 있다. 레플리카셋은 내부적으로 디플로이먼트를 구동시킨다. 문제 해결이 필요할 때 디버깅할 수 있도록 동작 방식을 이해하는 것이 중요하다.

레플리카셋 명세

쿠버네티스의 모든 객체와 동일하게 레플리카셋도 명세를 사용해 정의한다. 모든 레플리카셋에는 고유한 이름(metadata.name 필드를 사용해 정의됨), 주어진 시간에 클러스터 전체에서 실행돼야 하는 파드의 수(복제본)를 설명하는 spec 섹션, 정의된 복제본의 수가 충족되지 않을 때 생성될 파드를 설명하는 파드 템플릿^{Pod template}이 있어야 한다. 예제 9-1은 최소한의 레플리카셋 정의를 보여준다. 레플리카셋이 어떻게 동작하는지에 대한 더 많은 통찰력을 제공해주기 때문에 명세 정의의 레플리카, 셀렉터, 템플릿 섹션을 주의 깊게 살펴보자.

예제 9-1. kuard-rs.yaml

```yaml
apiVersion: apps/v1
kind: ReplicaSet
metadata:
  name: kuard spec:
  replicas: 1
  template:
    metadata:
      labels:
        app: kuard version: "2"
        name: kuard
    spec:
      replicas: 1
      selector:
        matchLaberls:
        app: kuard
        version: 2
  template:
    metadata:
      labels:
        app: kuard
        version: "2"
  containers:
    - name: kuard
      image: "gcr.io/kuar-demo/kuard-amd64:green"
```

파드 템플릿

앞서 언급했듯이 현재 상태의 파드 수가 원하는 상태의 파드 수보다 적을 경우
레플리카셋 컨트롤러는 레플리카셋 명세에 포함된 템플릿을 사용해 새로운 파
드를 생성한다. 파드는 이전 장들에서 살펴본 YAML 파일에서 파드를 만들 때와
정확히 같은 방식으로 생성되지만 파일을 사용하는 대신 파드 템플릿을 기반으

로 파드 매니페스트를 작성해 API 서버에 직접 제출한다. 다음은 레플리카셋에 있는 파드 템플릿의 예제다.

```
template:
  metadata:
    labels:
      app: helloworld
      version: v1
  spec:
    containers:
      - name: helloworld
        image: kelseyhightower/helloworld:v1
        ports:
          - containerPort: 80
```

라벨

일정 규모 이상의 클러스터에서는 항상 여러 개의 파드가 동시에 실행되고 있다. 그렇다면 레플리카셋 조정 루프는 어떻게 특정 레플리카셋에 대한 파드의 집합을 찾을 수 있는가? 레플리카셋은 일련의 파드 라벨을 사용해 파드의 목록을 필터링하고 클러스터 내에서 실행되는 파드를 추적하고자 클러스터의 상태를 모니터링한다. 처음 레플리카셋이 생성될 때 쿠버네티스 API를 통해 파드 목록을 가져와 라벨로 결과를 필터링한다. 쿼리에서 반환된 파드의 수에 따라 레플리카셋은 원하는 수의 복제본에 맞게 파드를 삭제하거나 생성한다. 필터링된 라벨은 레플리카셋 spec 섹션에 정의되며, 레플리카셋의 동작 방식을 이해하는 데 중요하다.

레플리카셋의 spec에 있는 셀렉터(selector)는 파드 템플릿 라벨의 하위 집합으로 구성 해야 한다.

레플리카셋 생성

레플리카셋은 레플리카셋 객체를 쿠버네티스^{Kubernetes} API에 제출해 생성된다. 이 절에서는 컨피규레이션 파일과 kubectl apply 명령을 사용해 레플리카셋을 생성할 것이다.

예제 9-1의 레플리카셋 컨피규레이션 파일은 gcr.io/kuar-demo/kuard-amd64: green 컨테이너 복제본 1개를 항상 실행되게 보장할 것이다.

kubectl apply 명령을 사용해 kuard 레플리카셋을 쿠버네티스 API에 제출한다.

```
$ kubectl apply -f kuard-rs.yaml
replicaset "kuard" created
```

kuard 레플리카셋이 승인되면 레플리카셋 컨트롤러는 원하는 상태와 일치하는 kuard 파드가 실행되지 않고 있음을 감지하고 파드 템플릿의 내용을 기반으로 새로운 kuard 파드를 생성한다.

```
$ kubectl get pods

NAME          READY    STATUS    RESTARTS    AGE
kuard-yvzgd   1/1      Running   0           11s
```

레플리카셋 검사

파드 및 기타 쿠버네티스 API 객체와 마찬가지로 describe 명령으로 레플리카셋 상태에 대한 자세한 정보를 확인할 수 있다. 다음은 describe 명령으로 이전에 만든 레플리카셋의 세부 정보를 확인하는 예제다.

```
$ kubectl describe rs kuard
Name:           kuard
Namespace:      default
Selector:       app=kuard,version=2
Labels:         app=kuard
                version=2
Annotations:    <none>
Replicas:       1 current / 1 desired
Pods Status:    1 Running / 0 Waiting / 0 Succeeded / 0 Failed
Pod Template
```

위와 같이 레플리카셋의 라벨 셀렉터와 레플리카셋에서 관리하는 모든 복제본 상태를 확인할 수 있다.

파드에서 레플리카셋 찾기

때로는 파드가 레플리카셋에 의해 관리되고 있는지, 그렇다면 어떤 레플리카셋에 의해 관리되고 있는지 궁금할 수 있다. 이러한 종류의 검색을 가능하게 하고자 레플리카셋 컨트롤러는 자신이 생성하는 모든 파드에 ownerReferences 섹션을 추가한다. 다음과 같은 명령을 실행해 ownerReferences 섹션을 찾아볼 수 있다.

```
$ kubectl get pods <파드 이름> -o=jsonpath='{.metadata.ownerReferences[0].name}'
```

이 조건에 해당하는 경우 해당 파드를 관리하고 있는 레플리카셋의 이름이 표시된다.

레플리카셋에 대한 파드 집합 찾기

레플리카셋에서 관리하는 파드의 집합을 확인할 수도 있다. 먼저 kubectl describe 명령으로 라벨 집합을 확인한다. 이전 예제에서 라벨 셀렉터는 app=kuard,version=2였다. 이 셀렉터와 일치하는 파드는 --selector 플래그 또는 줄여서 -l을 사용해 찾을 수 있다.

```
$ kubectl get pods -l app=kuard,version=2
```

이 명령은 현재 파드의 수를 확인하고자 레플리카셋이 실행하는 쿼리와 동일하다.

레플리카셋 확장

쿠버네티스에 저장된 레플리카셋 객체의 spec.replicas 키를 업데이트해 레플리카셋의 크기를 확장하거나 축소할 수 있다. 레플리카셋을 확장^{scale up}하게 되면 레플리카셋에 정의된 파드 템플릿을 사용해 새로운 파드를 쿠버네티스 API에 제출한다.

kubectl scale을 사용한 명령형 확장

레플리카셋 확장을 위한 가장 쉬운 방법은 kubectl scale 명령을 사용하는 것이다. 예를 들어 복제본의 수를 4개까지 확장하려면 다음과 같은 명령을 실행한다.

```
$ kubectl scale replicasets kuard --replicas=4
```

이와 같은 명령은 데모와 긴급한 상황에 신속히 대응(갑작스런 부하 증가에 대한 대응과 같은)하는 데 유용하지만 텍스트 컨피규레이션 파일 또한 scale 명령으로 설정한 복제본 수와 일치하게 업데이트하는 것이 중요하다. 다음 사례를 보면 그 이유를 명확히 알 수 있다.

관리하고 있는 서비스에 부하가 크게 증가했다는 전화를 받은 앨리스는 scale 명령을 사용해 요청에 응답하는 서버의 수를 10개로 늘려 상황을 해결했다. 그러나 소스 컨트롤에 체크된 레플리카셋 컨피규레이션을 업데이트하지 않았다. 며칠 후 주간 롤아웃을 준비하던 밥은 새로운 컨테이너 이미지를 사용하고자 버전 제어에 저장된 레플리카셋 컨피규레이션을 편집했다. 그러나 파일에 저장된 복제본 수가 5이고, 이는 앨리스가 부하에 대응하고자 복제본의 수를 10으로 변경한 값과 다르다는 사실을 인지하지 못한다. 밥은 롤아웃을 진행해 컨테이너 이미지를 업데이트했고 이 과정에서 복제본의 수는 절반으로 줄어 과부하와 서비스 중단이 발생하게 된다.

위 사례를 통해 모든 명령형 변경은 소스 컨트롤의 선언형 변경으로 연계돼야 한다는 사실을 확인할 수 있다. 실제로 정말 급하지 않은 경우에는 다음 절에서 설명하는 것처럼 선언형 변경만 수행하는 것을 권장한다.

kubectl apply를 사용한 선언형 확장

선언형 확장은 버전 제어를 통해 컨피규레이션 파일을 편집한 다음 클러스터에 해당 변경 사항을 적용할 수 있다. kuard 레플리카셋의 크기를 조정하려면 kuard-rs.yaml 컨피규레이션 파일 편집을 통해 replicas 수를 3으로 설정하면 된다.

```
...
spec:
  replicas: 3
...
```

다중 사용자 환경에서는 이러한 변경 사항에 대한 문서화된 코드 리뷰를 마련하고 버전 제어 시스템을 통해 변경 사항을 검사하는 것이 좋다. 어느 쪽이든 그 후 kubectl apply 명령을 사용해 업데이트된 kuard 레플리카셋을 API 서버에 제출할 수 있다.

```
$ kubectl apply -f kuard-rs.yaml
replicaset "kuard" configured
```

업데이트된 kuard 레플리카셋이 정상적으로 제출됐을 경우 레플리카셋 컨트롤러는 원하는 파드의 수가 변경됐음을 확인하고 현재 파드의 상태를 원하는 상태로 실현하기 위한 조치를 취할 필요가 있음을 인식할 것이다. 앞 절에서 실습한 명령형 scale 명령의 경우 레플리카셋은 3개의 파드를 생성하고자 1개의 파드를 제거했을 것이다. 반면에 선언형 scale의 경우 kuard 레플리카셋에 정의된 파드 템플릿을 사용해 쿠버네티스 API에 2개의 새로운 파드를 제출할 것이다. kubectl get pods 명령을 사용해 실행 중인 kuard 파드를 확인하면 다음과 같은 결과를 확인할 수 있다. 2개의 파드는 최근에 구동됐기 때문에 AGE 값이 비교적 작음을 알 수 있다.

```
$ kubectl get pods

NAME           READY      STATUS      RESTARTS     AGE
kuard-3a2sb    1/1        Running     0            26s
kuard-wuq9v    1/1        Running     0            26s
```

```
kuard-yvzgd        1/1        Running        0              2m
```

레플리카셋 자동 확장

레플리카셋에서 복제본의 수를 명확히 해서 제어하려는 경우가 있지만 보통 아주 단순하게 '충분한' 복제본을 원하는 경우가 많다. 이러한 정의는 레플리카셋에 있는 컨테이너의 요건에 따라 다르다. 예를 들면 NGINX 같은 웹 서버의 경우 CPU 사용량으로 인해 확장이 필요한 경우가 있다. 메모리 캐시^{memory cache}의 경우 메모리 수요에 따라 확장이 필요할 것이다. 경우에 따라 사용자가 지정한 애플리케이션 메트릭(측정 항목)에 따라 확장이 필요할 수도 있다. 쿠버네티스는 HPA^{Horizontal Pod Autoscaling}(수평적 파드 자동 확장)를 통해 이러한 모든 시나리오를 처리할 수 있다.

'수평적 파드 자동 확장'의 경우 단순히 자동 확장이라고 하지 않고 길게 늘여 말하는 이유가 궁금할 것이다. 쿠버네티스는 파드의 복제본을 추가적으로 생성하는 수평적 확장과 특정 파드에 필요한 리소스(파드에 필요한 CPU, 메모리 등과 같은)를 증가시키는 수직적 확장으로 구분한다. 또한 많은 솔루션이 리소스의 요건에 따라 클러스터 내의 시스템 수를 확장하는 클러스터 자동 확장 기능을 지원하지만 여기서 다루지는 않을 것이다.

자동 확장 기능을 사용하려면 클러스터에 메트릭 서버가 존재해야 한다. 메트릭 서버는 메트릭 값을 추적하고 확장을 위한 결정을 내릴 때 HPA 가 사용하는 메트릭에 대한 API를 제공한다. 대부분의 쿠버네티스 설치 시 기본적으로 메트릭 서버가 포함된다. kube-system 네임스페이스에 존재하는 파드의 목록을 나열해 메트릭 서버의 존재 여부를 확인할 수 있다.

```
$ kubectl get pods --namespace=kube-system
```

위 명령의 실행 결과 출력되는 파드의 목록 어딘가에 metric-server로 시작하는 이름을 갖는 파드가 표시돼야 한다. 표시되지 않을 경우 자동 확장 기능이 제대로 동작하지 않을 것이다.

파드 자동 확장에서 CPU 사용량 기반 확장은 가장 일반적인 사용 사례다. 메모리 사용량을 기반으로도 확장이 가능하다. CPU 기반 자동 확장 기능은 상대적으로 고정적인 메모리양을 사용하면서 수신하는 요청 수에 비례해 CPU를 소비하는 요청 기반[request-based] 시스템에 적합하다.

다음과 같은 명령으로 레플리카셋을 확장할 수 있다.

```
$ kubectl autoscale rs kuard --min=2 --max=5 --cpu-percent=80
```

이 명령은 CPU 임계치가 80%이며 복제본을 2개에서 5개까지 확장할 수 있는 자동 확장기[autoscaler]를 생성한다. 이 리소스에 대한 조회, 변경, 삭제는 kubectl 명령과 horizontalpodautoscalers 리소스를 사용한다. horizontalpodautoscalers는 hpa로 줄여서 사용 가능하다.

```
$ kubectl get hpa
```

 쿠버네티스의 분리된(decoupled) 구조 특성 때문에 HPA와 레플리카셋의 관계는 독립적이다. 이것은 모듈화와 구성에는 좋지만 안티패턴일 수 있다. 특히 복제본의 수 관리를 위해 자동 확장 기능과 명령형/선언형 방식을 함께 사용하는 것은 좋지 않다. 사용자와 자동 확장기가 모두 복제본의 수를 수정하려고 하면 충돌이 발생해 예기치 못한 동작이 발생할 수 있기 때문이다.

레플리카셋 삭제

레플리카셋이 더 이상 필요하지 않은 경우 kubectl delete 명령을 사용해 삭제할 수 있다. 기본적으로 레플리카셋에 의해 관리되는 파드도 함께 삭제된다.

```
$ kubectl delete rs kuard
```

```
replicaset "kuard" deleted
```

kubectl get pods 명령을 실행하면 kuard 레플리카셋에 의해 생성된 모든 kuard 파드도 함께 삭제됐음을 확인할 수 있다.

```
$ kubectl get pods
```

레플리카셋 삭제 시 관리 중인 파드를 함께 삭제하지 않으려면 --cascade 플래그를 false로 설정해서 파드를 제외한 레플리카셋 객체만 삭제되게 할 수 있다.

```
$ kubectl delete rs kuard -cascade=false
```

요약

레플리카셋을 사용해 파드를 구성할 경우 자동 장애 조치^{automatic failover} 기능을 갖춘 강력한 애플리케이션을 구축할 수 있는 기반을 마련할 수 있다. 또한 확장 가능하고 정상적인 배포 패턴을 통해 배포할 수 있다. 단일 파드인 경우에도 관리가 필요할 경우에는 레플리카셋을 사용한다. 일부 사용자의 경우 일반적인 파드 대신 레플리카셋을 기본으로 사용한다. 일반적인 클러스터에는 레플리카셋이 많이 활용되므로 필요한 영역에 자유롭게 적용하면 된다.

## 10장

디플로이먼트

지금까지 애플리케이션을 컨테이너로 패키지화하고, 컨테이너의 복제 집합을 만들고, 인그레스 컨트롤러를 사용해 서비스에 대한 트래픽을 로드밸런싱하는 방법을 살펴봤다. 이러한 모든 객체(파드, 레플리카셋, 서비스)는 애플리케이션의 단일 인스턴스를 구축하는 데 사용할 수 있다. 그러나 새 버전의 애플리케이션을 매일 또는 주간 단위로 릴리스하는 데 도움이 되지 못한다. 실제로 파드와 레플리카셋은 변경되지 않는 특정 컨테이너 이미지와 연결돼 있어야 한다.

반면 디플로이먼트 객체는 새 버전의 릴리스를 관리하고자 사용한다. 디플로이먼트는 어떤 특정 버전과 상관없는 방식으로 배포된 애플리케이션을 나타내는 개념이다. 또한 디플로이먼트를 통해 코드의 한 버전에서 다른 버전으로 쉽게 이동할 수 있다. 이러한 '롤아웃' 과정은 간단 명료하고 신중하게 진행된다. 개별 파드 업그레이드 과정에서 사용자가 구성할 수 있는 시간을 주고 기다린다. 또한 상태 검사를 통해 새로운 버전의 애플리케이션이 정상적으로 동작하는지 확인하고 너무 많은 실패가 발생할 경우 배포를 중지한다.

이와 같이 디플로이먼트를 사용하면 다운타임이나 에러 없이 새로운 소프트웨어 버전을 쉽고 안정적으로 롤아웃할 수 있다. 디플로이먼트가 수행하는 소프트웨어 롤아웃의 실제 메커니즘은 쿠버네티스 클러스터 자체에서 실행되는 디플로이먼트 컨트롤러에 의해 제어된다. 즉, 사람의 개입 없이 배포를 진행할 수 있으며, 이는 정확하고 안전하게 동작한다. 따라서 디플로이먼트를 수많은 도구 및 서비스와 쉽게 통합할 수 있다. 더욱이 서버 측에서 실행되기 때문에 인터넷 연결이 약하거나 간헐적으로 끊기는 환경에서도 안전하게 롤아웃을 수 행할 수 있다. 지하철을 타고 가는 동안 휴대폰에서 새로운 버전의 소프트웨어를 롤아웃한다고 상상해보면 이해가 될 것이다. 디플로이먼트는 이를 가능하게 도와주고 안전한 방법으로 수행할 수 있게 한다.

 쿠버네티스가 처음 출시됐을 때 사람들에게 가장 인기 있는 데모 중 하나는 '롤링업데이트'였다. 단 한 번의 명령으로 다운타임과 요청 손실 없이 실행 중인 애플리케이션을 원활하게 업데이트하는 방법을 보여줬다. 원래 이 데모는 kubectl rolling-update 명령을 기반으로 수행했지만(여전히 사용 가능하다), 해당 기능은 대부분 디플로이먼트 객체에 통합됐다.

첫 번째 디플로이먼트

쿠버네티스의 모든 객체와 마찬가지로 디플로이먼트는 실행하려는 항목에 대한 세부 정보를 제공하는 선언적 YAML 객체로 나타낼 수 있다. 다음의 경우 디플로이먼트는 kuard 애플리케이션의 단일 인스턴스를 요청한다.

```
apiVersion: apps/v1
kind: Deployment
metadata:
  name: kuard
  labels:
    run: kuard
spec:
  selector:
    matchLabels:
      run: kuard
  replicas: 1
```

```
    template:
      metadata:
        labels:
          run: kuard
      spec:
        containers:
        - name: kuard
          image: gcr.io/kuar-demo/kuard-amd64:blue
```

위 YAML 파일을 kuard-deployment.yaml로 저장한 후 다음과 같은 명령으로
디플로이먼트를 생성할 수 있다.

```
$ kubectl create -f kuard-deployment.yaml
```

디플로이먼트가 실제로 어떻게 동작하는지 살펴보자. 레플리카셋이 파드를 관
리하는 것과 마찬가지로 디플로이먼트는 레플리카셋을 관리한다. 쿠버네티스
의 다른 모든 객체 간의 관계와 마찬가지로 이 관계도 라벨과 라벨 셀렉터로
정의한다. 디플로이먼트 객체를 보면 라벨 셀렉터를 확인할 수 있다.

```
$ kubectl get deployments kuard \
-o jsonpath --template {.spec.selector.matchLabels}

{"run":"kuard"}
```

출력 결과를 통해 디플로이먼트가 run=kuard 라벨로 레플리카셋을 관리하고
있음을 알 수 있다. 레플리카셋의 라벨 셀렉터 쿼리에서 라벨 정보를 사용해
특정 레플리카셋을 찾을 수 있다.

```
$ kubectl get replicasets --selector=run=kuard
```

```
NAME               DESIRED   CURRENT   READY    AGE
kuard-1128242161   1         1         1        13m
```

이제 디플로이먼트와 레플리카셋의 관계를 살펴보자. 명령형 scale 명령을 사용해 디플로이먼트의 크기를 재조정할 수 있다.

```
$ kubectl scale deployments kuard --replicas=2

deployment.app/kuard scaled
```

해당 레플리카셋을 다시 확인하면 다음과 같은 결과가 출력된다.

```
$ kubectl get replicasets --selector=run=kuard

NAME               DESIRED   CURRENT   READY    AGE
kuard-1128242161   2         2         2        13m
```

디플로이먼트를 확장하면서 제어하는 레플리카셋도 함께 확장됐다.

이제 반대로 레플리카셋의 크기를 조정해보자.

```
$ kubectl scale replicasets kuard-1128242161 --replicas=1

replicaset.apps/kuard-1128242161 scaled
```

이제 get으로 해당 레플리카셋을 다시 확인해보면 변화가 없음을 알 수 있다.

```
$ kubectl get replicasets --selector=run=kuard

NAME               DESIRED   CURRENT   READY    AGE
```

```
kuard-1128242161      2           2           2           13m
```

이상하게도 레플리카셋을 하나의 복제본으로 변경했지만 앞서 살펴본 것처럼 여전히 2개의 복제본을 갖고 있는 상태다.

이는 쿠버네티스가 온라인 자가 치유 시스템이며, 디플로이먼트 객체가 최상위 레벨로 레플리카셋을 관리하고 있기 때문이다. 레플리카셋의 복제본 수를 1로 조정하면 디플로이먼트 객체에 설정된 복제본의 수 2와 다르기 때문에 원하는 상태와 일치하지 않게 된다. 이를 디플로이먼트 컨트롤러가 인지하고 관찰된 상태가 원하는 상태와 일치하도록 유지해야 하기 때문에 복제본 수를 다시 2개로 재조정한다.

레플리카셋을 직접 관리하고 싶다면 디플로이먼트를 통해 가능하다(--cascade를 false로 설정하지 않으면 레플리카셋과 파드도 함께 삭제되니 주의가 필요하다).

디플로이먼트 생성

앞에서 언급한 것처럼 쿠버네티스 컨피규레이션은 선언형 관리 방식을 사용해야 한다. 이는 디플로이먼트의 상태를 디스크에 존재하는 YAML이나 JSON 형식의 파일로 관리하라는 뜻이다.

명령을 통해 kuard 디플로이먼트를 YAML 파일로 추출하고 저장해보자.

```
$ kubectl get deployments kuard --export -o yaml > kuard-deployment.yaml
$ kubectl replace -f kuard-deployment.yaml --save-config
```

파일을 열어보면 다음과 같은 설정을 확인할 수 있다(가독성을 위해 많은 양의 읽기 전용 및 기본 필드를 제거했다). 디플로이먼트의 관련 기능에 대한 통찰력을 제공하기 위함이므로 애노테이션, 셀렉터, 전략strategy 필드에 주의를 기울이며 살펴보기를 바란다.

```yaml
apiVersion: apps/v1
kind: Deployment
metadata:
  annotations:
    deployment.kubernetes.io/revision: "1"
  creationTimestamp: null
  generation: 1
  labels:
    run: kuard
  name: kuard
spec:
  progressDeadlineSeconds: 600
  replicas: 1
  revisionHistoryLimit: 10
  selector:
    matchLabels:
      run: kuard
  strategy:
    rollingUpdate:
      maxSurge: 25%
      maxUnavailable: 25%
    type: RollingUpdate
  template:
    metadata:
      creationTimestamp: null
      labels:
        run: kuard
    spec:
      containers:
      - image: gcr.io/kuar-demo/kuard-amd64:blue
        imagePullPolicy: IfNotPresent
        name: kuard
        resources: {}
```

```
        terminationMessagePath: /dev/termination-log
        terminationMessagePolicy: File
    dnsPolicy: ClusterFirst
    restartPolicy: Always
    schedulerName: default-scheduler
    securityContext: {}
    terminationGracePeriodSeconds: 30
  status: {}
```

 kubectl replace --save-config 명령을 실행해야 한다. 이는 추후에 변경 사항을 적용할 때 kubectl이 좀 더 스마트한 병합을 위해 마지막으로 적용된 컨피규레이션을 알 수 있도록 애노테이션을 추가한다. 항상 kubectl apply 명령을 사용하는 경우 이 과정은 kubectl create -f를 사용해 디플로이먼트를 처음 생성한 후에만 필요하다.

디플로이먼트의 설정 구조를 보면 레플리카셋과 매우 유사하다. 디플로이먼트에서 관리하는 레플리카셋에 의해 생성된 여러 컨테이너가 포함된 파드 템플릿이 있다. 파드 템플릿 외에 strategy 객체도 있다.

```
...
  strategy:
    rollingUpdate:
      maxSurge:25%
       maxUnavailable: 25%
    type: RollingUpdate
...
```

strategy 객체는 새로운 소프트웨어의 롤아웃이 진행되는 방법을 나타낸다. 디플로이먼트에서 지원하는 두 가지 전략은 Recreate와 RollingUpdate[1]다.

이 내용은 이번 장의 뒷부분에서 자세히 다룬다.

---

1. 파드별로 점진적으로 업데이트를 수행해 서비스 중단 없이 변경을 수행하는 업데이트 기법이다. – 옮긴이

디플로이먼트 관리

다른 쿠버네티스 객체와 마찬가지로 kubectl describe 명령으로 디플로이먼트에 관한 자세한 정보를 얻을 수 있다. 이 명령은 셀렉터, 레플리카, 이벤트와 같은 흥미로운 필드를 포함해 디플로이먼트 구성에 관한 개요를 제공한다.

```
$ kubectl describe deployments kuard

Name:                   kuard
Namespace:              default
CreationTimestamp:      Tue, 01 Jun 2021 21:19:46 -0700
Labels:                 run=kuard
Annotations:            deployment.kubernetes.io/revision: 1
Selector:               run=kuard
Replicas:               1 desired | 1 updated | 1 total | 1 available | 0 ...
StrategyType:           RollingUpdate
MinReadySeconds:        0
RollingUpdateStrategy:  25% max unavailable, 25% max surge
Pod Template:
  Labels: run=kuard
  Containers:
    kuard:
      Image:        gcr.io/kuar-demo/kuard-amd64:blue
      Port:         <none>
      Host Port:    <none>
      Environment:  <none>
      Mounts:       <none>
    Volumes:    <none>
Conditions:

  Type          Status    Reason
  ----          ------    ------
  Available     True      MinimumReplicasAvailable
```

```
OldReplicaSets:       <none>
NewReplicaSet:        kuard-6d69d9fc5c (2/2 replicas created)
Events:
    Type    Reason            Age                         From              Message
    ----    ------            ----                        ----              -------
    Normal  ScalingReplicaSet 4m6s                        deployment-con... ...
    Normal  ScalingReplicaSet 113s (x2 over 3m20s)        deployment-con... ...
```

describe 명령의 출력 결과에는 중요한 정보가 포함돼 있다. 가장 중요한 두 가지 정보는 OldReplicaSets와 NewReplicaSet이다. 이 두 필드는 디플로이먼트에서 현재 관리하고 있는 레플리카셋 객체의 상태를 표현한다. 디플로이먼트가 롤아웃 중이라면 두 필드 모두 값을 갖고, 롤아웃이 완료되면 OldReplicaSets가 <none>으로 설정된다.

kubectl describe 명령 외에 배포를 위한 kubectl rollout 명령도 있다. 이 명령은 나중에 자세히 살펴볼 예정이며, 지금은 kubectl rollout history 명령을 사용해 특정 디플로이먼트와 관련된 롤아웃 이력을 확인할 수 있다는 사실만 알아두자. 배포가 진행 중인 경우 kubectl rollout status 명령을 사용해 롤아웃의 현재 상태를 확인할 수 있다.

디플로이먼트 업데이트

디플로이먼트는 배포된 애플리케이션을 기술하는 선언형 객체다. 디플로이먼트를 활용한 가장 일반적인 두 가지 작업은 확장과 애플리케이션 업데이트다.

디플로이먼트 확장

앞서 kubectl scale 명령을 사용해 디플로이먼트를 확장하는 방법을 보여줬지만 권장하는 방법은 YAML 파일을 통해 디플로이먼트를 선언형으로 관리하고 해당 파일을 사용해 디플로이먼트를 업데이트하는 것이다. 디플로이먼트를 확장하려면 YAML 파일을 편집해 복제본의 수를 늘리면 된다.

```
...
spec:
  replicas: 3
...
```

이 변경 내용을 저장하고 커밋한 후에는 다음과 같은 kubectl apply 명령을 사용해 디플로이먼트를 업데이트할 수 있다.

```
$ kubectl apply -f kuard-deployment.yaml
```

이렇게 하면 디플로이먼트의 원하는 상태가 업데이트돼 해당 디플로이먼트가 관리하는 레플리카셋의 크기가 커지며, 결국 디플로이먼트에서 관리하는 새로운 파드가 생성된다.

```
$ kubectl get deployments kuard

NAME     READY     UP-TO-DATE     AVAILABLE     AGE
kuard    3/3       3              3             10m
```

컨테이너 이미지 업데이트

디플로이먼트를 업데이트하는 다른 일반적인 사용 사례는 하나 이상의 컨테이너에서 실행 중인 소프트웨어의 새 버전을 롤아웃하는 것이다. 이렇게 하려면 다음과 같이 디플로이먼트 YAML 파일을 편집해야 하지만 이 경우에는 복제본의 수를 변경하는 것이 아니라 컨테이너 이미지를 업데이트해야 한다.

```
...
    containers:
    - image: gcr.io/kuar-demo/kuard-amd64:green
      imagePullPolicy: Always
...
```

디플로이먼트에 대한 템플릿에 애노테이션을 달아 업데이트에 대한 일부 정보를 기록한다.

```
...
spec:
  ...
  template:
    metadata:
      annotations:
        kubernetes.io/change-cause: "Update to green kuard"
...
```

 kubectl apply 명령이 디플로이먼트 객체에서 애노테이션 필드를 사용하기 때문에 디플로이먼트 자체가 아닌 템플릿에 이 애노테이션을 추가해야 한다. 또한 간단한 스케일링(확장) 작업을 수행할 때 change-cause 애노테이션을 업데이트해서는 안 된다. change-cause 수정은 템플릿의 큰 변경으로 새로운 롤아웃을 유발할 것이다.

다시 kubectl apply를 사용해 디플로이먼트를 업데이트한다.

```
$ kubectl apply -f kuard-deployment.yaml
```

디플로이먼트를 업데이트할 경우 롤아웃이 수행되며 kubectl rollout 명령을 통해 모니터링할 수 있다.

```
$ kubectl rollout status deployments kuard
deployment kuard successfully rolled out
```

사용 중인 이미지와 함께 디플로이먼트에 의해 관리되는 이전 및 새로운 레플리카셋을 확인할 수 있다. 롤백을 대비해 이전 및 새로운 레플리카셋 모두 보관된다.

```
$ kubectl get replicasets -o wide

NAME                DESIRED  CURRENT  READY  ...  IMAGE(S)            ...
kuard-1128242161    0        0        0      ...  gcr.io/kuar-demo/   ...
kuard-1128635377    3        3        3      ...  gcr.io/kuar-demo/   ...
```

롤아웃 과정에서 어떤 이유로든 일시적으로 롤아웃을 중지하고자 할 경우(예, 시스템에 이상 동작이 감지돼 확인이 필요한 경우) pause 명령을 사용할 수 있다.

```
$ kubectl rollout pause deployments kuard
deployment.apps/kuard paused
```

확인 후 롤아웃이 안전하게 수행될 수 있다고 판단되면 resume 명령을 사용해 롤아웃을 중단한 시점부터 다시 시작할 수 있다.

```
$ kubectl rollout resume deployments kuard
Deployment.apps/kuard resumed
```

롤아웃 이력

쿠버네티스 디플로이먼트는 롤아웃 이력^{rollout history}을 유지 관리한다. 디플로이먼트 이력을 통해 디플로이먼트의 이전 상태를 확인하고 특정 버전으로 롤백하는 데 사용할 수 있다.

다음과 같은 명령을 실행해 디플로이먼트에 대한 이력을 확인할 수 있다.

```
$ kubectl rollout history deployment kuard

deployment.apps/kuard
REVISION   CHANGE-CAUSE
1          <none>
2          Update to green kuard
```

변경 이력^{revision history}은 가장 오래된 것부터 최신의 것 순으로 제공된다. 새로운 롤아웃을 수행할 때마다 고유한 변경 번호가 부여된다. 현재까지 2개의 변경 이력이 있다. 하나는 초기 배포며 다른 하나는 kuard:green으로의 이미지 업데이트다.

특정 개정판에 대한 좀 더 자세한 내용을 확인하려면 --revision 플래그를 추가한다.

```
$ kubectl rollout history deployment kuard --revision=2

deployment.apps/kuard with
revision #2 Pod Template:
  Labels:        pod-template-hash=54b74ddcd4
         run=kuard
  Annotations:   kubernetes.io/change-cause: Update to green kuard
  Containers:
    kuard:
```

```
     Image:        gcr.io/kuar-demo/kuard-amd64:green
     Port:         <none> Host Port: <none>
     Environment:  <none>
     Mounts:       <none>
     Volumes:      <none>
```

위 예제를 사용해 한 번 더 업데이트를 수행하자. 컨테이너의 버전 번호를 수정함으로써 kuard 버전을 blue로 업데이트하고 change-cause 애노테이션을 업데이트한다. 이후 kubectl apply 명령으로 변경 사항을 적용한다. 이력 확인 결과다음 세 가지 항목이 출력된다.

```
$ kubectl rollout history deployment kuard

deployment.apps/kuard
REVISION  CHANGE-CAUSE
1         <none>
2         Update to green kuard
3         Update to blue kuard
```

최신 릴리스에 문제가 있어 원인을 조사하는 동안 방금 전 수행한 업데이트를롤백한다고 가정해보자. 다음과 같이 간단하게 마지막 롤아웃을 취소할 수있다.

```
$ kubectl rollout undo deployments kuard
deployment.apps rolled back
```

undo 명령은 롤아웃 단계에 관계없이 수행 가능하다. 이는 부분적으로 완료된롤아웃과 완전히 완료된 롤아웃을 모두 취소할 수 있다는 뜻이다. 여기서 말하는 롤아웃 실행 취소는 실제로 단순히 롤아웃을 반대로 진행한다(예를 들어 v1에서 v2가 아닌 v2에서 v1로). 롤아웃 전략을 제어하는 동일한 전략이 모든 실행 취소 전략에

212

도 적용된다. 디플로이먼트 객체가 관리하는 레플리카셋에서 원하는 복제본 수를 조정하는 것을 볼 수 있다.

```
$ kubectl get replicasets -o wide

NAME                DESIRED   CURRENT   READY  ...   IMAGE(S)           ...
kuard-1128242161    0         0         0      ...   gcr.io/kuar-demo/  ...
kuard-1570155864    0         0         0      ...   gcr.io/kuar-demo/  ...
kuard-2738859366    3         3         3      ...   gcr.io/kuar-demo/  ...
```

선언형 파일을 사용해 운영 환경 시스템을 제어할 때는 체크인된 매니페스트가 클러스터에서 실제로 실행 중인 항목과 일치하는지 가능한 한 많이 확인해야 한다. kubectl rollout undo 명령을 사용할 때 소스 컨트롤에 반영되지 않은 채로 운영 환경의 상태가 업데이트된다.

롤아웃을 취소하는 (아마도 선호되는) 대안은 YAML 파일을 되돌리고 kubectl apply 명령으로 이전 버전을 적용하는 것이다. 이러한 방법의 '변경 추적 컨피규레이션'은 클러스터에서 실제로 실행 중인 내용을 좀 더 자세히 추적할 수 있다.

다시 한 번 디플로이먼트 이력을 살펴보자.

```
$ kubectl rollout history deployment kuard

deployment.apps/kuard
REVISION  CHANGE-CAUSE
1         <none>
3         Update to blue kuard
4         Update to green kuard
```

2번 리비전^{revision}이 없어진 것을 확인할 수 있다. 이전 리비전으로 롤백할 때 디플로이먼트에서 템플릿을 재사용하고 새로운 리비전 번호를 부여해 최신 버전으로 변경됐다. 따라서 2번 리비전이 현재의 4번 리비전으로 변경됐다.

앞서 kubectl rollout undo 명령을 사용해 이전 배포 버전의 디플로이먼트로

롤백할 수 있음을 확인했다. 또한 --to-revision 플래그를 사용해 이력 내의
특정 리비전으로도 롤백할 수 있다.

```
$ kubectl rollout undo deployments kuard --to-revision=3
deployment.apps/kuard rolled back
$ kubectl rollout history deployment kuard
deployment.apps/kuard
REVISION   CHANGE-CAUSE
1          <none>
4          Update to green kuard
5          Update to blue kuard
```

위 명령 수행 결과 3번 리비전으로 롤백했고, 그 결과 5번 리비전으로 업데이트
됐음을 확인할 수 있다.

리비전 번호를 0으로 지정하면 이전 배포 버전으로 간단하게 롤백이 가능하다.
따라서 kubectl rollout undo는 kubectl rollout undo --to-revision=0과 같은
명령이다.

기본적으로 디플로이먼트의 마지막 10번 리비전은 디플로이먼트 객체 자체에
연결돼 유지된다. 장기간 유지될 것으로 예상되는 디플로이먼트의 경우 최대
이력의 크기를 설정해 전체 크기를 제한하는 것을 권장한다. 예를 들어 매일
업데이트를 수행하는 경우 변경 이력을 14개로 제한해 최대 2주 분량의 변경
이력을 보관할 수 있다(2주 이상 롤백할 필요가 없을 것으로 예상하는 경우).

이는 디플로이먼트 명세에서 revisionHistoryLimit 속성을 사용해 보관 주기
를 설정할 수 있다.

```
...
spec:
  # 롤백이 필요 없는 릴리스로 변경 이력을 2주로 제한하는 일일 롤아웃 수행
```

```
    revisionHistoryLimit: 14
...
```

디플로이먼트 전략

서비스를 구현하는 소프트웨어 버전을 변경해야 할 때 쿠버네티스 디플로이먼트는 다음과 같은 두 가지 롤아웃 전략을 지원한다. 재생성Recreate과 롤링업데이트RollingUpdate를 차례대로 살펴보자.

재생성 전략

재생성 전략은 두 가지 중 좀 더 간단하다. 재생성 전략은 새로운 이미지를 사용하도록 관리하는 레플리카셋을 업데이트하고, 디플로이먼트와 관련된 모든 파드를 종료한다. 레플리카셋은 더 이상 복제본이 존재하지 않는 것을 확인하고 지정된 새로운 이미지를 사용해 모든 파드를 재생성하게 된다. 파드가 재생성될 경우 새로운 버전으로 실행된다.

이 전략은 빠르고 간단하지만 서비스 다운타임downtime[2]이 발생한다. 따라서 재생성 전략은 약간의 다운타임이 허용되는 테스트 목적의 디플로이먼트에만 사용해야 한다.

롤링업데이트 전략

롤링업데이트 전략은 일반적으로 사용자와 직접적인 상호작용이 있는 서비스에 선호되는 전략이다. 재생성 전략보다는 업데이트 속도가 느리지만 다운타임

---

2. 시스템을 이용할 수 없는 시간 — 옮긴이

이 없고 훨씬 더 안정적이다. 롤링업데이트를 사용하면 다운타임 없이 사용자 트래픽을 수신하는 중에도 새로운 버전의 서비스로 롤아웃할 수 있다.

이름에서 알 수 있듯이 롤링업데이트 전략은 한 번에 전체가 아닌 일부 파드를 업데이트해 모든 파드가 새 버전의 소프트웨어를 실행할 때까지 점진적으로 업데이트를 수행한다.

서비스의 다중 버전 관리

중요한 점은 업데이트 과정에서 일정 기간 동안 새로운 버전과 이전 버전 서비스 모두 요청을 수신하고 트래픽을 처리한다는 것이다. 이는 소프트웨어 구축 시 중요하게 고려해야 할 사항이다. 즉, 각 버전의 소프트웨어와 각 클라이언트는 약간의 버전 차이가 발생하더라도 서로 통신이 가능해야 한다.

다음 시나리오에서 확인할 수 있다. 현재 프론트엔드 소프트웨어를 롤아웃 중이라고 가정해보자. 이때 서버의 절반이 버전 1을 실행 중이고 나머지 절반이 버전 2를 실행 중이다. 사용자가 서비스에 최초 요청을 할 경우 UI를 구현하는 클라이언트 측 자바스크립트 라이브러리를 다운로드한다. 이 요청은 버전 1이 동작하는 서버가 처리하므로 사용자는 버전 1 클라이언트 라이브러리를 다운로드하게 된다. 이 클라이언트 라이브러리는 사용자의 브라우저에서 실행되며 후속 API 요청을 서비스로 보낸다. 이 API 요청은 버전 2 서버로 라우팅될 수 있다. 따라서 버전 1의 자바스크립트 클라이언트 라이브러리가 버전 2의 API 서버와 통신하게 된다. 따라서 두 버전 간의 호환성이 보장되지 않을 경우 애플리케이션이 정상적으로 동작하지 않을 것이다.

처음에는 이러한 상황이 추가적인 부담처럼 느껴질 수 있다. 하지만 이러한 문제는 항상 발생했으며 인지하지 못했을 뿐이다. 구체적으로 설명하면 사용자는 업데이트를 시작하기 직전인 시간 t에 요청할 수 있다. 이 요청은 버전 1 서버에서 서비스된다. t_1 시점에 서비스를 버전 2로 업데이트한다. t_2 시점에는 사용자의 브라우저에서 버전 1 클라이언트 코드가 실행되고 있으며 버전 2 서버에서 실행되고 있는 API 엔드포인트로 요청을 수행하게 된다. 결국 소프트웨어 업데이트 방법에 관계없이 안정적인 업데이트를 위해서는 이전 버전과의 호환성을 유지해야 한다. 롤링업데이트 전략의 본질은 이러한 호환성 이슈를 좀 더 명백하게 만든다.

이는 자바스크립트 클라이언트에만 적용되는 것이 아니라 서비스를 호출하는 다른 서비스로 컴파일된 클라이언트 라이브러리에서도 동일하다. 서비스에 대한 업데이트가 클라이언트 라이브러리에 대한 업데이트까지 보장하는 것이 아니다. 이러한 하위 버전과의 호환성은 서비스를 시스템과 분리하는 데 중요하다. API를 형식화하지 않고 직접 분리하는 경우 해당 서비스를 호출하는 시스템을 고려해 롤아웃을 수행해야 한다. 이처럼 긴밀하게 결합된 아키텍처의 경우 매시간, 매일, 매주 단위로 새로운 소프트웨어를 릴리스가 필요한 환경에서 민첩성을 보장해줄 수 없다. 그림 10-1에서 볼 수 있듯이 분리된 아키텍처에서는 프론트엔드가 API 컨트랙트^{contract}와 로드밸런서를 통해 백엔드와 격리된 반면 결합 아키텍처에서는 프론트엔드에 컴파일된 무거운 클라이언트^{thick client}를 사용해 백엔드에 직접 연결한다.

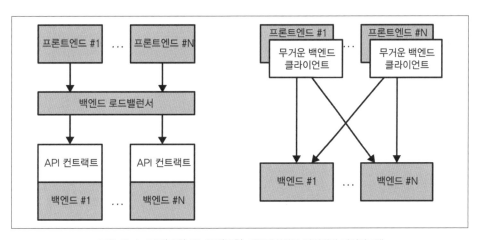

그림 10-1. 분리(좌측) 및 연결(우측) 애플리케이션 아키텍처 다이어그램

롤링업데이트 설정

롤링업데이트는 매우 일반적인 전략이다. 다양한 설정을 가진 여러 애플리케이션을 업데이트하는 데 사용된다. 따라서 롤링업데이트 자체는 구성에 있어서 다양한 설정을 제공한다. 이러한 특성 때문에 요구에 맞게 동작을 조정하는 것이 가능하다. 롤링업데이트 동작을 조정하는 데 사용되는 매개변수는 maxUnavailable과 maxSurge다.

maxUnavailable 매개변수는 롤링업데이트 과정에서 사용 불가능한 파드의 최대 개수를 설정한다. 절댓값(예, 3으로 설정하면 최대 3개의 파드를 사용할 수 없다) 또는 백분율(예, 20%로 설정하면 원하는 복제본 수의 최대 20%를 사용할 수 없다)로 설정할 수 있다. 일반적으로 백분율을 사용하는 것이 디플로이먼트에서 원하는 복제본의 수에 관계없이 사용 불가능한 파드의 수를 올바르게 적용할 수 있기 때문에 대부분의 서비스에 적합한 접근 방식이다. 그러나 경우에 따라 절댓값 사용이 필요한 경우도 있다(예, 사용 불가능한 최대 파드의 수를 1로 제한하는 경우).

본질적으로 maxUnavailable 매개변수는 롤링업데이트 진행 속도를 조정하는 데 도움을 준다. 예를 들어 maxUnavailable을 50%로 설정하면 롤링업데이트는 기존 레플리카셋을 원래 크기의 50%로 즉시 축소한다. 즉, 4개의 복제본이 있는 경우 2개의 복제본으로 축소된다. 그 후 롤링업데이트는 새로운 레플리카셋을 최대 2개의 복제본으로 확장해 축소로 제거된 파드를 대체해 총 4개의 복제본(이전 2개, 신규 2개)을 유지한다. 그런 다음 기존 레플리카셋을 0개의 복제본으로 축소해 총 2개의 신규 복제본을 유지한다. 마지막으로 새로운 레플리카셋을 전체 4개의 복제본으로 확장해 롤아웃을 완료하게 된다. 따라서 maxUnavailable을 50%로 설정하면 롤아웃이 4단계로 완료되며, 롤아웃 과정에서 50%의 가용률만 갖게 된다.

maxUnavailable을 25%로 설정하면 어떻게 되는지 생각해보자. 이 경우 각 단계에서 업데이트 대상으로 한 번에 하나의 복제본으로만 지정해 수행되므로 롤아웃을 완료하는 데 두 배의 단계가 더 필요하다. 반면에 롤아웃 과정에서 가용성은 75%까지만 떨어진다. 위의 예제들은 maxUnavailable 설정에 따른 속도와 가용성의 트레이드오프 관계를 보여준다.

 재생성 전략은 maxUnavailable을 100%로 설정한 롤링업데이트 전략과 동일하게 수행된다.

서비스가 주기적인 트래픽 패턴(예를 들면 야간에 훨씬 적은 트래픽)을 갖고 있거나 리소스가 제한돼 있는 경우 서비스 전체 용량(가용성)을 줄이는 방법을 택하는 것이 성공적인 롤아웃을 수행하기 위한 접근 방법이며, 현재 최대 복제본의 수보다 크게 확장하는 것은 불가능하다.

그러나 서비스 가용성을 100% 미만으로 떨어뜨리지 않고자 할 경우 일시적으로 추가 리소스를 사용해 롤아웃을 수행할 수 있다. 이 경우 maxUnavailable 매개변수를 0으로 설정하고 maxSurge 매개변수를 사용해 롤아웃을 제어할 수 있다. maxUnavailable과 마찬가지로 maxSurge는 특정 값이나 백분율로 지정 가능하다.

maxSurge 매개변수는 롤아웃을 수행하고자 생성할 수 있는 추가 리소스의 양을 제어한다. 이것이 어떻게 동작하는지 설명하고자 10개의 복제본이 있는 서비스가 있다고 가정해보자. maxUnavailable을 0으로 설정하고 maxSurge를 20%로 설정했다. 롤아웃 수행 시 첫 번째 단계는 새로운 레플리카셋에서 2개의 복제본을 추가로 생성해 서비스에서 총 12개(120%)의 복제본을 유지한다. 그런 다음 이전 레플리카셋을 8개로 축소해 서비스에서 총 10개(기존 복제본 8개, 신규 복제본 2개)의 복제본을 유지한다. 이러한 과정을 롤아웃이 완료될 때까지 진행한다. 어느 시점에서나 서비스 용량은 최소 100%를 유지하며 최대 추가 리소스는 전체 리소스의 20%로 제한된다.

maxSurge를 100%로 설정하는 것은 블루/그린 배포(blue/green deployment)와 동일하다. 디플로이먼트 컨트롤러는 먼저 새로운 버전을 이전 버전의 100%까지 확장한다. 이후 새로운 버전이 안정적으로 동작하면 즉시 이전 버전을 0%로 축소해 업데이트를 완료한다.

서비스 안정을 위한 느린 롤아웃

단계별 롤아웃은 롤아웃 수행 결과 새로운 소프트웨어 버전이 실행되는 정상적이고 안정적인 서비스 제공을 목적으로 한다. 이를 위해 디플로이먼트 컨트롤러는 항상 다음 파드의 업데이트로 넘어가기 전에 현재 업데이트를 수행한 파드가 준비 상태가 됐다고 보고할 때까지 대기한다.

디플로이먼트 컨트롤러는 준비 상태 검사(readiness check)를 통해 파드의 상태를 확인한다. 준비 상태 검사는 파드의 상태 검사의 일부며, 이는 5장에 자세히 설명돼 있다. 디플로이먼트를 사용해 소프트웨어를 안정적으로 롤아웃하려면 파드의 컨테이너에 준비 상태 검사를 지정해야 한다. 이를 지정하지 않을 경우 디플로이먼트 컨트롤러는 안정적인 롤아웃을 보장할 수 없게 된다.

하지만 가끔 파드가 준비 상태가 됐더라도 해당 파드가 실제로 정상적으로 동작하지 않는 경우가 있다. 일부 오류는 즉시 발생하지 않는다. 예를 들어 심각한 메모리 누수 현상이 발생하는 데 몇 분이 걸릴 수 있으며, 전체 요청의 1%에 대해서만 나타나는 버그가 있을 수 있다. 대부분의 실제 시나리오에서는 다음 파드의 업데이트로 넘어가기 전에 새로운 버전이 올바르게 동작하고 있음을 확신하고자 일정 시간 동안 대기하는 방법을 사용한다.

디플로이먼트의 경우 이 대기 시간을 `minReadySeconds` 매개변수로 정의한다.

```
...
spec:
  minReadySeconds: 60
...
```

minReadySeconds를 60으로 설정하면 디플로이먼트가 다음 파드의 업데이트로 이동하기 전에 파드의 상태가 정상임을 확인한 후 지정된 60초 동안 대기한다.

파드가 정상화될 때까지 기다리는 것 외에 시스템이 대기하는 시간을 제한하는 타임아웃도 설정 가능하다. 예를 들어 새로운 버전의 서비스에 버그가 있을 경우 즉시 데드락dead lock(교착 상태)에 빠질 것이다. 교착 상태에 빠질 경우 파드는 결코 준비 상태로 전환되지 않을 것이며, 타임아웃이 없을 경우 디플로이먼트 컨트롤러는 롤아웃을 진행할 수 없게 된다.

이런 상황에서 올바른 동작은 롤아웃에 대한 타임아웃을 설정하는 것이다. 이 설정은 위와 같은 상황에서 롤아웃을 실패로 처리할 것이다. 이러한 실패 상태는 트리거로 동작해 운영자에게 롤아웃에 문제가 있다고 경고를 보낼 수 있다.

롤아웃 타임아웃이 불필요한 요소처럼 보일 수 있다. 그러나 사람의 개입이 전혀 없는 완전히 자동화된 시스템에서 발생하는 롤아웃이 점차 증가하고 있다. 이러한 상황에서 타임아웃은 중대한 예외 처리를 수행함으로써 릴리스의 자동 롤백을 유발하거나 사람의 개입을 유발하는 티켓/이벤트를 생성할 수 있다.

디플로이먼트 매개변수인 progressDeadlineSeconds는 타임아웃 기간의 설정을 위해 사용할 것이다.

```
...
spec:
  progressDeadlineSeconds: 600
...
```

이 예제에서는 진행 데드라인을 10분으로 설정했다. 롤아웃 과정에서 특정 단계가 10분 안에 진행되지 않으면 배포가 실패한 것으로 간주하고 남아 있는 단계들이 모두 중단된다.

이 타임아웃은 전체 디플로이먼트에 적용되는 길이가 아니라 배포 진행 과정에 적용된다는 것에 유의해야 한다. 이러한 맥락에서 진행 과정은 디플로이먼트에서 포드를 생성하거나 삭제할 때마다 정의된다. 이때 타임아웃 시계는 0으로 초기화된다. 그림 10-2는 배포 생명주기를 보여준다.

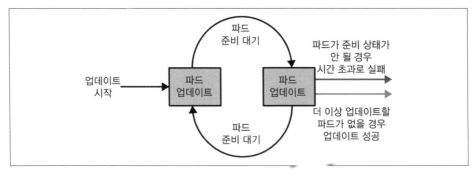

그림 10-2. 쿠버네티스 배포 생명주기

디플로이먼트 삭제

디플로이먼트를 삭제하고자 하는 경우 다음과 같은 명령형 명령을 통해 디플로이먼트를 삭제할 수 있다.

```
$ kubectl delete deployments kuard
```

또는 앞서 생성한 선언형 YAML 파일을 사용할 수 있다.

```
$ kubectl delete -f kuard-deployment.yaml
```

기본적으로 어떤 방법을 선택하든 디플로이먼트를 삭제하면 전체 서비스가 삭제된다. 이는 디플로이먼트뿐만 아니라 디플로이먼트가 관리하는 레플리카셋과 레플리카셋이 관리하는 파드도 함께 삭제되는 것을 의미한다. 레플리카셋을 포함한 하위 객체까지 지우는 것을 원하지 않을 경우에는 --cascade=false 플래그를 사용해 디플로이먼트 객체만 삭제할 수 있다.

디플로이먼트 모니터링

일정 시간이 지난 후에도 배포가 진행되지 않으면 타임아웃이 발생한다. 이 경우 디플로이먼트의 상태가 실패로 전환된다. 이러한 디플로이먼트의 상태는 status.conditions 배열에서 확인할 수 있으며, 배포가 실패할 때 Type은 Progressing이고 Status는 False로 표시된다. 이러한 상태의 디플로이먼트는 실패했기 때문에 더 이상 진행되지 않을 것이다. 디플로이먼트 컨트롤러가 이러한 상태로 전환되기 전에 대기하는 시간을 설정하려면 spec.progressDeadline Seconds 필드를 사용하면 된다.

요약

결국 쿠버네티스의 주목표는 신뢰할 수 있는 분산 시스템을 쉽게 구축하고 배포할 수 있게 하는 것이다. 이는 애플리케이션을 한 번만 인스턴스화하는 것이 아니라 해당 소프트웨어 서비스에 대한 새 버전의 롤아웃을 정기적으로 관리하는 것을 의미한다. 디플로이먼트는 서비스에 대한 안정적인 롤아웃과 롤아웃 관리를 위해 중요한 요소다. 11장에서는 쿠버네티스 클러스터의 노드 집합에서 파드의 단일 복사본만 실행되게 하는 데몬셋DaemonSet을 살펴본다.

## 11장

데몬셋

디플로이먼트와 레플리카셋은 일반적으로 중복성을 위해 여러 복제본이 있는 (웹 서버와 같은) 서비스를 생성한다. 이러한 경우 외에도 파드의 집합을 복제할 수 있다. 주된 이유는 클러스터 내의 모든 노드에 단일 파드를 스케줄링하기 위함이다. 일반적으로 파드를 모든 노드에 복제하는 이유는 각 노드에 일종의 에이전트나 데몬을 실행하기 위해서며, 이를 위한 쿠버네티스 객체는 데몬셋^{DaemonSet}이다.

데몬셋은 파드의 복사본이 쿠버네티스 클러스터의 노드 집합에서 실행되게 한다. 데몬셋은 일반적으로 로그 수집기 및 모니터링 에이전트와 같이 모든 노드에서 실행돼야 하는 시스템 데몬을 배포하는 데 사용한다. 데몬셋은 레플리카셋과 유사한 기능을 제공하는데, 장시간 실행되는 서비스를 실행하는 파드를 생성하고 클러스터의 원하는 상태와 관찰된 상태를 동일하게 만든다.

데몬셋과 레플리카셋은 유사하지만 사용 목적에 따라 다르게 선택해야 한다. 레플리카셋은 애플리케이션을 노드에서 완전히 분리할 때 사용하며, 특별한 고려 사항 없이 주어진 노드에 여러 개의 복사본을 실행할 수 있다. 데몬셋은 애플리케이션의 단일 복사본이 클러스터의 모든 노드 또는 특정 노드 집합에서 실행돼야 할 때 사용한다.

파드가 동일 노드에 위치하지 않도록 스케줄링 제한이나 다른 매개변수를 사용해서는 안 된다. 노드당 하나의 파드를 실행하기를 원한다면 쿠버네티스 리소스 중 데몬셋을 사용해야 한다. 마찬가지로 사용자 트래픽을 처리하기 위한 동일한 복제 서비스를 구축하고자 할 경우에는 쿠버네티스 리소스 중 레플리카셋을 사용해야 한다.

라벨을 사용해 특정 노드에 데몬셋 파드를 실행할 수 있다. 예를 들면 에지 네트워크^edge network에 노출된 노드에 침입 탐지 소프트웨어^intrusion-detection software를 실행할 때 적합하다.

또한 데몬셋을 사용하면 클라우드 기반 클러스터 노드에 소프트웨어를 쉽게 설치할 수 있다. 많은 클라우드 서비스의 경우 클러스터의 업그레이드나 확장으로 가상머신을 삭제하고 재생성할 수 있다. 동적 불변 인프라스트럭처 접근 방식으로 인해 모든 노드에 특정 소프트웨어를 설치하려고 하는 경우 문제가 발생할 수 있다. 업그레이드 및 확장 이벤트에도 특정 소프트웨어를 모든 노드에 설치하려면 데몬셋이 가장 좋은 접근 방법이다. 호스트 파일 시스템을 마운트하고 RPM/DEB 패키지를 호스트 운영체제에 설치하는 스크립트를 실행할 수도 있다. 이러한 방식으로 IT 부서의 엔터프라이즈 요구 사항을 충족시킬 수 있는 클라우드 네이티브 클러스터를 운영할 수 있다.

데몬셋 스케줄러

기본적으로 데몬셋은 노드 셀렉터^node selector를 사용하지 않는 한 모든 노드에 파드의 복제본을 생성한다. 노드 셀렉터는 일치하는 라벨 집합을 갖는 노드로 범위를 제한한다. 데몬셋은 파드 명세에서 nodeName 필드를 지정해 파드 생성 시 실행될 노드를 결정한다. 결과적으로 쿠버네티스 스케줄러는 데몬셋이 생성한 파드를 무시한다.

레플리카셋과 마찬가지로 데몬셋은 원하는 상태(파드가 모든 노드에 존재함)와 관찰된 상태(파드가 특정 노드에 존재하는가?)를 측정하는 조정 제어 루프에 의해 관리된다. 측정된 정보를 바탕으로 데몬셋 컨트롤러는 현재 일치하는 파드가 없는 각 노드에 파드를 생성한다.

새로운 노드가 클러스터에 추가될 경우 데몬셋 컨트롤러는 파드가 없음을 확인하고 새로운 노드에 파드를 추가한다.

 데몬셋과 레플리카셋은 분리된 아키텍처에 대한 가치를 보여주는 대표적인 사례다. 레플리카셋이 자신이 관리하는 파드를 소유하고 파드가 레플리카셋의 하위 리소스가 되는 것이 올바른 설계의 모습이다. 마찬가지로 데몬셋에 의해 관리되는 파드는 해당 데몬셋의 하위 리소스가 된다. 그러나 이러한 종류의 캡슐화를 위해서는 파드 처리 도구가 데몬셋과 레플리카셋 각각 다르게 작성돼야 한다. 대신 쿠버네티스는 파드가 최상위 수준 객체가 되는 분리된 접근 방식을 사용한다. 즉, 레플리카셋 콘텍스트에서 파드를 검사하고자 학습한 모든 도구(예, kubectl logs <파드 이름>)는 데몬셋이 생성한 파드에 동일하게 적용할 수 있다.

데몬셋 생성

데몬셋은 쿠버네티스 API 서버에 데몬셋 컨피규레이션을 제출해 생성할 수 있다. 예제 11-1의 데몬셋은 대상 클러스터의 모든 노드에 fluentd 로깅 에이전트를 생성한다.

예제 11-1. fluentd.yaml

```
apiVersion: apps/v1
kind: DaemonSet
metadata:
  name: fluentd
  labels:
    app: fluentd
spec:
  selector:
```

```yaml
    matchLabels:
      app: fluentd
  template:
    metadata:
      labels:
        app: fluentd
    spec:
      containers:
      - name: fluentd
        image: fluent/fluentd:v0.14.10
        resources:
          limits:
            memory: 200Mi
          requests:
            cpu: 100m
            memory: 200Mi
        volumeMounts:
        - name: varlog
          mountPath: /var/log
        - name: varlibdockercontainers
          mountPath: /var/lib/docker/containers
          readOnly: true
      terminationGracePeriodSeconds: 30
      volumes:
      - name: varlog
        hostPath:
          path: /var/log
      - name: varlibdockercontainers
        hostPath:
          path: /var/lib/docker/containers
```

데몬셋은 주어진 쿠버네티스 네임스페이스에 있는 전체 데몬셋에서 고유한 이름을 갖는다. 각 데몬셋은 파드 생성에 필요한 파드 템플릿 명세를 반드시 갖고 있어야 한다. 이것이 레플리카셋과 데몬셋의 유사점이다. 레플리카셋과 달리 데몬셋은 노드 셀렉터를 사용하지 않으면 기본적으로 클러스터의 모든 노드에 파드를 생성한다.

유효한 데몬셋 컨피규레이션이 준비되면 kubectl apply 명령을 사용해 데몬셋을 쿠버네티스 API에 제출할 수 있다. 이번 절에서는 fluentd HTTP 서버를 클러스터의 모든 노드에 실행되게 하는 데몬셋을 생성할 것이다.

```
$ kubectl apply -f fluentd.yaml
Daemonset.apps/fluentd created
```

fluentd 데몬셋이 쿠버네티스 API에 성공적으로 제출되면 kubectl describe 명령을 사용해 현재 상태를 질의할 수 있다.

```
$ kubectl describe daemonset fluentd
Name:              fluentd
Selector:          app=fluentd
Node-Selector:     <none>
Labels:            app=fluentd
Annotaions:        deprecated.daemonset.template.generation: 1
Desired Number of Nodes Scheduled: 3
Current Number of Nodes Scheduled: 3
Number of Nodes Scheduled with Up-to-date Pods: 3
Number of Nodes Scheduled with Available Pods: 3
Number of Nodes Misscheduled: 0
Pods Status: 3 Running / 0 Waiting / 0 Succeeded / 0 Failed
```

위 명령 수행 결과 fluentd 파드가 클러스터의 3개의 노드에 성공적으로 배포됐음을 확인할 수 있다. kubectl get pods 명령과 -o 플래그를 사용해 각 fluentd 파드가 할당된 노드를 확인할 수 있다.

```
$ kubectl get pods -l app=fluentd -o wide
NAME             READY    STATUS    RESTARTS   AGE   IP             NODE
fluentd-1q6c6    1/1      Running   0          13m   10.240.0.101   k0-default...
fluentd-mwi7h    1/1      Running   0          13m   10.240.0.80    k0-default...
fluentd-zr6l7    1/1      Running   0          13m   10.240.0.44    k0-default...
```

fluentd 데몬셋이 정상적으로 동작(각 노드에 위치)하고 있을 경우 클러스터에 새 노드를 추가할 때 fluentd 파드가 해당 노드에 자동으로 배포된다.

```
$ kubectl get pods -o wide
NAME             READY    STATUS    RESTARTS   AGE   IP             NODE
fluentd-1q6c6    1/1      Running   0          13m   10.240.0.101   k0-default...
fluentd-mwi7h    1/1      Running   0          13m   10.240.0.80    k0-default...
fluentd-oipmq    1/1      Running   0          43s   10.240.0.96    k0-default...
fluentd-zr6l7    1/1      Running   0          13m   10.240.0.44    k0-default...
```

이것이 바로 로깅 데몬 및 기타 클러스터 전체 서비스를 관리할 때 필요한 동작이다. 관리자 입장에서는 아무런 조치를 취할 필요가 없으며 이런 동작이 데몬셋 컨트롤러가 관찰된 상태를 원하는 상태와 조정하는 방법이다.

데몬셋을 특정 노드로 제한

데몬셋의 가장 일반적인 사용 사례는 쿠버네티스 클러스터의 모든 노드에 파드를 실행하는 것이다. 하지만 일부 노드에만 파드를 배포하는 경우가 있다. 예를 들면 GPU가 필요한 워크로드가 있거나 클러스터의 일부 노드에서 사용할 수 있는 고성능 스토리지로 접근이 필요한 워크로드가 있을 수 있다. 이와 같은 경우 노드 라벨을 사용하면 워크로드의 요구 사항을 충족시키는 특정 노드에 태그를 지정할 수 있다.

노드에 라벨 추가

데몬셋을 특정 노드로 제한하는 첫 번째 단계는 원하는 노드의 하위 집합에 라벨 집합을 추가하는 것이다. 이는 kubectl label 명령을 사용해 실행할 수 있다.

다음 명령은 ssd=true 라벨을 단일 노드에 추가하는 것이다.

```
$ kubectl label nodes k0-default-pool-35609c18-z7tb ssd=true
Node/k0-default-pool-35609c18-z7tb labeled
```

다른 쿠버네티스 리소스와 마찬가지로, 라벨 셀렉터를 사용하지 않고 노드 목록을 조회할 경우 클러스터의 모든 노드가 반환된다.

```
$ kubectl get nodes
NAME                            STATUS    ROLES    AGE    VERSION
k0-default-pool-35609c18-0xnl   Ready     Agent    23m    V1.21.1
k0-default-pool-35609c18-pol3   Ready     Agent    1d     V1.21.1
k0-default-pool-35609c18-ydae   Ready     Agent    1d     V1.21.1
k0-default-pool-35609c18-z7tb   Ready     agent    1d     V1.21.1
```

라벨 셀렉터를 사용해 라벨을 기반으로 노드를 필터링할 수 있다. ssd 라벨이 true로 설정돼 있는 노드를 조회하려면 --selector 플래그와 함께 kubectl get nodes 명령을 사용한다.

```
$ kubectl get nodes --selector ssd=true
NAME                            STATUS    ROLES    AGE    VERSION
k0-default-pool-35609c18-z7tb   Ready     agent    1d     V1.21.1
```

노드 셀렉터

노드 셀렉터를 사용하면 주어진 쿠버네티스 클러스터에서 파드가 실행될 수 있는 노드를 제한할 수 있다. 노드 셀렉터는 데몬셋을 생성할 때 파드 명세의 일부로 정의한다. 예제 11-2의 데몬셋 컨피규레이션은 NGINX가 라벨이 ssd=rue로 설정된 노드에서만 실행되도록 제한한다.

예제 11-2. nginx-fast-storage.yaml

```
apiVersion: apps/v1
kind: "DaemonSet"
metadata:
  labels:
    app: nginx
    ssd: "true"
  name: nginx-fast-storage
spec:
  matchLabels:
    app: nginx
    ssd: "true"
  template:
    metadata:
      labels:
        app: nginx
        ssd: "true"
    spec:
      nodeSelector:
        ssd: "true"
      containers:
        - name: nginx
          image: nginx:1.10.0
```

nginx-fast-storage 데몬셋을 쿠버네티스 API에 제출하면 어떻게 되는지 살펴보자.

232

```
$ kubectl apply -f nginx-fast-storage.yaml
Daemonset.apps/nginx-fast-storage created
```

라벨이 ssd=true로 설정된 노드는 하나밖에 없기 때문에 nginx-fast-storage
파드는 해당 노드에서만 실행된다.

```
$ kubectl get pods ?l app=nginx -o wide
NAME                      READY  STATUS   RESTARTS  AGE  IP          NODE
nginx-fast-storage-7b90t  1/1    Running  0         44s  10.240.0.48 ...
```

ssd=true 라벨을 새로운 노드에 추가하면 nginx-fast-storage 파드가 해당 노
드에 배포된다. 반대의 경우도 마찬가지다. 노드에서 필요한 레이블을 제거하
면 데몬셋 컨트롤러가 파드를 제거한다.

 데몬셋 노드 셀렉터에 필요한 라벨을 노드에서 제거하면 해당 데몬셋에 의해 관리 중
인 파드가 노드에서 제거된다.

데몬셋 업데이트

데몬셋은 전체 클러스터에 서비스를 배포할 때는 유용하지만 데몬셋 자체를
업그레이드할 때는 고려해볼 필요가 있다. 쿠버네티스 1.6 이전에는 데몬셋을
업데이트한 다음 데몬셋이 관리하는 각 파드를 수동으로 삭제해 새로운 컨피규
레이션으로 재생성하는 것이 유일한 방법이었다. 쿠버네티스 1.6이 출시되면서
데몬셋은 클러스터 내에서 레플리카셋 롤아웃을 관리하는 디플로이먼트 객체
와 동일한 기능을 갖게 됐다.

디플로이먼트에서 사용하는 것과 동일한 롤링업데이트 전략을 사용해 데몬셋

에 대한 롤아웃을 수행할 수 있다. 이는 spec.updateStrategy.type 필드를 RollingUpdate 값으로 설정해 업데이트 전략을 설정할 수 있다. 데몬셋의 업데이트 전략이 롤링업데이트인 경우 데몬셋의 spec.template 필드(또는 하위 필드)에 변경 사항이 발생하면 롤링업데이트가 수행된다.

디플로이먼트의 롤링업데이트(10장 참고)와 마찬가지로 롤링업데이트 전략은 모든 파드가 새로운 컨피규레이션으로 실행할 때까지 점차적으로 데몬셋의 멤버를 업데이트한다. 다음의 두 가지 매개변수를 사용해 데몬셋의 롤링업데이트를 제어할 수 있다.

spec.minReadySeconds

롤링업데이트가 후속 파드를 업그레이드하기 전에 파드가 '준비' 상태로 있어야 하는 시간을 결정한다.

spec.updateStrategy.rollingUpdate.maxUnavailable

롤링업데이트로 동시에 업데이트할 수 있는 파드의 수를 결정한다.

롤아웃이 진행되기 전에 파드가 정상 상태를 유지할 수 있도록 spec. minReadySeconds를 30~60초와 같이 충분히 길게 설정하는 것이 좋다.

실행되고 있는 애플리케이션에 따라 spec.updateStrategy.rollingUpdate. maxUnavailable의 값은 달라질 수 있다. 1로 설정하는 것이 안전하고 일반적인 전략이지만 롤아웃을 완료(노드의수 × minReadySeconds)하는 데 다소 시간이 소요된다. maxUnavailable 값을 최대로 설정할 경우 롤아웃 속도는 빨라지지만 롤아웃이 실패할 경우 그에 따른 피해도 커진다. 애플리케이션 및 클러스터 환경의 특성에 따라 속도와 안전성의 값이 상내적으로 셜성뇐다. 가장 좋은 방법은 maxUnavailable 값을 1로 설정하고 사용자나 관리자가 데몬셋 롤아웃 속도에 대해 불만을 제기하는 경우에만 늘리는 방법을 추천한다.

롤링업데이트가 시작되면 kubectl rollout 명령을 사용해 데몬셋의 상태를 확인할 수 있다. 예를 들어 이름이 my-daemon-set인 데몬셋의 현재 롤아웃 상태를 확인하려면 kubectl rollout status demonSets my-daemon-set 명령을 사용한다.

데몬셋 삭제

삭제할 데몬셋의 이름과 kubectl delete 명령을 사용해 데몬셋을 간단하게 삭제할 수 있다.

```
$ kubectl delete -f fluentd.yaml
```

데몬셋을 삭제하면 해당 데몬셋이 관리하는 모든 파드가 함께 삭제된다. --cascade 플래그를 false로 설정하면 파드는 그대로 남기고 데몬셋만 삭제할 수 있다.

요약

데몬셋은 쿠버네티스 클러스터의 모든 노드나 필요한 경우 라벨에 명시된 노드의 하위 집합에서 파드를 실행하고자 사용하기 쉬운 추상화를 제공한다. 데몬셋은 모니터링 에이전트와 같은 핵심 서비스가 항상 클러스터의 올바른 노드에서 실행되고 관리될 수 있도록 컨트롤러와 스케줄러를 제공한다.

일부 애플리케이션은 안정적인 운영에 필요한 충분한 리소스와 이에 대한 분배가 있는 경우 실제로 실행되는 곳은 중요하지 않기 때문에 특정 개수의 복제본을 스케줄링하기만 하면 된다. 그러나 에이전트 및 모니터링 애플리케이션 등이 제대로 동작하려면 클러스터 내의 모든 머신에 위치해야 한다. 이러한 데몬셋은 기존 애플리케이션과 같이 서비스를 담당하기보다는 클러스터에 추가적인 기능을 제공한다. 데몬셋은 컨트롤러가 관리하는 명시적인 능동 객체이므로 모든 머신에 에이전트를 명시적으로 배치하지 않고도 모든 머신에 에이전트가 실행되도록 선언할 수 있다. 이는 사용자 개입 없이 노드가 추가되고 제거되는, 즉 자동 확장 환경의 쿠버네티스 클러스터에 특히 유용하다. 이러한 경우 자동 확장기에 의해 클러스터에 노드가 추가될 때 데몬셋은 각 노드에 적절한 에이전트를 자동으로 추가한다.

## 12장

잡

지금까지는 데이터베이스와 웹 애플리케이션 같은 장기 실행 프로세스에 중점을 뒀다. 이러한 유형의 워크로드는 시스템이 업그레이드되거나 서비스가 더 이상 필요하지 않을 때까지 실행된다. 쿠버네티스 클러스터는 주로 오랫동안 실행되는 워크로드로 구성되지만 간혹 단기간의 일회성 작업을 실행해야 하는 경우도 있다. 잡^{Job} 객체는 이러한 유형의 작업을 처리하고자 만들어졌다.

잡은 성공적으로 종료될 때까지 실행되는 파드를 생성한다(예를 들어 0을 반환하며 종료). 반면 일반 파드는 종료 코드에 관계없이 계속 재시작된다. 잡은 데이터베이스 마이그레이션이나 배치 작업과 같이 일회성으로 수행하는 작업에 유용하다. 데이터베이스 마이그레이션 같은 작업을 일반 파드로 실행하면 반복적으로 수행되기 때문에 종료할 때마다 데이터를 다시 마이그레이션하게 된다.

12장에서는 쿠버네티스가 제공하는 가장 일반적인 잡 패턴을 살펴보고 실제 시나리오에서 이러한 패턴을 어떻게 활용하는지 보여줄 것이다.

잡 객체

잡 객체는 잡 명세 템플릿에 정의된 파드를 생성하고 관리한다. 이때 생성된 파드는 일반적으로 성공적으로 완료될 때까지 실행된다. 잡 객체는 여러 파드를 동시에 실행하도록 조정한다.

파드가 성공적으로 종료되지 못하고 실패할 경우 잡 컨트롤러는 잡 명세의 파드 템플릿을 기반으로 새로운 파드를 생성한다. 파드는 스케줄링돼야 하기 때문에 파드가 필요한 리소스를 스케줄러가 찾지 못할 경우 잡이 실행되지 않을 수 있다. 또한 분산 시스템의 특성으로 인해 특정 실패 시나리오에서 특정 작업에 대한 중복 파드가 생성될 가능성은 높지 않다,

잡 패턴

잡은 하나 이상의 파드에서 작업 항목을 처리하는 배치와 유사한 워크로드를 관리하도록 설계됐다. 기본적으로 각 잡은 성공적으로 종료될 때까지 단일 파드를 한 번 실행한다. 이 작업 패턴은 잡의 두 가지 기본 속성, 즉 작업 완료 수와 병렬로 실행할 파드 수로 정의한다. '완료까지 한 번 실행' 패턴의 경우 completions와 parallelism 매개변수가 1로 설정된다.

표 12-1은 잡 컨피규레이션에 대한 completions와 parallelism의 조합에 따른 잡 패턴을 보여준다.

표 12-1. 잡 패턴

유형	사용 사례	동작	completions	parallelism
원샷	데이터베이스 마이그레이션	성공적인 종료까지 단일 파드가 한 번 실행됨	1	1

(이어짐)

238

유형	사용 사례	동작	completions	parallelism
병렬 고정 완료	여러 파드에서 일련의 작업을 동시에 처리함	고정 완료 횟수에 도달할 때까지 하나 이상의 파드가 한 번 이상 실행됨	1+	1+
작업 대기열: 병렬 잡	중앙 집중식 작업 대기열에서 여러 파드를 처리함	한 번의 성공적인 종료까지 하나 이상의 파드가 실행됨	1	2+

원샷

원샷one-shot 잡은 파드가 성공적으로 종료될 때까지 단일 파드를 한 번 실행하는 방법을 제공한다. 원샷 잡을 수행하려면 약간의 추가 작업이 필요하다. 먼저 파드를 생성해 쿠버네티스 API에 제출해야 한다. 이는 잡 컨피규레이션에 정의된 파드 템플릿을 사용해 수행된다. 잡이 시작되고 실행되면 잡을 구성하는 파드를 모니터링해 성공적으로 종료되는지 확인해야 한다. 잡은 애플리케이션 오류, 런타임 중 처리되지 않은 예외 또는 작업이 완료되기 전에 발생하는 노드 장애를 포함한 여러 가지 이유로 실패할 수 있다. 모든 경우에 잡 컨트롤러는 성공적인 종료가 발생할 때까지 파드를 재생성해야 한다.

쿠버네티스에서 원샷 잡을 생성하는 방법은 여러 가지가 있다. 가장 쉬운 방법은 kubectl 커맨드라인 도구를 사용하는 것이다.

```
$ kubectl run -i oneshot \
  --image=gcr.io/kuar-demo/kuard-amd64:blue \
  --restart=OnFailure \
  --command /kuard \
  -- --keygen-enable \
    --keygen-exit-on-complete \
    --keygen-num-to-gen 10
```

```
...
(ID 0) Workload starting
(ID 0 1/10) Item done: SHA256:nAsUsG54XoKRkJwyN+OShkUPKew3mwq7OCc
(ID 0 2/10) Item done: SHA256:HVKX1ANns6SgF/er1lyo+ZCdnB8geFGt0/8
(ID 0 3/10) Item done: SHA256:irjCLRov3mTT0P0JfsvUyhKRQ1TdGR8H1jg
(ID 0 4/10) Item done: SHA256:nbQAIVY/yrhmEGk3Ui2sAHuxb/o6mYO0qRk
(ID 0 5/10) Item done: SHA256:CCpBoXNlXOMQvR2v38yqimXGAa/w2Tym+aI
(ID 0 6/10) Item done: SHA256:wEY2TTIDz4ATjcr1iimxavCzZzNjRmbOQp8
(ID 0 7/10) Item done: SHA256:t3JSrCt7sQweBgqG5CrbMoBulwk4lfDWiTI
(ID 0 8/10) Item done: SHA256:E84/Vze7KKyjCh9OZh02MkXJGoty9PhaCec
(ID 0 9/10) Item done: SHA256:UOmYex79qqbI1MhcIfG4hDnGKonlsij2k3s
(ID 0 10/10) Item done: SHA256:WCR8wIGOFag84Bsa8f/9QHuKqF+0mEnCADY
(ID 0) Workload exiting
```

여기에서 몇 가지 유의해야 할 사항이 있다.

- kubectl의 -i 옵션은 대화식 명령임을 의미한다. kubectl은 잡이 실행될 때까지 기다린 다음 잡의 첫 번째(이 경우에만) 파드의 로그를 출력한다.

- --restart=OnFailure는 kubectl에게 잡 객체를 생성하도록 지시하는 옵션이다.

- -- 다음의 모든 옵션은 컨테이너 이미지에 대한 커맨드라인 인수argument다. 이는 서버(kuard)가 10개의 4,096비트 SSH 키를 생성하고 종료하도록 지시한다.

- kubectl의 -i 옵션을 사용하면 처음 몇 줄이 출력되지 않을 수 있기 때문에 출력 결과가 정확하도록 일치하지 않을 수 있다.

잡이 완료된 후에도 잡 객체와 관련 파드는 계속 남아 있다. 따라서 이를 통해 출력된 로그를 검사할 수 있다. 완료된 잡을 확인하려면 kubectl get jobs 명령에 -a 플래그를 추가해야 한다. -a 플래그가 없을 경우 kubectl은 완료된 잡을 출력하지 않는다. 계속 진행하기 전에 잡을 삭제하자.

```
$ kubectl delete pods oneshot
```

원샷 잡을 작성하기 위한 두 번째 방법은 예제 12-1과 같은 컨피규레이션 파일을 사용하는 것이다.

예제 12-1. job-oneshot.yaml

```
apiVersion: batch/v1
kind: Job
metadata:
  name: oneshot
spec:
  template:
    spec:
      containers:
      - name: kuard
        image: gcr.io/kuar-demo/kuard-amd64:blue
        imagePullPolicy: Always
        command:
        - "/kuard"
        args:
        - "--keygen-enable"
        - "--keygen-exit-on-complete"
        - "--keygen-num-to-gen=10"
      restartPolicy: OnFailure
```

kubectl apply 명령을 사용해 잡을 제출한다.

```
$ kubectl apply -f job-oneshot.yaml
Job.batch/oneshot created
```

그런 다음 oneshot 이름의 잡을 확인한다.

```
$ kubectl describe jobs oneshot

Name:           oneshot
Namespace:      default
Selector:       controller-uid=a2ed65c4-cfda-43c8-bb4a-707c4ed29143
Labels:         controller-uid=a2ed65c4-cfda-43c8-bb4a-707c4ed29143
                Job-name=oneshot
Annotations:    <none>
Parallelism:    1
Completions:    1
Start Time:     Wed, 02 Jun 2021 21:23:23 -0700
Completed At:   Wed, 02 Jun 2021 21:23:51 -0700
Duration:       28s
Pods Statuses: 0 Running / 1 Succeeded / 0 Failed
Pod Template:
   Labels:      controller-uid=a2ed65c4-cfda-43c8-bb4a-707c4ed29143
                Job-name=oneshot.
Events:
   ... Reason            Message
   ... ------            -------
   ... SuccessfulCreate  Created pod: oneshot-4kfdt
```

생성된 파드의 로그를 통해 잡의 결과를 확인할 수 있다.

```
$ kubectl logs oneshot-4kfdt

...
Serving on :8080
(ID 0) Workload starting
(ID 0 1/10) Item done: SHA256:+r6b4W81DbEjxMcD3LHjU+EIGnLEzbpxITKn8IqhkPI
(ID 0 2/10) Item done: SHA256:mzHewajaY1KA8VluSLOnNMk9fDE5zdn7vvBS5Ne8AxM
(ID 0 3/10) Item done: SHA256:TRtEQHfflJmwkqnNyGgQm/IvXNykSBIg8c03h0g3onE
(ID 0 4/10) Item done: SHA256:tSwPYH/J347il/mgqTxRRdeZcOazEtgZlA8A3/HWbro
(ID 0 5/10) Item done: SHA256:IP8XtguJ6GbWwLHqjKecVfdS96B17nnO21I/TNc1j9k
```

```
(ID 0 6/10) Item done: SHA256:ZfNxdQvuST/6ZzEVkyxdRG98p73c/5TM99SEbPeRWfc
(ID 0 7/10) Item done: SHA256:tH+CNl/IUl/HUuKdMsq2XEmDQ8oAvmhMO6Iwj8ZEOj0
(ID 0 8/10) Item done: SHA256:3GfsUaALVEHQcGNLBOu4Qd1zqqqJ8j738i5r+I5XwVI
(ID 0 9/10) Item done: SHA256:5wV4L/xEiHSJXwLUT2fHf0SCKM2g3XH3sVtNbgskCXw
(ID 0 10/10) Item done: SHA256:bPqqOonwSbjzLqe9ZuVRmZkz+DBjaNTZ9HwmQhbdWLI
(ID 0) Workload exiting
```

잡이 성공적으로 완료됐음을 확인할 수 있다.

잡 객체를 생성할 때 라벨을 명시하지 않았다. 라벨을 사용해 파드 집합을 식별하는 다른 컨트롤러(데몬셋, 레플리카셋, 디플로이먼트 등과 같은)와 마찬가지로 파드가 객체에서 재사용되면 예기치 않은 동작이 발생할 수 있다.

잡은 시작과 끝이 유한하기 때문에 일반적으로 사용자는 잡을 많이 생성한다. 따라서 고유한 라벨을 선택하는 것이 더욱 어렵고 중요하다. 이러한 이유로 잡 객체는 자동으로 고유한 라벨을 선택하고, 이를 사용해 생성된 파드를 식별한다. 고급 시나리오(예, 관리 중인 파드를 종료하지 않고 실행 중인 잡 교체)의 경우 사용자는 자동 동작을 해제하고 수동으로 라벨과 선택기를 지정할 수 있다.

지금까지는 잡이 성공적으로 완료되는 방법을 살펴봤다. 그러나 무언가가 실패하면 어떻게 될까? 이를 시험해보고 무슨 일이 발생하는지 확인해보자. 예제 12-2와 같이 컨피규레이션 파일에 kuard에 대한 인수를 수정해 3개의 키를 생성한 후 0이 아닌 종료 코드로 실패하게 해보자.

예제 12-2. job-oneshot-failure1.yaml

```
...
spec:
  template:
    spec:
      containers:
        ...
        args:
        - "--keygen-enable"
```

```
        - "--keygen-exit-on-complete"
        - "--keygen-exit-code=1"
        - "--keygen-num-to-gen=3"
...
```

이제 kubectl apply -f job-oneshot-failure1.yaml 명령을 실행한다. 잠시 후 파드의 상태(STATUS)를 확인해보자.

```
$ kubectl get pod -l job-name=oneshot

NAME                READY       STATUS              RESTARTS    AGE
oneshot-3ddk0       0/1         CrashLoopBackOff    4           3m
```

확인 결과 동일한 파드가 네 번 재시작됐음을 볼 수 있다. 이 파드는 Crash LoopBackOff 상태가 된다. 프로그램을 시작하자마자 충돌을 일으키는 버그는 흔히 발생한다. 이러한 경우 쿠버네티스는 노드의 리소스를 소비하는 충돌 루프crash loop를 피하고자 파드를 재시작하기 전에 잠시 대기하게 한다. 이는 잡의 개입 없이 kubelet에 의해 노드 로컬로 처리된다.

잡을 정지하고(kubectl delete jobs oneshot) 다른 것을 시도해보자. 컨피규레이션 파일을 다시 수정해 restartPolicy를 OnFailure에서 Never로 변경한다. kubectl apply -f jobs-oneshot- failure2.yaml 명령을 실행한다.

이 작업을 수행한 다음 잠시 후 관련 파드를 살펴보면 흥미로운 것을 발견할 수 있다.

```
$ kubectl get pod -l job-name=oneshot -a

NAME                READY       STATUS      RESTARTS    AGE
oneshot-0wm49       0/1         Error       0           1m
```

244

```
oneshot-6h9s2      0/1      Error      0      39s
oneshot-hkzw0      1/1      Running    0      6s
oneshot-k5swz      0/1      Error      0      28s
oneshot-m1rdw      0/1      Error      0      19s
oneshot-x157b      0/1      Error      0      57s
```

출력 결과를 통해 오류가 발생한 여러 개의 파드를 확인할 수 있다. restart Policy: Never로 설정하면 실패 시 파드를 재시작하지 않고 파드를 실패한 것으로 선언하도록 kubelet에게 지시할 수 있다. 그러면 잡 객체는 이를 인지하고 대체할 파드를 생성한다. 이를 고려하지 않으면 클러스터에 쓸모없는 객체가 많이 생성된다. 따라서 restartPolicy: OnFailure로 설정해 실패한 파드가 재실행되게 하는 것이 좋다. kubectl delete jobs oneshot 명령으로 이 잡을 정리하자.

지금까지 0이 아닌 종료 코드로 프로그램이 실패하는 것을 살펴봤다. 그러나 워커는 다른 방법으로도 실패할 수 있다. 특히 워커는 멈추거나 더 이상 진행이 되지 않을 수 있다. 이를 위해 잡과 함께 활성 프로브liveness probe를 사용할 수 있다. 활성 프로브 정책에 따라 파드가 죽었다고 판단되면 파드를 재시작하거나 교체한다.

병렬

키를 생성하는 속도가 느려질 수 있다. 키 생성 속도를 높이고자 여러 워커를 함께 시작하자. 이를 위해 completions와 parallelism 매개변수를 조합해 사용할 것이다. 각각 10개의 키를 생성하는 10개의 kuard를 실행해 100개의 키를 생성하는 것이 목표다. 하지만 클러스터 전체에 영향을 끼치지 않고자 한 번에 5개의 파드로 제한할 것이다.

completions를 10으로 설정하고 parallelism을 5로 설정한다. 이 컨피규레이션은 예제 12-3에 나와 있다.

예제 12-3. job-parallel.yaml

```yaml
apiVersion: batch/v1
kind: Job
metadata:
  name: parallel
  labels:
    chapter: jobs
spec:
  parallelism: 5
  completions: 10
  template:
    metadata:
      labels:
        chapter: jobs
    spec:
      containers:
      - name: kuard
        image: gcr.io/kuar-demo/kuard-amd64:blue
        imagePullPolicy: Always
        command:
        - "/kuard"
        args:
        - "--keygen-enable"
        - "--keygen-exit-on-complete"
        - "--keygen-num-to-gen=10"
      restartPolicy: OnFailure
```

다음 명령으로 변경 사항을 적용한다.

```
$ kubectl apply -f job-parallel.yaml
job.batch/parallel created
```

이제 파드가 실행돼 작업을 수행하고 종료되는 것을 확인한다. 진행 상황을 확인한 후 종료하자. 10개가 모두 완료될 때까지 새로운 파드가 생성된다. 여기서 --watch 플래그를 사용하면 kubectl을 유지해 변경 사항을 확인할 수 있다.

```
$ kubectl get pods -w

NAME            READY   STATUS             RESTARTS   AGE
parallel-55tlv  1/1     Running            0          5s
parallel-5s7s9  1/1     Running            0          5s
parallel-jp7bj  1/1     Running            0          5s
parallel-lssmn  1/1     Running            0          5s
parallel-qxcxp  1/1     Running            0          5s
NAME            READY   STATUS             RESTARTS   AGE
parallel-jp7bj  0/1     Completed          0          26s
parallel-tzp9n  0/1     Pending            0          0s
parallel-tzp9n  0/1     Pending            0          0s
parallel-tzp9n  0/1     ContainerCreating  0          1s
parallel-tzp9n  1/1     Running            0          1s
parallel-tzp9n  0/1     Completed          0          48s
parallel-x1kmr  0/1     Pending            0          0s
parallel-bgvz5  0/1     Completed          0          40s
parallel-55tlv  0/1     Completed          0          2m
parallel-lssmn  0/1     Completed          0          2m
```

완료된 잡을 확인하고 로그 내용을 검사해 생성된 키를 핑거프린팅fingerprinting[1] 해 보자.

kubectl delete job parallel 명령으로 완료된 잡 객체를 정리한다.

---

1. 트래킹 기술을 의미한다. – 옮긴이

작업 대기열

잡의 일반적인 사용 사례는 작업 대기열^{work queue}에서 작업을 처리하는 것이다. 이 시나리오에서 일부 작업은 많은 작업 항목을 생성해 작업 대기열에 게시한다. 워커 잡은 작업 대기열이 모두 비워질 때까지 각 작업 항목이 처리되도록 실행될 수 있다(그림 12-1).

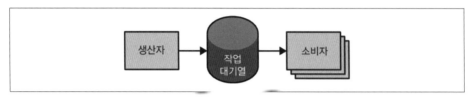

그림 12-1. 병렬 잡

작업 대기열 시작

먼저 중앙 집중식 작업 대기열 서비스를 시작한다. kuard에는 간단한 메모리 기반 작업 대기열 시스템이 내장돼 있다. kuard 인스턴스를 시작해 모든 작업에 대한 코디네이터 역할을 수행하게 한다.

다음으로 싱글톤 작업 대기열 데몬을 관리하는 간단한 레플리카셋을 생성한다. 예제 12-4와 같이 머신에 장애가 발생했을 경우 새로운 파드를 생성하고자 레플리카셋을 사용한다.

예제 12-4. rs-queue.yaml

```yaml
apiVersion: apps/v1
kind: ReplicaSet
metadata:
  labels:
    app: work-queue
    component: queue
    chapter: jobs
```

248

```
    name: queue
spec:
  replicas: 1
  selector:
    matchLabels:
      app: work-queue
      component: queue
      chapter: jobs
  template:
    metadata:
      labels:
        app: work-queue
        component: queue
        chapter: jobs
    spec:
      containers:
        - name: queue
          image: "gcr.io/kuar-demo/kuard-amd64:blue"
          imagePullPolicy: Always
```

다음 명령을 사용해 작업 대기열을 실행한다.

```
$ kubectl apply -f rs-queue.yaml
Replicaset.apps/queue created
```

이 시점에서 작업 대기열 데몬이 구동되고 실행 중이어야 한다. 포트 포워딩을 사용해 연결해보자. 실행 중인 터미널 창에 다음 명령을 입력한다.

```
$ kubectl port-forward rs/queue 8080:8080
Forwarding from 127.0.0.1:8080 -> 8080
Forwarding from [::1]:8080 -> 8080
```

브라우저에서 http://localhost:8080에 접속하면 kuard 인터페이스를 확인할 수 있다. MemQ Server 탭으로 전환해 진행 상황을 확인한다.

작업 대기열 서버의 상태가 정상일 경우 다음 단계는 서비스를 사용해 공개해 야 한다. 예제 12-5에서 볼 수 있듯이 이렇게 하면 생산자와 소비자가 DNS를 통해 작업 대기열을 쉽게 찾을 수 있을 것이다.

예제 12-5. service-queue.yaml

```
apiVersion: v1
kind: Service
metadata:
  labels: null
    app: work-queue
    component: queue
    chapter: jobs
  name: queue
spec:
  ports:
  - port: 8080
    protocol: TCP
    targetPort: 8080
  selector: null
    app: work-queue
    component: queue
```

kubectl을 사용해 대기열 서비스를 생성한다.

```
$ kubectl apply -f service-queue.yaml
service "queue" created
```

대기열 적재

이제 많은 작업 항목을 대기열에 적재할 준비가 됐다. 작업의 단순화를 위해, curl을 이용한 API 호출을 통해 대기열 서버를 구동하고 많은 작업 항목을 삽입할 것이다. 예제 12-6에서 볼 수 있듯이 curl은 앞서 설정한 kubectl port-forward 명령으로 공개된 작업 대기열과 통신한다.

예제 12-6. load-queue.sh

```
# 'keygen'이라고 하는 작업 대기열 생성
curl -X PUT localhost:8080/memq/server/queues/keygen

# 100개의 작업 항목 생성과 대기열에 적재
for i in work-item-{0..99}; do
  curl -X POST localhost:8080/memq/server/queues/keygen/enqueue \
    -d "$i"
done
```

위 명령을 실행하면 각 작업 항목에 대해 고유한 메시지 식별자가 있는 100개의 JSON 객체가 터미널에 출력되는 것을 확인할 수 있다. UI의 MemQ Server 탭을 통해 대기열의 상태를 확인하거나 작업 대기열 API에 직접 요청할 수 있다.

```
$ curl 127.0.0.1:8080/memq/server/stats
{
  "kind": "stats",
  "queues": [
    {
      "depth": 100,
      "dequeued": 0,
      "drained": 0,
      "enqueued": 100,
      "name": "keygen"
    }
```

```
    ]
}
```

이제 작업 대기열을 비울 때까지 소비해야 할 잡을 준비했다.

소비자 잡 생성

여기 흥미로운 사실이 하나 있다. kuard는 소비자 모드로 동작할 수 있다. 예제 12-7에서 보이는 것처럼 작업 대기열에서 작업 항목을 빼내고 키를 생성한 다음 대기열이 비어 있는 경우 종료하도록 설정한다.

예제 12-7. job-consumers.yaml

```
apiVersion: batch/v1
kind: Job
metadata:
  labels:
    app: message-queue
    component: consumer
    chapter: jobs
  name: consumers
spec:
  parallelism: 5
  template:
    metadata:
      labels:
        app: message-queue
        component: consumer
        chapter: jobs
    spec:
      containers:
      - name: worker
        image: "gcr.io/kuar-demo/kuard-amd64:blue"
```

```
        imagePullPolicy: Always
        command:
        - "/kuard"
        args:
        - "--keygen-enable"
        - "--keygen-exit-on-complete"
        - "--keygen-memq-server=http://queue:8080/memq/server"
         - "--keygen-memq-queue=keygen"
    restartPolicy: OnFailure
```

여기서 5개의 파드를 병렬로 시작하도록 잡에 지시하고 있다. completions 매개변수가 설정돼 있지 않기 때문에 잡은 워커 풀^{worker pool} 모드로 동작한다. 첫 번째 파드가 종료 코드 0으로 종료되면 잡은 종료되고 새로운 파드가 시작되지 않을 것이다. 이는 작업이 완료될 때까지 워커가 종료돼서는 안 되며 모두 마무리 과정에 있어야 함을 의미한다.

이제 소비자 잡을 생성해보자.

```
$ kubectl apply -f job-consumers.yaml
job.batch/consumers created
```

그런 다음 잡을 지원하는 파드를 확인할 수 있다.

```
$ kubectl get pods
NAME             READY   STATUS    RESTARTS   AGE
queue-43s87      1/1     Running   0          5m
consumers-6wjxc  1/1     Running   0          2m
consumers-715mh  1/1     Running   0          2m
consumers-hvz42  1/1     Running   0          2m
consumers-pc8hr  1/1     Running   0          2m
consumers-w20cc  1/1     Running   0          2m
```

5개의 파드가 병렬로 실행되고 있는 것을 주의 깊게 살펴볼 필요가 있다. 이 파드는 작업 대기열이 비워질 때까지 계속 실행된다. 작업 대기열 서버의 UI에서 진행 상황을 확인할 수 있다. 대기열이 비워지면 소비자 파드가 완전히 종료되고 소비자 작업이 완료된 것으로 간주된다.

정리

라벨을 사용해 이번 절에서 생성한 모든 항목을 정리할 수 있다.

```
$ kubectl delete rs,svc,job -l chapter=jobs
```

크론잡

때로는 일정한 간격으로 작업이 실행되도록 스케줄링할 필요가 있다. 이를 위해 쿠버네티스에서는 크론잡^{CronJob}을 지원하며, 이를 선언하면 일정한 간격으로 새로운 잡 객체를 생성한다. 크론잡 선언 방법은 다음과 같다.

예제 12-8. job-cronjob.yaml

```
apiVersion: batch/v1
kind: CronJob
metadata:
  name: example-cron
spec:
  # 5시간마다 실행
  schedule: "0 */5 * * *"
  jobTemplate:
    spec:
      template:
```

254

```
spec:
  containers:
  - name: batch-job
    image: my-batch-image
    restartPolicy: OnFailure
```

크론잡의 일정한 간격^{interval}은 spec.schedule 필드에 정의돼 있으며, 이는 표준 cron 포맷을 따른다.

위 파일을 job-cronjob.yaml로 저장하고 kubectl create -f job-cronjob.yaml 명령을 사용해 크론잡을 생성할 수 있다. 크론잡의 현재 상태를 보려면 kubectl describe <cron-job> 명령을 사용해 세부 정보를 확인할 수 있다.

요약

단일 클러스터 쿠버네티스는 웹 애플리케이션처럼 장기 실행되는 워크로드와 배치 작업 같은 단기 실행되는 워크로드 모두 처리할 수 있다. 작업 추상화를 통해 간단한 일회성 작업부터 작업이 끝날 때까지 많은 항목을 처리하는 병렬 작업에 이르기까지 배치 작업 패턴을 모델링할 수 있다.

잡은 하위 수준 기본 요소며, 단순한 워크로드에 직접 사용될 수 있다. 그러나 쿠버네티스는 처음부터 상위 수준의 객체로 확장할 수 있도록 설계됐다. 잡도 예외는 아니다. 더 높은 수준의 오케스트레이션 시스템에서 쉽게 사용해 좀 더 복잡한 작업을 수행할 수 있다.

## 13장

컨피그맵과 시크릿

컨테이너 이미지는 가능한 한 재사용할 수 있게 만드는 것이 좋다. 동일한 이미지를 개발 환경, 검증 환경, 운영 환경에 사용할 수 있어야 한다. 동일한 이미지가 애플리케이션과 서비스 전반에 걸쳐 사용되기에 충분하게 범용적일수록 더 좋다. 새로운 환경마다 이미지를 다시 만들어야 하는 경우 테스트와 버전 관리가 복잡해지고 위험성이 높아진다. 그렇다면 런타임 환경에서 이미지를 사용하는 방법을 생각해볼 수 있다.

여기서 컨피그맵^{ConifgMap}과 시크릿^{secret} 개념이 등장한다. 컨피그맵은 워크로드에 대한 컨피규레이션 정보를 제공하는 데 사용한다. 이 정보는 세분화된 정보(문자열)이거나 파일 형식은 복합적인 값일 수 있다. 시크릿은 컨피그맵과 유사하지만 워크로드에 민감한 정보를 제공하는 데 초점을 맞추고 있다. 시크릿은 자격증명^{credential} 또는 TLS 인증서와 같은 용도로 사용될 수 있다.

컨피그맵

컨피그맵을 이해하는 한 가지 방법은 작은 파일 시스템을 정의하는 쿠버네티스 객체로 생각하는 것이다. 또 다른 방법은 컨테이너의 환경이나 커맨드라인을 정의할 때 사용할 수 있는 변수의 집합으로 생각할 수 있다. 중요하게 인지하고 있어야 할 점은 파드가 실행되기 직전에 컨피그맵이 파드와 결합된다는 것이다. 즉, 사용되는 컨피그맵을 변경하면 많은 애플리케이션에서 컨테이너 이미지와 파드에 대한 정의 자체를 재사용할 수 있다.

컨피그맵 생성

컨피그맵을 생성해보자. 쿠버네티스의 많은 객체와 마찬가지로 명령형 방식으로 즉시 생성하거나 디스크의 매니페스트를 사용해 생성할 수 있다. 여기서는 명령형 방식으로 시작해볼 것이다.

먼저 예제 13-1에서 보여주는 것처럼 파드에서 사용할 수 있는 파일(my-config.txt)이 디스크에 있다고 가정한다.

예제 13-1. my-config.txt

```
# 애플리케이션을 설정할 때 사용할 수 있는 샘플 컨피규레이션 파일이다.
parameter1 = value1
parameter2 = value2
```

다음으로 해당 파일을 사용해 컨피그맵을 생성하고 간단한 키/값 쌍 몇 개를 추가한다. 추가된 값은 커맨드라인에 리터럴 값literal value[1]으로 표시된다.

```
$ kubectl create configmap my-config \
  --from-file=my-config.txt \
  --from-literal=extra-param=extra-value \
  --from-literal=another-param=another-value
```

방금 생성한 컨피그맵 객체에 해당하는 YAML은 다음과 같다.

---

1. 소스코드의 고정된 값이다. - 옮긴이

```
$ kubectl get configmaps my-config -o yaml

apiVersion: v1
data:
  another-param: another-value
  extra-param: extra-value
  my-config.txt: |
  # 애플리케이션을 설정할 때 사용할 수 있는 샘플 컨피규레이션 파일이다.
  parameter1 = value1
  parameter2 = value2
kind: ConfigMap
metadata:
  creationTimestamp: ...
  name: my-config
  namespace: default
  resourceVersion: "13556"
  selfLink: /api/v1/namespaces/default/configmaps/my-config
  uid: 3641c553-f7de-11e6-98c9-06135271a273
```

위 출력 결과에서 볼 수 있듯이 컨피그맵은 객체에 저장된 일부 키/값의 쌍이
다. 흥미로운 부분은 컨피그맵을 사용하려고 할 때 발생한다.

컨피그맵 사용

컨피그맵을 사용하는 세 가지 주요 방법이 있다.

파일 시스템

컨피그맵을 파드에 마운트할 수 있다. 키 이름^{key name}에 따라 각 항목에 대한
파일이 생성된다. 해당 파일의 내용이 값으로 설정된다.

환경 변수

컨피그맵을 사용해 환경 변수의 값을 동적으로 설정할 수 있다.

커맨드라인 인수

쿠버네티스는 컨피그맵 값을 기반으로 컨테이너에 대한 커맨드라인을 동적으로 생성하도록 지원한다.

예제 13-2에서 보이는 것처럼 kuard에 대한 매니페스트를 생성해 모든 항목을 하나로 합친다.

예제 13-2. kuard-config.yaml

```yaml
apiVersion: v1
kind: Pod
metadata:
  name: kuard-config
spec:
  containers:
    - name: test-container
      image: gcr.io/kuar-demo/kuard-amd64:blue
      imagePullPolicy: Always
      command:
        - "/kuard"
        - "$(EXTRA_PARAM)"
      env:
        # 컨테이너 내부에서 사용되는 환경 변수의 예
        - name: ANOTHER_PARAM
          valueFrom:
            configMapKeyRef:
              name: my-config
              key: another-param
        # 컨테이너 내부에서 사용되는 환경 변수의 예
        - name: EXTRA_PARAM
          valueFrom:
            configMapKeyRef:
              name: my-config
              key: extra-param
      volumeMounts:
```

```
        # 파일의 집합으로 컨피그맵 마운트
        - name: config-volume
          mountPath: /config
    volumes:
      - name: config-volume
        configMap:
          name: my-config
    restartPolicy: Never
```

파일 시스템 방법의 경우 파드 내에 새로운 볼륨을 생성하고 이름을 config-volume으로 지정한다. 그런 다음 이 볼륨을 컨피그맵 볼륨으로 정의하고 마운트할 컨피그맵을 가리킨다. volumeMount를 사용해 kaurd 컨테이너에 마운트할 위치를 지정한다. 위 예제의 경우 /config에 마운트한다.

환경 변수는 valueFrom 멤버로 지정되고 컨피그맵과 해당 컨피그맵에서 사용할 데이터 키를 참조한다. 커맨드라인 인수는 환경 변수를 기반으로 동작한다. 쿠버네티스는 특별한 $(<환경 변수 이름>) 구문을 사용해 정확한 대체를 수행한다.

파드를 실행하고 포트 포워드를 설정해 애플리케이션이 어떻게 동작하는지 살펴보자.

```
$ kubectl apply -f kuard-config.yaml
$ kubectl port-forward kuard-config 8080
```

이제 브라우저에서 http://localhost:8080 입력을 통해 접속할 수 있다. 앞서 살펴본 세 가지 방법을 통해 프로그램에 주입된 컨피규레이션 값을 확인할 수 있다. 왼쪽의 **Server Env**(서버 환경) 탭을 클릭한다. 그림 13-1에서 보이는 것처럼 환경 변수와 함께 실행된 애플리케이션의 커맨드라인을 확인할 수 있다.

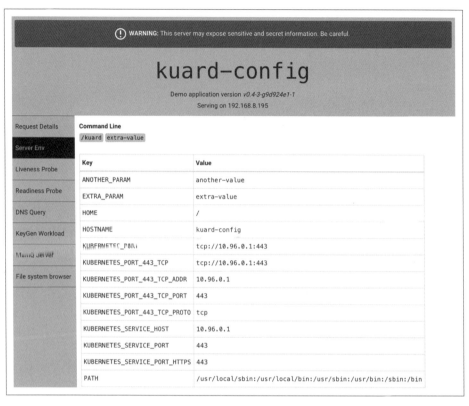

그림 13-1. kuard의 환경 설정

여기서 컨피그맵을 통해 두 가지 환경 변수(ANOTHER_PARAM, EXTRA_PARAM)가 추가됐음을 확인할 수 있다. 또한 **EXTRA_PARAM** 값을 기반으로 kuard의 커맨드라인에 인수를 추가했다.

다음으로 File system browser(파일 시스템 브라우저) 탭(그림 13-2)을 클릭한다. 이를 통해 애플리케이션이 보고 있는 파일 시스템을 확인할 수 있다. 컨피그맵으로 생성된 볼륨인 /config 항목을 확인할 수 있다. 이 내부를 탐색해보면 컨피그맵의 각 항목과 연관된 파일이 생성돼 있음을 확인할 수 있다. 또한 컨피그맵이 업데이트될 때 새로운 값으로 완전히 교체하는 데 사용되는 숨김 파일(맨 앞에 '..'이 붙는)을 확인할 수 있다.

```
..2982_21_02_03_30_11.119605996/
..data
another-param
extra-param
my-config.txt
```

그림 13-2. kuard를 통해 확인할 수 있는 /config 디렉터리

시크릿

컴피그맵은 대부분의 컴피규레이션 데이터에 적합하지만 컴피규레이션 데이터에는 매우 민감한 데이터가 있을 수 있다. 여기에는 비밀번호, 보안 토큰 또는 다른 유형의 개인키가 포함될 수 있다. 이러한 유형의 데이터를 통칭해 시크릿^secret이라고 한다. 쿠버네티스는 기본적으로 시크릿 데이터의 저장과 처리를 지원한다.

시크릿은 민감한 데이터를 묶지 않고 컨테이너 이미지 생성을 가능하게 한다. 이를 통해 컨테이너는 여러 환경에서 이식성을 유지하게 된다. 시크릿은 파드 매니페스트과 쿠버네티스 API의 명시적 선언을 통해 파드에 제공된다. 이러한 방식으로 쿠버네티스 시크릿 API는 감사^audit가 쉽고 OS에서 기본적으로 제공하는 격리^isolation 요소를 활용하는 애플리케이션 중심 메커니즘을 통해 민감한 컴피규레이션 정보를 애플리케이션에 제공한다.

이 절의 나머지 부분에서는 쿠버네티스 시크릿을 생성하고 관리하는 방법과 시크릿이 필요한 파드에 시크릿을 제공하는 방법을 살펴본다

 기본적으로 쿠버네티스 시크릿은 클러스터의 etcd 스토리지에 평문으로 저장된다. 따라서 요구 사항의 수준에 따라 쿠버네티스 시크릿은 충분한 보안성을 제공하지 않을 수 있다. 특히 클러스터 관리 권한이 있는 사람은 클러스터에 위치한 모든 시크릿에 접근할 수 있다. 최신 버전의 쿠버네티스에서는 일반적인 클라우드 키 저장소와의 통합을 통해 사용자가 제공한 키로 시크릿을 암호화할 수 있는 기능이 추가됐다. 또한 대부

분의 클라우드 키 저장소는 쿠버네티스의 유연한 볼륨과 통합돼 있어 클라우드 제공업체의 키 저장소를 사용할 수 있다. 이러한 모든 옵션은 사용자의 요구에 맞는 보안 프로필을 작성하기에 충분한 도구를 제공해야 한다.

시크릿 생성

시크릿은 쿠버네티스 API나 kubectl 커맨드라인 도구를 통해 생성된다. 시크릿은 하나 이상의 데이터 요소를 키/값 쌍의 모음으로 유지한다.

이번 절에서는 앞서 나열한 저장소 요구 사항을 충족하는 kuard 애플리케이션을 위한 TLS 키와 인증서를 저장할 수 있는 시크릿을 생성한다

kuard 컨테이너 이미지는 TLS 인증서나 키와 함께 묶여 있지 않다. 이를 통해 kuard 컨테이너는 환경에 상관없이 이식 가능하며 공용 도커 리포지터리를 통해 배포할 수 있다.

시크릿을 생성하는 첫 번째 단계는 저장하려는 원시 데이터$^{raw\ data}$를 획득하는 것이다. kuard 애플리케이션을 위한 TLS 키와 인증서는 다음과 같은 명령으로 다운로드할 수 있다.

```
$ curl -o kuard.crt https://storage.googleapis.com/kuar-demo/kuard.crt
$ curl -o kuard.key https://storage.googleapis.com/kuar-demo/kuard.key
```

이 인증서는 공유되고 있기 때문에 실제 보안성은 제공하지 않는다. 이 예제에서 학습을 위한 도구로만 사용하기 바란다.

kuard.crt와 kuard.key 파일이 로컬에 저장되면 시크릿을 생성할 준비가 된 것이다.

create secret 명령으로 kuard-tls라는 이름의 시크릿을 생성한다.

```
$ kubectl create secret generic kuard-tls \
   --from-file=kuard.crt \
   --from-file=kuard.key
```

kuard-tls 시크릿은 두 가지 데이터 요소로 생성됐다. 자세한 내용은 다음 명령
으로 확인할 수 있다.

```
$ kubectl describe secrets kuard-tls

Name:         kuard-tls
Namespace:    default
Labels:       <none>
Annotations:  <none>

Type:         Opaque

Data
====
kuard.crt:    1050 bytes
kuard.key:    1679 bytes
```

kuard-tls 시크릿이 생성되면 볼륨을 사용해 파드에서 시크릿을 사용할 수
있다.

시크릿 사용

API를 직접 호출하는 방법을 알고 있는 애플리케이션은 쿠버네티스 REST API
를 통해 시크릿을 사용할 수 있다. 그러나 애플리케이션의 이식성을 최대한
유지하는 것을 목표로 해야 한다. 이는 쿠버네티스에서 잘 실행될 뿐만 아니라

다른 플랫폼에서도 별도의 수정 없이 실행돼야 함을 의미한다.

API 서버를 통해 시크릿에 접근하는 대신 **시크릿 볼륨**^{secrets volume}을 사용할 수 있다. 시크릿 볼륨 타입을 사용해 시크릿 데이터를 파드에 제공할 수 있다. 시크릿 볼륨은 kubelet에 의해 관리되며 파드 생성 시점에 생성된다. 시크릿은 **tmpfs** 볼륨(일명 RAM 디스크)에 저장되며 노드의 디스크에는 기록되지 않는다.

시크릿의 각 데이터 요소는 볼륨 마운트에 지정된 대상 마운트 포인트 아래 분리된 파일로 저장된다. kuard-tls 시크릿은 두 가지 데이터 요소(kuard.crt, kaurd.key)를 포함하고 있다. kuard-tls 볼륨을 /tls에 마운트하면 다음과 같은 파일이 생성된다.

```
/tls/kuard.crt
/tls/kuard.key
```

예제 13-3의 파드 매니페스트는 kuard-tls 시크릿을 kuard 컨테이너 내의 /tls 경로로 제공하는 시크릿 볼륨 선언 방법을 보여준다.

예제 13-3. Kuard-secret.yaml

```
apiVersion: v1
kind: Pod
metadata:
  name: kuard-tls
spec:
  containers:
    - name: kuard-tls
      image: gcr.io/kuar-demo/kuard-amd64:blue
      imagePullPolicy: Always
      volumeMounts:
      - name: tls-certs
        mountPath: "/tls"
```

266

```
        readOnly: true
  volumes:
    - name: tls-certs
      secret:
        secretName: kuard-tls
```

kubectl 명령을 사용해 kuard-tls 파드를 생성하고 실행 중인 파드에서 로그
출력을 확인할 수 있다.

```
$ kubectl apply -f kuard-secret.yaml
```

실행 중인 파드에 연결하기 위한 방법은 다음과 같다.

```
$ kubectl port-forward kuard-tls 8443:8443
```

이제 브라우저에서 https://localhost:8443 입력을 통해 해당 페이지로 이동한다.
kuard.example.com에 대한 자가 서명 인증서^{self-signed certificate}이므로 일부 유효하
지 않은 인증서 경고가 표시된다. 이 경고를 무시하고 계속 탐색하면 HTTPS를
통해 호스팅된 kuard 서버를 확인할 수 있다. File system browser 탭을 클릭하면
디스크의 /tls 디렉터리에서 인증서를 찾는다.

사설 컨테이너 레지스트리

시크릿의 특별한 사용 사례는 사설 컨테이너 레지스트리를 위한 접근 자격을
저장하는 것이다. 쿠버네티스는 사설 레지스트리에 저장된 이미지 사용을 지원
하지만 해당 이미지에 접근하려면 자격증명이 필요하다. 사설 이미지는 하나
이상의 사설 저장소에 저장할 수 있다. 클러스터에 있는 모든 가능한 노드에서
각각 사설 레지스트리에 대한 자격증명을 관리하는 것은 어려움이 따른다.

이미지 풀 시크릿[image pull secret]은 시크릿 API를 사용해 사설 레지스트리의 자격증명 분배를 자동화한다. 이미지 풀 시크릿은 일반 시크릿처럼 저장되지만 spec.imagePullSecrets와 같이 파드의 spec 필드를 통해 정의된다.

create secret docker-registry 명령을 사용해 이 특별한 유형의 시크릿을 생성할 수 있다.

```
$ kubectl create secret docker-registry my-image-pull-secret \
  --docker-username=<사용자 이름> \
  --docker-password=<비밀번호> \
  --docker-email=<이메일 주소>
```

예제 13-4에서 보이는 것처럼 파드 매니페스트 파일에서 이미지 풀 시크릿을 참조해 사설 리포지터리에 접근할 수 있게 한다.

예제 13-4. kuard-secret-ips.yaml

```yaml
apiVersion: v1
kind: Pod
metadata:
  name: kuard-tls
spec:
  containers:
    - name: kuard-tls
      image: gcr.io/kuar-demo/kuard-amd64:blue
      imagePullPolicy: Always
      volumeMounts:
      - name: tls-certs
        mountPath: "/tls"
        readOnly: true
  imagePullSecrets:
  - name: my-image-pull-secret
  volumes:
```

```
    - name: tls-certs
    secret:
        secretName: kuard-tls
```

동일한 레지스트리에서 반복적으로 가져오는 경우 생성하는 모든 파드에서 시크릿을 지정하지 않도록 각 파드와 연관된 기본 서비스 계정에 시크릿을 추가할 수 있다.

명명 규칙

시크릿이나 컨피그맵 내부의 데이터 항목에 대한 키 이름은 유효한 환경 변수 이름에 매핑되도록 정의된다. 점으로 시작하고 문자나 숫자가 뒤따를 수 있다. 문자 다음에는 점, 대시, 밑줄이 포함된다. 점은 반복될 수 없으며 점과 밑줄, 대시는 서로 인접해 사용될 수 없다. 좀 더 공식적으로 말하자면 명명 규칙은 정규 표현식^{regular expression} ^[.[?[a-zAZ0-9[([. [?[a-zA-Z0-9[+[-_a-zA-Z0-9[?)*$를 따른다. 표 13-1은 컨피그맵과 시크릿의 유효한 형식과 유효하지 않은 형식의 예를 보여준다.

표 13-1. 컨피그맵과 시크릿 키의 예

유효한 키 이름	유효하지 않은 키 이름
.auth_token	Token..properties
key.pem	auth file.json
config_file	_password.txt

키 이름을 선택할 때는 이 키가 볼륨 마운트를 통해 파드에 노출될 수 있음을 기억해야 한다. 따라서 커맨드라인이나 컨피규레이션 파일을 통해 이름을 지정할 때 의미가 있는 이름을 선택해야 한다. 시크릿에 접근하는 애플리케이션을 구성할 때 TLS 키를 key.pem으로 저장하는 것이 tls-key로 저장하는 것보다 훨씬 더 의미가 명확해진다.

컨피그맵 데이터 값은 매니페스트에 직접 지정된 단순한 UTF-8 텍스트다. 시크릿 데이터 값은 base64로 인코딩된 임의의 데이터가 저장된다. base64 인코딩을 사용하면 이진 데이터를 저장할 수 있다. 그러나 base64로 인코딩된 값을 YAML에 포함시키면 YAML 파일에 저장된 시크릿의 관리가 더욱 어려워진다. 컨피그맵이나 시크릿의 최대 크기는 1MB임에 유의해야 한다.

컨피그맵과 시크릿 관리

컨피그맵과 시크릿은 쿠버네티스 API로 관리된다. 일반적인 create, delete, get, describe 명령은 이러한 객체를 조작하는 데 사용한다.

조회

kubectl get secrets 명령으로 현재 네임스페이스의 모든 시크릿을 조회할 수 있다.

```
$ kubectl get secrets

NAME                    TYPE                                   DATA    AGE
default-token-f5jq2     kubernetes.io/service-account-token    3       1h
kuard-tls               Opaque                                 2       20m
```

마찬가지로 네임스페이스에 있는 모든 컨피그맵을 조회할 수 있다.

270

```
$ kubectl get configmaps

NAME          DATA    AGE
my-config     3       1m
```

kubectl describe 명령은 단일 객체에 대한 자세한 정보를 얻는 데 사용할 수 있다.

```
$ kubectl describe configmap my-config

Name:           my-config
Namespace:      default
Labels:         <none>
Annotations:    <none>

Data
====
another-param:   13 bytes
extra-param:     11 bytes
my-config.txt:   116 bytes
```

마지막으로 다음과 같이 kubectl get configmap my-config -o yaml 또는 kubectl get secret kuard-tls -o yaml 명령으로 원시 데이터(시크릿의 값 포함)를 확인할 수 있다.

생성

시크릿이나 컨피그맵을 생성하는 가장 쉬운 방법은 kubectl create secret generic 또는 kubectl create configmap 명령을 사용하는 것이다. 시크릿이나 컨피그맵에 들어가는 데이터 항목을 지정하는 다양한 방법이 있다. 이 방법은 하나의 명령으로 결합할 수 있다.

--from-file=<파일 이름>

파일 이름과 동일한 시크릿 데이터 키를 사용해 파일에서 적재

--from-file=<키>=<파일 이름>

명시적으로 지정된 시크릿 데이터 키를 사용해 파일에 서 적재

--from-file=<디렉터리>

지정된 디렉터리 내에서 키 이름으로 사용할 수 있는 모든 파일을 적재

--from-literal=<키>=<값>

지정된 키/값 쌍을 직접 적용

업데이트

컨피그맵이나 시크릿을 업데이트해 실행 중인 애플리케이션에 반영할 수 있다. 애플리케이션이 컨피규레이션 값을 다시 읽게 설정돼 있으면 재시작이 필요 없다. 다음은 컨피그맵이나 시크릿을 업데이트하는 세 가지 방법이다.

파일에서 업데이트

컨피그맵이나 시크릿에 대한 매니페스트가 있는 경우 이를 직접 편집하고 kubectl replace -f <파일 이름> 명령을 사용해 새 버전을 대체할 수 있다. 또한 이전에 kubectl apply 명령으로 리소스를 생성한 경우 kubectl apply -f <파일 이름> 명령을 사용할 수도 있다.

데이디 파일이 이러한 객체로 인코딩되는 방식과 외부 파일에서 데이터 적재를 위한 kubectl 명령이 없기 때문에 컨피규레이션을 업데이트하는 과정은 다소 번거로울 수 있다. 데이터는 YAML 매니페스트에 직접 저장해야 한다.

가장 일반적인 사용 사례는 컨피그맵이 디렉터리나 리소스 목록의 일부로 정의 되고 모든 것이 함께 생성되고 업데이트되는 경우다. 주로 이러한 매니페스트

는 소스 컨트롤로 검사된다.

 일반적으로 시크릿 YAML을 소스 컨트롤로 검사하는 것은 좋지 못한 생각이다. 시크릿이 쉽게 공개되고 유출될 수 있기 때문이다.

재생성과 업데이트

입력값을 컨피그맵이나 시크릿에 (디스크상에 있는) 별도의 파일 형태로 저장하는 경우 kubectl 명령으로 매니페스트를 재생성한 다음 이를 이용해 객체를 업데이트할 수 있다. 재생성과 업데이트 방법은 다음과 같다.

```
$ kubectl create secret generic kuard-tls \
  --from-file=kuard.crt --from-file=kuard.key \
  --dry-run -o yaml | kubectl replace -f -
```

위 커맨드라인은 기존 시크릿과 동일한 이름으로 새로운 시크릿을 생성한다. 방금 중지한 경우 쿠버네티스 API 서버는 이미 존재하는 시크릿을 생성하려고 한다는 오류 메시지를 반환할 것이다. 대신 kubectl에게 실제로 데이터를 서버에 보내지 말고 API로 보내지는 YAML을 stdout(표준 출력)으로 덤프하도록 지시한다. 그런 다음 파이프 명령을 통해 kubectl replace 명령을 실행하고 -f 옵션을 함께 사용해 stdin(표준 입력)에서 읽도록 지시한다. 이러한 방식으로 데이터를 수동으로 base64 인코딩을 하지 않고 디스크상의 파일에서 시크릿을 업데이트할 수 있다.

현재 버전 수정

컨피그맵을 업데이트하는 마지막 방법은 kubectl edit 명령을 사용해 편집기에서 컨피그맵 버전을 가져와 조정하는 것이다(시크릿 또한 이러한 방법으로 업데이트할 수 있지만

base64 인코딩 값을 스스로 관리해야 하는 어려움이 있다).

```
$ kubectl edit configmap my-config
```

위 명령을 수행할 때 편집기를 통해 컨피그맵에 대한 정의를 확인할 수 있다. 원하는 대로 변경한 다음 편집기를 저장하고 닫는다. 새로운 버전의 객체가 쿠버네티스 API 서버로 업로드될 것이다.

실시간 업데이트

API를 사용해 컨피그맵이나 시크릿을 업데이트할 경우 해당 컨피그맵이나 시크릿을 사용하는 모든 볼륨에 자동으로 적용된다. 몇 초가 걸릴 수 있지만 kuard에서 보이는 파일의 목록과 내용이 새로운 값으로 업데이트된다. 실시간 업데이트 가능을 사용하면 애플리케이션에 대한 재시작 없이 컨피규레이션을 업데이트할 수 있다.

현재로서는 새로운 버전의 컨피그맵이 배포됐을 때 애플리케이션으로 신호를 보낼 수 있도록 기본적으로 제공하는 방법은 존재하지 않는다. 컨피규레이션 파일을 변경해서 다시 업로드하는 것은 애플리케이션(또는 일부 도움을 주는 스크립트)에서 수행해야 한다.

kuard(kubectl port-forward 명령을 통해 접근)에서 파일 브라우저를 사용하면 시크릿과 컨피그맵의 동적 업데이트를 대화 형식으로 수행할 수 있다.

요약

컨피그맵과 시크릿은 애플리케이션에 동적 컨피규레이션을 제공하는 좋은 방법이다. 컨피그맵과 시크릿을 사용하면 컨테이너 이미지(및 파드 정의)를 한 번 생성하고 다른 콘텍스트에서 재사용할 수 있다. 예를 들어 개발 환경에서 검증 환경, 운영 환경으로 이동하면서 동일한 이미지를 사용할 수 있다. 또한 여러 팀과 서비스에서 단일 이미지를 사용할 수도 있다. 애플리케이션 코드에서 컨피규레이션을 분리하면 애플리케이션의 신뢰성과 재사용성이 향상된다.

## 14장

쿠버네티스를 위한 역할 기반 접근 제어

이 시점에서 접하는 거의 모든 쿠버네티스 클러스터에는 역할 기반 접근 제어^{RBAC,} Role-Based Access Control 기능이 활성화돼 있을 것이다. 따라서 이전에 RBAC를 사용했던 경험이 있을 것이다. 처음 사용할 때 RoleBinding을 이용해 사용자를 역할에 매핑할 때까지 클러스터에 접근할 수 없었을 것이다. 이처럼 RBAC에 대한 약간의 경험에도 쿠버네티스에서 RBAC의 사용 목적과 방법을 이해하는 데 필요한 경험은 다소 부족했을 것이다.

RBAC는 쿠버네티스 API에 대한 접근과 작업^{action}을 모두 제한해 적절한 사용자만 접근할 수 있게 하는 메커니즘을 제공한다. RBAC는 애플리케이션 배포 대상이 되는 쿠버네티스 클러스터에 대한 접근을 강화하고 (더 중요하게는) 사용자가 실수로 시스템을 다운시켜 클러스터 전체를 망가뜨리는 것과 같은 예기치 않은 사고를 방지하고자 사용한다.

RBAC는 쿠버네티스 API에 대한 접근을 제한하는 데 매우 유용할 수 있지만 쿠버네티스 클러스터 내에서 임의의 코드를 실행할 수 있는 사용자라면 누구나 쉽게 전체 클러스터의 루트 권한을 얻을 수 있음을 유의해야 한다. 이러한 공격을 시도하기 어렵게 만드는 여러 가지 방어 방법이 있으며, 그중 하나가 올바른 RBAC 설정이다. 그러나 적대적인 멀티테넌트 보안에 중점을 둔 경우 RBAC 자체만으로 충분하다. 효과적인 멀티테넌트 보안을 제공하려면 클러스터에서 실행 중인 파드를 격리(isolate)해야 한다. 일반적으로 이러한 보안은 하이퍼바이저 격리 컨테이너나 컨테이너 샌드박스를 통해 수행된다.

쿠버네티스에서 제공하는 RBAC를 자세히 살펴보기 전에 일반적인 인증authentication 및 권한 부여authorization뿐만 아니라 RBAC를 상위 수준의 개념으로 이해하는 것이 중요하다.

쿠버네티스에 대한 모든 요청은 우선 인증이 필요하다. 인증은 요청을 수행한 발신자의 신원을 식별하는 기능을 제공한다. 신원 식별 방법은 간단히 요청이 인증되지 않았다고 응답할 수 있으며, 서드파티 시스템 내에서 플러그인 방식의 인증 공급자(예. 애저의 액티브 디렉터리)와 통합돼 식별 기능을 제공할 수 있다. 흥미롭게도 쿠버네티스에는 사용자 식별을 위한 ID identity 저장소가 없으며, 다른 ID 소스를 통합하는 데 중점을 두고 있다.

사용사가 올바르게 인증되면 단계에서 요청을 수행할 권한이 있는지 여부를 확인하게 된다. 권한 부여는 사용자의 ID, 리소스(HTTP 경로), 사용자가 수행하려고 하는 작업이나 동작의 조합이다. 특정 사용자에게 리소스에 대해 작업을 수행할 권한이 있으면 요청은 처리될 수 있다. 그렇지 않은 경우 HTTP 403 에러가 반환된다. 이 권한 부여 절차에 대한 자세한 내용을 살펴보자.

역할 기반 접근 제어

쿠버네티스에서 접근을 올바르게 관리하려면 ID, 역할role, 역할 바인딩role binding 이 상호작용해 누가 어떠한 리소스로 무엇을 할 수 있는지를 제어하는 방식을 이해하는 것이 중요하다. 처음으로 RBAC를 접하는 경우 이는 일련의 상호 연결된 추상적인 개념으로 이해하기 어려울 수 있다. 그러나 한번 이해하고 나면 클러스터 접근을 관리하는 능력에 대한 자신감이 생길 것이다.

쿠버네티스에서의 ID

쿠버네티스에 대한 모든 요청은 일부 ID와 관련이 있다. ID가 없는 요청도

system:unauthenticated 그룹과 관련이 있다. 쿠버네티스는 사용자 ID와 서비스 계정 ID를 구분한다. 서비스 계정은 쿠버네티스 자체에서 생성하고 관리하며, 일반적으로 클러스터 내에서 실행되는 컴포넌트와 연결된다. 사용자 계정은 클러스터의 실제 사용자와 관련된 다른 모든 계정이며, 주로 클러스터 외부에서 실행되는 지속적인 배포^{CD, Continuous Delivery} 서비스와 같은 자동화를 포함하고 있다.

쿠버네티스는 인증 제공자^{authentication provider}를 위한 일반적인 인터페이스를 사용한다. 각 제공자는 사용자 이름 및 선택적으로 사용자가 속한 그룹의 집합을 지원한다. 쿠버네티스는 다음을 포함한 다양한 인증 제공자를 지원한다.

- HTTP 기본 인증(더 이상 사용되지 않을 예정)

- X509 클라이언트 인증서

- 호스트상의 정적 토큰 파일

- 애저의 액티브 디렉터리와 AWS IAM^{Identity and Access Management} 같은 클라우드 인증 제공자

- 인증 웹훅^{webhook}

대부분의 관리형 쿠버네티스는 설치할 때 인증 기능을 구성하지만 자체적으로 인증 기능을 배포하는 경우 쿠버네티스 API 서버를 통해 적절한 플래그 구성이 필요하다.

클러스터 내의 서로 다른 애플리케이션에 대해 항상 다른 ID를 사용해야 한다. 예를 들어 운영 환경의 프론트엔드를 위한 하나의 ID가 있어야 하며, 운영 환경의 백엔드를 위한 또 다른 ID가 있어야 한다. 그리고 운영 환경과 개발 환경 사이, 클러스터 간의 ID는 반드시 구분돼야 한다. 또한 이러한 모든 ID는 사용자와 공유되지 않는 시스템 ID이어야만 한다. 이를 위해 쿠버네티스 서비스 계정^{Service Account}을 사용하거나 ID 시스템에서 제공하는 파드 ID 제공자를 사용

할 수 있다. 예를 들어 애저 액티브 디렉터리^{Azure Active Directory}는 나른 인기 있는 ID 제공자와 마찬가지로 파드를 위한 오픈소스 ID 제공자(https://oreil.ly/YLymu)를 제공하고 있다.

역할과 역할 바인딩의 이해

쿠버네티스에서 인증은 시작에 불과하다. 쿠버네티스가 요청의 ID를 알고 나면 요청을 수행한 사용자에게 요청에 대한 권한이 있는지 판별해야 한다. 이를 위해 일반적으로 역할과 역할 바인딩을 사용한다.

역할은 추상적인 기능의 집합이다. 예를 들어 appdev 역할은 파드와 서비스를 생성할 수 있는 능력을 나타낼 수 있다. 역할 바인딩은 하나 이상의 ID에 역할을 할당하는 것이다. 따라서 appdev 역할을 앨리스라는 사용자 ID에 바인딩하면 앨리스에게 파드와 서비스를 만들 수 있는 권한이 부여된다.

쿠버네티스에서의 역할과 역할 바인딩

쿠버네티스에는 역할과 역할 바인딩을 나타내는 두 쌍의 관련된 리소스가 있다. 한 쌍은 네임스페이스(Role, RoleBinding)에만 적용되고 다른 쌍은 클러스터(ClusterRole, ClusterRoleBinding)에 적용된다.

우선 Role과 RoleBinding을 살펴보자. Role 리소스는 네임스페이스에 속해 있으며 단일 네임스페이스 내에서 능력을 나타낸다. 네임스페이스에 속해 있지 않은 리소스(예, CustomResourceDefinition)는 네임스페이스에 속해 있는 역할을 사용할 수 없으며, 역할에 RoleBinding을 바인딩하는 것은 Role과 RoleBinding을 포함한 쿠버네티스 네임스페이스 내에서 권한을 제공한다.

구체적인 예를 들어보면 다음은 ID에게 파드와 서비스에 대한 생성 및 수정 권한을 부여하는 간단한 역할이다.

```
kind: Role
apiVersion: rbac.authorization.k8s.io/v1
metadata:
  namespace: default
  name: pod-and-services
rules:
- apiGroups: [""]
resources: ["pods", "services"]
verbs: ["create", "delete", "get", "list", "patch", "update", "watch"]
```

위 Role을 사용자 alice에게 바인딩하려면 다음과 같은 RoleBinding을 생성해야 한다.

```
apiVersion: rbac.authorization.k8s.io/v1
kind: RoleBinding
metadata:
  namespace: default
  name: pods-and-services
subjects:
- apiGroup: rbac.authorization.k8s.io
  kind: User
  name: alice
- apiGroup: rbac.authorization.k8s.io
  kind: Group
  name: mydevs
roleRef:
  apiGroup: rbac.authorization.k8s.io
  kind: Role
  name: pod-and-services
```

가끔은 클러스터 전체에 적용되는 역할을 만들거나 클러스터 수준 리소스에 대한 접근을 제한하려고 하는 요구가 있을 것이다. 이를 위해 ClusterRole 및

ClusterRoleBinding을 사용한다. 이것들은 네임스페이스에 속해 있는 것과 동일하지만 사실상 클러스터의 범위를 커버한다.

쿠버네티스 역할을 위한 동사

역할은 리소스(예, 파드)와 해당 리소스에 대해 수행할 수 있는 작업을 설명할 수 있는 동사^{verb}로 정의된다. 이 동사는 대략 HTTP 메서드에 해당한다. 쿠버네티스 RBAC에서 일반적으로 사용되는 동사는 표 14-1에 나열돼 있다.

표 14-1. 일반적인 쿠버네티스 RBAC 동사

동사	HTTP 메시드	설명
create	POST	새로운 리소스 생성
delete	DELETE	기존의 리소스 삭제
get	GET	리소스 획득
list	GET	리소스의 모음 조회
patch	PATCH	부분 변경을 통한 기존 리소스 수정
update	PUT	완전한 객체를 통한 기존 리소스 수정
watch	GET	리소스에 대한 업데이트 스트리밍 확인
proxy	GET	스트리밍 웹 프록시를 통해 리소스에 연결

내장돼 있는 역할 사용

사용사 자신의 역할을 설계하는 것은 복잡하고 시간이 오래 걸리는 작업이다. 쿠버네티스에는 앞서 설명한 기능들을 필요로 하는 많은 수의 잘 알려진$^{well-known}$ 시스템 ID(예, 스케줄러)가 있다. 결과적으로 쿠버네티스는 많은 수의 내장된 클러스터 역할을 갖고 있다. 이는 다음과 같은 명령 실행으로 확인할 수 있다.

```
$ kubectl get clusterroles
```

이처럼 기본적으로 제공되는 역할의 대부분은 시스템 유틸리티를 위한 것이지만 다음 네 가지는 일반 사용자용으로 설계됐다.

- cluster-admin(클러스터 관리자) 역할은 전체 클러스터에 대한 완전한 접근 권한을 제공한다.

- admin(관리자) 역할은 모든 네임스페이스에 대한 완전한 접근 권한을 제공한다.

- edit(편집) 역할은 사용자가 네임스페이스에 있는 리소스를 수정할 수 있는 권한을 제공한다.

- view(뷰) 역할은 네임스페이스에 대한 읽기 전용read-only 접근 권한을 제공한다.

대부분의 클러스터에는 이미 수많은 ClusterRole 바인딩이 설정돼 있으며, 이는 kubectl get clusterrolebindings 명령으로 확인할 수 있다.

내장돼 있는 역할의 자동 조정

쿠버네티스 API 서버가 구동될 때 API 서버 자체의 코드에 정의된 여러 가지 기본 ClusterRole을 자동으로 설치한다. 이는 내장된 클러스터 역할을 수정할 경우 일시적으로 반영됨을 의미한다. API 서버가 재시작(예, 업그레이드)될 때마다 변경 사항을 덮어쓴다.

이를 방지하고자 수정을 하기 전에 rbac.authorization.kubernetes.io/autoupdate 애노테이션의 값을 false로 설정해 내장된 클러스터 역할 리소스에 추가할 필요가 있다. 해당 애노테이션이 false로 설정되면 API 서버는 수정된 클러스터 역할 리소스를 덮어쓰지 않는다.

쿠버네티스 API 서버는 기본적으로 system:unauthenticated 사용자가 API 서버의 API 탐색 엔드포인트에 접근할 수 있는 클러스터 역할을 설치한다. 많은 위협이 존재하는 환경(예, 퍼블릭 인터넷)에 노출된 클러스터를 생각하면 이는 좋지 못한 아이디어며, 이와 같은 노출로 인해 심각한 보안 취약점이 존재하게 된다. 퍼블릭 인터넷 환경이나 위협이 존재하는 환경에서 쿠버네티스를 실행하는 경우 API 서버에서 --anonymous-auth=false 플래그를 설정해야 한다.

RBAC를 관리하기 위한 기술

클러스터에 대한 RBAC 관리를 살펴보면 복잡하고 실망스러울 수 있다. RBAC를 잘못 구성하면 보안 문제가 발생할 수 있다. 다행스럽게도 RBAC를 좀 더 쉽게 관리할 수 있는 도구와 기술이 있다.

can-i를 통한 권한 부여 테스트

첫 번째로 소개할 유용한 도구는 kubectl의 auth can-i 명령이다. 이 도구는 특정 사용자가 특정 작업을 수행할 수 있는지 테스트하는 데 사용한다. 클러스터를 구성할 때 can-i 명령으로 설정된 컨피규레이션에 대한 유효성 검사를 수행할 수 있다. 또한 오류나 버그와 관련된 보고서를 제출할 때 해당 도구를 사용해 접근 권한을 검증하도록 사용자에게 요청할 수 있다.

가장 간단한 사용 방법은 can-i와 동사 및 리소스를 함께 입력해보는 것이다. 예를 들어 다음은 현재 kubectl 사용자에게 파드를 생성할 권한이 있는지 확인하는 명령이다.

```
$ kubectl auth can-i create pods
```

또한 --subresource 같은 커맨드라인 플래그를 사용해 로그나 포트 포워딩 같은 하위 리소스를 테스트할 수 있다.

```
$ kubectl auth can-i get pods --subresource=logs
```

소스 컨트롤에서 RBAC 관리

쿠버네티스의 모든 리소스와 마찬가지로 RBAC 리소스는 YAML 형식을 사용해 모델링된다. 이처럼 텍스트 기반 표현 방법이 제공될 경우 리소스는 책임, 감사, 롤백 등을 쉽게 할 수 있기 때문에 버전 관리^{version control} 시스템에 저장하는 것이 좋다.

kubectl 커맨드라인 도구는 kubectl apply와 비슷한 기능을 하는 reconcile 명령을 제공하며, 역할과 역할 바인딩 집합을 클러스터의 현재 상태와 조정하는 역할을 한다. 이는 다음과 같은 명령을 통해 수행할 수 있다.

```
$ kubectl auth reconcile -f some-rbac-config.yaml
```

변경 사항이 실제로 적용되기 전에 그 결과를 확인하고자 한다면 명령에 --dry-run 플래그를 추가해 변경 사항을 제출하지 않고 단순히 결과만을 출력해볼 수 있다.

고급 주제

역할 기반 접근 제어의 기본적인 기능만을 사용할 경우 쿠버네티스 클러스터에 대한 접근을 관리하는 일은 상대적으로 쉽지만 많은 수의 사용자나 역할을 관리하는 경우 기본적인 기능만으로는 충분하지 않다. 따라서 쿠버네티스는 RBAC를 대규모로 관리하는 데 사용할 수 있는 추가적인 고급 기능을 제공한다.

클러스터 역할 조합

때로는 각기 다른 여러 가지 역할을 조합해 하나의 역할로 정의해야 할 때가 있다. 한 가지 옵션은 한 ClusterRole의 모든 규칙^{rule}을 또 다른 ClusterRole로 간단히 복제하는 것이지만 이는 한 ClusterRole의 변경 사항이 다른 클러스터 역할에 자동으로 반영되지 않기 때문에 관리가 복잡하고 오류가 발생하기 쉽다. 대신 쿠버네티스 RBAC는 여러 역할을 조합해 새로운 역할을 만들 수 있는 조합 규칙$^{aggregation\ rule}$을 지원한다. 새로운 역할은 조합된 역할의 모든 기능이 결합되며, 하위 구성 역할에 대한 변경 사항이 있을 경우 자동으로 조합된 역할에 반영된다.

쿠버네티스의 다른 조합이나 그룹화와 마찬가지로 조합할 ClusterRole은 라벨 셀렉터를 사용해 명시된다. ClusterRole 리소스의 aggregationRule 필드에는 라벨 셀렉터에 해당하는 clusterRoleSelector 필드가 포함돼 있다. 이 셀렉터와 일치하는 모든 ClusterRole 리소스는 조합 ClusterRole 리소스의 규칙에 동적으로 포함된다.

ClusterRole 리소스를 관리하는 가장 좋은 방법은 작은 단위로 여러 개의 클러스터 역할을 생성한 다음 이를 조합해 상위 수준이나 광범위하게 정의된 클러스터 역할을 생성하는 것이다. 이것이 내장된 클러스터 역할을 정의하는 방법이다. 예를 들어 내장된 edit 역할의 설정은 다음과 같다.

```
apiVersion: rbac.authorization.k8s.io/v1
kind: ClusterRole
metadata:
  name: edit
...
aggregationRule:
  clusterRoleSelectors:
  - matchLabels:
```

```
        rbac.authorization.k8s.io/aggregate-to-edit: "true"
    ...
```

위 설정은 edit 역할이 rbac.authorization.k8s.io/aggregate-to-edit 필드가
true로 설정된 모든 ClusterRole 객체의 집합으로 정의됨을 의미한다.

바인딩을 위한 그룹 사용

클러스터에 대해 유사한 접근 권한을 가진 다양한 조직의 많은 사용자를 관리
할 때 일반적으로 특정 ID에 바인딩^{binding}을 개별적으로 추가하는 것보다 그룹
^{group}을 사용해 접근을 정의하는 역할을 관리하는 방법을 추천한다. 그룹을 Role
이나 ClusterRole에 바인딩할 경우 해당 그룹의 구성원은 누구나 해당 역할에
의해 정의된 리소스에 대한 접근과 동작을 수행할 수 있다. 따라서 개인이 그룹
의 역할에 접근할 수 있게 하려면 개인을 해당 그룹에 추가해야 한다.

대규모 접근 관리를 위해 그룹을 사용하는 전략을 선호하는 데는 몇 가지 이유
가 있다. 첫째, 모든 대규모 조직에서 클러스터에 대한 접근 권한은 특정 ID가
아닌 누군가가 속한 팀이라는 용어로 정의된다. 예를 들어 프론트엔드 운영
팀에 속한 사람은 프론트엔드와 관련된 리소스를 보고 편집할 수 있는 접근
권한이 필요한 반면에 백엔드와 관련된 리소스에 대해서는 뷰/읽기 권한만 필
요할 수 있다. 그룹에 권한을 부여하면 특정 팀과 해당 기능 간의 연관성이
명확해진다. 개인에게 역할을 부여할 때, 특히 하나의 개인이 여러 개의 다른
팀에 속하는 경우 팀에 필요한 적절한(최소) 권한을 명확하게 이해하는 것이 훨씬
더 어렵다.

개인 대신 그룹에 역할을 바인딩할 경우 추가적인 이점은 관리의 단순성과 일
관성이다. 예를 들어 누군가가 팀에 합류하거나 떠날 때 간단하게 한 번의 작업
으로 그룹에 추가하거나 그룹에서 제거하기만 하면 된다. 대신 특정 ID에 대해

여러 가지 역할 바인딩을 제거해야 하는 경우 바인딩을 너무 적게 또는 너무 많이 제거해 불필요한 접근을 허용하거나 필요한 조치를 수행하지 못할 수 있다. 또한 유지 관리를 수행할 단일 그룹의 역할 바인딩 집합만 있기 때문에 모든 팀 구성원이 동일하고 일관된 권한 집합을 갖고 있음을 확인하기 위한 불필요한 작업을 수행할 필요가 없다.

 많은 클라우드 제공업체는 해당 플랫폼의 사용자와 그룹을 쿠버네티스 RBAC와 함께 사용할 수 있도록 ID 및 접근 관리 플랫폼에 대한 통합을 지원한다.

많은 그룹 시스템은 특정 이벤트 시점에 일시적으로 사용자를 그룹에 추가할 수 있어 적시 접근을 가능하게 한다. 즉, 특정 시간에 접근 권한이 없는 사용자에 대한 감사를 수행하고, 일반적으로 위험에 노출된 ID의 경우 운영 시스템 인프라에 접근이 불가능하게 할 수 있다.

마지막으로 대다수의 경우에 동일한 그룹은 다른 리소스에 대한 접근을 관리하는 데 사용된다. 따라서 쿠버네티스의 접근 제어를 위해 동일한 그룹을 사용하면 관리 절차를 크게 간소화할 수 있다.

그룹을 ClusterRole에 바인딩하려면 subject 항목에서 kind를 Group으로 지정해야 한다.

```
...
subjects:
- apiGroup: rbac.authorization.k8s.io
  kind: Group
  name: my-great-groups-name
...
```

쿠버네티스에서 그룹은 인증 제공자에 의해 제공된다. 쿠버네티스 내에서 그룹에 대한 개념은 존재하지 않으며, ID가 하나 이상의 그룹의 일부일 수 있고 해당 그룹은 바인딩을 통해 Role이나 ClusterRole과 연관될 수 있다.

요약

소규모의 클러스터와 팀으로 처음 시작할 때는 모든 팀원이 클러스터에 동등한 접근 권한을 갖게 설정하면 충분하다. 그러나 팀이 성장하고 제품의 중요도가 높아질수록 클러스터의 일부에 대한 접근을 제한하는 일이 중요하다. 잘 설계된 클러스터에서 접근은 클러스터의 애플리케이션을 효율적으로 관리하는 데 필요한 최소 인원과 기능으로 제한된다. 쿠버네티스가 RBAC를 구현하는 방법과 이러한 기능을 사용해 클러스터 접근을 제어하는 방법을 이해하는 것은 개발자와 클러스터 관리자 모두에게 중요하다. 테스트 인프라 구축과 마찬가지로 모범 사례는 RBAC를 우선적으로 설정하는 것이다. 나중에 다시 개조하는 것보다 올바른 기초부터 시작하는 편이 훨씬 쉽다. 14장에서 살펴봤던 내용이 클러스터에 RBAC를 추가하는 데 필요한 충분한 정보를 제공했기를 바란다.

## 15장

서비스 메시

컨테이너 다음으로 많이 사용되는 서비스 메시라는 용어는 클라우드 네이티브 개발 cloud native development[1]과 동의어가 됐다. 그러나 컨테이너와 마찬가지로 서비스 메시는 상용 제품뿐만 아니라 다양한 오픈소스 프로젝트를 포함하는 광범위한 용어다. 클라우드 네이티브 아키텍처에서 서비스 메시의 일반적인 역할을 이해하면 매우 유용하게 활용할 수 있을 것이다. 15장에서는 서비스 메시가 무엇인지를 설명하고 다양한 소프트웨어 프로젝트에서 이를 구현하는 방법을 소개한다. 그리고 마지막으로 (가장 중요한 것은) 상대적으로 덜 복잡한 아키텍처와 비교해 애플리케이션에 서비스 메시를 통합하는 것이 합리적인 경우를 보여줄 것이다.

 대부분의 추상적인 클라우드 네이티브 아키텍처 다이어그램에서 서비스 메시는 클라우드 네이티브 아키텍처에 반드시 필요한 것처럼 보인다. 그러나 이는 사실이 아니다. 서비스 메시를 적용하는 것을 고려할 때 의존성 목록에 새로운 컴포넌트(일반적으로 제3자가 제공하는)를 추가하는 만큼 복잡도가 증가한다. 대다수의 경우 애플리케이션의 요구 사항을 충족하는 경우 기존 쿠버네티스 리소스에 단순히 의존하는 것이 더 쉽고 안정적이다.

이전에 서비스와 인그레스 같은 쿠버네티스의 다른 네트워킹 기본 요소에 대해 다룬 적이 있다. 쿠버네티스의 코어core에 이러한 네트워킹 기능이 존재함에도

---

1. 클라우드의 이점을 최대한 활용할 수 있게 수행되는 개발을 의미한다. - 옮긴이

이 네트워킹 계층에 추가 기능(및 복잡성)을 주입해야 하는 이유는 무엇인가? 이는 기본적으로 네트워킹 기본 요소networking primitive를 사용하는 애플리케이션의 요구 사항에 따라 결정된다.

쿠버네티스 코어의 네트워킹은 실제로 애플리케이션을 목적지destination로만 인식한다. 서비스 및 인그레스 리소스에는 트래픽을 특정 파드 집합으로 라우팅하는 라벨 셀렉터가 존재한다. 그러나 이 외에는 쿠버네티스 리소스가 제공하는 추가 기능이 거의 존재하지 않는다. HTTP 로드밸런서인 인그레스는 이러한 기능 외적으로 더 이상 확장되지 않는다. 그러나 기존의 다양한 구현체에 적합한 공통 API를 정의하는 것에 대한 문제는 인그레스 API의 기능을 제한한다. 지정한 '클라우드 네이티브' HTTP 라우팅 API가 베어메탈 네트워킹 장치부터 클라우드 네이티브 개발에 대해 고려하지 않고 구축된 퍼블릭 클라우드 API까지 수용하는 로드밸런서 및 프록시와 어떻게 호환될 수 있겠는가?

실제로 쿠버네티스 코어의 외부에 서비스 메시 API를 개발하는 것은 이러한 문제에 직면한 결과다. 인그레스 API는 쿠버네티스 외부의 HTTP(S) 트래픽을 클라우드 네이티브 애플리케이션으로 가져온다. 쿠버네티스의 클라우드 네이티브 애플리케이션 내에서 기존 인프라와 호환될 필요가 없는 서비스 메시 API는 추가적인 클라우드 네이티브 기능을 제공한다. 그렇다면 이러한 기능은 무엇인가? 대부분의 서비스 메시 구현체에서 제공하는 일반적인 세 가지 기능이 있는데, 네트워크 암호화와 인가authorization, 트래픽 셰이핑traffic shaping, 관찰 가능성observability이다. 다음 절에서는 이들을 각각 차례대로 살펴본다.

암호화와 상호 TLS를 통한 인증

파드 간의 네트워크 트래픽 암호화는 마이크로서비스 아키텍처microservice architecture에 있어서 보안의 핵심 구성 요소다. 상호 전송 계층 보안mTLS, mutual Transport Layer Security에 의해 제공되는 암호화는 서비스 메시에서 가장 인기 있는 사용 사례

중 하나다. 개발자가 이러한 암호화를 직접 구현할 수도 있지만 인증서에 대한 처리와 트래픽 암호화는 매우 복잡하고 제대로 구현하기 어렵다. 암호화에 대한 구현을 개발 팀에 맡기면 개발자가 암호화를 추가하는 것을 잊어버리거나 제대로 수행하지 못할 때도 있다. 암호화가 제대로 구현되지 않을 경우 신뢰성에 부정적인 영향을 미칠 수 있으며, 최악의 경우 실제로 보안 기능을 전혀 제공하지 못하게 된다. 이와 대조적으로 쿠버네티스 클러스터에 서비스 메시를 설치하면 클러스터 내부의 모든 파드 사이의 네트워크 트래픽에 대한 암호화가 자동으로 제공된다. 서비스 메시를 설치하면 모든 네트워크 통신을 투명하게 가로채는 사이드카 컨테이너를 모든 파드에 추가하게 된다. 커뮤니케이션에 대한 보안을 강화하는 것 외에도 mTLS는 클라이언트 인증서를 사용해 암호화에 신원^{identity}을 추가하기 때문에 애플리케이션이 모든 네트워크상에 존재하는 클라이언트들의 신원을 안전하게 확인할 수 있다.

트래픽 셰이핑

애플리케이션에 대한 설계를 처음 생각할 때 일반적으로 시스템(예, 프론트엔드 서비스, 사용자 기본 설정 서비스 등) 내부에 존재하는 각 마이크로서비스나 계층을 나타내는 단일 상자가 존재하는 깔끔한 다이어그램을 생각할 것이다. 실제로 구현이 되면 애플리케이션 내부에서 실행되는 여러 개의 마이크로서비스 인스턴스가 존재하는 경우가 많다. 예를 들어 서비스를 버전 X에서 버전 Y로 롤아웃을 수행할 때 서비스의 두 가지 다른 버전을 동시에 실행하는 경우 시점상 롤아웃의 중간 지점에 위치하게 된다. 사실 롤아웃의 중간 지점은 일시적인 상태지만 실험을 위해 장기적으로 지속되게 만들어야 하는 경우가 있다. 소프트웨어 분야에서 사용되는 일반적인 모델은 자신이 개발한 소프트웨어를 위해 'dog-fooding[2]'하는 것이다. 이는 소프트웨어의 새로운 버전이 다른 곳보다 먼저 내부적으로

---

2. 자신이 개발한 제품이나 서비스를 직접 사용해 문제점을 확인하는 것 - 옮긴이

테스트된다는 것을 의미한다. dog fooding 모델에서는 전체 사용자 집합에 광범위하게 배포하기 전에 일부 사용자에 대해 하루에서 일주일(또는 그 이상) 동안 서비스의 버전 Y를 실행할 수 있게 한다.

이러한 실험을 진행하려면 트래픽 셰이핑이나 요청의 특성에 따라 다르게 구현된 서비스로 요청을 라우팅할 수 있는 기능이 필요하다. 이번 예제에서는 회사 내부 사용자의 모든 트래픽이 서비스 Y로 라우팅되는 반면에 나머지 모든 트래픽은 여전히 서비스 X로 라우팅되는 실험 환경을 구성한다.

실험 환경은 프로그래머가 실제 트래픽의 제한된 집합(일반적으로 1% 이하)을 실험 환경으로 구성된 백엔드로 보낼 수 있는 개발을 포함한 다양한 시나리오에 유용하나. 또는 사용자의 50%가 하나의 경험을 얻고 50%의 사용자가 다른 경험을 얻는 A/B 실험을 실행해 어떤 접근 방식이 더 효과적인지에 대한 통계 모델을 구축할 수 있다. 이러한 실험 환경은 애플리케이션에 안전성, 민첩성, 통찰력을 추가하는 데 매우 유용한 방법이지만 실제로 구현하기 어려운 경우가 많기 때문에 자주 사용되지 않을 수도 있다.

서비스 메시는 서비스 메시 자체에 이러한 실험 환경을 구축해 위와 같은 문제점을 해결한다. 실험 환경을 구현하기 위한 코드를 작성하거나 새로운 인프라에 애플리케이션의 사본을 배포하는 대신 실험 환경에 대한 매개변수(버전 Y에 대해 트래픽의 10%, 버전 X에 대해 트래픽의 90%)를 선언적으로 정의하고 서비스 메시가 이를 구현한다. 개발자는 실험 환경의 정의에는 참여하지만 구현은 투명하고 자동으로 진행된다. 즉, 안전성, 민첩성, 통찰력이 향상돼 더 많은 실험이 진행될 수 있다.

내부 검사

대부분의 프로그래머의 경우 프로그램을 작성하는 과정에서 새로운 오류가 발견될 때마다 반복적으로 디버그를 진행하게 된다. 코드에서 오류를 찾는 것은 대부분의 개발자가 하루를 보내는 방식에서 큰 비중을 차지한다. 애플리케이션이 여러 개의 마이크로서비스로 쪼개져 분산돼 있는 경우 디버깅이 훨씬 더 어렵다. 이와 마찬가지로 여러 개의 파드에 걸쳐 있는 단일 요청을 연결해 추적하는 것은 매우 어려운 일이다. 디버깅에 필요한 정보는 처음에 관련 정보가 수집됐다는 가정하에 여러 소스에서 다시 연결돼야 한다.

자동 내부 검사automatic introspection는 서비스 메시가 제공하는 또 다른 중요한 기능 중 하나다. 서비스 메시는 파드 간의 모든 통신에 관여하고 있기 때문에 요청이 라우팅된 위치를 알고 전체 요청을 추적하는 데 필요한 정보를 취합할 수 있다. 개발자는 다양한 마이크로서비스의 수많은 요청을 확인하는 대신 전체 애플리케이션의 사용자 경험을 정의하는 **단일 집계 요청**single aggregate request을 볼 수 있다. 더욱이 서비스 메시는 전체 클러스터에 대해 구현된다. 즉, 서비스를 개발한 팀에 관계없이 동일한 요청 추적이 동작한다. 모니터링 데이터는 클러스터 전반에 걸친 서비스 메시에 의해 결합돼 다양한 서비스 환경에서도 일관돼 존재한다.

서비스 메시가 정말로 필요한가?

앞서 설명한 서비스 메시의 장점들로 인해 클러스터에 서비스 메시 설치를 시작하고 싶을 수 있다. 하지만 이에 앞서 서비스 메시가 애플리케이션에 정말로 필요한 존재인지 고려해볼 만한 가치가 있다. 서비스 메시는 애플리케이션 설계에 복잡성을 추가하는 분산 시스템이다. 서비스 메시는 마이크로서비스의 핵심 통신에 깊게 관여돼 있다. 서비스 메시에서 장애가 발생하는 경우 전체 애플리케이션이 동작을 멈추게 된다. 서비스 메시를 채택하기 전에 서비스 메시에서 문제가 발생했을 경우 해결할 수 있다는 확신이 있어야 한다. 또한 최신 보안 및 버그 수정 사항을 선택적으로 반영할 수 있도록 서비스 메시에 대한 소프트웨어 릴리스 진행 사항을 모니터링할 준비가 돼 있어야 한다. 또한 애플리케이션에 영향을 주지 않고 새로운 버전을 릴리스할 준비가 돼 있어야 한다.

이러한 추가 운영 오버헤드는 대다수의 소규모 애플리케이션의 경우 서비스 메시가 불필요하고 복잡하다는 것을 의미한다.

서비스 메시와 함께 관리형 서비스로 제공되는 쿠버네티스를 사용하는 경우 클라우드 공급자가 서비스 메시에 대한 지원과 디버깅을 제공하고 새로운 버전이 원활하게 릴리스될 수 있도록 많은 도움을 줄 것임을 알고 있기 때문에 관리형 서비스의 일환으로 제공되는 서비스 메시를 사용하는 것이 훨씬 더 쉽다. 그러나 클라우드 공급자가 제공하는 서비스 메시를 사용하더라도 개발자가 배워야 할 추가적인 복잡성complexity이 존재한다. 궁극적으로 서비스 메시의 비용과 이점을 비교하는 것은 각 애플리케이션이나 플랫폼 팀이 클러스터 수준에서 수행해야 하는 작업이나. 서비스 메시의 이점을 극대화하려면 클러스터에 존재하는 모든 마이크로서비스가 동시에 이를 채택하는 것이 좋다.

서비스 메시 구현체에 대한 내부 검사

클라우드 네이티브 생태계에는 다양한 서비스 메시 프로젝트와 구현체가 존재한다. 그러나 대부분 동일한 디자인 패턴과 기술을 많이 공유하고 있다. 서비스 메시는 애플리케이션 파드에서 네트워크 트래픽을 투명하게 가로채서 수정하고 클러스터를 통해 다시 라우팅하기 때문에 서비스 메시의 일부가 모든 파드 내에 존재해야 한다. 개발자가 각 컨테이너 이미지에 무엇인가를 추가하도록 강제하면 상당한 마찰이 발생할 뿐만 아니라 서비스 메시 버전을 중앙에서 관리하기가 훨씬 더 어려워진다. 결과적으로 대부분의 서비스 메시 구현 방식은 모든 파드에 사이드카 컨테이너sidecar container를 추가한다. 사이드카는 애플리케이션 파드와 동일한 네트워크 스택에 위치하기 때문에 iptables나 eBPF와 같은 도구를 사용해 애플리케이션 컨테이너로 들어오는 네트워크 트래픽을 자체적으로 검사하고 가로채 서비스 메시에서 이를 처리할 수 있다.

물론 모든 개발자에게 파드에 대한 정의를 할 때 특정 컨테이너 이미지를 추가하도록 요구하는 것은 많은 의견 충돌을 일으킬 것으로 예상된다. 이러한 문제를 해결하고자 대부분의 서비스 메시 구현체는 특정 클러스터에서 생성된 모든 파드에 서비스 메시 사이드카를 자동으로 추가할 수 있도록 승인 컨트롤러admission controller를 변형해 사용한다. 파드를 생성하기 위한 모든 REST API 요청은 먼저 해당 승인 컨트롤러로 라우팅된다. 서비스 메시 승인 컨트롤러는 사이드카를 추가해 파드에 대한 정의를 수정한다. 이 승인 컨트롤러는 클러스터 관리자에 의해 설치되기 때문에 전체 클러스터에 대해 투명하고 일관성 있게 서비스 메시를 구현한다.

그러나 서비스 메시는 파드 네트워크pod network만을 수정하는 것은 아니다. 또한 서비스 메시가 동작하는 방식을 제어할 수 있어야 한다. 예를 들어 서비스 메시에서 실험 환경에 대한 라우팅 규칙을 정의하거나 서비스에 대한 접근 제한을 실행한다. 쿠버네티스의 다른 모든 것과 마찬가지로 이러한 리소스의 정의는 쿠버네티스 API와 통신하는 kubectl이나 기타 도구를 사용해 JSON이나 YAML 객체 정의를 통해 선언적으로 명시된다. 서비스 메시에 대한 구현은 커스텀 리소스 정의CRD, Custom Resource Definition를 활용해 기본적으로 설치되는 파트의 일부가 아닌 쿠버네티스 클러스터에 특수한 리소스를 추가한다. 대부분의 경우 커스텀 리소스는 서비스 메시 자체에 밀접하게 연결돼 있다. CNCF의 지속적인 노력에 따라 다양한 서비스 메시가 구현될 수 있도록 표준 공급업체 중립적인Standard vendor-neutral 서비스 메시 인터페이스SMI, Service Mesh Interface가 정의되고 있다.

서비스 메시 환경

서비스 메시를 사용할 수 있는 환경에서 가장 어려운 측면은 사용할 서비스 메시를 파악하는 것이다. 지금까지 개발된 어떠한 서비스 메시도 사실상의 표준으로 등장하지 않았다. 구체적인 통계 내용을 확인하기는 어렵지만 가장 인기 있는 서비스 메시는 이스티오istio 프로젝트일 것이다. 이스티오 외에도 링커

디^{Linkerd}, 콘술 커넥트^{Consul Connect}, 오픈 서비스 메시^{Open Service Mesh}와 같은 다양한 오픈소스 서비스 메시가 있다. AWS의 앱 메시^{App Mesh}와 같은 독점적인 솔루션도 있다. 클라우드 네이티브 커뮤니티에서 이러한 인터페이스를 표준화하려는 노력이 앞으로도 계속될 것으로 기대된다.

개발자나 클러스터 관리자는 서비스 메시를 어떻게 선정해야 하는가? 제일 최고의 선택은 클라우드 공급업체에서 제공하는 솔루션일 가능성이 높다는 것이다. 클러스터 운영자의 업무가 이미 복잡한 상태에서 서비스 메시에 대한 운영성 업무까지 추가하는 것은 일반적으로 불필요하다. 클라우드 공급업체에서 이를 대신 관리하게 하는 것이 훨씬 효율적이다.

위와 같은 방법이 여러분을 위한 최선의 옵션이 아니라면 서비스 메시에 대한 리서치를 시작해야 한다. 화려한 데모와 기능에 대한 로드맵에 현혹돼서는 안 된다. 서비스 메시는 인프라와 깊게 연관돼 존재하기 때문에 모든 장애가 애플리케이션의 가용성에 상당한 영향을 끼칠 수 있다. 또한 서비스 메시 API의 구현에 따라 애플리케이션이 달라지는 경향이 있기 때문에 서비스 메시를 선정해 애플리케이션을 개발하는 데 일정 시간을 보낸 후에는 서비스 메시를 변경하기가 어렵다. 결국, 여러분에게 최적화된 서비스 메시는 존재하지 않는다는 것을 알게 될 것이다.

요약

서비스 메시에는 애플리케이션에 보안과 유연성을 추가하는 강력한 기능이 포함돼 있다. 동시에 서비스 메시는 클러스터의 운영에 복잡성을 추가하고 애플리케이션 장애 발생에 또 다른 잠재적 원인이 될 수 있다. 인프라에 서비스 메시를 추가할 때 장단점을 신중하게 고려해야 한다. 선택할 수 있다면 제3자가 서비스 메시 운영에 대한 세부 사항을 책임질 수 있는 관리형 서비스 메시를 사용하는 동시에 애플리케이션이 서비스 메시 기능에 접근할 수 있게 해야 한다.

## 16장

스토리지 솔루션과 쿠버네티스의 연계

애플리케이션에서 상태를 분리해 가능한 한 상태 비저장 방식으로 마이크로서비스를 구축하면 대부분의 경우 시스템의 신뢰성을 극대화하고 관리가 쉬운 시스템을 만들 수 있다.

그러나 데이터베이스의 레코드부터 웹 검색 엔진에 결과를 전달하는 인덱스 샤드^{index shard}에 이르기까지 복잡성을 지니는 모든 시스템은 시스템의 어딘가에 상태^{state}를 저장하고 있다. 어느 시점에는 어딘가에 저장된 데이터가 필요하다.

이 데이터를 컨테이너 및 컨테이너 오케스트레이션 솔루션과 연계하는 작업은 분산 시스템의 구축에 있어 가장 복잡한 요소다. 이러한 복잡성은 컨테이너화된 아키텍처로 전환을 시도하면서 애플리케이션 개발 역시 분리되고, 불변성을 지니며, 선언형으로 전환해야 한다는 사실에 기인한다. 이러한 패턴은 상대적으로 상태 비저장 웹 애플리케이션에 적용하기 쉽다. 하지만 카산드라나 몽고DB 같은 '클라우드 네이티브' 저장 솔루션의 수동 또는 명령형 단계를 통해 신뢰할 수 있고 복제된 솔루션을 설정해야 한다.

예를 들어 몽고DB에 레플리카셋을 구성하는 것을 고려해야 한다. 해당 구성은 몽고 데몬을 배포하고 나서 몽고 클러스터에서 리더^{leader}와 참가자^{participant}를 식별하기 위한 명령형 명령을 실행해야 한다. 물론 이러한 단계를 스크립트로 작성해 처리할 수 있지만 컨테이너 환경에서는 이러한 명령을 배포 과정으로 통합하는 방법을 찾기 어렵다. 마찬가지로 복제된 컨테이너 집합에서 개별 컨테이너에 대해 DNS로 해석 가능한 이름을 얻기도 어렵다.

추가적인 복잡성은 데이터 중력data gravity[1]에 기인한 것이다. 대부분의 컨테이너화된 시스템의 경우 격리된 상태로 구축되지 않는다. 컨테이너화된 시스템은 일반적으로 VM에 배포된 기존 시스템에 적용되며, 이러한 시스템은 추후 가져오거나 마이그레이션이 필요한 데이터가 포함될 수 있다.

마지막으로 클라우드로의 진화는 주로 스토리지가 외부형 클라우드 서비스임을 의미하며, 이러한 맥락으로 스토리지는 쿠버네티스 클러스터 내부에 절대 존재할 수 없다.

15장에서는 쿠버네티스 환경에서 스토리지를 컨테이너형 마이크로서비스로 연계하기 위한 다양한 접근 방법을 살펴본다. 먼저 기존의 외부 스토리지 솔루션 (클라우드 서비스 또는 VM에서 실행 중인 솔루션)을 쿠버네티스로 가져오는 방법을 소개한다. 다음으로는 과거에 스토리지 솔루션으로 배포된 VM과 거의 일치하는 환경을 어떻게 쿠버네티스 내부에서 신뢰할 수 있는 싱글톤으로 실행하는지 살펴본다. 마지막으로 쿠버네티스에서 상태 저장된 워크로드를 위해 가장 많이 사용되는 쿠버네티스 리소스인 스테이트풀셋StatefulSets을 살펴본다.

외부 서비스 가져오기

대부분이 경우 데이터베이스가 실행되고 있는 기존 시스템이 있을 것이다. 이러한 경우 해당 데이터베이스를 바로 컨테이너 및 쿠버네티스 환경으로 전환하고 싶지는 않을 것이다. 다른 팀이 데이터베이스를 운영하거나, 이미 점진적으로 전환하고 있는 상태이거나, 작업의 복잡도로 인해 데이터를 마이그레이션하

---

1. 데이터와 애플리케이션이 서로를 끌어당긴다는 개념으로, 맥크로리(McCrory)가 처음 소개했다. - 옮긴이

는 것이 크게 가치가 없는 경우다.

이러한 이유와 관계없이 레거시 서버와 서비스를 쿠버네티스로 전환하지 않을 것이다. 하지만 쿠버네티스에 이 서버를 포함하는 것은 여전히 의미가 있다. 쿠버네티스에 이 서버를 포함시킬 경우 쿠버네티스에서 제공하는 모든 내장 네이밍 및 서비스 탐색의 기본 기능과 같은 이점을 활용할 수 있다. 또한 머신에서 실행 중인 데이터베이스가 마치 쿠버네티스의 서비스인 것처럼 보이도록 모든 애플리케이션을 구성할 수 있다. 이는 외부에서 실행 중인 데이터베이스를 쿠버네티스 서비스 형태의 데이터베이스로 쉽게 대체할 수 있음을 의미한다. 예를 들어 운영 환경에서는 특정 장비에서 운영 중인 레거시 데이터베이스를 사용하지만 지속적인 테스트를 위해 테스트 데이터베이스를 임시 컨테이너 형태로 배포할 수 있다. 지속적인 테스트에서는 데이터의 영속성이 중요하지 않기 때문에 매 테스트마다 데이터베이스가 생성되고 삭제된다. 두 가지 데이터베이스 모두 쿠버네티스의 서비스로 표현될 경우 테스트 및 운영 환경에서 동일한 컨피규레이션을 유지할 수 있다. 테스트와 운영 환경 간의 높은 충실도fidelity는 테스트 환경을 통과하는 것이 운영 환경에서도 성공적인 배포로 이어질 수 있음을 보장한다.

개발 환경과 운영 환경 사이의 높은 충실도를 유지하는 방법을 구체적으로 살펴보려면 모든 쿠버네티스 객체가 네임스페이스에 배포된다는 점을 명심해야 한다. test와 production으로 정의된 네임스페이스가 있다고 가정해보자. 테스트 서비스는 다음과 같은 객체를 사용해 가져온다.

```
kind: Service
metadata:
  name: my-database
  # 네임스페이스 'test'를 설정
  namespace: test
...
```

운영 서비스의 경우 다른 네임스페이스를 사용하는 것을 제외하고는 동일하다.

```
kind: Service
metadata:
  name: my-database
  # 네임스페이스 'prod'를 설정
  namespace: prod
...
```

파드를 test 네임스페이스에 배포하고 my-database 서비스를 검색하면 테스트 데이터베이스를 가리키는 my-database.test.svc.cluster.internal 포인터를 얻게 된다. 반면 prod 네임스페이스에 배포된 파드가 동일한 이름(my-database)을 탐색하면 운영 환경의 데이터베이스인 my-database.prod.svc.cluster.internal에 대한 포인터를 받게 된다. 따라서 두 개의 다른 네임스페이스에서 동일한 서비스 이름은 두 개의 각기 다른 서비스로 해석된다. 이 동작에 대한 자세한 내용은 7장을 참고하자.

다음에 나오는 기법은 모두 데이터베이스나 다른 스토리지 서비스를 사용하지만 이러한 접근 방식은 쿠버네티스 클러스터 내부에서 실행되지 않는 다른 서비스와 동일하게 적용 가능하다.

셀렉터가 없는 서비스

서비스를 처음 소개했을 때 라벨 쿼리와 이를 사용해 특성 서비스의 백엔드로 동작하는 동적 파드의 집합을 식별하는 방법을 충분히 살펴봤다. 그러나 외부 서비스에 대해서는 이러한 라벨 쿼리가 존재하지 않는다. 대신 일반적으로 데이터베이스가 실행 중인 특정 서버를 가리키는 DNS 이름을 갖고 있다. 예를 들어 이름이 database.company.com인 서버가 있다고 가정해보자. 이 외부 데이터베이스 서비스를 쿠버네티스로 가져오려면 데이터베이스 서버의 DNS 이름을 참조하는 서비스를 파드 셀렉터 없이 생성해야 한다(예제 16-1).

예제 16-1. dns-service.yaml

```
kind: Service
apiVersion: v1
metadata:
  name: external-database
spec:
  type: ExternalName
  externalName: database.company.com
```

일반적으로 쿠버네티스 서비스가 생성되면 IP 주소가 할당되며, 해당 IP 주소를 가리키는 A 레코드를 사용해 쿠버네티스 DNS 서비스에 등록한다. 하지만 ExternalName 타입의 서비스를 생성하는 경우 사용자가 지정한 외부 서비스를 가리키는 CNAME 레코드(예제에서는 database.company.com)를 쿠버네티스 DNS 서비스에 등록한다. 클러스터 내에서 애플리케이션이 호스트 이름 external-database.svc.default.cluster의 DNS를 조회하면 DNS 프로토콜은 database.company.com의 이름으로 별칭을 부여한다. 그런 다음 이 이름을 외부 데이터베이스 서버의 IP 주소로 해석한다. 이러한 방법으로 쿠버네티스에 있는 모든 컨테이너는 다른 컨테이너로 구성된 서비스와 통신하는 것으로 여겨지지만 실제로는 외부 데이터베이스로 리다이렉트되고 있는 것이다.

이는 인프라 환경에서 운영 중인 데이터베이스에만 국한되는 것이 아니다. 많은 클라우드 데이터베이스와 다른 서비스는 데이터베이스에 접근할 때 DNS 이름을 제공한다(예, my-database.databases.cloudprovider.com). 이 DNS 이름을 externalName으로 사용할 수 있고, 이는 클라우드에서 제공하는 데이터베이스를 쿠버네티스 클러스터의 네임스페이스로 가져올 수 있다.

하지만 가끔씩 외부 데이터베이스 서비스에 대해 DNS 주소 없이 IP 주소만 갖고 있을 때도 있다. 이러한 경우도 마찬가지로 해당 서비스를 쿠버네티스 서비스로 가셔올 수 있지만 수행 절차는 조금 다르다. 우선 라벨 셀렉터와 앞서 사용한 ExternalName 타입 없이 서비스를 생성한다(예제 16-2).

예제 16-2. external-ip-service.yaml

```
kind: Service
apiVersion: v1
metadata:
  name: external-ip-database
```

쿠버네티스는 이 서비스에 가상 IP 주소를 할당하고 A 레코드를 등록할 것이다. 하지만 해당 서비스를 위한 셀렉터가 없기 때문에 로드밸런서가 트래픽을 리다이렉트하기 위한 엔드포인트는 등록되지 않을 것이다.

이것이 외부 서비스인 경우 여러분은 엔드포인트 리소스(예제 16-3)를 활용해 수동으로 엔드포인트를 등록해야 한다.

예제 16-3. external-ip-endpoints.yaml

```
kind: Endpoints
apiVersion: v1
metadata:
  name: external-ip-database
subsets:
  - addresses:
    - ip: 1192.168.0.1
    ports:
    - port: 3306
```

중복^{redundancy} 설계를 위해 하나 이상의 IP 주소를 갖고 있는 경우 이를 addresses 배열 항목에 추가한다. 일단 엔드포인트가 등록되면 로드밸런서는 쿠버네티스 서비스에서 IP 주소 엔드포인트로 트래픽을 리다이렉트할 것이다.

사용자가 서버의 IP 주소를 최신 상태로 유지해야 하는 책임을 갖고 있기 때문에, 해당 주소가 절대로 변경되지 않게 하거나 엔드포인트 레코드를 자동으로 업데이트할 수 있는 절차를 마련해야 한다.

외부 서비스의 제약 사항: 상태 검사

쿠버네티스에서 외부 서비스를 가져오는 데는 한 가지 중대한 제약 사항이 있다. 바로 서비스에 대한 어떠한 상태 검사^{health check}도 수행하지 않는다는 점이다. 사용자는 쿠버네티스에 제공된 엔드포인트나 DNS 이름이 애플리케이션에서 필요한 만큼 신뢰할 수 있는지 확인해야 한다.

신뢰할 수 있는 싱글톤 실행

쿠버네티스에서 스토리지 솔루션을 실행할 때 직면하는 과제는 레플리카셋 같은 기본적인 요소들이 모든 컨테이너가 동일하고 서로 대체 가능할 것으로 예상하는 반면 대부분의 스토리지 솔루션은 그렇지 않다는 점이다. 이를 해결하기 위한 한 가지 방법은 쿠버네티스에서 제공하는 기본 객체를 사용하되 스토리지에 대한 복제본을 생성하지 않는 것이다. 대신 데이터베이스나 다른 스토리지 솔루션이 실행되는 단일 파드를 생성한다. 이러한 방법은 여러 개의 복제된 스토리지가 실행되는 문제를 해결한다.

위와 같은 방법은 신뢰할 수 있는 분산 시스템 구축 원칙에 반하는 것처럼 보일 수 있다. 하지만 일반적으로 현재 구축된 시스템의 수가 단일 가상머신이나 단일 물리머신이기 때문에 데이터베이스나 스토리지 인프라를 실행하는 것보다 신뢰성이 떨어진다. 실제로 시스템이 올바르게 설계됐다면 업그레이드 시 발생할 수 있는 잠재적인 다운타임이나 머신의 장애만 고려하면 된다. 대규모 시스템이나 아주 중요한 업무를 담당하는 시스템의 경우 이와 같은 상황을 허용하지 않을 수 있지만 대다수의 소규모 애플리케이션의 경우 제한된 다운타임은 복잡성을 줄일 수 있는 합리적인 트레이드오프 관계에 있다고 할 수 있다. 이와 같은 의견에 동의하지 않는다면 이번 절은 건너뛰고 앞 절에서 설명한 것처럼 기존 서비스를 쿠버네티스로 가져오거나 쿠버네티스 네이티브 스테이트풀셋을 설명했던 부분으로 이동하자. 다음으로 데이터 스토리지를 위해 신뢰할 수 있는 싱글톤을 구축하는 방법을 살펴본다.

MySQL 싱글톤 실행

이번 절에서는 MySQL 데이터베이스의 신뢰성 있는 싱글톤 인스턴스를 쿠버네티스의 파드로 실행하는 방법과 해당 싱글톤을 다른 애플리케이션에 노출하는 방법을 살펴본다. 이를 위해 다음과 같은 세 가지 기본 객체를 생성한다.

- 실행 중인 MySQL 애플리케이션의 수명과 관계없이 독립적으로 디스크 스토리지의 수명을 관리하기 위한 영구 볼륨

- MySQL 애플리케이션을 실행하기 위한 MySQL 파드

- MySQL 파드를 클러스터 내의 다른 컨테이너에 노출하기 위한 서비스

5장에서 이미 영구 볼륨에 대해 설명했지만 영구 볼륨은 모든 파드나 컨테이너와 독립적인 수명을 갖는 저장소다. 영구 볼륨은 데이터베이스 애플리케이션이 실행되고 있는 컨테이너에 문제가 발생하거나 다른 머신으로 이동하는 경우에도 디스크상에 데이터베이스 관련 파일이 유지돼야 하는 영구 스토리지 솔루션에 매우 유용하다. 애플리케이션이 다른 머신으로 이동하는 경우 해당 볼륨도 함께 이동돼야 하며 데이터도 보존돼야 한다. 이는 데이터 스토리지를 영구 볼륨으로 분리하면 가능해진다.

먼저 MySQL 데이터베이스에서 생성할 영구 볼륨을 생성할 것이다. 이번 예제

에서는 이식성을 최대한 높이고자 NFS를 사용하지만 쿠버네티스에서는 다양한 영구 볼륨 드라이브 타입을 지원한다. 예를 들면 모든 주요 퍼블릭 클라우드 제공자뿐만 아니라 다수의 프라이빗 클라우드 제공자를 위한 영구 볼륨 드라이버를 지원한다. nfs를 적절한 클라우드 제공자 볼륨 타입(예, azure, awsElasticBlockStore, gcePersistentDisk)으로 교체하면 이런 솔루션을 활용할 수 있다. 모든 경우에 이 변경 작업으로 모든 작업이 끝난다. 이는 쿠버네티스가 각 클라우드 제공자에 적합한 스토리지 디스크를 생성하는 방법을 알고 있기 때문이다. 이는 쿠버네티스가 신뢰할 수 있는 분산 시스템의 개발을 어떻게 단순화했는지 보여주는 좋은 예다. 다음은 영구 볼륨 객체에 대한 예제다.

예제 16-4. nfs-volume.yaml

```yaml
apiVersion: v1
kind: PersistenctVolume
metadata:
  name: database
  labels:
    volume: my-volume
spec:
  accessModes:
  - ReadWriteMany
  capacity:
    storage: 1Gi
  nfs:
    server: 192.168.0.1
    path: "/exports"
```

이 예제는 스토리지 용량이 1GB인 NFS PersistentVolume 객체를 정의한다. 보통 다음과 같은 명령으로 영구 볼륨을 생성할 수 있다.

```
$ kubectl apply -f nfs-volume.yaml
```

이제 영구 볼륨을 생성했기 때문에 파드를 위한 영구 볼륨을 요청해야 한다. 이는 PersistentVolumeClaim 객체를 통해 진행한다(예제 16-5).

예제 16-5. nfs-volume.claim.yaml

```
kind: PersistentVolumeClaim
apiVersion: v1
metadata:
  name: database
spec:
  accessModes:
  - ReadWriteMany
  resources:
    requests:
      storage: 1Gi
  selector:
    matchLabels:
      volume: my-volume
```

selector 필드는 라벨을 사용해 이전에 정의한 것과 일치하는 볼륨을 찾는다.

이러한 간접 지정 방식은 지나치게 복잡해 보일 수도 있지만 파드에 대한 정의를 스토리지의 정의에서 분리하는 것이 목적이다. 파드 명세 내에서 직접적으로 볼륨을 선언할 수 있지만 이렇게 할 경우 파드의 명세가 특정 볼륨 제공자(예, 특정 퍼블릭이나 프라이빗 클라우드)에게 귀속된다. 볼륨 요청^{volume claim}을 사용하면 파드의 명세를 클라우드에 관계없이 유지할 수 있다. 쉽게 다른 볼륨을 생성하고 특정 클라우드에 지정한 후 PersistentVolumeClaim을 사용해 이를 결합할 수 있디. 또한 많은 경우 영구 볼륨 컨트롤러가 실제로 자동으로 볼륨을 생성한다(이 프로세스에 대한 자세한 내용은 다음 절에서 다룬다).

이제 볼륨을 요청했으니 레플리카셋을 사용해 싱글톤 파드를 구성할 수 있다. 단일 파드를 관리하고자 레플리카셋을 사용하는 것이 이상하게 보일 수도 있지만 신뢰성을 위해 필요한 부분이다. 일단 머신에 스케줄링되면 해당 파드는 해당 머신에 영원히 종속된다. 해당 머신에 문제가 발생할 경우 레플리카셋과 같이 상위 수준의 컨트롤러에 의해 관리되지 않는 파드는 모두 머신과 함께 사라지고 다른 곳에 스케줄링되지 않는다. 결과적으로 복제본의 크기를 1로 설정하는 이유는 상위 수준의 레플리카셋 컨트롤러를 통해 데이터베이스를 관리해 데이터베이스 파드가 위치한 머신에 장애가 발생하는 경우 다시 스케줄링되는 것을 보장하기 위해서다(예제 16-6).

예제 16-6. mysql-replicaset.yaml

```yaml
apiVersion: extensions/v1
kind: ReplicaSet
metadata:
  name: mysql
  # 서비스를 이 파드와 연결할 수 있는 라벨
  labels:
    app: mysql
spec:
  replicas: 1
  selector:
    matchLabels:
      app: mysql
  template:
    metadata:
      labels:
        app: mysql
    spec:
      containers:
      - name: database
        image: mysql
        resources:
          requests:
            cpu: 1
            memory: 2Gi
        env:
```

```
          # 보안 측면에서는 환경 변수가 좋은 예는 아니지만
          # 예제에서는 간결하게 나타내고자 사용한다.
          # 더 나은 옵션은 11장을 확인하자.
          - name: MYSQL_ROOT_PASSWORD
            value: some-password-here
          livenessProbe:
            tcpSocket:
              port: 3306
          ports:
          - containerPort: 3306
          volumeMounts:
            - name: database
              # /var/lib/mysql은 MySQL의 데이터베이스가 저장되는 위치다.
              mountPath: "/var/lib/mysql"
      volumes:
      - name: database
        persistentVolumeClaim:
          claimName: database
```

일단 레플리카셋을 생성하면 이미 생성한 영구 디스크를 사용해 MySQL이 실행되는 파드를 차례로 생성한다. 마지막 단계는 생성된 파드를 쿠버네티스 서비스로 노출하는 것이다(예제 16-7).

예제 16-7. mysql-service.yaml

```
apiVersion: v1
kind: Service
metadata:
  name: mysql
spec:
  ports:
  - port: 3306
    protocol: TCP
  selector:
```

```
    app: mysql
```

지금까지 클러스터에서 실행되는 신뢰성 있는 MySQL 인스턴스를 생성했다. 그리고 `mysql`이라는 이름의 서비스로 노출했기 때문에 도메인 이름 `mysql.svc.default.cluster`로 접근할 수 있다.

다양한 데이터 저장소에 이와 유사한 방법을 적용할 수 있다. 요구 사항이 단순하고 머신에 장애가 발생하거나 데이터베이스 소프트웨어 업그레이드로 제한된 다운타임을 견뎌야 하는 경우 신뢰할 수 있는 싱글톤이 애플리케이션 스토리지에 대한 올바른 접근 방법일 것이다.

동적 볼륨 프로비저닝

대다수의 클러스터는 동적 볼륨 프로비저닝^{dynamic volume provisioning}을 지원한다. 클러스터는 동적 볼륨 프로비저닝을 사용해 하나 이상의 StorageClass 객체를 생성한다. 쿠버네티스에서 StorageClass는 특정 스토리지 타입의 특성을 캡슐화한다. 클러스터에는 여러 개의 서로 다른 스토리지 클래스가 설치될 수 있다. 예를 들어 네트워크를 통한 NFS 서버용 스토리지 클래스와 iSCSI 블록 저장소용 스토리지 클래스가 함께 존재할 수 있다. 스토리지 클래스는 다양한 수준의 신뢰성이나 성능 부분을 캡슐화할 수 있다. 예제 16-8은 마이크로소프트 애저 플랫폼에서 자동으로 디스크 객체를 프로비저닝하는 기본 스토리지 클래스를 보여준다.

예제 16-8. storageclass.yaml

```
apiVersion: storage.k8s.io/v1
kind: StorageClass
metadata:
  name: default
```

```
   annotations:
      storageclass.beta.kubernetes.io/is-default-class: "true"
   labels:
      kubernetes.io/cluster-service: "true"
provisioner: kubernetes.io/azure-disk
```

클러스터에 대한 스토리지 클래스가 생성되면 어떤 특정 영구 볼륨 대신 영구 볼륨 요청에 있는 스토리지 클래스를 참조한다. 동적 프로비저너가 이 스토리지 요청을 확인하고 적절한 볼륨 드라이버를 사용해 볼륨을 생성하고 이를 영구 볼륨 요청과 연결한다.

예제 16-9는 새롭게 생성된 영구 볼륨을 요청하고자 방금 정의한 default 스토리지 클래스를 통한 PersistentVolumeClaim의 사용 예제를 보여준다.

예제 16-9. dynamic-volume-claim.yaml

```
kind: PersistenctVolumeClaim
apiVersion: v1
metadata:
  name: my-claim
  annotations:
     volume.beta.kubernetes.io/storage-class: default
spec:
  accessModes:
  - ReadWriteOnce
  resources:
    requests:
       storage: 10Gi
```

애노테이션 volume.beta.kubernetes.io/storage-class는 이 요청에 앞서 생성한 스토리지 클래스로 연결하기 위한 것이다.

영구 볼륨의 자동 프로비저닝은 쿠버네티스에서 상태 저장 애플리케이션을 구축하고 관리하는 일을 상당히 쉽게 해주는 훌륭한 기능이다. 그러나 이러한 영구 볼륨의 수명은 PersistentVolumeClaim의 재생 정책(reclamation policy)에 따라 결정되며, 기본 설정은 볼륨을 생성하는 파드의 수명에 해당 수명을 바인딩하는 것이다.

즉, 스케일다운이나 다른 이벤트를 통해 파드가 삭제되면 해당 볼륨도 삭제된다. 이것이 어떤 상황에서는 원하는 것일 수도 있지만 실수로 영구 볼륨을 삭제하지 않도록 주의할 필요가 있다.

영구 볼륨은 스토리지가 필요한 전통적인 애플리케이션을 위해 훌륭하지만, 쿠버네티스 네이티브 방식으로 고가용성 및 확장 스토리지가 필요한 경우 새롭게 릴리스된 스테이트풀셋 객체를 사용할 수 있다. 다음 절에서는 스테이트풀셋을 사용한 몽고DB 배포 방법을 살펴본다.

스테이트풀셋을 통한 쿠버네티스 네이티브 스토리지

쿠버네티스가 처음으로 개발됐을 때는 복제 집합 내의 모든 복제본에 대한 동질성에 중점을 뒀다. 이러한 구조에서는 어떠한 복제본도 개별적인 식별성identity 컨피규레이션을 갖지 않는다. 이 식별성을 확립할 수 있는 설계를 결정하는 것은 애플리케이션 개발자의 역할이었다.

이러한 접근 방식은 오케스트레이션 시스템에 강력한 격리를 제공하지만 상태 저장 애플리케이션의 개발을 상당히 어렵게 만든다. 커뮤니티를 통한 다수의 요구 사항 수용과 기존의 다양한 상태 저장 애플리케이션에 대한 많은 실험 이후에 쿠버네티스 1.5 버전에서 스테이트풀셋이 소개됐다.

스테이트풀셋의 속성

스테이트풀셋은 레플리카셋과 유사하게 복제된 파드의 그룹으로 구성된다. 그러나 레플리카셋과는 다르게 다음과 같은 고유한 속성을 갖는다.

- 각 복제본은 고유한 인덱스와 함께 영구 호스트 이름을 갖는다(예, database-0, database-1 등).

- 각 복제본은 인덱스 번호가 가장 낮은 순서부터 높은 순서로 생성되고, 이전 인덱스 번호의 파드가 안정적이고 이용 가능한 상태가 될 때까지 복제본은 생성되지 않는다. 이러한 특성은 확장^{scale up} 시에도 동일하게 적용된다.

- 스테이트풀셋이 삭제될 때 각각의 관리되는 복제본 파드는 가장 높은 번호에서 낮은 순으로 삭제된다. 이는 복제본의 수를 축소^{scale down}하는 데도 적용된다.

위와 같은 간단한 요구 사항은 쿠버네티스에서 스토리지 애플리케이션을 훨씬 더 쉽게 배포할 수 있게 한다. 예를 들어 안정된 호스트 이름(예, database-0)과 순서 제약 조건의 조합은 검색 및 복제 쿼럼 설정 목적으로 첫 번째 복제본을 제외한 나머지 모든 복제본은 안정적으로 database-0을 참조할 수 있음을 의미한다.

스테이트풀셋을 통한 몽고DB 수동 복제

이번 절에서는 복제된 몽고DB 클러스터를 배포한다. 이번 예제에서는 스테이트풀셋의 동작 방식을 보여주고자 복제 설정 자체를 수동으로 진행할 것이다. 궁극적으로는 이러한 설정을 자동화하는 방법까지 살펴본다.

먼저 스테이트풀셋 객체를 사용해 3개의 몽고DB 파드의 복제 집합을 생성하는 것부터 시작한다(예제 16-10).

예제 16-10. mongo-simple.yaml

```
apiVersion: apps/v1
kind: StatefulSet
metadata:
```

```
    name: mongo
spec:
  serviceName: "mongo"
  replicas: 3
  selector:
    matchLabels:
      app: mongo
  template:
    metadata:
      labels:
        app: mongo
    spec:
      containers:
      - name: mongodb
        image: mongo:3.4.24
        command:
        - mongod
        - --replSet
        - rs0
        ports:
        - containerPort: 27017
          name: peer
```

보는 것처럼 스테이트풀셋의 정의는 이전에 살펴봤던 레플리카셋의 정의와 유사하다. 다른 점이 있다면 apiVersion과 kind 필드 정도다.

다음과 같은 명령으로 스테이트풀셋을 생성한다.

```
$ kubectl apply -f mongo-simple.yaml
```

생성이 완료되면 레플리카셋과 스테이트풀셋의 차이점이 분명해진다. kubectl get pods 명령을 실행해보면 다음과 같은 결과를 확인할 수 있다.

```
NAME       READY   STATUS              RESTARTS   AGE
mongo-0    1/1     Running             0          1m
mongo-1    0/1     ContainerCreating   0          10s
```

위 결과와 레플리카셋에서 볼 수 있는 결과는 두 가지 중요한 차이점이 있다. 첫째, 복제된 각 파드는 레플리카셋 컨트롤러에 의해 무작위로 추가된 접미사 대신 숫자로 된 인덱스(0, 1, ...)를 갖고 있다. 둘째, 레플리카셋의 경우 파드가 한 번에 생성됐지만 스테이트풀셋의 경우 파드가 순차적으로 느리게 생성된다.

일단 스테이트풀셋이 생성되면 DNS 항목을 관리하기 위한 헤드리스headless 서비스 생성이 필요하다. 쿠버네티스에서 클러스터 가상 IP 주소를 갖지 않는 서비스를 '헤드리스'라 한다. 스테이트풀셋에서 각 파드는 고유한 식별성을 갖기 때문에 복제된 서비스에 로드밸런싱 IP 주소를 갖는 건 의미가 없다. 서비스 명세에서 clusterIP: None을 설정함으로써 헤드리스 서비스를 생성할 수 있다(예제 16-11).

예제 16-11. mongo-service.yaml

```
apiVersion: v1
kind: Service
metadata:
  name: mongo
spec:
  ports:
  - port: 27017
    name: peer
  clusterIP: None
  selector:
    app: mongo
```

일단 서비스를 생성하면 일반적으로 채워지는 4개의 DNS 항목이 있다. 일반적

316

으로 mongo.default.svc.cluster.local이 생성되지만 표준 서비스와는 달리 해당 호스트 이름에 대해 DNS 조회를 하면 스테이트풀셋 내의 모든 주소가 반환된다. 또한 mongo-0.mongo.default.svc.cluster.local뿐만 아니라 mongo-1.mongo와 mongo-2.mongo에 대한 항목까지 생성된다. 각 항목은 스테이트풀셋에 있는 복제본 인덱스의 특정 IP 주소를 해석한다. 따라서 스테이트풀셋을 사용하면 해당 집합 내의 각 복제본에 대한 잘 정의된 영구 이름을 가질 수 있다. 이는 주로 복제된 스토리지 솔루션을 설정할 때 매우 유용하다. 몽고 복제본 중 한 곳에서 다음 명령을 수행하면 DNS 항목을 확인할 수 있다.

```
$ kubectl run -it --rm --image busybox busybox ping mongo-1.mongo
```

다음으로는 파드별 호스트 이름을 사용해 몽고의 복제본을 수동으로 구성한다. 최초의 프라이머리^{primary}로 mongo-0.mongo를 선택할 것이다. 해당 파드에서 다음과 같은 mongo 명령을 실행한다.

```
$ kubectl exec -it mongo-0 mongo
> rs.initiate( {
    _id: "rs0",
    members:[ { _id: 0, host: "mongo-0.mongo:27017" } ]
  });
  OK
```

이 명령은 mongodb에게 mongo-0.mongo를 주 복제본$^{primary\ replica}$으로 해서 레플리카셋 rs0을 초기화하라고 지시한다.

 rs0은 임시로 명명했다. 원하는 모든 이름을 자유롭게 사용할 수 있지만 mongo-simple.yaml의 스테이트풀셋 정의를 변경해야 한다.

일단 몽고 레플리카셋을 초기화했다면 mongo-0.mongo 파드에서 다음 mongo 명령을 수행함으로써 나머지 복제본을 추가할 수 있다.

```
> rs.add("mongo-1.mongo:27017");
> rs.add("mongo-2.mongo:27017");
```

보는 것처럼 몽고 클러스터에 복제본을 추가하고자 복제본별 DNS 이름을 사용한다. 이로써 모든 작업을 완료했다. 복제된 몽고DB는 정상적으로 실행된다. 하지만 이는 원했던 자동화된 방식이 아니다. 다음 절에서는 설정을 자동화하고자 스크립트를 사용하는 방법을 살펴본다. 설치 기동회를 위해 어떻게 스크립트를 사용하는지 살펴보자.

몽고DB 클러스터 생성 자동화

스테이트풀셋 기반의 몽고DB 클러스터의 배포를 자동화하려면 파드에 추가적인 컨테이너를 생성하고 초기화를 수행해야 한다. 새로운 도커 이미지 빌드 없이 해당 파드를 설정하려면 컨피그맵을 사용해 기존의 몽고DB 이미지에 스크립트를 추가한다. 다음은 파드에 추가할 컨테이너다.

초기화 컨테이너를 사용해 이 스크립트를 실행할 것이다. 초기화 컨테이너는 파드 시작 시 한 번만 실행되는 특수한 컨테이너다. 일반적으로 메인 애플리케이션이 실행되기 전에 수행해야 할 설정 작업이 적을 경우에 사용된다. 파드 정의시 초기화를 수행하는 컨테이너를 정의할 수 있도록 별도의 initContainers 항목이 있다. 이에 대한 예는 다음과 같다.

```
...
    initContainers
    - name: init-mongo
```

```
        image: mongo:3.4.24
        command:
        - bash
        - /config/init.sh
        volumeMounts:
        - name: config
          mountPath: /config
...
    volumes:
    - name: config
      configMap:
        name: "mongo-init"
```

이름이 mongo-init이라는 컨피그맵 볼륨을 마운트한다. 이 컨피그맵은 초기화를 수행하는 스크립트를 포함하고 있다. 먼저 해당 스크립트는 mongo-0에서 실행 중인지를 판단한다. mongo-0에서 실행 중일 경우 앞서 실행한 것과 동일한 명령을 사용해 레플리카셋을 생성한다. mongo-0이 아닌 다른 몽고 복제본에서 실행 중일 경우에는 레플리카셋이 종료할 때까지 대기하다가 스스로 해당 레플리카셋의 멤버로 등록한다.

예제 16-12는 완전한 컨피그맵 객체를 보여준다.

예제 16-12. mongo-configmap.yaml

```
apiVersion: v1
kind: ConfigMap
metadata:
  name: mongo-init
data:
  init.sh: |
    #!/bin/bash

    # 몽고DB 이름을 해석하고자 준비 상태 점검을 통과할 때까지 기다릴 필요가 있다.
```

```
until ping -c 1 ${HOSTNAME}.mongo; do
  echo "waiting for DNS (${HOSTNAME}.mongo)..."
  sleep 2
done

until /usr/bin/mongo --eval 'printjson(db.serverStatus())'; do
  echo "connecting to local mongo..."
  sleep 2
done
echo "connected to local."

HOST=mongo-0.mongo:27017

until /usr/bin/mongo --host=${HOST} --eval 'printjson(db.serverStatus())'; do
  echo "connecting to remote mongo..."
  sleep 2
done
echo "connected to remote."

if [[ "${HOSTNAME}" != 'mongo-0' ]]; then
  until /usr/bin/mongo --host=${HOST} --eval="printjson(rs.status())" \
        | grep -v "no replset config has been received"; do
    echo "waiting for replication set initialization"
     sleep 2
  done
  echo "adding self to mongo-0"
  /usr/bin/mongo --host=${HOST} \
      --eval="printjson(rs.add('${HOSTNAME}.mongo'))"
fi

if [[ "${HOSTNAME}" -- 'mongo-0' ]]; then
  echo "initializing replica set"
  /usr/bin/mongo --eval="printjson(rs.initiate(\
      {'_id': 'rs0', 'members': [{'_id': 0, \
      'host': 'mongo-0.mongo:27017'}]}))"
fi
```

```
echo "initialized"
```

위 스크립트가 즉시 종료됨을 알 수 있다. 이는 초기화 컨테이너를 사용할 때 인지하고 있어야 할 매우 중요한 부분이다. 각 초기화 컨테이너는 실행하기 전에 이전 컨테이너가 완료될 때까지 기다린다. 메인 애플리케이션 컨테이너는 모든 초기화 컨테이너가 완료될 때까지 대기한다. 이 스크립트가 종료되지 않을 경우 메인 몽고DB 서버가 구동되지 않는다.

지금까지의 작업을 종합하면 예제 16-13과 같이 컨피그맵을 사용하는 완전한 스테이트풀셋이 된다.

예제 16-13. mongo.yaml

```yaml
apiVersion: apps/v1
kind: StatefulSet
metadata:
  name: mongo
spec:
  serviceName: "mongo"
  replicas: 3
  selector:
    matchLabels:
      app: mongo
  template:
    metadata:
      labels:
        app: mongo
    spec:
      containers:
      - name: mongodb
        image: mongo:3.4.24
        command:
        - mongod
```

```
        - --replSet
        - rs0
      ports:
        - containerPort: 27017
          name: web
  # 이 컨테이너는 mongodb 서버를 초기화하고 대기 상태가 된다.
  - name: init-mongo
    image: mongo:3.4.24
    command:
    - bash
    - /config/init.sh
    volumeMounts:
    - name: config
      mountPath: /config
  volumes:
  - name: config
    configMap:
      name: "mongo-init"
```

지금까지 작성한 모든 파일을 통해 몽고 클러스터를 생성할 수 있다.

```
$ kubectl apply -f mongo-config-map.yaml
$ kubectl apply -f mongo-service.yaml
$ kubectl apply -f mongo-simple.yaml
```

또는 원한다면 이 모든 파일의 각 객체를 '---' 기호로 분리해 하나의 YAML 파일로 합칠 수 있다. 디민 스테이트풀셋의 정의는 컨피그맵 정의에 의존적이므로 기존과 동일한 순서를 유지해야 한다.

영구 볼륨과 스테이트풀셋

영구 스토리지를 위해 영구 볼륨을 /data/db 디렉터리에 마운트해야 한다. 파드 템플릿에서 영구 볼륨 요청을 해당 디렉터리에 마운트하도록 업데이트가 필요하다.

```
...
    volumeMounts:
    - name: database
      mountPath: /data/db
```

위와 같은 접근 방법은 신뢰성 있는 싱글톤에서 살펴봤던 것과 비슷하지만 스테이트풀셋은 두 개 이상의 파드를 복제하기 때문에 간단한 방법으로 영구 볼륨 요청을 참조할 수 없다. 대신 영구 볼륨 요청을 위한 템플릿 추가가 필요하다. 요청 템플릿이 파드 템플릿과 동일하다고 생각할 수 있지만 파드를 만드는 대신 볼륨 요청을 생성한다. 스테이트풀셋 정의의 하단에 다음과 같은 내용을 추가해야 한다.

```
volumeClaimTemplates:
- metadata:
    name: database
    annotations:
        volume.alpha.kubernetes.io/storage-class: anything
  spec:
    accessModes: [ "ReadWriteOnce" ]
    resources:
      requests:
        storage: 100Gi
```

볼륨 요청 템플릿을 스테이트풀셋 정의에 추가하면 스테이트풀셋 컨트롤러가 스테이트풀셋의 일부인 파드를 생성할 때마다 해당 파드의 일부로서 이 템플릿에 기반을 두고 영구 볼륨 요청을 생성한다.

 이 복제 영구 볼륨이 제대로 동작하려면 영구 볼륨을 위한 자동 프로비저닝 환경을 설정하거나 스테이트풀셋 컨트롤러가 사용할 영구 볼륨 객체 집합을 사전에 등록하는 절차가 필요하다. 생성이 가능한 요청이 없다면 스테이트풀셋 컨트롤러는 이에 상응하는 파드를 생성할 수 없을 것이다.

마지막 단계: 준비 프로브

몽고DB 클러스터 운영 환경에 구축하는 마지막 단계는 몽고DB를 서비스하는 컨테이너에 활성 상태 검사를 추가하는 것이다. 5장의 '상태 검사' 절에서 살펴봤듯이 활성 프로브는 컨테이너가 정상적으로 동작하는지 판별하는 데 사용한다. 스테이트풀셋 객체 내의 파드 템플릿에 다음 내용을 추가하면 활성 상태 확인을 위해 mongo 자체의 도구를 사용할 수 있다.

```
...
livenessProbe:
  exec:
    command:
      - /usr/bin/mongo
      - --eval
      - db.serverStatus()
  initialDelaySeconds: 10
  timeoutSeconds: 10
...
```

요약

스테이트풀셋, 영구 볼륨 요청, 활성 상태 검사를 함께 사용하면 쿠버네티스에서 실행되는 강력하고 확장 가능한 클라우드 네이티브 몽고DB를 구성할 수 있다. 이번 예제에서는 몽고 DB를 다뤘지만 그 밖의 스토리지 솔루션을 관리하기 위한 스테이트풀셋 생성 절차도 상당히 유사하므로 비슷한 패턴으로 구성할 수 있다.

## 17장

쿠버네티스 확장

처음부터 쿠버네티스는 핵심 API 집합 외에도 다양한 API를 갖게 될 것이 분명했다. 클러스터 내에서 애플리케이션이 오케스트레이션되면 쿠버네티스 클러스터에서 애플리케이션을 API 객체로 표현하고 배포할 수 있는 유용한 도구와 유틸리티가 다수 존재한다. 따라서 직면한 과제는 한계 없이 확장되는 API 없이 폭발적으로 증가하는 객체를 어떻게 수용하는가다.

늘어난 사용 사례와 무질서한 API 확장 간의 고민을 해결하고자 쿠버네티스 API를 확장 가능하게 만드는 데 많은 노력을 기울였다. 이 확장성은 클러스터 운영자가 필요한 구성 요소 추가를 통해 클러스터를 커스터마이징할 수 있음을 의미한다. 이러한 확장성을 통해 사람들은 클러스터 자체를 확장하고 커뮤니티 개발 클러스터의 추가 기능add-ons을 사용하며, 클러스터 플러그인 에코시스템에서 번들로 판매되는 확장 기능을 개발할 수 있다. 또한 확장성으로 인해 운영자 패턴 같은 완전히 새로운 관리 시스템 패턴이 생겨났다.

자체적으로 확장 모듈을 구축하거나 에코시스템에서 제공하는 오퍼레이터 사용에 관계없이 쿠버네티스 API 서버의 확장 방식과 확장에 대한 구현 및 제공 방법을 이해하는 것은 쿠버네티스 및 해당 에코시스템의 완전한 기능을 활용하는 데 있어 핵심적인 요소다. 이러한 확장성 메커니즘을 사용해 쿠버네티스 위에 좀 더 개선된 도구와 플랫폼을 구축할 수 있기 때문에 이들의 동작 방식에 대한 지식은 최신 쿠버네티스 클러스터에서 애플리케이션을 구축하는 방법을 이해하는 데 매우 중요하다.

쿠버네티스 확장의 의미

일반적으로 쿠버네티스 API 서버의 확장 기능은 클러스터에 새로운 기능을 추가하거나 사용자가 클러스터와 상호작용할 수 있는 방법을 제한하고 조정하는 것을 의미한다. 클러스터 관리자가 추가적인 서비스와 기능을 클러스터에 추가하는 데 사용할 수 있는 다양한 플러그인 에코시스템이 있다. 클러스터 확장은 매우 높은 권한을 요구한다는 점을 주목할 필요가 있다. 클러스터를 확장하려면 클러스터 관리자 권한이 필요하므로 임의의 사용자나 임의의 코드를 확장해서 수행할 수 있는 기능이 아니다. 클러스터 관리자조차도 서드파티 도구를 설치할 때 주의를 기울여야 한다. 승인 컨트롤러^{admission controller} 같은 일부 확장^{extension} 프로그램의 경우 클러스터에서 생성되는 모든 객체를 보는 데 사용할 수 있으며, 시크릿을 훔치거나 악성코드를 실행하기 위한 매개체로 쉽게 사용할 수 있다. 또한 클러스터를 확장하면 기존 쿠버네티스 클러스터와 다르다. 이러한 확장을 여러 클러스터에서 실행하는 경우 전체 클러스터에서 경험의 일관성을 유지하기 위한 도구를 구축하는 것이 매우 중요하며, 여기에는 설치된 확장이 포함된다.

확장 지점

CustomResourceDefinition부터 컨테이너 네트워크 인터페이스^{CNI, Container Network Interface} 플러그인에 이르기까지 쿠버네티스를 확장하기 위한 다양한 방법이 있다. 17장에서는 새로운 리소스 타입을 추가해 API 서버를 확장하거나 API 요청에 대한 승인 컨트롤러를 추가하는 데 중점을 둔다. 쿠버네티스 최종 사용자가 아닌 쿠버네티스 클러스터 공급자가 더 일반적으로 사용하는 컨테이너 네트워크 인터페이스/컨테이너 스토리지 인터페이스^{CSI, Container Storage Interface}/컨테이너 런타임 인터페이스^{CRI, Container Runtime Interface} 확장은 이 책에서 다루지 않는다.

승인 컨트롤러와 API 확장 외에도 API 서버를 전혀 수정하지 않고도 클러스터를 '확장'하는 방법에는 여러 가지가 있다. 여기에는 자동 로깅과 모니터링을 설치하는 데몬셋, 크로스사이트 스크립팅^{XSS, cross-site scripting}, 취약점에 대한 서비스를 스캔하는 도구 등이 포함된다. 그러나 클러스터를 직접 확장하기 전에 기존 쿠버네티스 API의 범위 내에서 가능한 상황을 고려하는 것이 좋다.

승인 컨트롤러와 CustomResourceDefinition의 역할을 이해하려면 그림 17-1에서 보여주는 쿠버네티스 API 서버를 통한 요청 흐름을 이해하는 것이 도움이 된다.

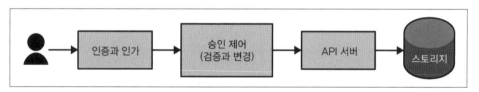

그림 17-1. API 서버 요청 흐름

API 객체가 백업 스토리지에 기록되기 전에 승인 컨트롤러가 호출된다. 승인 컨트롤러는 API 요청을 거부하거나 수정할 수 있다. 쿠버네티스 API 서버에는 내장된 여러 승인 컨트롤러가 있다. 예를 들면 파드에 한계값이 없는 경우 기본 한계값을 설정하는 한계 범위^{limit range} 승인 컨트롤러가 있다. 다른 많은 시스템은 사용자 정의 승인 컨트롤러를 사용해 시스템에 생성된 모든 파드에 사이드카 컨테이너를 자동으로 주입해 자동화된 환경 구축을 가능하게 한다.

승인 컨트롤러와 함께 사용할 수 있는 다른 형태의 확장은 사용자 정의다. 사용자 정의 리소스를 사용하면 완전히 새로운 API 객체가 쿠버네티스 API 노출 영역에 추가된다. 이 새로운 API 객체는 네임스페이스에 추가될 수 있고 RBAC에 종속되며 kubectl 같은 기존 도구와 쿠버네티스 API를 통해 접근할 수 있다.

다음 절에서는 이러한 쿠버네티스 확장 지점에 대해 자세히 설명하고 사용 사례와 클러스터 확장 방법을 보여주는 실습 예제를 제공한다.

사용자 정의 리소스를 생성하고자 가장 먼저 해야 할 일은 CustomResource Definition을 작성하는 것이다. 이 객체는 실제로 메타리소스$^{meta-resource}$다. 즉, 다른 리소스의 정의인 리소스다.

구체적인 예로 클러스터의 부하 테스트를 나타내는 새로운 리소스를 정의해보자. 새로운 부하 테스트^{LoadTest} 리소스가 생성되면 쿠버네티스 클러스터에서 부하 테스트가 시작되고 트래픽이 서비스로 전달된다.

이 새로운 리소스를 생성하는 첫 번째 단계는 CustomResourceDefinition은 통해 이를 정의하는 것이다. 정의 예는 다음과 같다.

```yaml
apiVersion: apiextensions.k8s.io/v1beta1
kind: CustomResourceDefinition
metadata:
  name: loadtests.beta.kuar.com
spec:
  group: beta.kuar.com
  versions:
    - name: v1
      served: true
      storage: true
  scope: Namespaced
  names:
    plural: loadtests
    singular: loadtest
    kind: LoadTest
    shortNames:
    - lt
```

위 예제는 다른 객체와 마찬가지로 쿠버네티스 객체임을 알 수 있다. 메타데이터 하위 객체가 있으며 해당 하위 객체 내에서 리소스의 이름이 지정된다. 그러나 사용자 정의 리소스의 경우 특별한 이름을 갖고 있다. 사용자 정의 리소스의 이름은 <리소스 복수형>.<api 그룹>의 형식을 따라야 한다. 이는 각 CustomResource Definition의 이름이 앞서 설명한 패턴과 일치해야 하며 클러스터 내의 두 객체가 동일한 이름을 가질 수 없기 때문에 각 리소스의 정의가 클러스터에서 고유함을 보장하기 위해서다. 따라서 두 개의 CustomResourceDefinition이 동일한 리소스를 정의하지 않게 된다.

메타데이터 외에도 CustomResourceDefinition에는 spec 하위 객체가 있다. 여기서 리소스 자체가 정의된다. 해당 spec 객체에는 리소스에 대한 API 그룹을 제공하는 apigroup 필드가 있다. 앞서 설명한 것처럼 CustomResourceDefinition 이름의 접미사와 일치해야 한다. 또한 리소스의 버전 목록이 있다. 여기에는 버전 이름(예, v1, v2 등)과 API 서버에서 해당 버전 제공 여부, API 서버의 백업 저장소에 데이터를 저장하는 데 사용되는 버전을 나타내는 필드가 포함된다. 스토리지 필드는 리소스의 단일 버전에 대해서만 true여야 한다. 또한 리소스가 네임스페이스에 속해 있는지 여부를 나타내는 scope 필드가 있으며(기본값은 네임스페이스에 속해 있다), 리소스에 대한 singular, plural, kind 값을 정의할 수 있는 names 필드가 있다. 또한 names 필드는 kubectl 및 다른 곳에서 편리하게 사용하기 위한 '짧은 이름'으로도 정의할 수 있다.

이 정의를 통해 쿠버네티스 API 서버에 리소스를 생성할 수 있다. 그러나 이에 앞서 동적 리소스 타입의 진정한 특성을 확인하고자 kubectl 명령을 사용해 loadtests 리소스를 나열해보자.

```
$ kubectl get loadtests
```

위 명령의 실행 결과 현재 정의된 리소스가 없음을 알 수 있다. 이제 loadtest-resource.yaml 파일을 사용해 이 리소스를 생성해보자.

```
$ kubectl create -f loadtest-resource.yaml
```

그런 다음 loadtests 리소스를 다시 확인해보자.

```
$ kubectl get loadtests
```

해당 리소스 타입의 인스턴스는 아직 없지만 LoadTest 리소스 타입이 정의돼 있음을 알 수 있다.

새로운 LoadTest 리소스를 생성해 변경해보자. 모든 내장 쿠버네티스 API 객체 와 마찬가지로 YAML이나 JSON을 사용해 사용자 정의 리소스(이 경우 LoadTest)를 정 의할 수 있다. 다음 정의를 살펴보자.

```
apiVersion: beta.kuar.com/v1
kind: LoadTest
metadata:
  name: my-loadtest
spec:
  service: my-service
  scheme: https
  requestsPerSecond: 1000
  paths:
  - /index.html
  - /login.html
  - /shares/my-shares/
```

주목할 만한 점은 CustomResourceDefinition에서 사용자 정의 리소스에 대한 스 키마를 정의하지 않았다는 것이다. 실제로 사용자 정의 리소스에 대한 OpenAPI 명세(이전에 스웨거라고 알려졌던)를 제공할 수 있지만 이러한 복잡한 구성은 일반적으로 간단한 리소스 타입에는 적합하지 않다. 유효성 검사를 수행하려는 경우 다음

332

절에 설명하는 것처럼 승인 컨트롤러 유효성 검사^{validating admission controller}를 등록할 수 있다.

이제 loadtest.yaml 파일을 사용해 내장된(기본적으로 제공되는) 유형과 비슷한 리소스를 생성할 수 있다.

```
$ kubectl create -f loadtest.yaml
```

이제 **loadtests** 리소스를 확인해보면 새롭게 생성된 리소스를 확인할 수 있다.

```
$ kubectl get loadtests
```

이것은 흥미로울 수 있지만 실제로는 아무런 동작도 하지 않는다. 물론 간단한 CRUD^{Create/Read/Update/Delete} API를 사용해 **LoadTest** 객체에 대한 데이터를 조작할 수 있지만 새롭게 정의한 API 호출에 대한 응답으로 실제 부하 테스트는 생성되지 않는다.

LoadTest 객체가 정의될 때 요청에 반응하고 조치를 취할 컨트롤러가 클러스터에 존재하지 않기 때문이다. **LoadTest** 사용자 정의 리소스는 클러스터에 부하 테스트를 추가하는 데 필요한 인프라의 절반에 불과하다. 부하 테스트에 필요한 또 다른 부분은 사용자 정의 리소스에 대한 지속적인 모니터링과 API 구현에 필요한 **LoadTest**를 생성, 수정 또는 삭제하는 코드다.

API 사용자와 마찬가지로 컨트롤러는 API 서버와의 상호작용을 통해 **LoadTest**를 조회하고 발생할 수 있는 모든 변경 사항을 감시한다. 컨트롤러와 API 서버 간의 상호작용은 그림 17-2에 나와 있다.

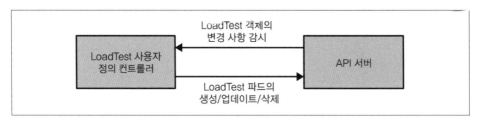

그림 17-2. CustomResourceDefinition 상호작용

이러한 컨트롤러의 코드는 단순한 것에서 복잡한 것까지 다양하다. 가장 간단한 컨트롤러는 for 루프를 실행해 새로운 사용자 정의 객체를 반복적으로 폴링한 다음 해당 사용자 정의 객체를 구현하는 리소스(예, LoadTest 워커 파드)를 생성하거나 삭제하는 등이 자업을 수행한다.

하지만 이러한 폴링 기반^{polling-based} 접근 방식은 비효율적이다. 폴링 루프 주기 동안에 불필요한 지연 시간^{latency}이 추가돼 폴링 오버헤드로 인해 API 서버에 불필요한 부하가 추가될 수 있다. 좀 더 효율적인 접근 방식은 API 서버에서 모니터링 API^{watch API}를 사용하는 것이다. 이 API는 업데이트가 발생할 때 업데이트 스트림을 제공해 폴링 방식에서의 지연 시간과 오버헤드를 모두 제거한다. 그러나 이 API를 버그 없이 올바르게 사용하기란 매우 어렵다. 결과적으로 앞서 소개한 모니터링 API를 사용하려면 client-go 라이브러리(https://oreil.ly/L0QK2)에 공개된 Informer 패턴처럼 잘 지원되는 메커니즘을 사용하는 것이 좋다.

지금까지 사용자 정의 리소스를 생성하고 컨트롤러를 통해 이를 구현했기 때문에 이제 클러스터에는 새로운 리소스에 대한 기본 기능을 갖추게 됐다. 그러나 제대로 동작하는 리소스라고 보기에는 부족한 부분이 많다. 가장 중요한 두 가지는 유효성 검사와 기본값이다. 유효성 검사는 API 서버로 전송된 LoadTest 객체가 올바르게 구성돼 있고 부하 테스트를 만드는 데 사용될 수 있게 하는 프로세스며, 기본값은 보편적으로 사용되는 값을 자동으로 설정되게 제공해 리소스를 좀 더 쉽게 사용할 수 있게 한다. 이제 이러한 기능을 사용자 정의 리소스에 추가하는 방법을 살펴보자.

앞서 언급한 것처럼 유효성 검사를 추가하는 한 가지 옵션은 객체에 대한 OpenAPI 명세를 사용하는 것이다. 이는 필수적으로 요구되거나 알지 못하는 필드의 존재 유무를 확인하는 기본적인 유효성 검사에 매우 유용하다. OpenAPI 에 대한 완전한 튜토리얼은 이 책의 범위를 벗어나지만 쿠버네티스 API 명세를 포함한 많은 내용을 온라인(https://oreil.ly/u3rll)에서 확인할 수 있다.

일반적으로 API 스키마schema는 실제로 API 객체의 유효성 검사에 충분하지 않다. 지금까지 살펴본 loadtests 예제를 예로 들면 LoadTest 객체에 유효한 스키마(예, http 또는 https)가 있는지 검사하거나 requestsPerSecond가 0이 아닌 양수인지 검사할 수 있다.

이를 위해 승인 컨트롤러 유효성 검사를 사용할 것이다. 앞서 살펴본 것처럼 승인 컨트롤러가 요청을 처리하기 전에 API 서버에 대한 요청을 가로채 요청을 거부하거나 수정할 수 있다. 동적 승인 제어 시스템dynamic admission control system을 통해 승인 컨트롤러를 클러스터에 추가할 수 있다. 동적 승인 컨트롤러는 간단한 HTTP 애플리케이션이다. API 서버는 쿠버네티스 서비스 객체나 임의의 URL을 통해 승인 컨트롤러에 연결한다. 즉, 승인 컨트롤러는 선택적으로 클러스터 외부에서 애저 펑션Azure Functions 또는 AWS 람다Lambda 같은 클라우드 제공업체의 서비스형 펑션FaaS, Function as a Service 형태로 실행할 수 있다.

승인 컨트롤러 유효성 검사를 설치하려면 승인 컨트롤러 유효성 검사를 쿠버네티스 ValidatingWebhookConfiguration으로 지정해야 한다. 이 객체는 승인 컨트롤러가 실행되는 엔드포인트와 리소스(이 경우 LoadTest) 및 취해야 하는 조치(이 경우 CREATE)를 명시한다. 다음 코드에서 승인 컨트롤러 유효성 검사의 전체 정의를 확인할 수 있다.

```
apiVersion: admissionregistration.k8s.io/v1beta1
kind: ValidatingWebhookConfiguration
metadata:
```

```
    name: kuar-validator
webhooks:
- name: validator.kuar.com
  rules:
  - apiGroups:
    - "beta.kuar.com"
    apiVersions:
    - v1
    operations:
    - CREATE
    resources:
    - loadtests
  clientConfig:
    # 웹훅을 위해 적절한 IP로 대체 필요
    url: https://192.168.1.233:8080
    # 클러스터를 위해 base64로 인코딩된 CA 인증서 필요
    # $(KUBECONFIG) 경로에서 파일 확인 가능
    caBundle: REPLACEME
```

보안상으로는 좋지만 쿠버네티스 API 서버가 접근하는 웹훅은 HTTPS를 통해서만 접근할 수 있기 때문에 구성이 매우 복잡하다. 따라서 웹훅을 제공하려면 인증서를 생성해야 한다. 가장 쉬운 방법은 자체 인증기관[CA, Certificate Authority]을 통해 새 인증서를 생성하는 클러스터 기능을 사용하는 것이다.

먼저 개인키와 인증서 서명 요청[CSR, Certificate Signing Request]이 필요하다. 다음은 이를 생성하는 간단한 Go 프로그램이다.

```
package main

import (
        "crypto/rand"
        "crypto/rsa"
        "crypto/x509"
```

336

```go
        "crypto/x509/pkix"
        "encoding/asn1"
        "encoding/pem"
        "net/url"
        "os"
)

func main() {
        host := os.Args[1]
        name := "server"

        key, err := rsa.GenerateKey(rand.Reader, 1024)
        if err != nil {
            panic(err)
        }
        keyDer := x509.MarshalPKCS1PrivateKey(key)
        keyBlock := pem.Block{
            Type: "RSA PRIVATE KEY",
            Bytes: keyDer,
        }
        keyFile, err := os.Create(name + ".key")
        if err != nil {
            panic(err)
        }
        pem.Encode(keyFile, &keyBlock)
        keyFile.Close() commonName := "myuser"
        emailAddress := "someone@myco.com"

        org := "My Co, Inc."
        orgUnit := "Widget Farmers"
        city := "Seattle"
        state := "WA"
        country := "US"

        subject := pkix.Name{
```

```go
        CommonName:          commonName,
        Country:             []string{country},
        Locality:            []string{city},
        Organization:        []string{org},
        OrganizationalUnit:  []string{orgUnit},
        Province:            []string{state},
}

uri, err := url.ParseRequestURI(host)
if err != nil {
    panic(err)
}

asn1, err := asn1.Marshal(subject.ToRDNSequence())
if err != nil {
    panic(err)
}
csr := x509.CertificateRequest{
    RawSubject:          asn1,
    EmailAddresses:      []string{emailAddress},
    SignatureAlgorithm:  x509.SHA256WithRSA,
    URIs:                []*url.URL{uri},
}

bytes, err := x509.CreateCertificateRequest(rand.Reader, &csr, key)
if err != nil {
    panic(err)
}
csrFile, err := os.Create(name + ".csr")
if err != nil {
    panic(err)
}

pem.Encode(csrFile, &pem.Block{Type: "CERTIFICATE REQUEST",
                               Bytes: bytes})
csrFile.Close()
```

```
    }
```

다음 명령으로 위 코드를 실행할 수 있다.

```
$ go run csr-gen.go <웹훅을 위한 URL>
```

위 명령 실행 결과 server.csr과 server-key.pem이라는 두 파일이 생성된다.
그리고 다음 YAML을 사용해 쿠버네티스 API 서버에 대한 CSR을 생성할 수
있다.

```yaml
apiVersion: certificates.k8s.io/v1beta1
kind: CertificateSigningRequest
metadata:
  name: validating-controller.default
spec:
  groups:
  - system:authenticated
  request: REPLACEME usages:
  usages:
  - digital signature
  - key encipherment
  - key agreement
  - server auth
```

이 예제에서 request 필드의 값이 REPLACEME임을 확인할 수 있다. 이 REPLACEME
부분을 앞의 예제 코드에서 생성한 base64로 인코딩된 인증서 서명 요청으로
대체해야 한다.

```
$ perl -pi -e s/REPLACEME/$(base64 server.csr | tr -d '\n')/ \
```

```
admission-controller-csr.yaml
```

이제 인증서 서명 요청이 준비됐으므로 이를 API 서버로 보내 인증서를 얻을 수 있다.

```
$ kubectl create -f admission-controller-csr.yaml
```

다음으로 해당 요청에 대한 승인이 필요하다.

```
$ kubectl certificate approve validating-controller.default
```

승인이 되면 새로운 인증서를 다운로드할 수 있다.

```
$ kubectl get csr validating-controller.default -o json | \
   jq -r .status.certificate | base64 -d > server.crt
```

인증서를 사용하면 최종적으로 SSL 기반 승인 컨트롤러를 생성할 준비가 됐다. 승인 컨트롤러 코드는 요청을 수신하며, 이 요청에는 AdmissionReview 타입의 객체가 포함돼 있다. AdmissionReview 타입의 객체는 요청 자체에 대한 본문^{body} 뿐만 아니라 메타데이터가 포함돼 있다. 이번 예제에서 사용하는 승인 컨트롤러 유효성 검사의 경우 단일 리소스 타입과 단일 작업(CREATE)에 대해서만 등록했으므로 요청에 대한 메타데이터를 검사할 필요가 없다. 대신 리소스 자체를 자세히 살펴보고 requestsPerSecond가 설정돼 있고 URL 체계가 유효한지 확인한다. 그렇지 않은 경우 요청을 허용하지 않는다는 내용의 JSON 본문을 반환한다.

기본값을 제공하기 위한 승인 컨트롤러를 구현하는 방법은 방금 설명한 단계와 유사하지만 ValidatingWebhookConfiguration을 사용하는 대신 MutatingWebhook Configuration을 사용하고 요청 객체를 저장하기 전에 이를 변경하고자 JSON Patch 객체를 제공해야 한다.

다음은 승인 컨트롤러 유효성 검사에 추가해 기본값을 추가할 수 있는 타입스 크립트^{TypeScript} 코드의 일부다. loadtest의 paths 필드 길이가 0인 경우 /index. html을 위한 단일 경로를 추가한다.

```
if (needsPatch(loadtest)) {
  const patch = [
    { 'op': 'add', 'path': '/spec/paths', 'value': ['/index.html'] },
  ]
  response['patch'] = Buffer.from(JSON.stringify(patch))
      .toString('base64'); response['patchType'] = 'JSONPatch';
}
```

그런 다음 YAML 객체의 kind 필드를 변경하고 mutatingcontroller.yaml 파일로 저장해 웹훅을 MutatingWebhookConfiguration으로 등록할 수 있다. 그 후 다음 과 같은 명령을 실행해 컨트롤러를 생성한다.

```
$ kubectl create -f mutating-controller.yaml
```

지금까지 사용자 정의 리소스 및 승인 컨트롤러를 사용해 쿠버네티스 API 서버 를 확장하는 방법에 대한 전반적인 예제를 살펴봤다. 다음 절에서는 다양한 확장의 일반적인 패턴을 살펴본다.

사용자 정의 리소스를 위한 패턴

모든 사용자 정의 리소스가 동일한 것은 아니다. 쿠버네티스 API 노출 영역을 확장하는 데는 다양한 이유가 있으며, 다음 절에서는 고려해야 할 일반적인 패턴을 살펴본다.

저스트 데이터

API 확장의 가장 쉬운 패턴은 저스트 데이터just data라는 개념이다. 이 패턴에서는 단순히 애플리케이션의 정보를 저장하고 검색하기 위한 목적으로 API 서버를 사용한다. 애플리케이션의 데이터 저장을 목적으로 쿠버네티스 API 서버를 사용해서는 안 된다. 쿠버네티스 API 서버는 애플리케이션을 위한 키/값 저장소로 설계되지 않았다. 대신 API 확장은 애플리케이션의 배포나 런타임을 관리하는 데 도움이 되는 제어나 구성 객체여야 한다. '저스트 데이터' 패턴의 사용 사례는 애플리케이션의 카나리 배포canary deployment[1]를 위한 컨피규레이션이다. 모든 트래픽의 10% 정도만 테스트 목적의 백엔드로 흘려보내는 것이 카나리 배포의 한 예다. 이론상으로 이러한 컨피규레이션 정보는 컨피그맵에 저장될 수도 있지만 컨피그맵은 기본적으로 타입이 지정되지 않은 경우가 있으며 때로는 더 강력한 유형의 API 확장 객체를 사용하는 것이 확장성과 사용의 편의성 측면에서 좋다.

저스트 데이터 패턴을 통한 확장은 해당 확장을 활성화하고자 이에 대응하는 컨트롤러가 필요하지는 않지만 제대로 구성될 수 있게 승인 컨트롤러에 대한 유효성 검사와 변형 단계가 필요하다. 예를 들어 카나리 사용 사례에서 유효성 검증 단계는 모든 카나리 객체의 백분율 합이 100%가 되도록 보장할 수 있다.

---

1. 안정적인 버전 릴리스를 수행하기 전에 테스트를 목적으로 일부만 배포하는 것 – 옮긴이

컴파일러

약간 더 복잡한 패턴은 '컴파일러' 또는 '추상화' 패턴이다. 이 패턴에서 API 확장 객체는 하위 수준 쿠버네티스 객체의 조합으로 '컴파일된' 상위 수준의 추상화를 의미한다. 이전 예제의 **LoadTest** 확장은 컴파일러 추상화 패턴의 예다. 사용자는 확장 기능을 상위 수준의 개념(이 경우 loadtest)으로 사용하지만 실제로는 쿠버네티스 파드 및 서비스 모음으로 배포돼 확장 기능을 사용한다. 이를 위해 컴파일된 추상화에는 API 컨트롤러가 클러스터에서 실행돼야 하며, 현재 **LoadTests**에 대한 모니터링을 통해 컴파일된 추상 객체를 생성하고 더 이상 존재하지 않는 추상 객체를 삭제한다. 그러나 다음에 살펴볼 오퍼레이터 패턴과 달리 컴파일된 추상화에 대한 온라인 상태 유지 관리 기능은 존재하지 않는다. 이 기능은 하위 수준의 객체(예, 파드)로 위임된다.

오퍼레이터

컴파일러 확장은 사용하기 쉬운 추상화를 제공하는 반면에 '오퍼레이터' 패턴을 사용하는 확장은 확장에 의해 생성된 리소스의 온라인 프로액티브proactive 관리 기능을 제공한다. 오퍼레이터 패턴을 통한 확장은 하위 수준 객체의 컴파일을 통해 상위 수준 추상화를 제공할 뿐만 아니라 데이터베이스의 스냅샷 백업 또는 새 버전의 소프트웨어 사용 가능 시 업그레이드 알림 같은 온라인 기능도 제공한다. 이를 위해 컨트롤러는 확장 API를 모니터링해 필요에 따라 항목을 추가 또는 제거할 뿐만 아니라 확장(예, 데이터베이스)에서 제공하는 애플리케이션의 실행 상태를 모니터링해 비정상적인 상태의 데이터베이스를 수정하거나, 스냅샷을 생성해 장애 발생 시 스냅샷을 통해 복구하는 작업을 수행한다. 오퍼레이터는 쿠버네티스의 API 확장을 위한 가장 복잡한 패턴이지만 가장 강력한 기능을 갖고 있으며, 사용자는 배포뿐만 아니라 상태 확인과 복구를 담당하는 기능을 통해 '자율 운행' 추상화에 쉽게 접근할 수 있다.

시작하기

쿠버네티스 API 확장을 처음 시작하는 것은 어려운 경험이 될 수 있다. 다행히 도움이 될 수 있는 많은 코드가 있다. Kubebuilder 프로젝트(https://kubebuilder.io/)에는 쿠버네티스 API 확장을 안정적이고 쉽게 구축할 수 있게 고안된 코드 라이브러리가 포함돼 있다. 확장을 시작하는 데 도움이 되는 훌륭한 리소스다.

요약

쿠버네티스의 가장 큰 '강점' 중 하나는 바로 에코시스템이며, 이 에코시스템을 강화하는 가장 중요한 것 중 하나는 쿠버네티스 API의 확장성이다. 클러스터를 커스터마이징하고자 사용자 고유의 확장을 설계하거나 유틸리티, 클러스터 서비스 또는 오퍼레이터로 상용 확장을 사용하는 경우 API 확장은 클러스터를 원하는 대로 만들고 안정적인 애플리케이션의 신속한 개발을 위한 올바른 환경을 구축하는 데 핵심적인 요소다.

## 18장

공통 프로그래밍 언어에서
쿠버네티스 접근하기

이 책에서 설명할 때 대부분 kubectl을 사용해 직접 선언적 YAML 구성^{declarative}
YAML configuration을 하거나 헬름^{Helm}과 같은 도구를 사용하고 있지만 때로는 프로그
래밍 언어로 직접 쿠버네티스 API와 상호작용해야 하는 상황이 있다. 예를 들어
헬름 도구(https://helm.sh)의 작성자들은 프로그래밍 언어를 통해 해당 애플리케이
션을 작성해야만 했다. 더 일반적으로 kubectl 플러그인^{plug-in}이나 쿠버네티스
오퍼레이터와 같은 좀 더 복잡한 코드를 작성해야 하는 경우는 매우 일반적인
상황이다. 쿠버네티스 에코시스템의 대부분은 Go 프로그래밍 언어로 작성됐
다. 결과적으로, Go 언어를 기반으로 하는 가장 풍부하고 광범위한 클라이언트
가 있다. 그러나 대부분의 일반적인 프로그래밍 언어(일부 흔하지 않은 언어도 포함)에 대
한 고품질 클라이언트가 있다. Go 클라이언트를 사용하는 방법에 대한 문서와
예제가 이미 너무 많이 있으므로 18장에서는 파이썬^{python}, 자바^{Java}, .NET의
예제를 사용해 쿠버네티스 API 서버와 상호작용하는 기본적인 사항을 살펴
본다.

쿠버네티스 API: 클라이언트의 관점

결국 쿠버네티스 API 서버는 HTTP(S) 서버며 각 클라이언트 라이브러리가 이를 인식해 동작한다. 각 클라이언트에는 다양한 API를 호출하고 수신한 JSON 형식의 데이터를 직렬화serialize하는 등 다양한 로직이 구현돼 있다. 이러한 점을 고려해봤을 때 단순히 일반 HTTP 클라이언트를 사용해 쿠버네티스 API와 상호작용하게 작업하고 싶을 수 있지만 클라이언트 라이브러리는 이러한 다양한 HTTP 호출에 대한 코드를 더 읽기 쉽게 만드는 의미 있는 API(예, readNamespacedPod(...))와 정적 유형 검사를 용이하게 해서 버그를 줄일 수 있는 의미 있는 typed 객체 모델object model(예, 디플로이먼트)로 래핑해야 한다. 더 중요한 것은 클라이언트 라이브러리가 kubeconfig 파일이나 파드 환경에서 인가 정보를 로드하는 것과 같은 쿠버네티스 관련 기능도 구현한다는 것이다. 또한 클라이언트는 포트 포워드port-forward, 로그, 워치watch와 같은 쿠버네티스 API의 퍼블릭 영역이 아닌 부분에 대한 구현을 제공한다. 이러한 고급 기능은 이후 절에서 살펴볼 것이다.

OpenAPI와 생성된 클라이언트 라이브러리

쿠버네티스 API에 있어서 리소스와 함수의 집합은 매우 방대하다. 다양한 API 그룹에는 다양한 리소스가 있으며 이러한 각 리소스에는 다양한 오퍼레이션operation이 있다. 개발자가 이러한 모든 API 호출을 직접 작성해야 한다면 다양한 리소스와 리소스 버전을 따라가는 것은 엄청난(그리고 틀림없이 지루함이 동반되는) 작업이 될 것이다. 특히 클라이언트가 각 프로그래밍 언어를 통해 직접 작성해야 한다는 점을 고려할 때 더욱 그렇다. 대신 클라이언트는 다른 접근 방식을 취하고 있다. 쿠버네티스 API 서버와 상호작용하는 기본적인 사항은 모두 컴파일러와 같은 컴퓨터 프로그램에 의해 생성된다. API 클라이언트의 코드 생성기는 쿠버네티스 API에 대한 데이터 명세서data specification를 사용하며, 이 명세서를 사용해 특정 언어에 대한 클라이언트를 생성한다.

쿠버네티스 API는 RESTful API를 나타내는 가장 일반적인 스키마인 OpenAPI라는 형식으로 표현된다. 쿠버네티스 API의 크기를 짐작해볼 수 있도록 깃허브 GitHub에 있는 OpenAPI 명세(https://oreil.ly/3gRlW)의 크기를 확인해보면 4MB가 넘는다는 것을 확인할 수 있다. 이는 꽤나 큰 크기의 텍스트 파일이다. 공식적인 쿠버네티스 클라이언트 라이브러리는 모두 동일한 코어 코드 생성 로직을 사용해 생성되며, 깃허브(https://oreil.ly/F39uK)에서 이를 확인할 수 있다. 실제로 클라이언트 라이브러리를 직접 생성해야 하는 경우는 거의 없지만 그럼에도 이러한 라이브러리가 생성되는 프로세스를 이해하는 것은 매우 유용하다. 특히 대부분의 클라이언트 코드가 코드 제너레이터에 의해 생성되기 때문에 생성된 클라이언트 코드에 직접 업데이트와 수정이 불가하다. 이는 대부분의 경우 API가 생성될 때 덮어써지기 때문이다. 대신 클라이언트에서 에러가 발견되면 OpenAPI 명세(에러가 명세 자체에 있는 경우)나 코드 생성기(에러가 생성된 코드에 있는 경우)를 직접 수정해야 한다. 이 프로세스가 지나치게 복잡해 보일 수 있지만 소수의 쿠버네티스 클라이언트 작성자가 광범위한 쿠버네티스 API를 따라갈 수 있는 유일한 방법이다.

kubectl x는 어떤가?

쿠버네티스 API와 상호작용하기 위한 자체 로직을 구현하기 시작하다 보면 머지않아 kubectl x를 수행하는 방법을 문의하게 될 것이다. 대부분의 사람은 쿠버네티스를 학습할 때 kubectl 도구로 시작하기 때문에 kubectl의 기능과 쿠버네티스 API 간에 일대일 매핑이 있을 것으로 예상한다. 일부 명령(예, kubectl get pods)은 쿠버네티스 API에 직접 표현되지만 대부분의 좀 더 정교한 기능은 실제로 kubectl 도구로 복잡한 로직을 사용해 더 많은 수의 API를 호출한다.

클라이언트 측 기능과 서버 측 기능 간의 이러한 균형은 쿠버네티스 시작 이후 설계 절충안이었다. 현재 API 서버에 존재하는 대부분의 기능은 kubectl의 클라이언트 측 구현으로 시작됐다. 예를 들어 현재 서버 측에 구현돼 있는 디플로이먼트 리소스에 의한 롤아웃 기능은 이전에 클라이언트에서 구현됐다. 마찬가지로 최근까지 kubectl apply ...은 커맨드라인 도구 내에서만 사용할 수 있었다. 그러나 18장의 후반부에서 설명하겠지만 서버 측 적용 기능으로 마이그레이션됐다.

서버 측 구현으로 방향성이 결정됐음에도 여전히 클라이언트에는 상당한 기능이 남아 있다. 이러한 각 기능은 클라이언트 라이브러리에서 다시 구현해야 한다. kubectl 커맨드라인 도구의 패리티^{parity}는 언어마다 다르다. 특히 자바 클라이언트는 많은 kubectl 기능을 에뮬레이트하는 무거운 클라이언트$^{thick\ client}$를 구축했다.

클라이언트 라이브러리에서 원하는 기능을 찾을 수 없는 경우 유용한 트릭은 kubectl 명령에 --v=10 플래그를 추가하는 것이다. 그렇게 하면 쿠버네티스 API로 전송되는 모든 HTTP 요청과 응답을 포함해 자세한 로깅이 활성화된다. 이 로깅을 사용해 kubectl이 수행하는 작업의 대부분을 재구성할 수 있다. 더 깊이 파고들어갈 필요가 있다면 kubectl 소스코드로 쿠버네티스 리포지터리 내에서 확인할 수 있다.

쿠버네티스 API 프로그래밍

이제 쿠버네티스 API가 동작하는 방식 및 클라이언트와 서버가 상호작용하는 방식에 대해 좀 더 깊은 통찰력을 갖췄다. 다음 절에서는 쿠버네티스 API 서버에 인증을 수행하고 리소스와 상호작용하는 방법을 살펴본다. 오퍼레이터 작성부터 대화형 작업을 위한 파드 상호작용에 이르기까지 고급 주제로 미무리하겠다.

클라이언트 라이브러리 설치

쿠버네티스 API로 프로그래밍을 시작하기에 앞서 클라이언트 라이브러리를 찾아야 한다. 쿠버네티스 프로젝트 자체에서 생성된 공식 클라이언트 라이브러리를 사용할 예정이지만 독립 프로젝트로 개발된 고품질 클라이언트도 많다. 클라이언트 라이브러리는 모두 깃허브의 kubernetes-client 리포지터리에 호스팅된다.

- 파이썬(https://oreil.ly/ku6mT)

- 자바(https://oreil.ly/aUSkD)

- .NET(https://oreil.ly/9J8iy)

이러한 각 프로젝트는 어떤 버전의 클라이언트가 어떤 버전의 쿠버네티스 API와 호환돼 동작하는지 보여주기 위한 호환성 행렬compatibility matrix을 포함하고 있으며, 특정 프로그래밍 언어[1]와 관련된 패키지 관리자(예, npm)를 사용해 라이브러리를 설치하기 위한 가이드를 제공한다.

쿠버네티스 API에 인증

쿠버네티스 API에 전 세계 모든 사람이 접근해 오케스트레이션을 수행하는 리소스에 대해 읽기나 쓰기를 수행하도록 허용한다면 그다지 안전하지 않을 것이다. 결과적으로 쿠버네티스 API 프로그래밍의 첫 번째 단계는 해당 서버에 연결하고 인증을 위해 자신을 식별하는 것이다. API 서버의 경우 코어가 HTTP 서버이기 때문에 인증 방법의 핵심은 HTTP 인증 방법이다. 쿠버네티스의 첫 번째 구현 결과물은 사용자와 비밀번호 조합을 통한 기본 HTTP 인증을 사용했다. 그러나 이러한 접근 방식은 현대의 인증 인프라에서는 더 이상 사용되지 않는다.

쿠버네티스와의 상호작용을 위해 kubectl 커맨드라인 도구를 사용했다면 인증을 위한 세부적인 구현 방식을 고려하지 않았을 수도 있다. 그러나 쿠버네티스

---

1. 간략한 설명을 위해 자바스크립트(https://oreil.ly/8mw5F) 예제를 포함하지 않았지만 활발히 개발되고 있다.

인증이 동작하는 방식에 대해 기본적으로 이해하고 있으면 문제가 발생할 때마다 디버깅을 할 수 있기 때문에 매우 유용하다. kubectl 도구와 클라이언트가 인증 정보를 얻는 두 가지 기본적인 방법이 있는데, kubeconfig 파일과 쿠버네티스 클러스터 내의 파드 콘텍스트에서 얻는 방법이다.

쿠버네티스 클러스터 내에서 실행되지 않는 코드의 경우 인증에 필요한 정보를 얻고자 kubeconifg 파일이 필요하다. 기본적으로 클라이언트는 ${HOME}/.kube/config 또는 $KUBECONFIG 환경 변수에서 해당 파일을 찾는다. 기본적으로 KUBECONFIG 변수가 존재하는 경우 기본 홈 위치에 있는 모든 구성 파일보다 우선시한다. kubeconfig 파일에는 쿠버네티스 API 서버에 접근하는 데 필요한 모든 정보가 포함돼 있다. 클라이언트는 모두 기본 위치나 코드 자체에 제공된 kubeconfig 파일에서 클라이언트를 생성하고자 사용하기 쉬운 호출 방식을 갖고 있다.

파이썬

```
config.load_kube_config()
```

자바

```
ApiClient client = Config.defaultClient();
Configuration.setDefaultApiClient(client);
```

.NET

```
var config = KubernetesClientConfiguration.BuildDefaultConfig();
var client = new Kubernetes(config);
```

대다수의 클라우드 제공자에 대한 인증은 쿠버네티스 클러스터에 대한 토큰을 생성하는 방법을 아는 외부 실행 파일을 통해 이뤄진다. 이 실행 파일은 주로 클라우드 제공자의 커맨드라인 도구의 일부로 설치된다. 쿠버네티스 API와 상호작용하는 코드를 작성할 때 토큰을 얻는 데 실행할 수 있도록 코드가 실행되는 콘텍스트에서도 이 실행 파일을 사용할 수 있는지 확인해야 한다.

쿠버네티스 클러스터의 파드 콘텍스트 내에서 실행되는 코드는 해당 파드와 연결된 쿠버네티스 서비스 계정service account에 접근할 수 있다. 관련 토큰과 인증기관CA, Certificate Authority이 포함된 파일은 파드가 생성될 때 쿠버네티스에 의해 파드 내부 볼륨으로 배치된다. 쿠버네티스 클러스터 내에서 API 서버는 항상 고정된 DNS 이름(일반적으로 kubernetes)으로 사용할 수 있다. 필요한 모든 데이터가 파드에 존재하므로 kubeconfig 파일이 별도로 필요하지 않으며 클라이언트는 해당 콘텍스트에서 컨피규레이션을 사용할 수 있다. 이처럼 "클러스터 내"에서 클라이언트를 생성하고자 사용하기 쉬운 호출을 갖고 있다.

파이썬

```
config.load_incluster_config()
```

자바

```
ApiClient client = ClientBuilder.cluster().build();
Configuration.setDefaultApiClient(client);
```

.NET

```
var config = KubernetesClientConfiguration.InClusterConfig()
var client = new Kubernetes(config);
```

파드와 연결된 기본 서비스 계정에는 최소 역할(RBAC)이 부여된다. 즉, 기본적으로 파드에서 실행되는 코드는 쿠버네티스 API를 통해 많은 작업을 수행할 수 없다. 권한과 관련된 에러에 직면하는 경우 클러스터에 필요한 역할에 접근할 수 있는 계정으로 서비스 계정을 조정해야 할 수 있다.

쿠버네티스 API에 접근

대부분의 사람이 쿠버네티스 API와 상호작용하는 가장 일반적인 방법은 리소스 생성, 나열, 삭제와 같은 기본 오퍼레이션을 사용하는 것이다. 모든 클라이언트는 동일한 OpenAPI 명세에서 생성되기 때문에 모두 대략적으로 동일한 패턴을 따른다. 코드를 좀 더 주의 깊게 살펴보기 전에 반드시 이해해야 할 쿠버네티스 API에 대한 몇 가지 세부 정보가 있다.

쿠버네티스에서는 네임스페이스 수준의 리소스와 클러스터 수준의 리소스가 구분된다. 네임스페이스 리소스는 쿠버네티스 네임스페이스 내에 존재한다. 예를 들어 파드나 디플로이먼트가 kube-system 네임스페이스 내에 존재할 수 있다. 클러스터 수준의 리소스는 전체 클러스터에서 한 개만 존재한다. 이러한 리소스의 가장 확실한 예는 네임스페이스지만 다른 클러스터 수준 리소스에는 CustomResourceDefinition(커스텀 리소스 정의)과 ClusterRoleBindings(클러스터 롤바인딩)가 있다. 이러한 구분은 리소스에 접근하는 데 사용하는 함수 호출에서 유지되기 때문에 중요하다. 예를 들어 파이썬에서 default 네임스페이스에 존재하는 파드 목록을 조회하려면 api.list_namespaced_pods('default')와 같은 코드를 써야 한다. 네임스페이스를 조회하려면 api.list_namespaces()와 같은 코드를 써야 한다.

두 번째로 이해해야 할 개념은 바로 API 그룹이다. 쿠버네티스에서 모든 리소스는 서로 다른 API 집합으로 그룹화된다. 이는 kubectl 도구 사용자에게는 숨겨져 있지만 쿠버네티스 객체의 YAML 명세서에 있는 apiVersion 필드 내에서 본 적이 있을 수 있다. 쿠버네티스 API에 대해 프로그래밍할 때 이러한 그룹화가 중요해진다. 각 API 그룹에는 해당 리소스 집합과 상호작용하기 위한 자체 클라이언트가 존재하기 때문이다. 예를 들어 디플로이먼트 리소스(apps/v1 API 그룹 및 버전에 존재)와 상호작용할 클라이언트를 생성하려면 apps/v1 API 그룹 및 버전의 모든 리소스와 상호작용하는 방법을 알고 있는 새로운 `AppsV1Api()` 객체를 생성해야 한다. API 그룹에 대한 클라이언트를 생성하는 방법의 예는 다음 절에 있다.

모두 합치기: 파이썬, 자바, .NET에서 파드 나열과 생성

이제 실제로 코드를 작성할 준비가 됐다. 클라이언트 객체를 생성해 시작한 다음 이를 사용해 default 네임스페이스에 있는 파드를 나열해보자. 다음은 파이썬, 자바, .NET에서 이를 수행하는 코드다.

파이썬

```
config.load_kube_config()
api = client.CoreV1Api()
pod_list = api.list_namespaced_pod('default')
```

자바

```
ApiClient client = Config.defaultClient();
Configuration.setDefaultApiClient(client);
CoreV1Api api = new CoreV1Api();
V1PodList list = api.listNamespacedPod("default");
```

.NET

```
var config = KubernetesClientConfiguration.BuildDefaultConfig();
var client = new Kubernetes(config);
```

```
var list = client.ListNamespacedPod("default");
```

객체를 나열하고, 읽고, 삭제하는 방법을 파악했다면 일반적인 다음 단계는 새로운 객체를 생성하는 것이다. 객체를 생성하기 위한 API 호출은 알아내기에 충분히 쉽지만(예, 파이썬에서의 create_namespaced_pod) 실제로 새로운 파드 리소스를 정의하는 것은 더 복잡할 수 있다.

파이썬, 자바, .NET에서 파드를 생성하는 방법은 다음과 같다.

파이썬

```
container = client.V1Container(
    name="myapp",
    image="my_cool_image:v1",
)

pod = client.V1Pod(
    metadata = client.V1ObjectMeta(
        name="myapp",
    ),
    spec=client.V1PodSpec(containers=[container]),
)
```

자바

```
V1Pod pod =
    new V1PodBuilder()
        .withNewMetadata().withName("myapp").endMetadata()
        .withNewSpec()
            .addNewContainer()
                .withName("myapp")
                .withImage("my_cool_image:v1")
```

```
      .endContainer()
   .endSpec()
   .build();
```

.NET

```
var pod = new V1Pod()
{
  Metadata = new V1ObjectMeta{ Name = "myapp", },
  Spec = new V1PodSpec
  {
    Containers = new[] {
      new V1Container() {
        Name = "myapp", Image = "my_cool_image:v1",
      },
    },
  }
};
```

객체 생성과 패치

쿠버네티스용 클라이언트 API를 탐색해보면 리소스를 조작하는 세 가지 방법, 즉 생성create, 교체replace, 패치patch가 있는 것처럼 보인다. 이 세 개의 동사는 리소스와 상호작용하기 위한 약간 다른 의미를 나타낸다.

생성

이름에서 알 수 있듯이 새로운 리소스가 생성된다. 그러나 리소스가 이미 존재하는 경우 실패한다.

교체

이것은 기존 리소스를 확인하지 않고 기존 리소스를 완전히 대체한다. 교체를 사용할 때 전체 리소스를 지정해야 한다.

패치

패치하면 기존 리소스가 수정되고 변경되지 않은 리소스 부분은 그대로 유지된다. 패치를 사용할 때 수정 중인 리소스(예, 파드)를 보내는 대신 특수한 패치 리소스를 사용한다.

 리소스 패치는 작업이 복잡할 수 있다. 따라서 대부분의 경우 교체하는 것이 더 쉽다. 그러나 일부의 경우, 특히 대규모 리소스의 경우 리소스 패치가 네트워크 대역과 API 서버 처리 측면에서 훨씬 더 효율적일 수 있다. 또한 여러 액터(actor)가 쓰기 작업에 있어 충돌에 대한 걱정 없이 리소스의 다른 부분을 동시에 패치할 수 있기 때문에 오버헤드가 줄어든다

쿠버네티스 리소스에 패치를 적용하려면 리소스에 적용하려는 변경 사항을 나타내는 패치 객체를 생성해야 한다. 쿠버네티스에서 지원하는 이 패치에는 세 가지 형식이 있다. JSON 패치, JSON 머지 패치[merge patch], 전략적 머지 패치[strategic merge patch]가 있다. 첫 번째와 두 번째 패치 형식의 경우 다른 곳에서 사용되는 RFC 표준이고 세 번째 형식은 쿠버네티스에서 개발한 패치 형식이다. 각 패치 형식에는 장단점이 있다. 이번 예제에서는 가장 이해하기 쉬운 JSON 패치를 사용할 것이다.

복제본[replica]을 세 개로 늘리고자 디플로이먼트를 패치하는 방법은 다음과 같다.

파이썬

```
deployment.spec.replicas = 3
api_response = api_instance.patch_namespaced_deployment(
  name="my-deployment",
  namespace="some-namespace",
  body=deployment)
```

356

자바

```java
// JSON 패치 형식
static String jsonPatch =
    "[{\"op\":\"replace\",\"path\":\"/spec/replicas\",\"value\":3}]";

V1Deployment patched =
    PatchUtils.patch(
        V1Deployment.class,
        () ->
            api.patchNamespacedDeploymentCall(
                "my-deployment",
                "some-namespace",
                new V1Patch(jsonPatchStr),
                null,
                null,
                null,
                null,
                null),
        V1Patch.PATCH_FORMAT_JSON_PATCH,
        api.getApiClient());
```

.NET

```csharp
var jsonPatch = @"
[{
  ""op"": ""replace"",
  ""path"": ""/spec/replicas"",
  ""value"": 3
}]";

client.PatchNamespacedPod(
  new V1Patch(patchStr, V1Patch.PatchType.JsonPatch),
  "my-deployment",
  "some-namespace");
```

이러한 각 코드 샘플에서 디플로이먼트 리소스는 디플로이먼트의 복제본 수를 3으로 설정하게 패치됐다.

변경 사항에 대한 쿠버네티스 API 지켜보기

쿠버네티스의 리소스는 선언적^{declarative}이다. 시스템의 원하는 상태^{desired state}를 나타낸다. 원하는 상태를 실제로 만들고자 프로그램은 원하는 상태의 변경 사항을 관찰하고 현재 상태가 원하는 상태와 일치하도록 조치를 취해야 한다.

이러한 패턴 때문에 쿠버네티스 API에 대해 프로그래밍할 때 가장 일반적인 작업 중 하나는 리소스의 변경 사항을 관찰한 다음 이러한 변경 사항을 기반으로 몇 가지 조치를 취하는 것이다. 가장 쉬운 방법은 폴링^{polling}을 이용하는 것이다. 폴링은 앞서 설명한 list 함수를 일정한 간격(예, 60초마다)으로 호출하고 관심 있는 모든 리소스를 나열해보는 것이다. 이러한 코드는 작성하기 쉽지만 클라이언트 모드와 API 서버 모두에 많은 단점이 있다. 폴링은 이전 폴링이 완료된 직후 발생하는 변경 사항을 인지하고자 다음 폴링 주기가 돌아오기까지 기다려야 하기 때문에 불필요한 지연^{latency}이 발생한다. 또한 폴링은 변경되지 않은 리소스에 대한 정보까지도 반환하기 때문에 API 서버에 더 많은 로드를 발생시킨다. 처음에는 적은 수의 단순하게 구현된 클라이언트가 폴링을 시작하지만 그 개체수가 많아질 경우 서버에 과부하가 걸리고 지연 시간이 추가될 수 있다.

이러한 문제를 해결하고자 쿠버네티스 API는 워치나 이벤트 기반의 시맨틱스^{semantics}를 제공한다. 워치 호출을 사용하면 API 서버에 특정 변경 사항에 대한 관심을 등록할 수 있으며 반복적으로 폴링하는 대신 API 서버에서 변경 사항이 발생할 때마다 알림을 보낸다. 실질적으로 클라이언트는 HTTP API 서버에 GET을 수행한다. 이 HTTP 요청의 기반이 되는 TCP 연결은 감시 기간 동안만 열린 상태로 유지되고 서버는 변경이 발생할 때마다 해당 스트림(그러나 스트림을 닫지는 않음)에 대한 응답을 작성한다.

프로그래밍 관점에서 워치 시맨틱스는 이벤트 기반 프로그래밍을 가능하게 해 반복적으로 폴링을 수행하는 while 루프를 콜백[callback] 집합으로 변경한다.

파이썬

```
config.load_kube_config()
api = client.CoreV1Api()
w = watch.Watch()

for event in w.stream(v1.list_namespaced_pods, "some-namespace"):
  print(event)
```

자바

```
ApiClient client = Config.defaultClient();
CoreV1Api api = new CoreV1Api();

Watch<V1Namespace> watch =
    Watch.createWatch(
      client,
      api.listNamespacedPodCall(
        "some-namespace",
        null,
        null,
        null,
        null,
        null,
        Integer.MAX_VALUE,
        null,
        null,
        60,
        Boolean.TRUE);
      new TypeToken<Watch.Response<V1Pod>>() {}.getType());
try {
  for (Watch.Response<V1Pod> item : watch) {
```

```
    System.out.printf(
       "%s : %s%n", item.type, item.object.getMetadata().getName());
  }
} finally {
  watch.close();
}
```

.NET

```
var config = KubernetesClientConfiguration.BuildConfigFromConfigFile();
var client = new Kubernetes(config);

var watch =
  client.ListNamespacedPodWithHttpMessagesAsync("default", watch: true);
using (watch.Watch<V1Pod, V1PodList>((type, item) =>
{
  Console.WriteLine(item);
}
```

이러한 각 예제를 살펴보면 반복적인 폴링 루프가 아니라 워치 API 호출은 리소
스에 대한 각 변경 사항을 사용자가 제공한 콜백으로 전달한다. 이렇게 하면
쿠버네티스 API 서버에서 수행하는 지연 시간과 로드가 모두 줄어들게 된다.

파드와 상호작용

쿠버네티스 AP는 쿠버네티스 파드에서 실행되는 애플리케이션과 직접 상호작
용하는 기능도 제공한다. kubectl 도구는 파드와 상호작용하기 위한 여러 명령,
즉 logs, exec, port-forward를 제공하고 커스텀 코드 내에서도 이를 각각 사용
할 수 있다.

360

logs, exec, port-forward API는 RESTful 관점에서는 비표준이기 때문에 클라이언트 라이브러리에서 커스텀 로직을 요구하며 이로 인해 서로 다른 클라이언트 간에 일관성 이 다소 떨어질 수 있다. 불행하게도 각 언어에 맞는 구현을 배우는 것 외에는 선택지가 없다.

파드에 대한 로그를 가져올 때 현재 상태의 스냅샷을 얻고자 파드 로그를 읽을 지, 발생할 때 새로운 로그를 수신하도록 스트리밍할지 결정해야 한다. 로그를 스트리밍하는 경우(kubectl logs -f ...과 동일) API 서버와 오픈 커넥션open connection을 생 성하고 새로운 로그 라인이 파드에 기록될 때 이 스트림에 기록된다. 그렇지 않은 경우 로그의 현재 내용을 수신하기만 하면 된다.

로그를 읽고 스트리밍하는 방법은 다음과 같다.

파이썬

```
config.load_kube_config()
api = client.CoreV1Api()
log = api_instance.read_namespaced_pod_log(
    name="my-pod", namespace="some-namespace")
```

자바

```
V1Pod pod = ...; // 포드를 정의하거나 얻기 위한 일부 코드는 여기에
PodLogs logs = new PodLogs();
InputStream is = logs.streamNamespacedPodLog(pod);
```

.NET

```
IKubernetes client = new Kubernetes(config);
var response = await client.ReadNamespacedPodLogWithHttpMessagesAsync(
    "my-pod", "my-namespace", follow: true);
var stream = response.Body;
```

또 다른 일반적인 작업은 파드 내에서 일부 명령을 실행하고 해당 작업을 실행한 결과를 얻는 것이다. 이는 커맨드라인에서 kubectl exec ... 명령을 통해 사용할 수 있다. 내부적인 동작을 살펴보면 이를 구현하는 API는 API 서버에 대한 웹소켓^{WebSocket} 연결을 생성한다. 웹소켓을 사용하면 동일한 HTTP 연결에서 여러 데이터 스트림(이 경우 stdin, stdout, stderr)이 공존할 수 있다. 웹소켓에 대한 경험이 없더라도 걱정할 필요 없다. 웹소켓과 상호작용에 대한 세부 정보는 클라이언트 라이브러리에서 처리할 것이다.

다음은 파드에서 ls /foo 명령을 실행하는 방법을 보여준다.

파이썬

```
cmd = [ 'ls', '/foo' ]
response = stream(
    api_instance.connect_get_namespaced_pod_exec,
    "my-pod",
    "some-namespace",
    command=cmd,
    stderr=True,
    stdin=False,
    stdout=True,
    tty=False)
```

자바

```
ApiClient client = Config.defaultClient();
Configuration.setDefaultApiClient(client);
Exec exec = new Exec();
final Process proc =
    exec.exec("some-namespace",
    "my-pod",
    new String[] {"ls", "/foo"},
    true,
```

```
        true /*tty*/);
```

.NET

```
var config = KubernetesClientConfiguration.BuildConfigFromConfigFile();
IKubernetes client = new Kubernetes(config);
var webSocket =
    await client.WebSocketNamespacedPodExecAsync(
        "my-pod", "some-namespace", "ls /foo", "my-container-name");
var demux = new StreamDemuxer(webSocket);
demux.Start();
var stream = demux.GetStream(1, 1);
```

파드에서 명령을 실행하는 것 외에도 로컬 시스템에서 실행 중인 코드로 네트워크 연결을 파드에서 포트 포워드할 수 있다. exec와 마찬가지로 포트 포워딩된 트래픽은 웹소켓을 통과한다. 포트 포워딩된 소켓으로 수행하는 작업은 코드에 달려있다. 간단한 하나의 요청을 보내고 바이트 문자열로 응답을 받을 수 있다. 또한 프록시를 통해 임의의 요청을 처리하고자 완전한 프록시 서버(예, kubectl port-forward)를 구축할 수 있다.

연결을 통해 무엇을 하려는지 여부와 관계없이 포트 포워딩을 설정하는 방법은 다음과 같다.

파이썬

```
pf = portforward(
    api_instance.connect_get_namespaced_pod_portforward,
    'my-pod', 'some-namespace',
    ports='8080',
)
```

자바

```
PortForward fwd = new PortForward();

List<Integer> ports = new ArrayList<>();
int localPort = 8080;
int targetPort = 8080;
ports.add(targetPort);
final PortForward.PortForwardResult result =
    fwd.forward("some-namespace", "my-pod", ports);
```

.NET

```
var config = KubernetesClientConfiguration.BuildConfigFromConfigFile();
IKubernetes client = new Kubernetes(config);
var webSocket = await client.WebSocketNamespacedPodPortForwardAsync(
    "some-namespace", "my-pod", new int[] {8080}, "v4.channel.k8s.io");
var demux = new StreamDemuxer(webSocket, StreamType.PortForward);
demux.Start();
var stream = demux.GetStream((byte?)0, (byte?)0);
```

이러한 각 예제는 파드의 포트 8080에서 프로그램의 포트 8080으로 연결을 생성한다. 코드는 이 포트 전달 채널을 통해 통신하는 데 필요한 바이트 스트림을 반환한다. 이러한 스트림을 사용해 메시지를 보내고 받을 수 있다.

요약

쿠버네티스 API는 커스텀 코드를 작성할 수 있는 풍부하고 강력한 기능을 제공한다. 작업이나 페르소나에 가장 적합한 언어로 애플리케이션을 작성하면 가능한 한 많은 쿠버네티스 사용자와 오케스트레이션 API의 기능을 공유할 수 있다. 호출 스크립트를 넘어 kubectl exec로 이동할 준비가 됐다면 쿠버네티스 클라이언트 라이브러리는 운영자, 모니터링 에이전트, 새로운 사용자 인터페이스 또는 여러분의 상상력이 떠올릴 수 있는 모든 것을 구축하고자 API를 깊이 탐색해 볼 수 있는 방법을 제공할 것이다.

## 19장

쿠버네티스에서 애플리케이션 보안

워크로드를 실행하고자 안전한 플랫폼을 제공하는 것은 쿠버네티스가 운영 환경에서 광범위하게 사용되는 데 매우 중요한 요소다. 고맙게도 쿠버네티스는 안전한 운영 환경을 구성할 수 있는 다양한 보안 중심 API^{security-focused API}와 함께 제공된다. 문제는 너무나도 다양한 보안 API가 있으며, 이를 사용하려면 선언적으로 옵트인^{opt-in}해야 한다는 것이다. 이러한 보안 중심 API를 사용하는 것은 번거롭고 복잡할 수 있기 때문에 원하는 보안 목표를 달성하는 것은 매우 어렵다.

쿠버네티스에서 파드의 보안을 강화할 때 다음의 두 가지 개념을 이해하는 것이 중요한데, 심층 방어^{DID, Defense In Depth}와 최소 권한의 원칙^{principle of least privilege}이다. 심층 방어는 쿠버네티스를 포함하는 컴퓨팅 시스템에서 여러 계층에 걸쳐 보안 제어를 사용하는 개념이다. 최소 권한의 원칙은 워크로드가 동작하는 데 필요한 리소스에만 접근할 수 있게 하는 것을 의미한다. 이 두 가지 개념은 도달하고자 하는 최종 목적지가 아니라 끊임없이 변화하는 컴퓨팅 시스템 환경에 지속적으로 적용된다.

19장에서는 파드 수준에서 워크로드를 보호하고자 점진적으로 적용할 수 있는 보안 중심 쿠버네티스 API를 살펴본다.

SecurityContext 이해

파드의 보안을 강화하는 것의 핵심은 SecurityContext다. 이는 파드와 컨테이너 명세서 수준 모두에서 적용될 수 있는 보안 중심 필드[security-focused field]의 집합이다. 다음은 SecurityContext에서 다루는 몇 가지 보안 제어의 예다.

- 사용자 권한 및 접근 제어(예, 사용자 ID 및 그룹 ID)

- 읽기 전용 루트 파일 시스템

- 권한 상승 허용

- Seccomp, AppArmor, SELinux 프로필과 라벨 할당

- 특권[privileged] 또는 비권한[unprivileged]으로 실행

예제 19-1에 정의된 SecurityContext가 있는 예제 파드를 살펴보자.

예제 19-1. kuard-pod-securitycontext.yaml

```
apiVersion: v1
kind: Pod
metadata:
  name: kuard
spec:
  securityContext:
    runAsNonRoot: true
    runAsUser: 1000
    runAsGroup: 3000
    fsGroup: 2000
  containers:
    - image: gcr.io/kuar-demo/kuard-amd64:blue
      name: kuard
      securityContext:
        allowPrivilegeEscalation: false
        readOnlyRootFilesystem: true
```

```
        privileged: false
    ports:
      - containerPort: 8080
        name: http
        protocol: TCP
```

이 예제를 통해 파드와 컨테이너 수준 모두에 SecurityContext가 있음을 알수 있다. 대다수의 보안 제어가 이 두 수준에서 모두 적용될 수 있다. 파드와컨테이너 모두에 적용되는 경우 컨테이너 수준에 구성된 내용이 우선시된다.이번 예제의 파드 명세서에 정의한 필드가 워크로드의 보안에 미치는 영향을살펴보자.

runAsNonRoot

파드나 컨테이너는 루트[root]가 아닌 사용자로 실행해야 한다. 루트 사용자로실행 중인 경우 컨테이너가 구동에 실패할 것이다. 루트 사용자로 실행 중인컨테이너 프로세스를 컨테이너가 위치한 호스트의 루트 사용자와 융합하는컨테이너 런타임을 통해 많은 잘못된 구성과 악용이 발생할 수 있기 때문에루트가 아닌 사용자로 실행하는 것은 모범 사례[best practice]로 간주된다.

runAsUser/runAsGroup

이 설정은 컨테이너 프로세스가 실행되는 사용자 및 그룹을 오버라이드[override]한다. 컨테이너 이미지에는 도커파일[Dockerfile]의 일부로 구성돼 있을 수있다.

fsgroup

파드에 마운트될 때 볼륨의 모든 파일 그룹을 변경하도록 쿠버네티스를 구성한다. 추가 필드인 fsGroupChangePolicy를 사용해 정확한 동작을 구성할수 있다.

allowPrivilegeEscalation

컨테이너 프로세스가 상위 프로세스보다 더 많은 권한을 얻을 수 있는지 여부를 구성한다. 이는 공격의 일반적인 벡터며 명시적으로 false로 설정하는 것이 중요하다. privileged: true로 설정된 경우 allowPrivilegeEscalation도 true로 설정된다는 점을 이해하는 것도 중요하다.

privileged

컨테이너를 호스트와 동일한 권한으로 상승시키는 권한이 있는 상태로 컨테이너를 실행한다.

readOnlyRootFilesystem

컨테이너의 루트 파일 시스템을 읽기 전용으로 마운트한다. 이 또한 일반적인 공격 벡터며 해당 항목을 활성화는 것이 가장 좋다. 워크로드에 쓰기 접근 권한이 필요한 모든 데이터나 로그는 별도 볼륨으로 이를 수행할 수 있다.

이 예제의 필드는 사용 가능한 모든 보안 제어의 전체 목록이 아니다; 그러나 이것들은 SecurityContext에 대한 작업을 수행할 때 적용할 수 있는 좋은 출발점을 제시한다. 19장의 뒷부분에서 이에 대해 좀 더 상세히 다룬다.

이제 앞서 살펴본 예제를 kuard-podsecuritcontext.yaml이라는 파일에 저장해 파드를 생성해본다. 이 예제를 통해 SecurityContext 구성이 실행 중인 파드에 어떻게 적용되는지 보여줄 것이다. 다음과 같은 명령으로 파드를 생성한다.

```
$ kubectl create -f kuard-pod-securitycontext.yaml
pod/kuard created
```

이제 kuard 컨테이너 내부에서 셸shell을 시작하고 프로세스가 실행 중인 사용자 ID와 그룹 ID를 확인한다.

```
$ kubectl exec -it kuard -- ash
/ $ id
uid=1000 gid=3000 groups=2000
/ $ ps
PID    USER    TIME    COMMAND
  1    1000    0:00    /kuard
 30    1000    0:00    ash
 37    1000    0:00    ps
/ $ touch file
touch: file: Read-only file system
```

앞선 예제에서 명령을 통해 구동한 셸인 ash는 사용자 ID[uid] 1000, 그룹 ID[gid] 3000으로 실행되고 있으며 그룹 2000에 속하고 있음을 확인할 수 있다. 또한 kuard 프로세스가 파드 명세서의 SecurityContext에 정의된 대로 사용자 1000 으로 실행되고 있음을 확인할 수 있다. 또한 컨테이너가 읽기 전용이기 때문에 새로운 파일을 생성할 수 없음을 확인했다. 다음의 변경 사항만 워크로드에 적용한다면 이미 좋은 출발을 한 것이다.

이제 SecurityContextt에서 다루는 몇 가지 다른 보안 제어를 도입해 워크로드 에 존재하는 접근 및 권한을 더욱 세밀하게 제어할 수 있다. 먼저 운영체제 수준의 보안 제어를 소개하겠다. 그런 다음 SecurityContext를 통해 구성하는 방법을 소개한다. 이러한 제어의 대부분은 호스트의 운영체제에 종속돼 있다는 점에 유의하는 것이 중요하다. 이는 윈도우와 같이 지원되는 다른 쿠버네티스 운영체제와 달리 리눅스 운영체제에서 실행되는 컨테이너에만 적용될 수 있음을 의미한다. 다음은 SecurityContext에서 다루는 핵심 운영체제 제어 집합의 목록이다.

Capabilities

워크로드가 동작하는 데 필요할 수 있는 권한 그룹의 추가나 제거를 허용한 다. 예를 들어 워크로드가 호스트의 네트워크 컨피규레이션을 구성할 수 있다. 호스트의 루트 권한을 갖도록 파드를 구성하는 대신 호스트의 네트워킹 컨피규레이션을 구성하는 특정 기능(NET_ADMIN이 이 기능에 해당한다)을 추가할 수 있다. 이와 같은 동작은 최소 권한의 원칙을 따른다.

AppArmor

프로세스가 접근할 수 있는 파일을 제어한다. AppArmor 프로필은 파드 명세서에 container.apparmor.security.beta.kubernetes.io/<container_name>: <profile_ref> 애노테이션을 추가해 컨테이너에 적용할 수 있다. <profile ref>에 허용되는 값은 runtime/default,localhost/<path to profile>, unconfined다. 기본값은 unconfined며, 이는 적용할 프로필을 명시적으로 설정하지 않는다.

Seccomp

Seccomp[secure computing] 프로필을 사용하면 syscall에 대한 필터를 생성할 수 있다. 이러한 필터는 특정 시스템에 대한 호출을 허용하거나 차단할 수 있게 해 파드의 프로세스에 노출되는 리눅스 커널의 표면적을 제한한다.

SELinux

파일 및 프로세스에 대한 접근 제어를 정의한다. SELinux 운영자는 함께 그룹화된 라벨을 사용해 프로세스에 대한 접근을 제한하는 데 사용되는 보안 콘텍스트[security context]를 생성한다(쿠버네티스에서 사용하는 SecurityContext와 혼동하지 말것). 기본적으로 쿠버네티스는 각 컨테이너에 대해 임의의 SELinux 콘텍스트를 할당한다. 그러나 SecurityContext를 통해 설정하도록 선택할 수 있다.

AppArmor와 seccomp 모두 사용할 런타임 기본 프로필을 설정하는 기능이 있다. 각 컨테이너 런타임은 공격 벡터로 알려져 있거나 애플리케이션에서 일반적으로 사용하지 않는 syscall 및 파일에 대한 접근을 제거해 공격에 노출되는 영역을 줄이기 위한 프로필과 함께 제공된다. 이러한 기본값은 워크로드에 거의 영향을 미치지 않으며 보안을 구성할 때 훌륭한 출발점을 제공한다.

앞서 설명한 보안 제어가 파드에 적용되는 방법을 보여주고자 제스 프라젤[Jess Frazelle]이 작성한 **amicontained**(Am I included, https://oreil.ly/6ubkU)라는 도구를 사용할 것이다. 예제 19-2는 파드의 명세서를 amicontainedpod.yaml이라는 파일에 저장한다. 첫 번째 파드에는 **SecurityContext**가 적용되지 않았으며, 이는 기본적으로 파드에 적용되는 보안 제어를 보여주는 데 사용된다. 쿠버네티스 배포 버전과 관리 서비스마다 기본값이 다르기 때문에 출력 결과가 다르게 보일 수 있다.

예제 19-2. amicontained-pod.yaml

```
apiVersion: v1
kind: Pod
metadata:
  name: amicontained
spec:
  containers:
    - image: r.j3ss.co/amicontained:v0.4.9
      name: amicontained
      command: [ "/bin/sh", "-c", "--" ]
      args: [ "amicontained" ]
```

amicontainer 파드를 생성한다.

```
$ kubectl apply -f amicontained-pod.yaml
pod/amicontained created
```

amicontained 도구의 출력 결과를 확인해 파드의 로그를 살펴본다.

```
$ kubectl logs amicontained
Container Runtime: kube
Has Namespaces:
  pid: true
```

```
    user: false
  AppArmor Profile: docker-default (enforce)
  Capabilities:
    BOUNDING -> chown dac_override fowner fsetid kill setgid setuid
    setpcap net_bind_service net_raw sys_chroot mknod audit_write
  setfcap
  Seccomp: disabled
  Blocked Syscalls (21):
    SYSLOG SETPGID SETSID VHANGUP PIVOT_ROOT ACCT SETTIMEOFDAY UMOUNT2
    SWAPON SWAPOFF REBOOT SETHOSTNAME SETDOMAINNAME INIT_MODULE
    DELETE_MODULE LOOKUP_DCOOKIE KEXEC_LOAD FANOTIFY_INIT
    OPEN_BY_HANDLE_AT FINIT_MODULE KEXEC_FILE_LOAD
  Looking for Docker.sock
```

위 출력 결과에서 AppArmor 런타임 기본값이 적용돼 있음을 알 수 있다. 또한 기본적으로 허용되는 기능과 secomp가 비활성화돼 있는 것을 볼 수 있다. 마지막으로 총 21개의 syscall이 기본적으로 차단돼 있음을 알 수 있다. 이제 베이스라인이 있으므로 seccomp, AppArmor, Capabilities 보안 제어를 파드 명세서에 적용해본다.

예제 19-3. amicontained-pod-securitycontext.yaml

```yaml
apiVersion: v1
kind: Pod
metadata:
  name: amicontained
  annotations:
    container.apparmor.security.beta.kubernetes.io/amicontained: "runtime/default"
spec:
  securityContext:
    runAsNonRoot: true
    runAsUser: 1000
    runAsGroup: 3000
```

```
    fsGroup: 2000
    seccompProfile:
      type: RuntimeDefault
  containers:
  - image: r.j3ss.co/amicontained:v0.4.9
    name: amicontained
    command: [ "/bin/sh", "-c", "--" ]
    args: [ "amicontained" ]
    securityContext:
      capabilities:
        add: ["SYS_TIME"]
        drop: ["NET_BIND_SERVICE"]
      allowPrivilegeEscalation: false
      readOnlyRootFilesystem: true
      privileged: false
```

먼저 기존의 amicontained 파드를 삭제해야 한다.

```
$ kubectl delete pod amicontained
pod "amicontained" deleted
```

이제 SecurityContext가 적용된 새로운 파드를 생성할 수 있다. 특히 런타임에 기본 AppArmor와 seccomp 프로필이 적용되도록 선언한다. 또한 다음과 같은 기능을 추가하고 삭제했다.

```
$ kubectl apply -f amicontained-pod-securitycontext.yaml
pod/amicontained created
```

파드 로그를 다시 검토하고자 amicontained 도구의 출력 결과를 살펴본다.

```
$ kubectl logs amicontained
Container Runtime: kube
Has Namespaces:
   pid: true
   user: false
AppArmor Profile: docker-default (enforce)
Capabilities:
   BOUNDING -> chown dac_override fowner fsetid kill setgid setuid setpcap
   net_raw sys_chroot sys_time mknod audit_write setfcap
Seccomp: filtering
Blocked Syscalls (67):
   SYSLOG SETUID SETGID SETPGID SETSID SETREUID SETREGID SETGROUPS
   SETRESUID SETRESGID USELIB USTAT SYSFS VHANGUP PIVOT_ROOT SYSCTL ACCT
   SETTIMEOFDAY MOUNT UMOUNT2 SWAPON SWAPOFF REBOOT SETHOSTNAME
   SETDOMAINNAME IOPL IOPERM CREATE_MODULE INIT_MODULE DELETE_MODULE
   GET_KERNEL_SYMS QUERY_MODULE QUOTACTL NFSSERVCTL GETPMSG PUTPMSG
   AFS_SYSCALL TUXCALL SECURITY LOOKUP_DCOOKIE VSERVER MBIND SET_MEMPOLICY
   GET_MEMPOLICY KEXEC_LOAD ADD_KEY REQUEST_KEY KEYCTL MIGRATE_PAGES
   FUTIMESAT UNSHARE MOVE_PAGES PERF_EVENT_OPEN FANOTIFY_INIT
   NAME_TO_HANDLE_AT OPEN_BY_HANDLE_AT SETNS PROCESS_VM_READV
   PROCESS_VM_WRITEV KCMP FINIT_MODULE KEXEC_FILE_LOAD BPF USERFAULTFD
   PKEY_MPROTECT PKEY_ALLOC PKEY_FREE
Looking for Docker.sock
```

SecurityContext 문제

보는 것처럼 SecurityContext를 제대로 사용하려면 이해해야 할 부분이 매우 많다. 또한 파드의 모든 필드를 직접 구성해 보안 제어의 베이스라인을 적용하는 것은 쉽지 않다. AppArmor, seccomp, SELinux 프로필과 콘텍스트의 생성 및 관리는 쉽지 않으며 구성 중에 오류가 발생하기 쉽다. 에러가 발생하면 애플리케이션이 해당 기능을 수행할 수 있는 기능을 손상시키는 것이다. Security Context를 사용해 실행 중인 파드에 seccomp 프로필을 생성하는 방법을 제공하는 여러 가지 도구가 있다. 이러한 프로젝트 중 하나는 Seccomp 프로필을 쉽게 생성하고 관리할 수 있는 보안 프로파일 오퍼레이터^{Security Profiles Operator}(https://oreil.ly/grPCN)다. 이제 SecurityContext가 클러스터 전체에 일관성 있게 적용되는 방식을 관리하는 다른 보안 API를 살펴본다.

파드 보안

지금까지 파드와 컨테이너에 적용된 보안 제어를 관리하는 방법으로 Security Context를 살펴봤다. 이제 SecurityContext 값이 규모에 맞도록 적용되게 하는 방법을 설명할 것이다. 쿠버네티스에는 현재 사용되지 않는 파드 보안 정책^{PSP,} ^{PodSecurity-Policy} API가 존재하며 유효성 검사^{validation}와 변형^{mutation}을 모두 활성화한다. 유효성 검사는 SecurityContext가 적용되지 않는 한 쿠버네티스 리소스에 대한 생성을 허용하지 않는다. 반면에 변형은 쿠버네티스 리소스를 변경하고 PSP를 통해 적용된 기준에 따라 특정 SecurityContext를 적용한다. PSP가 더 이상 사용되지 않고 쿠버네티스 v1.25에서 사라진다는 점을 감안할 때 이 책에서는 PSP를 자세히 다루지 않고 대신 후속으로 제공되는 파드 보안^{Pod Security}을 설명할 예정이다. 파드 보안과 이전 버전의 주요 차이점 중 하나는 파드 보안이 유효성 검사만 수행하고 변형은 수행하지 않는다는 것이다. 변형을 좀 더 자세히 알고 싶다면 20장을 살펴볼 것을 추천한다.

파드 보안이란?

파드 보안을 사용하면 파드에 대해 서로 다른 보안 프로필을 선언할 수 있다. 이 보안 프로필은 파드 보안 표준^{pod security standard}으로 알려져 있으며 네임스페이스 수준에서 적용된다. 파드 보안 표준은 파드 명세서에서 보안에 민감한 필드(SecurityContext를 포함하지만 이에 국한되지는 않음)와 관련 값의 모음이다. 제한^{restricted}에서 허용^{permissive}까지 세 가지 다른 표준이 있다. 일반적인 보안 상태를 주어진 네임스페이스의 모든 파드에 적용할 수 있다. 세 가지의 파드 보안 표준은 다음과 같다.

baselines

쉬운 온보딩을 가능하게 하면서 가장 일반적인 권한 상승을 제공한다.

restricted

보안의 모범 사례가 될 수 있도록 고강도로 제한한다. 워크로드가 중단될 수 있다.

privileged

개방적이며 제한이 없다.

 파드 보안은 현재 쿠버네티스 v1.23의 베타 기능이며 변경될 수 있다.

각 파드의 보안 표준은 파드 명세서의 필드 목록과 허용되는 값을 정의한다.

- `spec.securityContext`

- `spec.containers[*].securityContext`

- `spec.containers[*].ports`

- `spec.volumes[*].hostPath`

공식 문서(https://oreil.ly/xPK2p)에서 각 파드 보안 표준이 다루고 있는 전체 필드 목록을 확인할 수 있다.

각 표준은 주어진 모드를 사용해 네임스페이스에 적용된다. 정책을 적용할 수 있는 세 가지 모드가 있는데, 다음과 같다.

시행^{Enforce}

정책을 위반하는 모든 파드는 거부된다.

경고^{Warn}

정책을 위반하는 파드도 허용되며 사용자에게 경고 메시지가 표시된다.

감사^{Audit}

정책을 위반하는 모든 파드는 감사 로그와 감사 메시지를 생성한다.

파드 보안 표준 적용

파드 보안 표준은 다음과 같은 라벨을 사용해 네임스페이스에 적용된다.

- Required: pod-security.kubernetes.io/<MODE>: <LEVEL>

- Optional: pod-security.kubernetes.io/<MODE>-version: <VERSION>

예제 19-4의 네임스페이스는 여러 모드를 사용해 하나의 표준(이 예제에서는 baseline)에서는 '시행'을 수행하고 다른 표준(restricted)에서는 '감사 및 경고'를 수행하는 방법을 보여준다. 여러 모드를 사용하면 보안 상태가 낮은 정책을 배포하고 좀 더 제한된 정책으로 표준을 위반하는 워크로드를 감사할 수 있다. 그런 다음 좀 더 제한된 표준을 시행하기 전에 정책 위반 사항을 수정할 수 있다. 또한 특정 버전(예, v1.22)에 모드를 고정할 수도 있다. 이를 통해 정책 표준이 쿠버네티스 릴리스마다 변경되고 특정 버전을 고정할 수 있다. 예제 19-4에서는 'baseline 표준'은 '시행' 수행하고 'restricted 표준'은 '경고 및 감사'를 수행한다. 모든 모드는 표준의 v1.22에 고정돼 있다.

예제 19-4. baseline-ns.yaml

```
apiVersion: v1
kind: Namespace
```

```
metadata:
  name: baseline-ns
  labels:
    pod-security.kubernetes.io/enforce: baseline
    pod-security.kubernetes.io/enforce-version: v1.22
    pod-security.kubernetes.io/audit: restricted
    pod-security.kubernetes.io/audit-version: v1.22
    pod-security.kubernetes.io/warn: restricted
    pod-security.kubernetes.io/warn-version: v1.22
```

처음으로 정책을 배포하는 것은 어려운 작업일 수도 있나. 그러나 고맙게도, 파드 보안을 사용하면 단일 dry-run 명령으로 파드 보안 표준을 위반하는 기존 워크로드를 쉽게 확인할 수 있다.

```
$ kubectl label --dry-run=server --overwrite ns \
--all pod-security.kubernetes.io/enforce=baseline
Warning: kuard: privileged
namespace/default labeled
namespace/kube-node-lease labeled
namespace/kube-public labeled
Warning: kube-proxy-vxjwb: host namespaces, hostPath volumes, privileged
Warning: kube-proxy-zxqzz: host namespaces, hostPath volumes, privileged
Warning: kube-apiserver-kind-control-plane: host namespaces, hostPath volumes
Warning: etcd-kind-control-plane: host namespaces, hostPath volumes
Warning: kube-controller-manager-kind-control-plane: host namespaces, ...
Warning: kube-scheduler-kind-control-plane: host namespaces, hostPath volumes
namespace/kube-system labeled
namespace/local-path-storage labeled
```

이 명령은 기준 파드 보안 표준에 대해 쿠버네티스 클러스터의 모든 파드를 평가하고 출력 결과를 통해 경고 메시지를 보내 정책에 위반됐음을 알린다.

동작하는 파드 보안을 살펴보자. 예제 19-5의 내용으로 baseline-ns.yaml이라는 파일을 생성한다.

예제 19-5. baseline-ns.yaml

```
apiVersion: v1
kind: Namespace
metadata:
  name: baseline-ns
  labels:
    pod-security.kubernetes.io/enforce: baseline
    pod-security.kubernetes.io/enforce-version: v1.22
    pod-security.kubernetes.io/audit: restricted
    pod-security.kubernetes.io/audit-version: v1.22
    pod-security.kubernetes.io/warn: restricted
     pod-security.kubernetes.io/warn-version: v1.22

    $ kubectl apply -f baseline-ns.yaml
    namespace/baseline-ns created
```

예제 19-6의 내용으로 kuard-pod.yaml이라는 파일을 생성한다.

예제 19-6. kuard-pod.yaml

```
apiVersion: v1
kind: Pod
metadata:
  name: kuard
  labels:
    app: kuard
spec:
  containers:
    - image: gcr.io/kuar-demo/kuard-amd64:blue
      name: kuard
      ports:
```

```
      - containerPort: 8080
        name: http
        protocol: TCP
```

파드를 생성하고 다음과 같은 명령으로 출력 결과를 검토한다.

```
$ kubectl apply -f kuard-pod.yaml --namespace baseline-ns
Warning: would violate "v1.22" version of "restricted" PodSecurity profile:
allowPrivilegeEscalation != false (container "kuard" must set
securityContext.allowPrivilegeEscalation=false), unrestricted capabilities
(container "kuard" must set securityContext.capabilities.drop=["ALL"]),
runAsNonRoot != true (pod or container "kuard" must set securityContext.
runAsNonRoot=true), seccompProfile (pod or container "kuard" must set
securityContext.seccompProfile.type to "RuntimeDefault" or "Localhost")
pod/kuard created
```

이 출력 결과를 통해 파드가 성공적으로 생성됐음을 알 수 있다. 그러나 제한 파드 보안 표준을 위반했으며, 이를 수정할 수 있도록 위반 사항과 관련된 세부 정보가 출력된다. 감사 모드로 구성했기 때문에 API 서버 감사 로그를 통해서도 메시지를 확인할 수 있다.

```
{"kind":"Event","apiVersion":"audit.k8s.io/v1","level":"Metadata","auditID":"...
```

파드 보안은 네임스페이스 수준에서 정책을 적용하고 정책을 위반하지 않은 경우에만 파드를 생성하도록 허용해 워크로드의 보안 상태를 관리하는 좋은 방법이다. 파드 보안은 매우 유연하며 워크로드 중단 위험 없이 정책 변경을 쉽게 롤아웃할 수 있는 도구와 함께 허용에서 제한에 이르기까지 사전 구축된 다양한 정책을 제공한다.

서비스 계정 관리

서비스 계정service account은 파드 내부에서 실행되는 워크로드에 ID를 제공하는 쿠버네티스 리소스다. RBAC를 서비스 계정에 적용해 쿠버네티스 API를 통해 ID가 접근할 수 있는 리소스를 제어할 수 있다. 자세한 내용은 14장을 참고한다. 애플리케이션에서 쿠버네티스 API에 대한 접근이 필요하지 않은 경우 최소 권한의 원칙에 따라 이러한 접근을 비활성화해야 한다. 기본적으로 쿠버네티스는 각 네임스페이스에 기본 서비스 계정을 생성한다. 이 계정이 자동으로 모든 파드에 대한 서비스 계정으로 설정된다. 이 서비스 계정에는 각 파드에 자동으로 마운트되고 쿠버네티스 API에 접근하는 데 사용되는 토큰이 포함돼 있다. 이 동작을 비활성화하려면 서비스 계정 컨피규레이션에 automountServiceAccountToken: false를 추가해야 한다. 예제 19-7은 기본 서비스 계정에 대해 이러한 작업을 수행하는 방법을 보여준다. 이는 각 네임스페이스에서 수행해야 한다.

예제 19-7. service-account.yaml

```
apiVersion: v1
kind: ServiceAccount
metadata:
  name: default
automountServiceAccountToken: false
```

파드 보안을 고려할 때 서비스 계정은 종종 간과된다. 이렇게 하면 쿠버네티스 API에 대한 직접 접근을 허용하고 적절한 RBAC가 없을 경우 쿠버네티스에 대한 공격자의 접근을 허용할 수 있다. 서비스 계정 토큰이 처리되는 방식을 간단히 변경해보며 접근 제한 방식을 이해하는 것이 중요하다.

역할 기반 접근 제어

앞서 파드 보안에 대해 설명할 때 역할 기반 접근 제어[RBAC]에 대해 언급하지 않았다. RBAC에 대해 알아야 할 모든 내용은 14장에서 확인할 수 있으며 워크로드의 보안 상태[security posture]를 보완하는 데 적용할 수 있다.

런타임 클래스

쿠버네티스는 컨테이너 런타임 인터페이스를 통해 노드의 운영체제의 컨테이너 런타임과 상호작용한다. 이 인터페이스의 생성과 표준화를 통해 컨테이너 런타임 에코시스템이 존재하게 됐다. 이러한 컨테이너 런타임은 구현 방식에 따라 더 강력한 보안을 보장하는 것을 포함해 다양한 수준의 격리를 제공할 수 있다. 카나 컨테이너[Kata container], 파이어크래커[Firecracker], gVisor와 같은 프로젝트의 경우 중첩 가상화에서 정교한 시스템콜 필터링에 이르기까지 다양한 격리 메커니즘을 기반으로 한다. 이러한 보안과 격리 보장을 통해 쿠버네티스 관리자는 사용자가 워크로드 유형에 따라 컨테이너 런타임을 선택할 수 있는 유연성을 제공한다. 예를 들어 워크로드에 좀 더 강력한 보안 보장이 필요한 경우 파드가 다른 컨테이너 런타임에서 실행되도록 선택할 수 있다.

런타임클래스[RuntimeClass] API는 컨테이너 런타임을 선택할 수 있도록 도입됐다. 이를 통해 사용자는 클러스터에서 지원되는 컨테이너 런타임 목록 중 하나를 선택할 수 있다. 그림 19-1은 런타임 클래스 함수가 어떻게 동작하는지 보여준다.

클러스터 관리자에 의해 다른 런타임 클래스가 구성돼야 하며 워크로드가 올바른 노드에 스케줄링되고자 nodeSelector나 toleration이 필요할 수 있다.

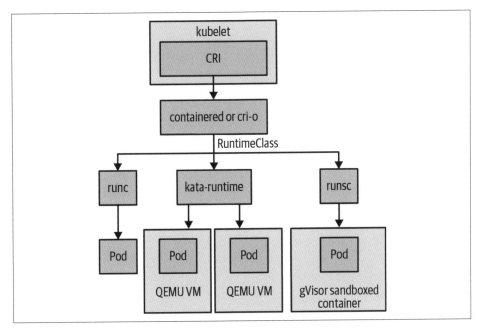

그림 19-1. 런타임 클래스 플로 다이어그램

파드 명세서에서 runtimeClassName을 지정해 런타임 클래스를 사용할 수 있다.
예제 19-8은 런타임 클래스를 지정하는 예제 파드다.

예제 19-8. kuard-pod-runtimeclass.yaml

```
apiVersion: v1
kind: Pod
metadata:
  name: kuard
  labels:
    app: kuard
spec:
  runtimeClassName: firecracker
  containers:
    - image: gcr.io/kuar-demo/kuard-amd64:blue
      name: kuard
```

```
        ports:
        - containerPort: 8080
          name: http
          protocol: TCP
```

런타임 클래스를 사용하면 사용자가 보안 격리 수준이 다르게 적용된 다른 유형의 컨테이너 런타임을 선택할 수 있다. 런타임 클래스를 사용하면 특히 워크로드가 민감한 정보를 처리하거나 신뢰할 수 없는 코드를 실행하는 경우 워크로드의 전반적인 보안에 대한 사항을 보완할 수 있다.

네트워크 정책

쿠버네티스에는 워크로드에 대해 인그레스[1] 및 이그레스[2] 네트워크 정책을 모두 생성할 수 있는 네트워크 정책 API도 있다. 네트워크 정책은 특정 파드를 선택하고 다른 파드 및 엔드포인트와 통신할 수 있는 방법을 정의할 수 있는 라벨을 사용해 구성된다. 인그레스와 같은 네트워크 정책은 실제로 연결된 쿠버네티스 컨트롤러와 함께 제공되지 않는다. 즉, 네트워크 정책 리소스를 생성할 수는 있지만 네트워크 정책 리소스 생성 시 동작하는 컨트롤러를 설치하지 않은 경우 적용되지 않음을 의미한다. 네트워크 정책 리소스는 칼리코Calico, 실리움Cilium, 위브 넷Weave Net과 같은 네트워크 플러그인으로 구현된다.

네트워크 정책 리소스는 네임스페이스가 지정되고 podSelector, policyTypes, ingress, egress 섹션으로 구성되며 유일한 필수 필드는 파드 셀렉터다. podSelector 필드가 비어 있는 경우 정책은 네임스페이스에 존재하는 모든 파드에 매치된다. 이 필드에는 서비스 리소스와 동일한 방식으로 동작하는

---

1. 클러스터 외부에서 내부로 접근하는 요청들을 의미한다. – 옮긴이
2. 클러스터 내부에서 외부로 접근하는 요청들을 의미한다. – 옮긴이

matchLabels 섹션도 포함될 수 있으므로 특정 파드 집합과 일치하도록 라벨 집합을 추가할 수 있다.

네트워크 정책을 사용할 때 알아야 할 몇 가지 특이점이 있다. 파드가 네트워크 정책 리소스와 매치되는 경우 모든 인그레스나 이그레스 커뮤니케이션에 대해서 명시적으로 정의해야 한다. 그렇지 않은 경우 모든 통신은 차단될 것이다. 파드가 여러 네트워크 정책 리소스와 매치되는 경우 정책이 추가된다. 파드가 네트워크 정책과 매치되지 않으면 트래픽이 허용된다. 이러한 결정은 새로운 워크로드의 온보딩을 용이하게 하고자 의도적으로 이뤄졌다. 그러나 기본적으로 모든 트래픽을 차단하려고 하는 경우 네임스페이스별로 기본적으로 적용될 수 있는 차단^{deny} 룰을 만들 수 있다. 예제 19-9는 네임스페이스별로 적용할 수 있는 기본적인 차단 룰을 보여준다.

예제 19-9. networkpolicy-default-deny.yaml

```
apiVersion: networking.k8s.io/v1
kind: NetworkPolicy
metadata:
  name: default-deny-ingress
spec:
  podSelector: {}
  policyTypes:
  - Ingress
```

네트워크 정책 집합의 예를 살펴보고 이를 사용해 워크로드를 보호하는 방법을 소개하겠다. 먼저 다음과 같은 명령을 사용해 테스트할 네임스페이스를 생성한다.

```
$ kubectl create ns kuard-networkpolicy
namespace/kuard-networkpolicy created
```

예제 19-10의 내용으로 kuard-pod.yaml이라는 이름을 갖는 파일을 생성한다.

예제 19-10. kuard-pod.yaml

```yaml
apiVersion: v1
kind: Pod
metadata:
  name: kuard
  labels:
    app: kuard
spec:
  containers:
    - image: gcr.io/kuar-demo/kuard-amd64:blue
      name: kuard
      ports:
        - containerPort: 8080
          name: http
          protocol: TCP
```

kuard-networkpoliy 네임스페이스에 kuard 파드를 생성한다.

```
$ kubectl apply -f kuard-pod.yaml \
    --namespace kuard-networkpolicy
pod/kuard created
```

서비스로 kuard 파드를 노출시킨다.

```
$ kubectl expose pod kuard --port=80 --target-port=8080 \
    --namespace kuard-networkpolicy
pod/kuard created
```

이제 kubectl run 명령을 사용해 출발지source로 사용할 수 있는 파드를 생성할 수 있으며 이를 통해 kuard 파드에 대한 접근을 테스트할 수 있다.

```
$ kubectl run test-source --rm -ti --image busybox /bin/sh \
  --namespace kuard-networkpolicy
If you don't see a command prompt, try pressing enter.
/ # wget -q kuard -O -
<!doctype html>

<html lang="en">
<head>
  <meta charset="utf-8">

  <title><KUAR Demo></title>
...
```

테스트를 위한 출발지 파드에서 kuard 파드에 성공적으로 연결할 수 있다. 이제 기본 '차단' 정책을 적용하고 다시 테스트해보자. 예제 19-11의 내용으로 networkpolicy-defaultdeny.yaml라는 이름의 파일을 생성한다.

예제 19-11. networkpolicy-default-deny.yaml

```
apiVersion: networking.k8s.io/v1
kind: NetworkPolicy
metadata:
  name: default-deny-ingress
spec:
  podSelector: {}
  policyTypes:
  - Ingress
```

이제 기본 차단 네트워크 정책을 적용해본다.

```
$ kubectl apply -f networkpolicy-default-deny.yaml \
```

```
    --namespace kuard-networkpolicy
networkpolicy.networking.k8s.io/default-deny-ingress created
```

이제 테스트-출발지 파드에서 kuard 파드에 대한 접근을 테스트해보자.

```
$ kubectl run test-source --rm -ti --image busybox /bin/sh \
    --namespace kuard-networkpolicy
If you don't see a command prompt, try pressing enter.
/ # wget -q --timeout=5 kuard -O -
wget: download timed out
```

기본으로 적용돼 있는 '차단' 네트워크 정책으로 인해 테스트-출발지 파드에서 더 이상 kuard 파드에 접근할 수 없게 됐다. 테스트-출발지에서 kuard 파드로 접근을 허용하는 네트워크 정책을 생성해보자. 예제 19-12의 내용으로 networkpolicy-kuard-allow-test-source.yaml이라는 파일을 생성한다.

예제 19-12. networkpolicy-kuard-allow-test-source.yaml

```
kind: NetworkPolicy
apiVersion: networking.k8s.io/v1
metadata:
  name: access-kuard
spec:
  podSelector:
    matchLabels:
      app: kuard
  ingress:
    - from:
      - podSelector:
        matchLabels:
          run: test-source
```

네트워크 정책을 적용해보자.

```
$ kubectl apply \
  -f code/chapter-security/networkpolicy-kuard-allow-test-source.yaml \
  --namespace kuard-networkpolicy
networkpolicy.networking.k8s.io/access-kuard created
```

다시 테스트-출발지 파드가 실제로 kuard 파드에 접근할 수 있는지를 확인한다.

```
$ kubectl run test-source --rm -ti --image busybox /bin/sh \
  --namespace kuard-networkpolicy
If you don't see a command prompt, try pressing enter.
/ # wget -q kuard -O -
<!doctype html>

<html lang="en">
<head>
  <meta charset="utf-8">

  <title><KUAR Demo></title>
...
```

다음과 같은 명령을 사용해 네임스페이스를 정리한다.

```
$ kubectl delete namespace kuard-networkpolicy
namespace "kuard-networkpolicy" deleted
```

네트워크 정책을 적용하면 워크로드에 대한 추가적인 보안 계층을 제공할 수 있으며, 이를 통해 심층 방어와 최소 권한 개념을 적용할 수 있다.

서비스 메시

서비스 메시는 워크로드의 보안 상태를 높이는 데도 사용할 수 있다. 서비스 메시는 서비스를 기반으로 하는 프로토콜 인지protocol-aware 정책 컨피규레이션을 허용하는 접근 정책을 제공한다. 예를 들어 접근 정책은 포트 443번을 통해 ServiceA에서 ServiceB로 연결한다. 또한 서비스 메시는 일반적으로 모든 서비스 간 통신에서 상호 TLS를 구현하기 때문에 통신이 암호화될 뿐만 아니라 서비스의 ID도 확인한다. 서비스 메시와 워크로드를 보호하고자 서비스 메시를 사용하는 방법을 자세히 알아보려면 15장을 확인한다.

보안 벤치마크 도구

쿠버네티스 클러스터에 대해 일련의 보안 벤치마크benchmark를 실행해 컨피규레이션이 사전에 정의한 보안 기준baseline을 충족하는지 확인할 수 있는 몇 가지 도구가 있다. 이러한 도구를 kube-bench(https://oreil.ly/TnUlm)라고 한다. kube-bench를 사용해 쿠버네티스용 CIS 벤치마크(https://oreil.ly/VvUe5)를 실행할 수 있다. CIS 벤치마크를 실행하는 kube-bench와 같은 도구는 특히 파드 보안에 초점을 맞추고 있지 않다. 그러나 클러스터의 구성 오류를 확실히 노출시키고 수정 사항을 식별하는 데 도움이 될 수 있다. kube-bench는 다음과 같은 명령을 사용해 실행할 수 있다.

```
$ kubectl apply -f https://raw.githubusercontent.com/aquasecurity/kube-bench...
job.batch/kube-bench created
```

그런 다음 파드 로그를 통해 벤치마크의 출력 사항과 수정 사항을 검토할 수 있다.

```
$ kubectl logs job/kube-bench
[INFO] 4 Worker Node Security Configuration
[INFO] 4.1 Worker Node Configuration Files
[PASS] 4.1.1 Ensure that the kubelet service file permissions are set to 644...
[PASS] 4.1.2 Ensure that the kubelet service file ownership is set to root ...
[PASS] 4.1.3 If proxy kubeconfig file exists ensure permissions are set to ...
[PASS] 4.1.4 Ensure that the proxy kubeconfig file ownership is set to root ...
[PASS] 4.1.5 Ensure that the --kubeconfig kubelet.conf file permissions are ...
[PASS] 4.1.6 Ensure that the --kubeconfig kubelet.conf file ownership is set...
[PASS] 4.1.7 Ensure that the certificate authorities file permissions are ...
[PASS] 4.1.8 Ensure that the client certificate authorities file ownership ...
[PASS] 4.1.9 Ensure that the kubelet --config configuration file has permiss...
[PASS] 4.1.10 Ensure that the kubelet --config configuration file ownership ...
[INFO] 4.2 Kubelet
[PASS] 4.2.1 Ensure that the anonymous-auth argument is set to false (Automated)
[PASS] 4.2.2 Ensure that the --authorization-mode argument is not set to ...
[PASS] 4.2.3 Ensure that the --client-ca-file argument is set as appropriate...
[PASS] 4.2.4 Ensure that the --read-only-port argument is set to 0 (Manual)
[PASS] 4.2.5 Ensure that the --streaming-connection-idle-timeout argument is...
[FAIL] 4.2.6 Ensure that the --protect-kernel-defaults argument is set to ...
[PASS] 4.2.7 Ensure that the --make-iptables-util-chains argument is set to ...
[PASS] 4.2.8 Ensure that the --hostname-override argument is not set (Manual)
[WARN] 4.2.9 Ensure that the --event-qps argument is set to 0 or a level ...
[WARN] 4.2.10 Ensure that the --tls-cert-file and --tls-private-key-file arg...
[PASS] 4.2.11 Ensure that the --rotate-certificates argument is not set to ...
[PASS] 4.2.12 Verify that the RotateKubeletServerCertificate argument is set...
[WARN] 4.2.13 Ensure that the Kubelet only makes use of Strong Cryptographic...

== Remediations node ==
4.2.6 If using a Kubelet config file, edit the file to set protectKernel...
If using command line arguments, edit the kubelet service file
/etc/systemd/system/kubelet.service.d/10-kubeadm.conf on each worker node and
set the below parameter in KUBELET_SYSTEM_PODS_ARGS variable.
--protect-kernel-defaults=true
Based on your system, restart the kubelet service. For example:
```

```
systemctl daemon-reload
systemctl restart kubelet.service

4.2.9 If using a Kubelet config file, edit the file to set eventRecordQPS...
If using command line arguments, edit the kubelet service file
/etc/systemd/system/kubelet.service.d/10-kubeadm.conf on each worker node and
set the below parameter in KUBELET_SYSTEM_PODS_ARGS variable.
Based on your system, restart the kubelet service. For example:
systemctl daemon-reload
systemctl restart kubelet.service
...
```

CIS 벤치마크와 함께 kube-bench 같은 도구를 사용하면 쿠버네티스 클러스터가 보안 기준을 충족하는지 식별하고 필요한 경우 수정 사항을 제공하는 데 도움이 될 수 있다.

이미지 보안

파드 보안의 또 다른 중요한 부분은 파드 내의 코드와 애플리케이션을 안전하게 유지하는 것이다. 애플리케이션 코드 보안은 19장의 주제를 벗어나는 아주 복잡한 주제다. 그러나 컨테이너 이미지 보안의 기본 사항에는 컨테이너 이미지 레지스트리가 알려진 코드 취약점에 대해 정적 스캔을 수행하는지 확인하는 것이 포함돼 있다. 또한 이미지가 실행된 이후에 취약점을 식별하고 침입과 같은 잠재적으로 아이저인 활동을 찾는 런타임 스캔을 수행하는 도구가 필요하다. 오픈소스와 여러 벤더에서 제공하는 수많은 스캔 도구가 있다. 보안 스캔 외에도 컨테이너 이미지의 내용을 최소화해 불필요한 의존성을 제거하는 도구도 있다. 마지막으로 이미지 보안은 취약점이 발견됐을 때 이미지를 신속하게 패치하고 재배포 할 수 있게 지속적인 배포 프로세스에 투자해야 하는 또 다른 큰 이유다.

요약

19장에서는 워크로드의 보안 상태를 개선하는 데 사용할 수 있는 다양한 보안 중심 API와 리소스를 다뤘다. 심층 방어와 최소 권한의 원칙을 연습해보고 쿠버네티스 클러스터의 기본 보안을 점진적으로 개선할 수 있었다. 좀 더 나은 보안을 실천하기에 늦은 시기는 존재하지 않는다. 19장에서는 쿠버네티스가 제공하는 보안 제어를 이해하고 있다고 확신하는 데 필요한 모든 것을 제공하고 있다.

쿠버네티스 클러스터에 대한 정책과 거버넌스

이 책에서는 각각 특정한 목적을 가진 다양한 쿠버네티스 리소스 타입을 소개했다. 단일 마이크로서비스 애플리케이션을 구성하는 쿠버네티스 클러스터의 리소스가 몇 개에서 수백, 수천 개의 분산 애플리케이션으로 확장되는 데까지는 그리 오랜 시간이 걸리지 않는다. 운영 환경의 클러스터 콘텍스트에서 수천 개의 리소스를 관리하는 것과 관련된 문제를 상상하는 것은 그리 어렵지 않다.

20장에서는 정책policy과 거버넌스governance의 개념을 소개한다. 정책은 쿠버네티스 리소스를 구성할 수 있는 방법에 대한 제약 조건constraint과 조건condition의 집합이다. 거버넌스는 쿠버네티스 클러스터에 배포된 모든 리소스에 대한 조직적 정책을 확인하고 강제화하는 기능을 제공한다. 예를 들어 모든 리소스가 최신 모범 사례를 사용하고, 보안 정책을 따르게 하거나 회사 규약을 준수하게 한다. 어떠한 경우든 간에 도구는 유연하고 확장 가능해야 클러스터에 정의된 모든 리소스가 조직에서 정의한 정책을 준수할 수 있다.

정책과 거버넌스가 중요한 이유

쿠버네티스에는 다양한 타입의 정책이 있다. 예를 들어 NetworkPolicy를 사용하면 파드가 연결할 수 있는 네트워크 서비스와 엔드포인트를 지정할 수 있다. PodSecurityPolicy를 사용하면 파드의 보안 요소를 세밀하게 제어할 수 있다. 둘 다 네트워크나 컨테이너 런타임을 구성하는 데 사용할 수 있다.

그러나 쿠버네티스 리소스가 생성되기 전에 이러한 정책을 시행하고자 할 수 있다. 이것이 정책과 거버넌스 측면에서 해결해야 할 문제다. 이러한 관점에서 보면 "역할 기반 접근 제어[RBAC]가 이런 역할을 하는 것이 아닌가?"라는 생각이 들 수도 있다. 그러나 20장에서 확인할 수 있듯이 RBAC는 리소스 내의 특정 필드가 설정되는 것을 제한할 만큼 충분히 세분화돼 있지 않다.

다음은 클러스터 관리자가 자주 구성하는 정책의 몇 가지 일반적인 예다.

- 모든 컨테이너는 특정 컨테이너 레지스트리에서만 가져와야 한다.

- 모든 파드에는 부서 이름과 연락처 정보가 표시돼 있어야 한다.

- 모든 파드에는 CPU와 메모리 리소스에 대한 제한 설정이 돼 있어야 한다.

- 모든 인그레스 호스트이름은 클러스터에서 고유해야 한다.

- 특정 서비스를 인터넷에서 사용할 수 없게 해야 한다.

- 컨테이너는 특권 포트[privileged port][1]로 리슨해서는 안 된다.

클러스터 관리자는 클러스터의 기존 리소스를 감사하고 정책 평가를 테스트 실행[dry-run]해볼 수 있으며, 조건 집합에 따라 리소스를 변경할 수도 있다. 예를 들어 파드에 라벨이 없는 경우 라벨을 적용할 수 있다.

---

1. 1024번 이하 포트를 의미한다. – 옮긴이

클러스터 관리자가 애플리케이션을 쿠버네티스에 배포하는 개발자의 능력을 방해하지 않고 정책을 정의하고 규정 준수 감사를 수행할 수 있는 것은 매우 중요하다. 개발자가 규정을 준수하지 않는 리소스를 만드는 경우 개발자의 작업 내역이 규정을 준수하고자 필요한 피드백과 수정 사항을 얻을 수 있게 하는 시스템이 필요하다.

쿠버네티스의 코어 확장성 컴포넌트^{core extensibility component}를 활용해 정책과 거버넌스를 달성하는 방법을 살펴보자.

승인 흐름

리소스가 쿠버네티스 클러스터에 생성되기 전에 정책과 거버넌스가 규정을 준수하도록 보장하는 방법을 이해하려면 먼저 쿠버네티스 API 서버를 통한 요청의 흐름을 이해해야 한다. 그림 20-1은 API 서버를 통한 API 요청의 흐름을 보여준다. 여기에서는 승인 변경, 승인 확인, 웹훅에 대한 설명에 초점을 맞출 것이다.

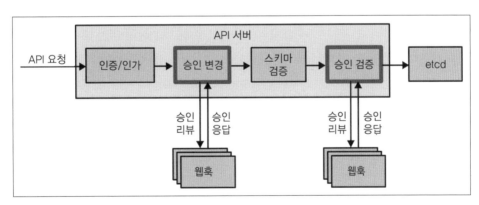

그림 20-1. 쿠버네티스 API 서버를 통한 API 요청 흐름

승인 컨트롤러^{Admission controller}는 API 요청이 쿠버네티스 API 서버를 통해 흐를 때 인라인으로 동작하고 스토리지에 저장하기 전에 API 요청 리소스를 변경하거나

유효성을 검사하는 데 사용된다. 승인 컨트롤러를 변경하면 리소스를 수정할 수 있다. 승인 컨트롤러의 유효성을 검사하지는 않는다. 다양한 타입의 승인 컨트롤러가 있다. 20장에서는 동적으로 구성할 수 있는 승인 웹훅^{admission webhook}에 초점을 맞춰 설명한다. 클러스터 관리자는 MutatingWebhookConfiguration 또는 ValidatingWebhookConfiguration에 대한 생성을 통해 API 서버가 평가를 보낼 수 있는 엔드포인트를 구성할 수 있다. 승인 웹훅은 리소스를 스토리지에 저장할지 여부를 API 서버에 알리고자 'admit(승인)' 또는 'deny(이하 거절)' 구문으로 응답한다.

게이트키퍼를 통한 정책과 거버넌스

정책을 구성하고 쿠버네티스 리소스가 규정을 준수하는지 확인하는 방법을 살펴보자. 쿠버네티스 프로젝트는 정책과 거버넌스를 활성화하는 컨트롤러를 제공하지 않지만 오픈소스 솔루션이 있다. 여기서는 게이트키퍼^{Gatekeeper}(https://oreil.ly/u0deR)라는 오픈소스 에코시스템 프로젝트에 초점을 맞춰 살펴본다.

게이트키퍼는 정의된 정책을 기반으로 리소스를 평가하고 쿠버네티스 리소스에 대해 생성이나 수정을 허용할지 여부를 결정하는 쿠버네티스 네이티브 정책 컨트롤러다. 이러한 평가는 API 요청이 쿠버네티스 API 서버를 통해 흐를 때 서버 측에서 발생한다. 즉, 각 클러스터에는 단일 처리 지점이 있다. 정책에 대한 평가를 서버 측에서 처리한다는 것은 개발자 도구, 워크플로 또는 지속적인 배포 파이프라인을 변경하지 않고 기존 쿠버네티스 클러스터에 게이트키퍼를 설치할 수 있음을 의미한다.

게이트키퍼는 커스텀 리소스 정의^{CRD, Custom Resource Definition}를 사용해 구성과 관련된 새로운 쿠버네티스 자원 집합을 정의한다. 이를 통해 쿠버네티스 관리자는 kubectl과 같은 친숙한 도구를 사용해 게이트키퍼를 동작시킬 수 있다. 또한 리소스가 거부된 이유와 문제 해결 방법에 대해 사용자에게 실시간으로 의미 있는 피드백을 제공한다. 이러한 게이트키퍼에 특화된 사용자 정의 리소스는 소스 컨트롤에 저장하고 깃옵스^{GitOps} 워크플로를 사용해 관리할 수 있다.

또한 게이트키퍼는 자원에 대한 변경(정의된 조건에 따른 자원 수정)과 감사를 수행한다. 구성이 가능하며 평가할 리소스와 네임스페이스에 대한 세밀한 제어를 제공한다.

개방형 정책 에이전트란?

게이트키퍼의 핵심은 확장 가능하고 다양한 애플리케이션 간에 정책을 이식할 수 있는 클라우드 네이티브 오픈소스 정책 엔진인 개방형 정책 에이전트^{OPA, Open Policy Agent}(https://oreil.ly/nbR5d)다. OPA는 모든 정책에 대한 평가를 수행하고 이에 대한 응답으로 승인이나 거부를 반환하는 역할을 수행한다. 이를 통해 게이트키퍼는 정책 테스트를 작성하고 배포 전에 지속적인 통합^{CI, Continuous Integration} 파이프라인을 구현할 수 있게 하는 Conttest(https://oreil.ly/ElWYE)와 같은 정책 도구 에코시스템에 접근할 수 있다.

OPA는 모든 정책에 대해 Rego(https://oreil.ly/Ar55f)라는 네이티브 쿼리 언어를 독점적으로 사용한다. 게이트키퍼의 핵심 신조 중 하나는 클러스터 관리자로부터 Rego의 내부 동작을 추상화하고 쿠버네티스 CRD 형태로 구조화된 API를 제시해 정책을 생성하고 적용하는 것이다. 이를 통해 조직과 커뮤니티 간에 매개변수화된 정책을 공유할 수 있다. 게이트키퍼 프로젝트는 이러한 목적을 위해서만 정책 라이브러리를 유지하고 관리한다(20장의 뒷부분에서 설명한다).

게이트키퍼 설치

정책에 대한 구성을 시작하기 전에 게이트키퍼를 설치해야 한다. 게이트키퍼 컴포넌트는 **gatekeeper-system** 네임스페이스 내에서 파드 형태로 실행되며 웹훅 승인 컨트롤러를 구성한다.

정책을 안전하게 생성하고 비활성화하는 방법에 대한 이해 없이 쿠버네티스 클러스터 상에 게이트키퍼를 설치하지 말라. 또한 게이트키퍼를 설치하기 전에 YAML 파일을 검토해 생성하고자 하는 리소스를 만족하는지 확인해야 한다.

헬름 패키지 매니저를 사용해 게이트키퍼를 설치할 수 있다.

```
$ helm repo add gatekeeper https://open-policy-agent.github.io/gatekeeper/charts
$ helm install gatekeeper/gatekeeper --name-template=gatekeeper \
  --namespace gatekeeper-system --create-
```

게이트키퍼 설치에는 클러스터 관리자 권한이 필요하며 버전에 따라 다르다. 게이트키퍼의 최신 릴리스에 대한 공식 문서(https://oreil.ly/GvLHc)를 참고하자.

게이트키퍼 설치가 완료되면 다음과 같은 파드가 실행 중인지 확인해보자.

```
$ kubectl get pods -n gatekeeper-system
NAME                                          READY STATUS  RESTARTS AGE
gatekeeper-audit-54c9759898-ljwp8             1/1   Running  0        1m
gatekeeper-controller-manager-6bcc7f8fb5-4nbkt 1/1  Running  0        1m
gatekeeper-controller-manager-6bcc7f8fb5-d85rn 1/1  Running  0        1m
gatekeeper-controller-manager-6bcc7f8fb5-f8m8j 1/1  Running  0        1m
```

다음과 같은 명령을 사용해 웹훅이 구성되는 방식을 검토할 수도 있다.

```
$ kubectl get validatingwebhookconfiguration -o yaml
apiVersion: admissionregistration.k8s.io/v1
kind: ValidatingWebhookConfiguration
metadata:
  labels:
```

```
      gatekeeper.sh/system: "yes"
    name: gatekeeper-validating-webhook-configuration
  webhooks:
  - admissionReviewVersions:
    - v1
    - v1beta1
    clientConfig:
      service:
        name: gatekeeper-webhook-service
        namespace: gatekeeper-system
        path: /v1/admit
    failurePolicy: Ignore
    matchPolicy: Exact
    name: validation.gatekeeper.sh
    namespaceSelector:
      matchExpressions:
      - key: admission.gatekeeper.sh/ignore
        operator: DoesNotExist
    rules:
    - apiGroups:
      - '*'
      apiVersions:
      - '*'
      operations:
      - CREATE
      - UPDATE
      resources:
      - '*'
    sideEffects: None
    timeoutSeconds: 3
      ...
```

위 출력 결과에서 rules 섹션의 모든 리소스가 gatekeeper-system 네임스페이스에서 gatekeeperwebhook-service라는 서비스로 실행되는 웹훅 승인 컨트롤러^{webhook admission controller}로 전송되고 있음을 알 수 있다. admission.gatekeeper.
sh/ignore 라벨이 지정되지 않은 네임스페이스의 리소스만이 정책 평가를 위해
고려된다. 마지막으로 failurePolicy는 Ignore로 설정되며, 이는 장애 시 열림
^{fail open}[2] 구성을 의미한다. 게이트키퍼 서비스가 설정된 3초의 제한 시간 내에
응답하지 않으면 요청이 승인된다.

정책 구성

이제 게이트키퍼를 설치했기 때문에 정책에 대한 구성을 수행할 수 있다. 먼저
예제를 살펴보고 클러스터 관리자가 정책을 생성하는 방법을 살펴본다. 그런
다음 규정을 준수하는 리소스와 그렇지 않은 리소스를 생성할 때 개발자의 경
험을 살펴본다. 그 후 단계를 확장해 좀 더 깊이 살펴보고 컨테이너 이미지는
특정 레지스트리에서만 가져올 수 있게 하는 샘플 정책을 만드는 과정을 안내
할 것이다. 이 예제는 게이트키퍼 정책 라이브러리(https://oreil.ly/ikfZk)를 기반으로
한다.

먼저 제약 조건 템플릿^{constraint template}과 사용자 정의 리소스^{custom resource}를 생성하
는 데 필요한 정책을 구성해야 한다. 이는 일반적으로 클러스터 관리자가 수행
한다. 예제 20-1의 제약 조건 템플릿을 사용하려면 쿠버네티스 리소스가 사용
할 수 있는 매개변수로 컨테이너 리포지터리 목록을 전달해야 한다.

예제 20-1. allowedrepos-constraint-template.yaml

```
apiVersion: templates.gatekeeper.sh/v1beta1
kind: ConstraintTemplate
metadata:
  name: k8sallowedrepos
  annotations:
```

---

2. 장애 발생 시 특정 요소를 허용하는 정책을 말한다. - 옮긴이

```yaml
    description: Requires container images to begin with a repo string from a
      specified list.
spec:
  crd:
    spec:
      names:
        kind: K8sAllowedRepos
      validation:
        # Schema for the `parameters` field
        openAPIV3Schema:
          properties:
            repos:
              type: array
                items:
                  type: string
  targets:
    - target: admission.k8s.gatekeeper.sh
      rego: |
        package k8sallowedrepos

        violation[{"msg": msg}] {
          container := input.review.object.spec.containers[_]
          satisfied := [good | repo = input.parameters.repos[_] ;
            good = starts...
          not any(satisfied)
          msg := sprintf("container <%v> has an invalid image repo <%v>,
            allowed...
        }

        violation[{"msg": msg}] {
          container := input.review.object.spec.initContainers[_]
          satisfied := [good | repo = input.parameters.repos[_] ;
            good = starts...
          not any(satisfied)
          msg := sprintf("container <%v> has an invalid image repo <%v>,
```

```
        allowed...)
    }
```

다음과 같은 명령을 사용해 제약 조건 템플릿을 생성한다.

```
$ kubectl apply -f allowedrepos-constraint-template.yaml
constrainttemplate.templates.gatekeeper.sh/k8sallowedrepos created
```

이제 정책을 적용하고자 제약 조건 리소스를 생성할 수 있다(다시 클러스터 관리자가 해당 역할을 수행한다). 예제 20-2의 제약 조건은 기본 네임스페이스에서 접두사가 gcr.io/ kuar-demo/인 모든 컨테이너를 허용한다. EnforcementAction은 "deny"로 설정된다. 이는 규정을 준수하지 않는 리소스는 모두 거부된다는 뜻이다.

예제 20-2. allowedrepos-constraint.yaml

```
apiVersion: constraints.gatekeeper.sh/v1beta1
kind: K8sAllowedRepos
metadata:
  name: repo-is-kuar-demo
spec:
  enforcementAction: deny
  match:
    kinds:
      - apiGroups: [""]
        kinds: ["Pod"]
    namespaces:
      - "default"
  parameters:
    repos:
      - "gcr.io/kuar-demo/"

  $ kubectl create -f allowedrepos-constraint.yaml
```

```
k8sallowedrepos.constraints.gatekeeper.sh/repo-is-kuar-demo created
```

다음 단계는 적용한 정책이 실제로 동작하는지 테스트하고자 일부 파드를 생성해보는 것이다. 예제 20-3은 이전 단계에서 정의한 제약 조건을 준수하는 컨테이너 이미지 **gcr.io/kuar-demo/kuardamd64:blue**를 사용해 파드를 생성한다. 일반적으로 워크로드 리소스에 대한 생성은 서비스나 지속적인 배포 파이프라인에 대한 운영을 담당하는 개발자가 수행한다.

예제 20-3. compliant-pod.yaml

```
apiVersion: v1
kind: Pod
metadata:
  name: kuard
spec:
  containers:
    - image: gcr.io/kuar-demo/kuard-amd64:blue
      name: kuard
      ports:
        - containerPort: 8080
          name: http
          protocol: TCP

$ kubectl apply -f compliant-pod.yaml
pod/kuard created
```

규정을 준수하지 않는 파드를 생성하면 어떻게 될 것인가? 예제 20-4는 이전 단계에서 정의한 제약 조건을 준수하지 않는 컨테이너 이미지(nginx)를 사용해 파드를 생성한다. 워크로드 리소스 생성은 일반적으로 서비스 운영을 담당하는 개발자나 지속적인 배포 파이프라인에 의해 수행된다.

예제 20-4. noncompliant-pod.yaml

```yaml
apiVersion: v1
kind: Pod
metadata:
  name: nginx-noncompliant
spec:
  containers:
    - name: nginx
      image: nginx
```

```
$ kubectl apply -f noncompliant-pod.yaml
Error from server ([repo-is-kuar-demo] container <nginx> has an invalid image
repo <nginx>, allowed repos are ["gcr.io/kuar-demo/"]): error when creating
"noncompliant-pod.yaml": admission webhook "validation.gatekeeper.sh" denied
the request: [repo-is-kuar-demo] container <nginx> has an invalid image
repo <nginx>, allowed repos are ["gcr.io/kuar-demo/"]
```

예제 20-4는 리소스가 생성되지 않은 이유와 함께 문제 해결 방법에 대한 세부적인 정보를 함께 제공한다. 클러스터 관리자는 제약 조건 템플릿에서 에러 메시지를 구성할 수 있다.

 제약 조건의 범위가 파드이고 레플리카셋, 게이트키퍼와 같이 파드를 생성하는 리소스에 대한 생성을 시도하는 경우 에러를 반환한다. 그러나 이러한 에러는 사용자에게 반환되는 것이 아니라 파드를 생성하려고 시도하는 컨트롤러에게 반환된다. 이러한 에러 메시지를 살펴보려면 이벤트 로그에서 관련 리소스를 검색해봐야 한다.

제약 조건 템플릿 이해

지금까지 몇 가지 예제를 살펴봤으므로 이제 쿠버네티스 리소스에서 허용되는 컨테이너 리포지터리 목록을 사용하는 예제 20-1의 제약 조건 템플릿을 자세히 살펴보자.

이 제약 조건 템플릿에는 게이트키퍼에서만 사용되는 사용자 정의 리소스의 일부인 apiVersion을 비롯해 몇 가지 종류가 있다. spec 섹션 아래에 K8sAllowedRepos:라는 이름이 표시돼 있는 것을 볼 수 있다. 제약 조건을 생성할 때 제약 조건의 종류로 사용할 예정이기 때문에 이 이름을 기억하자. 또한 클러스터 관리자가 구성할 문자열 배열을 정의하는 스키마도 볼 수 있다. 이는 허용된 컨테이너 레지스트리 목록을 제공해 수행된다. 또한 원시 리고^{raw Rego} 정책 정의(target 섹션 아래)도 포함하고 있다. 이 정책은 container 및 initContainers 를 평가해 컨테이너 리포지터리 이름이 제약 조건에서 제공하는 값으로 시작하는지 확인한다. msg 섹션은 정책에 위반될 경우 사용자에게 전송되는 메시지를 정의한다.

제약 조건 생성

정책을 인스턴스화하려면 템플릿의 필수 매개변수^{required parameter}를 제공하는 제약 조건을 생성해야 한다. 특정 제안 조건 템플릿의 kind와 일치하는 제약 조건이 많을 수 있다. 예제 20-2에서 사용한 제약 조건을 자세히 살펴보자. gcr.io/kuar-demo/에서 가져온 컨테이너 이미지만을 허용하고 있다.

제약 조건이 제약 조건 템플릿의 일부로 kind 'K8sAllowedRepos' 종류임을 알 수 있다. 또한 'deny'의 경우 EnforcementAction을 정의한다. 이는 규정을 준수하지 않는 리소스의 경우 거부됨을 의미한다. EnforcementAction의 경우 'dryrun' 및 'warn'도 설정할 수 있다. 'dryrun'의 경우 감사 기능을 사용해 정책을 테스트하고 정책의 영향도를 확인할 수 있다. 'warn'은 관련된 메시지와 함께 사용자에게 경고 메시지를 보내지만 사용자가 생성하거나 업데이트할 수 있게 한다. match 부분은 이 제약 조건의 범위, 기본 네임스페이스의 모든 파드를 정의한다. 마지막으로 parameter 섹션은 제약 조건 템플릿(문자열 배열)을 만족시키고자 필요하다. 다음은 EnforcementAction이 'warn'으로 설정된 경우의 사용자 경험을 보여준다.

```
$ kubectl apply -f noncompliant-pod.yaml
Warning: [repo-is-kuar-demo] container <nginx> has an invalid image repo...
pod/nginx-noncompliant created
```

 제약 조건은 리소스 CREATE 및 UPDATE 이벤트에만 적용된다. 클러스터에서 이미 실행 중인 워크로드가 있는 경우 게이트키퍼는 생성 및 업데이트 이벤트가 발생할 때까지 워크로드를 재평가하지 않는다.

다음은 이를 입증하고자 실제 세계에서 사용하는 예제다. 특정 레지스트리의 컨테이너 만을 허용하는 정책을 생성한다고 가정해보자. 클러스터에서 이미 실행 중인 워크로드 는 특별한 변경 없이 계속 실행된다. 디플로이먼트 워크로드의 수를 1에서 2로 확장하 려고 하는 경우 레플리카셋은 또 다른 파드에 대한 생성을 시도할 것이다. 해당 파드에 허용된 레지스트리의 컨테이너가 존재하지 않을 경우 해당 파드 생성은 거부될 것이 다. enforcementAction을 'deny'로 설정하기 전에 정책 위반 사항이 있는지 확인하 고자 EnforcementAction을 'dryrun'으로 설정하고 감사를 수행하는 것이 중요하다.

감사

새로운 리소스에 대한 정책을 시행할 수 있다는 것은 정책과 거버넌스의 한 부분일 뿐이다. 정책은 시간이 지남에 따라 변경되는 경우가 많으며, 게이트키 퍼를 사용해 현재 배포된 모든 항목이 규정을 제대로 준수하고 있는지 확인할 수도 있다. 또한 이미 무수히 많은 서비스가 배포돼 있는 클러스터가 있고, 이 를 구성하는 리소스들이 정책을 준수하도록 게이트키퍼를 설치하려고 할 수 있다. 게이트키퍼의 감사 기능을 통해 클러스터 관리자는 클러스터 내에서 정 책을 준수하지 않고 있는 리소스 목록을 확인할 수 있다.

감사가 어떻게 동작하는지 살펴보고자 다음 예제를 살펴본다. 이 예제에서는 enforcementAction의 동작을 'dryrun'이 될 수 있도록 repo-is-kuar-demo의 제 약 조건을 업데이트한다(예제 20-5 참고). 이렇게 하면 사용자가 규정을 준수하지 않 는 리소스noncompliant resource를 생성할 수 있다. 그런 다음 감사 기능을 사용해 어떠 한 리소스가 규정을 준수하지 않는지 확인한다.

예제 20-5. allowedrepos-constraint-dryrun.yaml

```yaml
apiVersion: constraints.gatekeeper.sh/v1beta1
kind: K8sAllowedRepos
metadata:
  name: repo-is-kuar-demo
spec:
  enforcementAction: dryrun
  match:
    kinds:
      - apiGroups: [""]
        kinds: ["Pod"]
    namespaces:
      - "default"
  parameters:
    repos:
      - "gcr.io/kuar-demo/"
```

다음과 같은 명령을 실행해 제약 조건을 업데이트한다.

```
$ kubectl apply -f allowedrepos-constraint-dryrun.yaml
k8sallowedrepos.constraints.gatekeeper.sh/repo-is-kuar-demo configured
```

다음과 같은 명령을 사용해 규정을 준수하지 않는 파드를 생성한다.

```
$ kubectl apply -f noncompliant-pod.yaml
pod/nginx-noncompliant created
```

주어진 제약 조건에 대해 규정을 준수하지 않는 리소스 목록을 감사하려면 제약 조건에 대해 kubectl get constraint 명령을 실행하고 다음과 같이 출력을 YAML 포맷으로 지정한다.

```
$ kubectl get constraint repo-is-kuar-demo -o yaml
apiVersion: constraints.gatekeeper.sh/v1beta1
kind: K8sAllowedRepos
...
spec:
  enforcementAction: dryrun
  match:
    kinds:
    - apiGroups:
      - ""
      kinds:
      - Pod
    namespaces:
    - default
  parameters:
    repos:
    - gcr.io/kuar-demo/
status:
  auditTimestamp: "2021-07-14T20:05:38Z"
      ...
  totalViolations: 1
  violations:
  - enforcementAction: dryrun
    kind: Pod
    message: container <nginx> has an invalid image repo <nginx>, allowed repos
      are ["gcr.io/kuar-demo/"]
    name: nginx-noncompliant
    namespace: default
```

status 섹션에서 감사가 실행된 마지막 시간인 auditTimestamp를 확인할 수 있다. totalViolations는 이러한 제약 조건을 위반하는 리소스 수를 나열한다. violations 섹션에는 위반한 항목에 대한 것들이 나열된다. 위 출력 결과 nginx-noncompliant 파드는 정책을 위반했으며 메시지를 확인해보면 이에 대한 세부 정보가 표시돼 있음을 확인할 수 있다.

감사와 함께 enforcementAction을 'dryrun'으로 설정해 사용하는 것이 정책이 제대로 적용돼 있음을 확인하는 강력한 방법이다. 또한 리소스를 규정에 맞게 가져오는 워크플로를 생성한다.

변형

지금까지 제약 조건을 사용해 리소스가 규정을 준수하는지 확인하는 방법을 살펴봤다. 그렇다면 규정을 준수하도록 리소스를 수정하는 방법은 어떤가? 이것은 게이트키퍼의 변형mutation 기능을 통해 처리할 수 있다. 20장의 앞부분에서 두 가지 다른 타입의 승인 웹훅인 mutating(변형)과 validating(검증)에 대해 설명했다. 기본적으로 게이트키퍼는 검증 승인 웹훅validating admission webhook으로 배포되지만 변형 승인 웹훅mutating admission webhook으로 동작하도록 구성할 수 있다.

게이트키퍼의 변형 기능은 현재 베타 상태이며 앞으로도 계속 변경될 가능성이 있다. 게이트키퍼의 추후 기능을 보여주고자 이를 공유한다. 20장의 게이트키퍼 설치를 다루는 절에서 변형 기능의 활성화는 다루지 않았다. 게이트키퍼의 변형 기능 활성화에 대한 자세한 내용은 게이트키퍼 프로젝트를 참고한다(https://oreil.ly/DQKhl).

변형 기능의 강력한 힘을 보여주는 예를 살펴보자. 이 예제에서는 모든 파드의 imagePullPolicy를 'Always'로 설정한다. 그런 다음 게이트키퍼가 변형을 지원하도록 올바르게 구성돼 있다고 가정한다. 예제 20-6은 system 네임스페이스에 존재하는 파드를 제외한 기타 모든 파드의 imagePullPolicy에 'Always'를 할당하는 변형 할당mutation assignment을 정의한다.

예제 20-6. imagepullpolicyalways-mutation.yaml

```
apiVersion: mutations.gatekeeper.sh/v1alpha1
```

```
kind: Assign
metadata:
  name: demo-image-pull-policy
spec:
  applyTo:
  - groups: [""]
    kinds: ["Pod"]
    versions: ["v1"]
  match:
    scope: Namespaced
    kinds:
    - apiGroups: ["*"]
      kinds: ["Pod"]
    excludedNamespaces: ["system"]
  location: "spec.containers[name:*].imagePullPolicy"
  parameters:
    assign:
      value: Always
```

변형 할당을 생성한다.

```
$ kubectl apply -f imagepullpolicyalways-mutation.yaml
assign.mutations.gatekeeper.sh/demo-image-pull-policy created
```

파드를 생성한다. 이제 파드에는 imagePullPolicy가 명시적으로 설정돼 있지 않기 때문에 기본적으로 이 필드는 'IfNotPresent'로 설정된다. 그러나 변형과 관련된 정책이 적용돼 있기 때문에 게이트키퍼가 이 필드를 'Always'로 변경할 것으로 예상된다.

```
$ kubectl apply -f compliant-pod.yaml
pod/kuard created
```

다음과 같은 명령을 실행해 imagePullPolicy가 'Always'로 성공적으로 변경됐는지 확인한다.

```
$ kubectl get pods kuard -o=jsonpath="{.spec.containers[0].imagePullPolicy}"

Always
```

 변형 승인은 검증 승인 전에 발생하기 때문에 특정 리소스에 적용될 것으로 예상되는 변형을 확인하는 제약 조건을 생성한다.

다음과 같은 명령을 실행해 파드를 삭제한다.

```
$ kubectl delete -f compliant-pod.yaml
pod/kuard deleted
```

다음과 같은 명령을 실행해 변형 할당을 삭제한다.

```
$ kubectl delete -f imagepullpolicyalways-mutation.yaml
assign.mutations.gatekeeper.sh/demo-image-pull-policy deleted
```

유효성 검사와 달리 변형은 클러스터 관리자를 대신해 규정을 준수하지 않는 리소스를 자동으로 수정하는 방법을 제공한다.

데이터 복제

제약 조건을 작성할 때 한 필드의 값을 다른 리소스의 필드 값과 비교해보고 싶을 수 있다. 이러한 동작을 수행해야 하는 경우에 대한 구체적인 예제는 인그레스의 호스트네임이 클러스터 전체에서 고유한지 확인하는 것이다. 기본적으로 게이트키퍼는 현재 자원 내의 필드만을 평가해볼 수 있다. 정책을 이행하고 자 자원 간 비교가 필요한 경우 관련된 사항을 구성해야 한다. 게이트키퍼는 특정 리소스를 OPA에 캐시해 리소스 간에 비교할 수 있도록 구성할 수 있다. 예제 20-7의 리소스는 네임스페이스와 파드 리소스를 캐시하도록 게이트키퍼 를 구성한다.

예제 20-7. config-sync.yaml

```yaml
apiVersion: config.gatekeeper.sh/v1alpha1
kind: Config
metadata:
  name: config
  namespace: "gatekeeper-system"
spec:
  sync:
    syncOnly:
      - group: ""
        version: "v1"
        kind: "Namespace"
      - group: ""
        version: "v1"
        kind: "Pod"
```

 정책에 대한 평가를 수행하는 데 필요한 리소스만을 캐시해야 한다. 수백에서 수천 개의 리소스를 OPA에 캐시하면 더 많은 메모리가 필요하고 보안에 영향을 줄 수도 있다.

예제 20-8의 제약 조건 템플릿은 Rego 섹션의 항목(이 경우 고유한 인그레스의 호스트네임)을 비교하는 방법을 보여준다. 특히 data.inventory는 승인 흐름의 일부로 쿠버네 티스 API 서버에서 평가를 위해 전송된 리소스인 input과 달리 캐시 리소스를 나타낸다. 이 예제는 게이트키퍼 정책 라이브러리(https://oreil.ly/gGrts)를 기반으로 한다.

416

예제 20-8. uniqueingresshost-constraint-template.yaml

```yaml
apiVersion: templates.gatekeeper.sh/v1beta1
kind: ConstraintTemplate
metadata:
  name: k8suniqueingresshost
  annotations:
    description: Requires all Ingress hosts to be unique.
spec:
  crd:
    spec:
      names:
        kind: K8sUniqueIngressHost
  targets:
    - target: admission.k8s.gatekeeper.sh
      rego: |
        package k8suniqueingresshost

        identical(obj, review) {
          obj.metadata.namespace == review.object.metadata.namespace
          obj.metadata.name == review.object.metadata.name
        }

        violation[{"msg": msg}] {
          input.review.kind.kind == "Ingress"
          re_match("^(extensions|networking.k8s.io)$",
            input.review.kind.group)
          host := input.review.object.spec.rules[_].host
          other := data.inventory.namespace[ns][otherapiversion]
            ["Ingress"][name]
          re_match("^(extensions|networking.k8s.io)/.+$",
            otherapiversion)
          other.spec.rules[_].host == host
          not identical(other, input.review)
          msg := sprintf("ingress host conflicts with an existing
            ingress <%v>"...
        }
```

데이터 복제^{data replication}는 쿠버네티스 리소스 간에 비교를 할 수 있게 해주는 아주 강력한 도구다. 동작하는 데 필요한 정책이 있는 경우에만 구성하는 것이 좋다. 사용하는 경우 관련 리소스로만 범위를 지정하자.

메트릭

게이트키퍼는 지속적인 리소스 컴플라이언스 모니터링^{resource compliance monitoring}을 가능하게 하고자 프로메테우스^{Prometheus} 포맷으로 메트릭을 내보낸다. 제약 조건, 제약 조건 템플릿, 게이트키퍼에 설정되는 요청 수와 같은 게이트키퍼의 전반적인 상태에 대한 간단한 메트릭을 확인해볼 수 있다.

또한 정책 준수와 거버넌스에 대한 세부 정보도 제공된다.

- 총 감사 위반 건수

- enforcementAction별 제약 조건 수

- 감사 기간

 정책과 거버넌스 프로세스를 완전히 자동화하는 것이 이상적인 목표이므로 외부 모니터링 시스템에서 Gatekeeper를 모니터링하고 리소스 규정 준수를 기반으로 경고를 설정하는 것을 추천한다.

정책 라이브러리

게이트키퍼 프로젝트의 핵심 신조 중 하나는 조직 간에 공유할 수 있는 재사용 가능한 정책 라이브러리를 만드는 것이다. 정책을 공유할 수 있기 때문에 보일러플레이트^{boilerplate} 정책에 관련된 작업이 줄어들고 클러스터 관리자는 정책을 직접 작성하는 대신 적용하는 데 집중할 수 있다. 게이트키퍼에는 훌륭한 정책 라이브러리가 있다(https://oreil.ly/uBY2h). 여기에는 가장 일반적인 정책이 포함된 일반 라이브러리와 PodSecurityPolicy API의 기능을 게이트키퍼 정책으로 모델 링하는 pod-security-policy 라이브러리가 포함돼 있다. 이 라이브러리의 장 점은 항상 확장 가능하고 오픈소스이기 때문에 작성하는 정책을 자유롭게 컨트 리뷰션할 수 있다는 점이다.

요약

20장에서는 정책과 거버넌스를 살펴봤고 쿠버네티스에 점점 더 많은 리소스가 배포됨에 따라 정책과 거버넌스가 중요한 이유를 살펴봤다. OPA를 기반으로 구축된 쿠버네티스 네이티브 정책 컨트롤러인 게이트키퍼 프로젝트를 살펴보 고 이를 사용해 정책과 거버넌스 요구 사항을 충족시키는 방법을 보여줬다. 20장에서 다룬 내용을 통해 정책 작성부터 감사에 이르기까지 규정 준수 요구 사항을 충족시키는 노하우를 갖추게 됐다.

## 21장

멀티클러스터 애플리케이션 배포

지금까지 살펴봤던 20개의 장을 통해 쿠버네티스가 복잡한 주제가 될 수 있음이 분명해졌다. 그럼에도 지금까지 학습을 완료했다면 이전보다 쿠버네티스에 대한 개념이 덜 모호하기를 바란다. 단일 쿠버네티스 클러스터에서 애플리케이션을 구축하고 실행할 때의 복잡성을 고려해봤을 때 애플리케이션을 설계해 여러 클러스터에 배포하는 데 복잡성이 추가되는 이유는 무엇일까?

현실 세계에서 대부분의 애플리케이션 요구 사항은 멀티클러스터 애플리케이션 배포다. 여기에는 여러 가지 이유가 있으며 여러분의 애플리케이션이 이러한 요구 사항 중 하나 이상에 적합할 가능성이 높다.

첫 번째 요구 사항은 시스템 다중화^{redundancy}나 시스템 복원력^{resiliency}이다. 클라우드에 있든 온프레미스^{on-premise}에 있든 단일 데이터센터는 단일 장애 도메인^{single failure domain}을 의미한다. 폭풍우로 인한 정전이든 단순히 잘못된 소프트웨어 롤아웃이든 단일 위치에 배포된 애플리케이션에서 발생하는 장애는 완전한 장애로 이어져 사용자가 더 이상 사용할 수 없게 된다. 대부분의 경우에 단일 쿠버네티스 클러스터가 하나의 데이터센터에 위치하고 있으므로 단일 장애 도메인이다.

경우에 따라, 특히 클라우드 환경에서 쿠버네티스 클러스터는 지역적으로 분산되도록 설계된다. 이는 지역 클러스터^{regional cluster}라고 정의할 수 있으며 이러한 특성을 갖는 클러스터는 앞서 설명한 인프라 문제에 있어서는 시스템 복원력을 갖는다. 쿠버네티스 클러스터 자체가 단일 장애 지점이 될 수 있다는 사실을 제외하고는 이러한 지역 클러스터는 충분한 시스템 복원력을 갖는다고 정의할 수 있다. 모든 단일 쿠버네티스 클러스터는 특정 버전의 쿠버네티스(예, 1.21.3)와 연결돼 있으며, 클러스터의 업그레이드로 인해 애플리케이션이 중단될 수 있다. 때로는 특정 API가 더 이상 지원되지 않거나 API 호출 시 수행되는 동작이 변경되는 경우가 발생한다. 이러한 변경 사항은 극히 드물게 발생되며, 쿠버네티스 커뮤니티는 이러한 변경 사항이 사전에 전달될 수 있도록 주의를 기울이고 있다. 또한 수많은 테스트에도 때로는 새롭게 릴리스되는 버전에 버그가 포함될 수도 있다. 대부분의 애플리케이션의 수명에 걸쳐 봤을 때 한 가지 이슈가 애플리케이션에 영향을 미칠 가능성은 거의 없지만 어느 시점에서는 영향을 받을 가능성이 있다. 대부분의 애플리케이션에서 이는 허용 가능한 리스크가 아니다.

시스템 복원력에 대한 요구 사항 외에도 멀티클러스터 배포의 또 다른 강력한 동기는 일부 비즈니스나 애플리케이션의 지역적 친화력regional affinity이다. 예를 들어 게임 서버는 네트워크 지연 시간을 줄이고 게임을 플레이하는 사용자의 경험을 개선하고자 최대한 사용자 가까운 곳에 위치하고 있어야 한다. 다른 애플리케이션의 경우 데이터가 특정 지리적 지역 내에 위치하도록 요구하는 법적 규제와 요구 사항이 적용돼 있을 수 있다. 모든 쿠버네티스 클러스터는 특정 위치에 연결돼 있기 때문에 특정 지역에 애플리케이션을 배포하는 이러한 요구 사항은 애플리케이션이 여러 클러스터에 걸쳐 있어야 함을 의미한다.

마지막으로 단일 클러스터 내에서 사용자를 격리하는 방법은 여러 가시가 있지만(예, 네임스페이스, RBAC, 노드 풀 등) 쿠버네티스 클러스터는 단일 협력 공간single cooperative space이다. 단일 클러스터를 사용할 때 실수로 다른 팀의 애플리케이션에 영향을 미칠 수 있기 때문에 오히려 여러 클러스터를 관리하는 복잡성을 감수해야 한다.

지금까지 학습한 내용을 토대로 살펴봤을 때 애플리케이션이 여러 클러스터에 걸쳐 존재해야 할 가능성이 매우 높다는 것을 알 수 있다. 21장의 나머지 부분에서는 이를 수행할 수 있는 방법을 살펴본다.

시작에 앞서

멀티클러스터에 대한 학습을 시작하기 전에 우선 단일 클러스터 배포에 대한 올바른 기초를 마련하는 것이 중요하다. 모든 사람이 클러스터를 설정하기 위한 작업 항목이 있지만 이러한 작업 항목과 문제점은 멀티클러스터 배포 시 더 확대된다. 마찬가지로 인프라의 근본적인 문제를 해결하는 것은 클러스터가 10개로 늘어나면 10배로 더 어려워진다. 클러스터 추가 시 상당한 추가 작업이 수반되는 경우 애플리케이션을 위해서도 이를 수행하지 않는 편이 더 낫다.

여기서 '기초foundation'라고 할 때 이는 무엇을 의미하는가? 올바른 작업을 수행하는 데 있어 가장 중요한 부분은 자동화automation다. 여기서 중요한 것은 애플리케이션 배포를 위한 자동화뿐만 아니라 클러스터 자체를 만들고 관리하기 위한 자동화도 여기에 포함된다. 단일 클러스터single cluster를 갖고 있는 경우 정의상 클러스터의 각 부분에서 버전이 일관된다. 그러나 클러스터를 추가할 때 클러스터의 모든 부분 간에 버전 불일치 가능성이 있다. 쿠버네티스 클러스터 자체의 버전이 서로 다르거나 모니터링과 로깅 에이전트의 버전이 서로 다르거나 컨테이너 런타임과 같은 기본 기능이 서로 다른 클러스터가 있을 수 있다. 이모든 차이는 클러스터 관리를 더욱더 어렵게 만든다. 인프라의 차이는 시스템을 '이상하게' 만든다. 이처럼 버전이 불일치하는 경우 한 클러스터에서 얻은 지식은 다른 클러스터에 적용할 수 없으며, 이러한 변동성으로 인해 특정 위치에서 문제가 무작위로 발생하는 경우가 있다.

이러한 문제점을 해결하고자 일관성consistency을 달성하는 유일한 방법은 바로 자동화다. 여러분은 "나는 항상 이러한 방식으로 클러스터를 생성한다."라고 생각할 수도 있겠지만 경험을 통해 이것이 사실이 아님을 알게 됐다. 22장에서는 애플리케이션 관리를 위한 코드로서의 인프라스트럭처[1]를 자세히 설명할 예정이며, 이는 쿠버네티스 클러스터 관리에도 동일하게 적용된다. GUI나 CLI 도구를 사용해 클러스터를 사용하지 않는 것을 추천한다. 소스 컨트롤[2]과 CI/CD를 통해 모든 변경 사항을 푸시[push]하는 것이 처음에는 번거롭게 보일 수 있지만 이렇게 구축된 안정적인 기반은 상당한 이점을 제공한다.

컴포넌트에 배포하는 기본 컴포넌트도 마찬가지다. 이러한 컴포넌트에는 애플리케이션을 배포하기 전에 구성해야 하는 모니터링, 로깅, 보안 스캐너를 포함한다. 또한 이러한 도구는 헬름과 같은 도구를 사용해 관리하고 자동화를 사용해 배포해야 할 필요성이 있다.

클러스터의 형상을 넘어 클러스터의 일관성에 대한 다른 측면이 필요하다. 첫 번째는 모든 클러스터에 대해 단일 신원 시스템[identity system]을 사용하는 것이다. 쿠버네티스는 간단한 인증서 기반 인증을 지원하지만 애저 액티브 디렉터리[Azure Active Directory]나 OpenID 커넥트에 호환되는 신원 프로바이더와 같은 글로벌 신원 프로바이더와 통합해 사용하는 것이 좋다. 모든 클러스터에 접근할 때 모든 사람이 동일한 ID를 사용하게 하는 것은 보안 모범 사례를 유지하고 인증서 공유와 같은 위험한 행동을 방지하는 데 중요한 역할을 한다. 또한 대부분의 이러한 신원 공급자는 2단계 인증과 같은 추가 보안 제어를 제공해 클러스터의 보안을 강화한다.

ID와 마찬가지로 클러스터에 대해 일관된 접근 제어를 보장하는 것도 중요하다. 대부분의 클라우드에서 이는 RBAC 역할과 바인딩이 각 개별 클라우드 자체가 아닌 중앙에 위치한 클라우드에 저장되는 클라우드 기반 RBAC를 사용하는 것을 의미한다. 단일 위치에서 RBAC를 정의하면 클러스터 중 하나에 권한을 남겨두거나 일부 단일 클러스터에 권한을 추가하지 못하는 것과 같은 실수를

---

1. 코드로서의 인프라스트럭처는 코드를 통해 인프라를 관리하는 것을 의미한다. - 옮긴이
2. 소스에 대해 버전을 관리하는 시스템을 의미한다. - 옮긴이

방지할 수 있다. 불행하게도 온프레미스 클러스터에 RBAC를 정의하는 것은 신원을 구성하는 것보다 훨씬 복잡하다. 온프레미스 클러스터에 RBAC를 제공할 수 있는 몇 가지 솔루션(예, 쿠버네티스용 애저 아크Azure Arc)이 있지만 이러한 서비스를 사용자 환경에서 사용할 수 없는 경우 소스 컨트롤을 통해 RBAC를 정의하고 IAC를 사용해 모든 클러스터에 동일한 규칙을 적용한다. 이를 통해 클러스터 전체에 일관된 권한이 적용되게 구성할 수 있다.

마찬가지로 클러스터에 대한 정책을 정의할 때 이러한 정책을 한곳에서 정의하고 모든 클러스터의 규정 준수 상태를 볼 수 있는 단일 대시보드를 구성하는 것이 중요하다. RBAC와 마찬가지로 이러한 글로벌 서비스는 클라우드 공급자를 통해 제공되는 경우가 많지만 온프레미스의 경우 옵션이 매우 제한적이다. 정책에 대해 IAC를 사용하면 이러한 격차를 좁히고 한곳에서 통제하에 정책을 정의할 수 있다.

올바른 단위 테스트와 구성할 인프라를 설정하는 것이 애플리케이션 개발에 있어 중요하듯이 여러 쿠버네티스 클러스터를 관리하기 위한 올바른 기반을 설정하면 광범위한 인프라에 걸쳐 안정적인 애플리케이션 배포를 위한 단계가 구성된다. 다음 절에서는 멀티클러스터 환경에서 잘 동작하도록 애플리케이션을 빌드하는 방법을 살펴본다.

로드밸런싱 접근 방식으로 맨 위에서부터 시작하기

애플리케이션을 여러 위치에 배포하는 것을 생각한다면 사용자가 애플리케이션에 접근하는 방법을 생각하는 것이 필수적이다. 이러한 접근은 일반적으로 도메인 네임(예, my.company.com)을 통해 이뤄진다. 여러 위치에서 잘 동작하도록 애플리케이션을 구성하는 방법을 살펴보는 데 많은 시간을 할애할 예정이지만 접근이 구현되는 방법에 대해 논의를 시작하는 것이 더 중요하다. 이는 분명히 사용자들이 애플리케이션을 사용할 수 있게 하는 것이 필수적일 뿐만 아니라 사람들이 애플리케이션에 접근하는 방법을 설계하면 예기치 않은 부하나 오류가 발생한 경우 이러한 문제에 신속하게 대응하고 트래픽 경로를 변경할 수 있는 능력이 향상될 수 있기 때문이다.

애플리케이션에 대한 접근은 도메인 네임으로 시작된다. 즉, 멀티클러스터 로드밸런싱 전략의 시작은 DNS 조회^{lookup}로부터 시작된다. 이 DNS 조회는 로드밸런싱 전략의 첫 번째 선택이다. 기존의 대다수 로드밸런싱 접근 방식에 있어서 이 DNS 조회는 트래픽을 특정 위치로 라우팅하는 데 사용됐다. 이를 일반적으로 'GeoDNS'라고 한다. GeoDNS에서 DNS 조회에 의해 반환된 IP 주소는 클라이언트의 물리적 위치를 기반으로 한다. DNS 조회 시 반환되는 IP 주소는 일반적으로 클라이언트와 가장 가까운 지역적 클러스터의 IP 주소다.

GeoDNS는 여전히 많은 애플리케이션에서 널리 사용되고 있으며 온프레미스 애플리케이션의 멀티클러스터 로드밸런싱 전략의 유일한 접근 방식일 수 있지만 여러 가지 단점이 있다. 첫 번째는 DNS가 인터넷상의 다양한 위치에 캐시되고 DNS 조회를 위해 TTL$^{Time-To-Live}$을 설정할 수 있지만 좀 더 높은 성능을 얻고자 이 TTL을 무시하는 곳이 많다는 것이다. 안정적인 운영 환경에서 DNS는 일반적으로 TTL에 관계없이 안정적이기 때문에 캐싱은 큰 문제가 되지 않는다. 그러나 한 클러스터에서 다른 클러스터로 트래픽을 이동해야 하는 경우에는 매우 중요하다. 예를 들면 특정 데이터센터의 중단 상황에 대한 대응이다. 이러한 긴급한 경우에 DNS 조회가 캐시된다는 사실은 서비스 중단 기간과 서비스 중단에 따른 영향이 크게 확대될 수 있다. 또한 GeoDNS가 클라이언트의 IP를 기반으로 클라이언트의 물리적 위치를 추측해 동작하기 때문에 많은 수의 클라이언트가 물리적으로 서로 다른 위치에 있음에도 동일한 방화벽의 IP 주소로 트래픽을 내보낼 경우(SNAT가 적용된 경우[3]) 혼란을 야기해 클라이언트의 위치를 잘못된 위치로 추측하게 된다.

---

3. 인터넷으로 나가는 패킷의 출발지 IP를 게이트웨이의 공인 IP 주소로 변경하는 것 – 옮긴이

DNS를 사용해 클러스터를 선택하는 다른 대안은 애니캐스트^{anycast}라고 하는 로드밸런싱 기술이다. 애니캐스트 네트워킹을 사용하면 코어 라우팅 프로토콜을 사용해 인터넷상의 여러 위치에 동일한 고정 IP 주소를 사용할 수 있다. 전통적으로 하나의 IP 주소를 단일 시스템에 매핑하는 것을 생각하지만 애니캐스트 네트워킹에서 IP 주소는 실제로 네트워크의 위치에 따라 다른 위치로 라우팅되는 가상 IP 주소다. 트래픽은 지리적 거리가 아닌 네트워크 성능 측면에서의 거리를 기반으로 "가장 가까운" 위치로 라우팅된다. 애니캐스트 라우팅은 일반적으로 더 나은 결과를 제공하지만 항상 모든 환경에서 사용할 수 있는 것은 아니다.

로드밸런싱을 설계할 때 마지막으로 고려해야 할 사항은 로드밸런싱이 TCP나 HTTP 수준에서 수행되는지 여부를 검토하는 것이다. 지금까지는 TCP 수준의 로드밸런싱에 대해서만 살펴봤지만 웹 기반 애플리케이션의 경우 HTTP 계층에서의 로드밸런싱에 상당한 이점을 갖고 있다. HTTP 기반 애플리케이션을 개발하는 경우(요즘 대부분의 애플리케이션이 그렇듯이) 글로벌 HTTP 인지 로드밸런서^{global HTTP aware load balancer}를 사용하면 클라이언트의 통신 세부 사항을 좀 더 자세히 인지할 수 있다. 예를 들어 브라우저에 설정된 쿠키를 기반으로 로드밸런싱에 대한 결정을 내릴 수 있다. 또한 프로토콜을 인식하는 로드밸런서의 경우 TCP 연결에 기반을 둔 바이트 스트림 대신 각 HTTP 요청을 확인하기 때문에 좀 더 스마트한 라우팅 결정을 내릴 수 있다.

어떠한 접근 방식을 선택하든 간에 궁극적으로 서비스 위치는 글로벌 DNS 엔드포인트에서 서비스에 대한 진입 지점을 나타내는 지역 IP 주소 모음으로 매핑된다. 글로벌 DNS에 매핑되는 IP 주소는 일반적으로 이 책의 앞장에서 학습했던 쿠버네티스 서비스나 인그레스 리소스의 IP 주소다. 사용자 트래픽이 해당 엔드포인트에 도달하면 애플리케이션의 설계에 따라 클러스터를 통해 흐르게 된다.

멀티클러스터를 위한 애플리케이션 구축

로드밸런싱이 어느 정도 정리됐다면 멀티클러스터 애플리케이션을 설계하기 위한 다음 과제는 상태에 대해 생각해보는 것이다. 이상적으로는 애플리케이션에 상태가 필요하지 않거나 모든 상태가 읽기 전용read-only이다. 이러한 상황에서 멀티클러스터에 대한 배포를 지원하고자 수행해야 할 작업이 거의 없다. 애플리케이션을 각 클러스터에 개별적으로 배포할 수 있고 상단에 로드밸런서를 추가하면 멀티클러스터에 대한 배포가 완료된다. 그러나 안타깝게도, 대부분의 애플리케이션의 경우 애플리케이션 복제본 전체에서 일관된 방식으로 관리돼야 하는 '상태'가 존재하다 이러한 상태를 스마트세 처리하지 않으면 사용자는 혼란에 빠지게 되고 시스템의 결함이 발생되게 된다.

복제된 상태replicated state가 사용자 경험에 미치는 영향을 이해하고자 간단한 소매점retail shop에 대한 예를 살펴보자. 고객의 주문을 여러 클러스터 중 하나에만 저장하는 경우 로드밸런싱이나 물리적/지리적인 이동에 의해 고객의 요청이 다른 지역으로 라우팅되는 경우 이전에 했던 주문 내역을 볼 수 없는 경험을 하게 될 것이다. 따라서 사용자의 상태가 여러 지역에 걸쳐 복제돼야 함은 분명하다. 그러나 복제를 수행하는 방식이 고객의 경험에도 영향을 미칠 수 있다는 점은 다소 명확하지 않을 수 있다. 복제된 데이터와 고객 경험에 대한 문제는 "직접 저장한 것을 다시 읽을 수 있는가?"라는 질문에 간결하게 설명돼 있다. 이러한 질문에 대한 대답은 "예"여야 하는 것이 당연해 보이지만 이를 달성하는 것은 생각보다 어렵다. 예를 들어 컴퓨터에서 주문한 다음 즉시 전화로 주문 내역을 확인하려고 하는 고객을 생각해보자. 이 두 개의 매개체는 완전히 다른 네트워크를 통해 애플리케이션에 도달하기 때문에 결과적으로 완전히 다른 두 개의 클러스터에 주문 내역을 저장할 수 있다. 방금 주문한 내역을 확인할 수 있는 능력에 대한 사용자의 기대는 바로 데이터 일관성data consistency의 한 예다.

일관성은 데이터 복제에 대한 생각을 결정한다. 데이터가 일관되기를 원한다고 가정한다. 즉, 어디에서 데이터를 읽든 간에 동일한 데이터를 읽을 수 있어야 한다. 그러나 복잡한 요소는 바로 시간이다. 데이터가 얼마나 빠르게 일관성을 유지해야 하는가? 그리고 일관성이 없을 때 어떠한 종류의 에러 메시지가 나타나야 하는가? 일관성에는 두 가지 기본 모델이 있는데, 쓰기를 수행한 후 성공적으로 복제될 때까지 쓰기가 성공하지 않도록 보장하는 강력한 일관성^{strong consistency}, 쓰기가 항상 즉시 성공하고 나중에 특정 시점에 성공적으로 복제되도록 보장하는 궁극적 일관성^{eventual consistency}이다. 일부 시스템은 클라이언트의 요청에 따라 일관성에 대한 요구 사항을 선택할 수 있는 기능도 제공한다. 예를 들어 애저 코스모스 DB^{Azure Cosmos DB}의 경우 제한된 일관성을 구현하는데, 여기서 궁극적으로는 일관성 있는 시스템에서 오래된 데이터가 얼마나 될 수 있는지에 대한 몇 가지 보장이 있다. 구글 클라우드 스패너^{Google Cloud Spanner}를 사용하면 클라이언트가 더 나은 성능을 위해 오래된 읽기를 허용하도록 지정할 수 있다.

데이터는 어디에서나 항상 동일하기 때문에 모든 사람이 강력한 일관성을 선택하는 것처럼 보일 수 있다. 그러나 강력한 일관성을 구현하려면 많은 비용이 발생한다. 쓰기를 수행하는 시점에 복제를 보장하려면 훨씬 더 많은 노력이 필요하고, 또한 복제가 불가능할 때 쓰기에 대한 실패가 발생한다. 강력한 일관성은 이를 구현하고자 훨씬 더 많은 비용이 필요하고 궁극적 일관성에 비해 훨씬 더 적은 수의 동시 트랜잭션을 처리할 수 있다. 궁극적 일관성은 구현 비용이 훨씬 더 저렴하고 훨씬 더 많은 양의 쓰기에 대한 로드를 처리할 수 있지만 애플리케이션 개발자 입장에서는 구현하기가 더 복잡하고 최종 사용자에게 일부 주변 조건^{edge condition}이 노출될 수 있다. 대부분의 스토리지 시스템의 경우 단일 동시성^{single concurrency} 모델만을 지원한다. 여러 동시성 모델을 지원하는 모델을 스토리지 시스템을 생성할 때 지정해야 한다. 동시성 모델에 대한 선택은 애플리케이션 설계에 있어 중요한 영향을 미치며 변경하기 매우 어렵다. 따라서 일관성 모델을 선택하는 것은 여러 환경에 대한 애플리케이션을 설계하기 전에 결정해야 할 중요한 첫 번째 단계다.

복제된 상태 저장 스토리지(replicated stateful storage)를 배포하고 관리하는 것은 복잡하다. 설정, 유지 관리, 모니터링을 위해 해당 도메인에 대한 전문 지식을 갖춘 전담 팀 구성이 필요한 작업이다. 복제된 데이터 저장을 위해 클라우드 기반 저장소를 사용하는 것을 강력히 고려해봐야 한다. 이러한 부담은 개인이나 팀이 아닌 클라우드 제공 업체에서 담당한다.

스토리지 계층을 결정했으면 다음 단계는 애플리케이션 설계를 구축하는 것이다.

복제된 사일로: 가장 단순한 교차 지역 모델

여러 클러스터와 여러 지역에 걸쳐 애플리케이션을 복제하는 가장 간단한 방법은 단순히 모든 지역에 애플리케이션을 복사하는 것이다. 애플리케이션의 각 인스턴스는 정확한 복제본이며 어떠한 클러스터에서 실행 중이냐에 관계없이 똑같아 보인다. 고객의 요청을 가장 많이 분산시키는 곳에 로드밸런서가 있으며, 상태가 필요한 곳에 데이터 복제를 구현했기 때문에 이 모델을 지원하고자 애플리케이션을 크게 변경할 필요가 없다. 데이터를 위해 선택한 일관성 모델에 따라 데이터가 지역 간에 빠르게 복제되지 않을 수 있다는 사실을 해결해야 하지만, 특히 강력한 일관성을 선택하는 경우 주요 애플리케이션 리팩토링이 필요하지 않다.

이러한 방식으로 애플리케이션을 설계하면 각 지역이 고유한 사일로^{silo}가 된다. 필요한 모든 데이터는 각 지역 내에 위치하며 요청이 해당 지역에 들어오는 경우 해당 클러스터에서 실행되고 있는 컨테이너에서 선석으로 제공한다. 이는 복잡성 감소 측면에서 상당한 이점이 있지만 항상 그렇듯이 효율성이 저하된다.

사일로 접근 방식이 효율성에 어떠한 영향을 미치는지 이해하려면 사용자에게 매우 짧은 대기 시간을 제공하고자 전 세계에서 지리적으로 많은 지역에 배포돼 있는 애플리케이션을 고려해보자. 실제로 세계의 일부 지역에는 인구가 많

430

고 일부 지역에는 인구가 적다. 애플리케이션이 위치한 각 클러스터에 있는 사일로가 모두 정확히 동일한 경우 모든 사일로는 가장 큰 인구수를 갖는 지역의 요구 사항을 충족하도록 크기가 조정돼야 한다. 그 결과 지역 클러스터에 있는 대부분의 애플리케이션 복제본이 대량으로 오버프로비저닝돼 애플리케이션의 비용 효율성이 낮아진다. 이 초과 비용에 대한 분명한 해결책은 좀 더 적은 규모의 인구수를 갖는 지역에서 애플리케이션이 사용하는 리소스의 크기를 줄이는 것이다. 애플리케이션의 크기를 조정하는 것은 쉬워보일 수 있지만 병목 현상이나 기타 요구 사항(예, 최소 3개의 복제본 유지) 등으로 인해 그렇지 않다. 특히 기존 애플리케이션을 단일 클러스터에서 다중 클러스터로 전환하는 경우 복제된 사일로 방식으로 설계하는 것이 가장 쉬운 접근 방식이다. 그러나 처음에는 이러한 방식이 지속 가능하지만 결국에는 애플리케이션을 리팩토링해야 하는 비용이 수반된다는 점을 인지해야 한다.

샤딩: 지역 데이터

애플리케이션이 확장됨에 따라 지역 사일로^{region silo}의 접근 방식이 직면할 가능성이 높은 문제 중 하나는 모든 데이터를 전 지역에 복제하는 데 발생하는 비용이 점점 더 많이 들고 낭비가 심해진다는 것이다. 신뢰성을 위해 데이터를 복제하는 것은 좋은 일이지만 애플리케이션이 배포되는 모든 클러스터에 애플리케이션을 위한 모든 데이터를 함께 배치해야 하는 것은 아니다. 대부분의 사용자의 경우 소수의 지역에서만 애플리케이션에 접근해야 한다.

또한 애플리케이션이 전 세계적으로 확대됨에 따라 각 지역에 위치한 데이터에 대한 규제와 기타 법적 요구 사항에 직면할 수 있다. 국가나 기타 고려 사항에 따라 사용자의 데이터를 저장할 수 있는 위치에 대한 제한이 있을 수 있다. 이러한 요구 사항들에 따라 결국 데이터를 지역적으로 분할해야 할 수 있음을 의미한다. 여러 지역에 걸쳐 데이터를 분할한다는 것은 애플리케이션이 위치한 모든 클러스터에 데이터가 위치하고 있는 것이 아니며, 이는 애플리케이션의 설계에 영향을 미칠 것이다.

예를 들어 애플리케이션이 6개의 지역 클러스터(A, B, C, D, E, F)에 배포됐다고 상상해보자. 애플리케이션을 위한 데이터 세트를 정의하고 데이터를 3개의 서브집합 또는 샤드(1, 2, 3)로 나눈다.

그러면 데이터 샤드에 대한 배포는 다음과 같이 보일 수 있다.

```
    A   B   C   D   E   F
1   ✓   -   -   ✓   -   -
2   -   ✓   -   -   ✓   -
3   -   -   ✓   ▪       ✓
```

각 샤드는 중복성을 위해 두 개의 지역에 위치하지만 각 지역 클러스터는 데이터의 1/3만 제공할 수 있다. 즉, 데이터에 접근해야 할 때마다 서비스에 라우팅 계층을 추가해야 한다. 라우팅 계층의 역할은 요청을 로컬이나 교차 지역 데이터 샤드cross-regional data shard로 보낼지에 대한 여부를 결정하는 역할을 수행한다.

이 데이터 라우팅을 기본적으로 애플리케이션에 연결된 클라이언트의 라이브러리 형태로 구현하고 싶을 수도 있지만 데이터 라우팅을 별도의 마이크로서비스로 구축하는 것을 추천한다. 새로운 마이크로서비스를 도입하는 것은 복잡성을 추가하는 것처럼 보일 수 있지만 실제로는 단순화하는 추상화를 도입하게 된다. 애플리케이션 내의 모든 서비스가 데이터 라우팅에 대해 관여하는 대신 이러한 문제를 캡슐화하는 단일 서비스가 존재하고 다른 모든 서비스는 단순히 이 데이터 서비스에 접근한다. 독립적인 마이크로서비스로 분리된 애플리케이션은 멀티클러스터 환경에서 상당한 유연성을 제공한다.

더 나은 유연성: 마이크로서비스 라우팅

멀티클러스터 애플리케이션 개발에 있어 지역적 사일로 접근 방식을 논의할 때 배포된 멀티클러스터 애플리케이션의 비용 효율성을 줄이는 방법의 예를 제시했다. 그러나 유연성에 대해 다른 영향도 있다. 사일로를 만들 때 컨테이너와 쿠버네티스가 분리하려고 하는 것과 동일한 종류의 모놀리스를 더 큰 규모로 만드는 것이다. 또한 애플리케이션 내의 모든 마이크로서비스가 동시에 동일한 수의 지역으로 확장되도록 강제하고 있다.

애플리케이션의 규모가 작고 이에 포함된 경우 이는 의미가 있을 수 있지만 서비스가 더 커지고, 특히 여러 애플리케이션 간에 공유되기 시작할 때 멀티클러스터에 대한 모놀리식 접근 방식이 유연성에 상당한 영향을 미치기 시작한다. 클러스터가 배포 단위이고 모든 CI/CD가 해당 클러스터에 연결돼 있을 경우 부적합하더라도 모든 팀이 동일한 롤아웃 프로세스와 일정을 따르도록 강제할 것이다.

이에 대한 구체적인 예를 들어보자. 30개의 클러스터에 배포된 하나의 거대한 규모의 애플리케이션과 새롭게 개발 중인 작은 규모의 애플리케이션이 있다고 가정해보자. 새로운 애플리케이션을 개발하는 소규모 팀이 좀 더 큰 애플리케이션의 규모에 도달하도록 강요하는 것은 이치에 맞지 않지만 애플리케이션에 대한 설계가 너무 엄격할 경우 이러한 현상이 발생할 수 있다.

더 나은 접근 방식은 애플리케이션 설계 측면에서 애플리케이션 내의 각 마이크로서비스를 공개^{publicfacing} 서비스로 취급하는 것이다. 실제로 공개될 것으로 예상되지 않을 수 있지만 이전 절에서 설명했던 것처럼 자체적으로 글로벌 로드밸런서를 가져야 하며, 자체적인 데이터 복제 서비스를 관리해야 한다. 모든 의도와 목적을 위해 서로 다른 마이크로서비스는 서로 독립적이어야만 한다. 서비스가 다른 서비스를 호출할 때 발생하는 로드는 외부에서 발생되는 로드와 동일한 방식으로 분산돼야 한다. 이러한 추상화를 통해 각 팀은 단일 클러스터 내에서와 마찬가지로 멀티클러스터 서비스를 독립적으로 확장하고 배포할 수 있다.

물론 애플리케이션 내의 모든 단일 마이크로서비스에 대해 이 작업을 수행하는 것은 팀에 상당한 부담이 될 수 있으며, 각 서비스에 대한 로드밸런서 유지 관리 및 지역 간 발생되는 네트워크 트래픽을 통해 비용을 증가시킬 수도 있다. 소프트웨어 설계의 모든 것과 마찬가지로 복잡성과 성능 사이에는 트레이드오프trade-off가 있으며, 애플리케이션에 대해 서비스 경계의 격리를 추가할 적절한 위치와 서비스를 복제된 사일로로 그룹화하는 적절한 위치를 결정해야 한다. 단일 클러스터 콘텍스트의 마이크로서비스와 마찬가지로 이 설계는 애플리케이션이 변경되고 성장함에 따라 변경되고 적용할 가능성이 높다. 이러한 유동성을 염두에 두고 예상(및 설계)하면 대규모 리팩토링 없이 애플리케이션을 적용할 수 있다.

요약

애플리케이션을 여러 클러스터에 배포하면 복잡성이 추가되지만 실제 환경에서 구축되는 애플리케이션에 대한 요구 사항과 사용자 기대는 이러한 복잡성을 필요로 한다. 멀티클러스터 애플리케이션 배포를 지원하고자 처음부터 애플리케이션과 인프라를 설계하면 애플리케이션의 안전성이 크게 향상되고 애플리케이션이 성장함에 따라 비용이 많이 발생하는 리팩토링의 가능성이 크게 줄어든다. 멀티클러스터 배포의 가장 중요한 부분 중 하나는 클러스터에 대한 애플리케이션의 구성과 배포를 관리하는 것이다. 22장에서는 애플리케이션이 지역이나 멀티클러스터에 관계없이 빠르고 안정적인 배포를 할 수 있도록 관련된 내용을 살펴본다.

## 22장

애플리케이션 구성

이 책 전반에 걸쳐 쿠버네티스 기반으로 구축된 애플리케이션의 다양한 구성 요소를 설명했다. 프로그램을 컨테이너화하고, 해당 컨테이너를 파드에 배치하고, 해당 파드를 레플리카셋으로 복제하고, 디플로이먼트를 통해 롤아웃하는 방법을 살펴봤다. 또한 이러한 객체의 집합을 하나의 분산 시스템으로 구성해 상태 저장과 실제 애플리케이션을 배포하는 방법까지 살펴봤다. 그러나 이러한 애플리케이션을 실제 업무에서 실용적으로 다루는 방법은 설명하지 않았다. 애플리케이션을 구성하는 다양한 컨피규레이션을 어떻게 배치, 공유, 관리, 업데이트할 수 있을까? 이것이 22장에서 다루는 내용이다.

알아야 할 원칙

애플리케이션을 구성하는 방법의 세부적인 내용을 구체적으로 살펴보기 전에 이러한 구조를 추진하는 목적을 먼저 생각해봐야 한다. 분명 신뢰성과 민첩성 agility은 쿠버네티스에서 클라우드 네이티브 애플리케이션을 개발하는 일반적인 목표지만 실제로 애플리케이션의 유지 보수와 배포를 설계하는 방법과는 어떤 관련이 있을지 생각해볼 필요가 있다. 다음 절에서는 이러한 목표에 가장 부합하는 구조를 설계하기 위한 가이드로 사용할 수 있는 세 가지 원칙을 설명한다.

원칙들은 다음과 같다.

- 신뢰성 있는 원천 데이터로서의 파일 시스템을 취급한다.

- 변경에 대한 품질을 보장하기 위한 코드 리뷰를 수행한다.

- 단계적 롤포워드^{roll forward} 및 롤백^{roll back}을 위한 기능 플래그를 사용한다.

신뢰성 있는 원천 데이터로서의 파일 시스템

이 책의 시작 부분에서 말했듯이 쿠버네티스를 처음 학습하기 시작하면 사용자는 보통 명령형 방식으로 쿠버네티스와 상호작용한다. kubectl run이나 kubectl edit 같은 명령을 실행해 클러스터에서 실행 중인 파드나 그 밖의 객체를 생성하고 수정한다. YAML 파일을 작성하고 사용하는 방법을 학습하기 시작했을 때도 마찬가지다. 파일 자체를 수정해 클러스터 상태를 수정하는 방법을 학습하기 전에 명령형 방식으로 클러스터의 상태를 수정하는 방법이 임시방편으로 소개됐다. 하지만 현실 세계에서 실제 운영 환경에 배포된 애플리케이션 환경에서는 사용 방법이 그 반대여야 한다.

클러스터의 상태(etcd에 저장된 데이터)보다 YAML 객체의 파일 시스템을 신뢰성 있는 원천 데이터^{SOT, Source Of Truth}로 보는 것이 더 적합하다. 쿠버네티스 클러스터에 배포된 API 객체는 파일 시스템에 저장된 신뢰성 있는 원천 데이터를 반영한 결과다.

이것이 올바른 관점인 데는 여러 가지 이유가 있다. 첫째, 클러스터를 불변 인프라^{immutable infrastructure}처럼 취급할 수 있다는 것이다. 클라우드 네이티브 아키텍처로 전환함에 따라 애플리케이션과 컨테이너가 변경 불가능한 인프라라는 개념에 점점 익숙해졌지만 클러스터를 이처럼 취급하는 경우는 덜 일반적이다. 그럼에도 애플리케이션을 불변의 인프라로 생각하는 동일한 이유가 클러스터에 적용된다. 클러스터가 인터넷에서 다운로드한 다양한 임의의 YAML 파일 기반 애플리케이션으로 구성된 스노우플레이크^{snowflake}**1**인 경우 명령형 배시 스크립트^{bash script}로 구축된 가상머신만큼이나 위험하다.

또한 파일 시스템을 통해 클러스터의 상태를 관리하면 여러 팀 구성원과 매우 쉽게 협업할 수 있다. 소스 컨트롤 시스템은 널리 알려져 있으며, 여러 사람이 클러스터의 상태를 동시에 편집함에 따라 발생할 수 있는 충돌을 해결할 수 있다.

 절대적인 첫 번째 원칙은 쿠버네티스에 배포되는 모든 애플리케이션은 파일 시스템상에 저장된 파일에 기술돼 있어야 한다는 것이다. 실제로 API 객체는 이 파일 시스템을 특정 클러스터에 반영한 것이다.

코드 리뷰의 역할

애플리케이션의 소스코드에 대한 코드 리뷰는 불과 얼마 전까지만 해도 참신한 아이디어였다. 그러나 이제는 애플리케이션에 배포되기 전에 여러 사람이 코드를 리뷰하는 개념은 고품질의 안정적인 코드를 생산할 수 있는 모범 사례임이 분명해졌다.

애플리케이션을 배포하는 데 사용하는 컨피규레이션의 경우도 마찬가지다. 코드를 리뷰해야 하는 모든 동일한 이유가 애플리케이션의 컨피규레이션에도 직접 적용된다. 다시 한 번 생각해보면 이러한 컨피규레이션에 대한 코드 리뷰는 안정적인 서비스 배포를 위해 매우 중요하다. 경험에 비춰봤을 때 대부분의 서비스 중단은 오타나 기타 간단한 실수와 같은 예기치 못한 상황으로 인해 발생한다. 컨피규레이션 변경 시 두 사람 이상이 확인할 경우 이러한 에러의 가능성이 크게 줄어든다.

---

1. 동일한 서비스나 설정 수정으로 달라진 서비스의 상태와 설정을 의미한다. – 옮긴이

결과적으로 봤을 때 애플리케이션 배포 시 지켜야 할 두 번째 원칙은 신뢰성 있는 원천 데이터를 대표하는 파일 집합에 병합된(merge) 모든 변경 사항을 리뷰해야 한다는 것이다.

피처 게이트

애플리케이션 소스코드와 배포 컨피규레이션 파일이 소스 컨트롤 시스템에 있을 경우 받게 되는 가장 일반적인 질문 중 하나는 이러한 리포지터리가 서로 어떻게 연관돼 있느냐는 것이다. 애플리케이션의 소스코드와 컨피규레이션 관리를 위해 동일한 리포지터리를 사용해야 하는가? 이러한 방법은 소규모 프로젝트에는 효과가 있지만 대규모 프로젝트에서는 가급적이면 소스코드를 컨피규레이션과 분리해 문제를 구분하는 것이 좋다. 동일한 사람이 애플리케이션을 빌드하고 배포할 책임이 있더라도 빌드를 담당하는 사람과 배포를 담당하는 사람의 관점은 다르기 때문에 이러한 분리는 충분히 의미가 있다.

소스코드와 컨피규레이션 파일에 대한 리포지터리를 분리하는 경우 소스 컨트롤에 새롭게 추가된 기능에 대한 개발 항목을 어떻게 연결해 운영 환경에 배포할 것인가? 이러한 경우 피처 게이트[feature gate2]가 중요한 역할을 한다.

새로운 피처[feature]가 개발될 때 새로운 개발 항목에 대한 코드는 전적으로 피처 플래그[feature flag] 또는 피처 게이트 뒤에 위치한다. 피처 게이트는 다음과 같다.

```
if (featureFlags.myFlag) {
    // 여기서부터 피처 구현체 작성
}
```

---

2. 새로운 기능이 추가되는 경우 개발이 완료되기 전까지 테스트할 수 있게 활성화/비활성화하는 데 사용한다. - 옮긴이

이러한 접근 방식에는 다양한 이점이 있다. 첫째, 기능을 제공할 준비가 되기 훨씬 전에 운영 환경의 브랜치branch[3]에 코드를 커밋commit할 수 있다. 이를 통해 기능 개발을 위해 생성한 브랜치가 저장소의 HEAD[4]와 최대한 유사하게 유지할 수 있으며, 오랜 시간 동안 유지되는 브랜치 병합 시 발생할 수 있는 충돌을 피할 수 있다.

새롭게 추가된 기능을 사용하려면 플래그를 활성화하기 위한 컨피규레이션 변경만 수행하면 된다. 이를 통해 운영 환경에서 변경된 사항을 매우 명확하게 알 수 있으며, 문제 발생 시 매우 간단하게 활성화된 기능을 롤백할 수 있다.

피처 플래그를 사용하면 디버깅을 단순화할 수 있고, 또한 기능을 비활성화할 때 모든 버그 수정과 기타 개선 사항이 포함된 최신 버전의 코드에서 이전 버전으로 롤백할 필요가 없다.

 애플리케이션 배포 시 지켜야 할 세 번째 원칙은 기능 구현에 대한 코드는 피처 플래그 뒤에 위치시켜야 한다는 것이다. 또한 이 피처 플래그는 기본적으로 비활성화 상태에 있으며, 컨피규레이션 파일 변경에 대한 코드 리뷰를 완료한 상태에서 활성화해야 한다.

소스 컨트롤에서의 애플리케이션 관리

앞서 파일 시스템이 클러스터의 신뢰성 있는 원천 데이터를 의미한다고 결정했기 때문에 다음으로 던져봐야 할 질문은 파일 시스템에 파일을 실제로 배치하는 방법이다. 분명 파일 시스템에는 계층적 디렉터리가 포함돼 있으며 소스 컨트롤 시스템은 태그와 브랜치 같은 개념을 추가하기 때문에 이번 절에서는 이를 함께 사용해 애플리케이션을 표현하고 관리하는 방법을 설명한다.

---

3. 소스 컨트롤과 버전 관리 시스템에서 사용되는 용어로, 마스터의 복사본을 의미한다. - 옮긴이
4. 현재 체크아웃된 커밋을 의미한다. - 옮긴이

파일 시스템 레이아웃

이번 절에서는 단일 클러스터에 애플리케이션 인스턴스를 배치하는 방법을 살펴본다. 그런 다음 이후 절에서는 여러 인스턴스의 배치를 매개변수화하는 방법을 살펴본다. 이러한 구성 방법은 처음 시작하는 단계에 있다면 주목할 만한 가치가 있다. 소스 컨트롤에서 패키지 레이아웃을 수정하는 것과 마찬가지로 애플리케이션 배포 후에 배포 컨피규레이션을 수정하는 것은 복잡하고 비용이 많이 발생해 쉽게 수행할 수 없는 리팩토링 작업이다.

애플리케이션을 특정한 구조로 체계화하려는 주된 이유는 의미 있는 구성 요소 semantic component 또는 계층 layer(예, 프론트엔드, 배지, 작업 큐 등)이다. 처음에는 과하게 보일 수도 있지만 단일 이 이러한 모든 구성 요소를 관리하기 때문에 팀 확장 단계를 설정한다. 결국, 다른 팀(또는 하위 팀)이 각 구성 요소를 담당할 수 있다. 따라서 2개의 서비스를 사용하는 프론트엔드가 있는 애플리케이션의 경우 파일 시스템은 다음과 같다.

```
frontend/
service-1/
service-2/
```

이러한 각 디렉터리 내에 각 애플리케이션의 컨피규레이션이 저장된다. 이들은 클러스터의 현재 상태를 직접 나타내는 YAML 파일이다. 일반적으로 동일한 파일 내에 서비스 이름과 객체 타입을 모두 포함시키는 것이 좋다.

 쿠버네티스를 사용하는 과정에서 여러 개의 YAML 파일을 생성할 수 있지만 동일한 파일에 여러 객체가 존재하는 것은 일반적으로 안티패턴으로 간주된다. 동일한 파일에서 여러 객체를 그룹화하는 타당한 경우는 개념적으로 동일할 때만이다. 단일 YAML 파일에 포함할 내용을 결정할 때는 클래스나 구조체를 정의하는 것과 유사한 설계 원칙을 고려해야 한다. 객체를 그룹화해도 단일 개념이 아닌 경우 단일 파일에 포함시켜서는 안 된다.

따라서 이전 예제를 확장하면 파일 시스템은 다음과 같다.

```
frontend/
  frontend-deployment.yaml
  frontend-service.yaml
  frontend-ingress.yaml
service-1/
  service-1-deployment.yaml
  service-1-service.yaml
  service-1-configmap.yaml
...
```

정기 버전 관리

릴리스는 어떻게 관리해야 하는가? 과거를 되돌아보고 애플리케이션 배포가 이전에는 어떠한 모습이었는지 확인할 수 있다면 매우 유용할 것이다. 마찬가지로 안정적인 릴리스 컨피규레이션을 계속 배포하면서 해당 컨피규레이션을 계속해서 반복할 수 있다면 이 또한 매우 유용할 것이다.

결과적으로 여러 컨피규레이션의 버전을 동시에 저장하고 유지 관리하는 것이 편리하다. 앞서 설명했던 파일 및 버전 제어 방식을 고려할 때 사용할 수 있는 두 가지 방식이 있다. 첫 번째는 태그, 브랜치, 소스 컨트롤의 기능을 사용하는 것이다. 이는 사람들이 소스 컨트롤에서 리비전을 관리하는 것과 동일한 방식으로 매핑되므로 좀 더 단순해진 디렉터리 구조로 이어질 수 있기 때문에 편리하다. 다른 방안은 파일 시스템 내의 컨피규레이션을 복제해 다른 개정판의 디렉터리를 사용하는 것이다. 이 접근 방식은 컨피규레이션을 동시에 간단하게 볼 수 있다. 이 두 가지 접근 방식은 다소 동일하므로, 궁극적으로 판단해 이 두 방법 중 더 좋은 것을 선택하면 된다. 따라서 두 가지 방법 모두를 살펴보고 여러분이나 여러분의 팀이 선호하는 것을 결정하면 된다.

브랜치와 태그를 사용한 버전 관리

브랜치와 태그를 사용해 컨피규레이션 리비전$^{configuration\ revision}$을 관리하는 경우 디렉터리 구조는 이전 절의 예제와 동일하다. 릴리스가 준비되면 소스 컨트롤 태그(예, git tag v1.0)를 컨피규레이션 소스 컨트롤 시스템에 부여한다. 태그는 해당 버전에 사용된 컨피규레이션을 의미하며, 소스 컨트롤의 HEAD는 계속 반복해서 변경된다.

릴리스 컨피규레이션을 업데이트하는 방법은 다소 복잡하지만 이를 위한 접근 방식은 소스 컨트롤에서 수행하는 작업과 유사하다. 먼저 리포지터리의 HEAD에 변경 내용을 커밋한다. 그런 다음 v1이라는 새로운 브랜치를 생성하고 v1.0 태그를 부여한다. 그런 다음 원하는 변경 사항을 릴리스 브랜치로 체리픽$^{cherry-}$ ^{ick}(git cherry-pick <커밋 ID>)하고 마지막으로 이 브랜치에 v1.1 태그를 지정해 새로운 릴리스 포인트를 나타낸다. 이러한 접근 방식은 그림 22-1에서 보여준다.

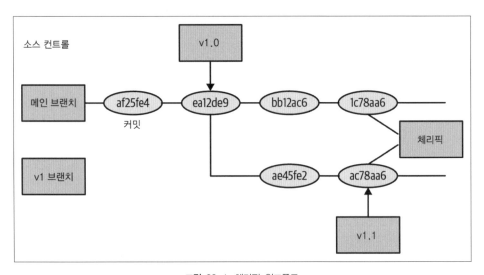

그림 22-1. 체리픽 워크플로

442

체리픽을 통해 릴리스 브랜치로 수정하는 경우 범할 수 있는 일반적인 오류 중 하나는 최신 릴리스의 변경 사항만을 선택하는 것이다. 어떠한 이유로 버전을 롤백해야 하지만 여전히 수정이 필요한 경우를 대비해 모든 활성 릴리스로 체리픽을 선택하는 것이 좋다.

디렉터리를 사용한 버전 관리

소스 컨트롤 기능을 사용하는 대신 파일 시스템의 기능을 사용할 수 있다. 이 방법에서는 버전이 지정된 각 디플로이먼트가 자체 디렉터리 내에 존재한다. 예를 들면 애플리케이션의 파일 시스템은 다음과 같다.

```
frontend/
  v1/
    frontend-deployment.yaml
    frontend-service.yaml
  current/
    frontend-deployment.yaml
    frontend-service.yaml
service-1/
  v1/
    service-1-deployment.yaml
    service-1-service.yaml
  v2/
    service-1-deployment.yaml
    service-1-service.yaml
  current/
    service-1-deployment.yaml
    service-1-service.yaml
...
```

따라서 각 리비전은 릴리스와 연관된 디렉터리 내의 병렬 디렉터리 구조로 존재한다. 모든 배포는 특정 리비전이나 태그가 아닌 동일 HEAD에서 발생한다.

current 디렉터리의 파일에 새로운 컨피규레이션을 추가할 것이다.

새로운 릴리스를 생성할 때는 current 디렉터리를 복사해 새로운 릴리스와 연관된 새로운 디렉터리가 생성된다.

릴리스를 통해 버그 수정 사항이 반영될 때 풀 요청^{pull request}은 관련된 모든 릴리스 디렉터리에서 YAML 파일을 수정해야 한다. 이는 단일 변경 요청에서 관련된 모든 버전이 버전당 체리피킹을 요구하지 않고 동일한 변경으로 업데이트되고 있음이 분명하기 때문에 앞에서 설명한 체리피킹 방식보다 나은 방식이다.

개발, 테스트, 배포를 위한 애플리케이션 구조화

주기적 릴리스를 위해 애플리케이션을 구성하는 것 외에도 민첩한 개발, 품질 테스트, 안전한 배포가 가능하도록 애플리케이션을 구성해야 한다. 이를 통해 개발자는 분산 애플리케이션을 신속하게 변경 및 테스트하고 변경 사항을 안전하게 배포할 수 있다.

목표

개발 및 테스트와 관련해 애플리케이션의 두 가지 목표가 존재한다. 첫 번째는 각 개발자가 애플리케이션의 새로운 기능을 쉽게 개발할 수 있어야 한다는 것이다. 대부분의 경우 개발자는 단일 구성 요소만 작업하지만 해당 구성 요소는 클러스터 내의 다른 모든 마이크로서비스와 상호 연결된다. 따라서 개발을 용이하게 하고자 개발자는 자신의 환경에서 작업할 때 모든 서비스를 사용할 수 있어야 한다.

애플리케이션 구조화의 또 다른 목표는 배포 전에 애플리케이션을 쉽고 정확하게 테스트하는 것이다. 이는 높은 신뢰성을 유지하면서 기능을 빠르게 롤아웃

444

하는 데 필수적이다.

릴리스 진행

이 두 가지 목표를 모두 달성하려면 개발 단계를 앞서 설명한 릴리스 버전과 연관시키는 것이 중요하다. 릴리스 단계는 다음과 같다.

HEAD

컨피규레이션의 시작점(최신 변경 사항)이다.

개발

매우 안정적이지만 배포를 위한 준비가 되지 않은 단계다. 개발자가 기능을 빌드하는 목적으로 사용하기에 적합하다.

검증

테스트를 위한 시작 지점이다. 문제가 발생하지 않으면 이 시작점은 변경되지 않는다.

카나리

실 사용자에게 처음으로 릴리스되는 단계다. 실제 트래픽을 테스트해 발생할 수 있는 문제를 파악한다.

릴리스

현재 운영 환경에 릴리스되는 단계다.

개발 태그 소개

파일 시스템이나 버전 제어를 사용해 릴리스를 구조화하는 것과 관계없이 개발 단계를 모델링하는 올바른 방법은 소스 컨트롤 태그를 사용하는 것이다.

개발 단계를 도입하고자 새로운 개발 태그가 소스 컨트롤 시스템에 추가되고 자동화된 프로세스가 태그를 앞으로 이동시킨다. 주기적인 릴리스 과정에서 HEAD는 자동화된 통합 테스트를 통해 검증된다. 이러한 테스트를 통과하면 개발 태그가 HEAD 앞으로 이동한다. 따라서 개발자는 개발 환경을 구성할 때 최신 변경 사항을 추적할 수 있으며, 배포된 컨피규레이션이 제한적이지만 간단한 테스트를 통과했음을 보장받을 수 있다. 이러한 접근 방식은 그림 22-2에서 확인할 수 있다.

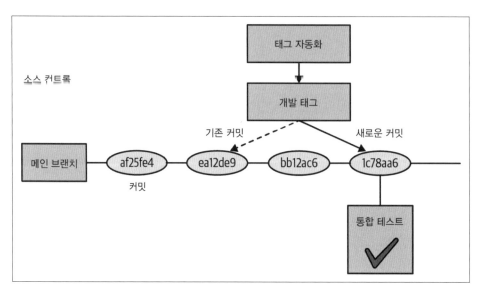

그림 22-2. 개발 태그 워크플로

단계를 리비전에 매핑

이러한 개별 단계에서 새로운 컨피규레이션 집합을 도입하고 싶을 수 있지만 버전과 단계의 모든 조합은 추론하기 어렵기 때문에 큰 혼란을 야기할 수 있다. 대신 올바른 방법은 리비전과 각 단계 사이에 매핑을 도입하는 것이다.

파일 시스템이나 소스 컨트롤 리비전을 사용해 다른 컨피규레이션 버전을 나타내는지 여부에 관계없이 단계별로 리비전을 쉽게 구현할 수 있다. 파일 시스템의 경우 심볼릭 링크를 사용해 각 릴리스 단계의 이름을 리비전에 매핑할 수 있다.

446

```
frontend/
   canary/ -> v2/
   release/ -> v1/
   v1/
      frontend-deployment.yaml
...
```

버전 관리의 경우 해당 버전과 동일한 리비전에 해당하는 태그를 추가하면
된다.

두 경우 모두 릴리스의 버전 관리는 이전에 설명한 프로세스를 사용해 진행되
며, 각 단계에서 적절한 새 버전으로 이동한다. 이는 사실상 두 개의 동시적인
프로세스가 있음을 의미한다. 첫 번째는 새 릴리스 버전을 구분하기 위함이고,
두 번째는 애플리케이션 수명주기의 특정 단계에 대한 릴리스 버전을 규정하기
위함이다.

템플릿을 통한 애플리케이션 매개변수화

환경 및 릴리스 단계에 대한 곱집합(다양한 케이스)을 갖게 됐다면 이를 완전히 동일
하게 유지하기란 비현실적이거나 불가능한 것이 분명하다. 그러나 가능한 한
환경이 동일하게 유지될 수 있도록 노력하는 것이 중요하다. 각기 다른 환경에
서 발생하는 편차는 추론하기 어려운 스노우플레이크와 시스템을 생성한다.
검증 환경이 릴리스 환경과 다른 경우 릴리스를 위해 검증 환경에서 실행한
부하 테스트를 신뢰할 수 있는가? 각 환경이 가능한 한 비슷하게 유지되게 하려
면 매개변수화된 환경을 사용하는 것이 유용하다. 매개변수화된 환경은 대부분
의 컨피규레이션에 템플릿을 사용하지만 제한된 매개변수 집합을 혼합해 최종
컨피규레이션을 생성한다. 이러한 방식으로 대부분의 컨피규레이션은 공유 템
플릿 내에 포함되며, 매개변수화는 범위가 제한되고 환경 간 차이를 쉽게 시각

화하고자 소규모의 매개변수 파일로 유지 관리된다.

헬름과 템플릿을 통한 매개변수화

매개변수화된 컨피규레이션을 작성하기 위한 다양한 언어가 있다. 일반적으로 파일은 대부분의 컨피규레이션을 포함하는 템플릿 파일 및 템플릿과 결합해 완전한 컨피규레이션을 생성할 수 있는 매개변수 파일로 구분된다. 매개변수 외에도 대부분의 템플릿 언어는 값을 지정하지 않으면 매개변수가 기본값을 갖게 한다.

다음은 쿠버네티스의 패키지 관리자인 헬름(https://helm.sh)을 사용해 컨피규레이션을 매개변수화하는 방법을 보여주는 예제다. 모든 매개변수화 언어는 대체로 동일하며, 프로그래밍 언어와 마찬가지로 선호하는 언어는 개인이나 팀 스타일의 문제다. 따라서 헬름에 대해 설명한 것과 같은 패턴이 선택한 템플릿 언어에 관계없이 적용된다.

헬름 템플릿 언어는 'mustache' 구문[5]을 사용하므로 다음과 같다.

```
metadata:
  name: {{ .Release.Name }}-deployment
```

Release.Name은 릴리스 이름으로 대체해야 함을 나타낸다. 이 값에 대한 매개변수를 전달하려면 다음과 같은 내용으로 values.yaml 파일을 사용한다.

```
Release:
  Name: my-release
```

---

5. mustache란 {{}}의 형태로 이뤄진 템플릿 엔진을 의미한다. {{의 모양이 수염처럼 생겼기 때문에 붙여진 이름이다. – 옮긴이

매개변수 대체 후 생성되는 결과는 다음과 같다.

```
metadata:
  name: my-release-deployment
```

매개변수화를 위한 파일 시스템 레이아웃

지금까지 컨피규레이션을 매개변수화하는 방법을 학습했기 때문에 앞서 설명한 파일 시스템 레이아웃에 적용하는 방법을 살펴보자. 이를 위해 각 배포 수명주기 단계를 버전에 대한 포인터로 취급하는 대신 각 배포 수명주기는 매개변수 파일과 특정 버전에 대한 포인터의 조합으로 나타낸다. 예를 들어 디렉터리 기반 레이아웃에서 다음과 같이 보일 수 있다.

```
frontend/
  staging/
    templates -> ../v2
    staging-parameters.yaml
  production/
    templates -> ../v1
    production-parameters.yaml
  v1/
    frontend-deployment.yaml
    frontend-service.yaml
  v2/
    frontend-deployment.yaml
    frontend-service.yaml
...
```

버전 제어를 수행하는 것은 각 수명주기 단계의 매개변수가 컨피규레이션 디렉터리 트리의 루트에 유지된다는 점을 제외하고 비슷해보인다.

```
frontend/
  staging-parameters.yaml
  templates/
    frontend-deployment.YAML
...
```

전 세계에 애플리케이션 배포

지금까지 여러 배포 단계를 거치는 다양한 버전이 애플리케이션을 구성했기 때문에 컨피규레이션을 구조화하는 마지막 단계는 애플리케이션을 전 세계에 배포할 수 있도록 구조화하는 것이다. 이러한 접근 방식은 대규모 애플리케이션에만 해당되는 것은 아니다. 애플리케이션은 각기 다른 두 지역에서 수십 또는 수백으로 확장될 수 있다. 클라우드 환경에서는 전체 지역^{region}에서 장애가 발생할 수 있으므로 여러 지역에 애플리케이션을 배포하고 이를 관리하는 것이 사용자 요구에 부응해 충분한 서비스 가동 시간을 달성할 수 있는 유일한 방법이다.

전 세계 배포를 위한 아키텍처

일반적으로 각 쿠버네티스 클러스터는 단일 지역에 있어야 하며 각 쿠버네티스 클러스터에는 하나의 완전한 애플리케이션 배포가 포함돼 있어야 한다. 결과적으로 애플리케이션을 전 세계에 배포한다는 건 고유한 애플리케이션 컨피규레이션을 갖는 여러 개의 쿠버네티스 클러스터로 구성한다는 뜻이다. 데이터 복제 같은 복잡한 주제를 통해 전 세계에 애플리케이션을 실제로 구축하는 방법은 이 장에서 다루지 않지만 파일 시스템에서 애플리케이션 컨피규레이션을 정렬하는 방법은 살펴본다.

특정 지역의 컨피규레이션은 개념적으로 배포 수명주기의 단계와 동일하다. 따라서 컨피규레이션에 여러 지역을 추가하는 것은 새로운 수명주기 단계를 추가하는 것과 동일하다. 예를 들면 다음과 같이 구조화하는 대신

- 개발

- 검증

- 카나리

- 운영

다음과 같은 구조를 사용할 수 있다.

- 개발

- 검증

- 카나리

- EastUS

- WestUS

- Europe

- Asia

컨피규레이션을 위해 파일 시스템에서 이를 모델링하면 다음과 같다.

```
frontend/
  staging/
    templates -> ../v3/
    parameters.yaml
  eastus/
    templates -> ../v1/
```

```
    parameters.yaml
  westus/
    templates -> ../v2/
    parameters.yaml
 ...
```

버전 제어와 태그를 사용하는 대신 파일 시스템을 사용하는 경우 다음과 같다.

```
frontend/
   staging-parameters.yaml
   eastus-parameters.yaml
   westus-parameters.yaml
   templates/
      frontend-deployment.yaml
 ...
```

위와 같은 구조를 사용하면 각 지역마다 새 태그를 부여하고 해당 태그의 파일 내용을 사용해 해당 지역에 배포할 수 있다.

전 세계 배포 구현

전 세계 각 지역에 대한 컨피규레이션을 갖췄기 때문에 이제 다양한 지역을 업데이트하는 방법을 고민해봐야 한다. 애플리케이션이 여러 지역에 배포되는 주 목표는 매우 높은 신뢰성과 가동 시간^{uptime}을 보장하기 위해서다. 클라우드와 데이터센터 중단이 서비스 다운타임의 주요 원인이라고 할 수도 있지만 실제로는 새로운 버전의 소프트웨어 릴리스로 인한 중단이 주요 원인이다. 이와 같은 이유로 고가용성 시스템의 핵심은 변경 사항에 대한 영향도를 줄이는 것이다. 따라서 다양한 지역에 걸쳐 새로운 버전을 릴리스할 때는 한 지역에서 다른 지역으로 이동하기 전에 유효성 검증을 통해 신뢰성을 확보하는 것이 좋다.

전 세계에 걸친 소프트웨어 롤아웃은 일반적으로 단일 선언형 업데이트^{single} declarative update 보다 워크플로처럼 보인다. 최신 버전으로 검증 환경의 버전을 업데이트한 다음 모든 지역에 대한 롤아웃을 수행한다. 그렇다면 다양한 지역을 어떻게 구조화해야 하며, 지역 간 유효성 검사를 위해 얼마나 오랜 시간 동안 기다려야 하는가?

깃허브 액션(https://oreil.ly/BhWxi)과 같은 도구를 사용해 배포 워크플로를 자동화할 수 있다. 깃허브 액션은 워크플로를 정의하기 위한 선언적 구문을 제공하고 소스 컨트롤 시스템에도 저장된다.

롤아웃 간 시간 간격을 결정하려면 소프트웨어에서 말하는 '연기가 발생하는 데까지 걸리는 시간^{mean time to smoke}'을 고려해야 한다. 이는 새로운 릴리스가 특정 영역에 롤아웃된 후에 문제가 (있는 경우) 발견되는 데 걸리는 평균 시간을 의미한다. 분명히 각각의 문제는 독특하며 그 자체를 인지하는 데 많은 시간이 걸릴 수 있기 때문에 평균 시간을 파악해야 한다. 규모에 맞게 소프트웨어를 관리하는 것은 안전성의 확률을 높이는 것이지 확실성을 높이는 것이 아니다. 따라서 다음 지역으로 이동하기 전에 에러의 발생 확률이 충분히 낮아질 수 있을 만큼의 시간 동안 기다려야 한다. 평균의 두 배에서 세 배 정도의 대기 시간을 갖는 것이 일반적이지만 애플리케이션에 따라 매우 다양하다.

지역의 순서를 결정하려면 다양한 지역의 특성을 고려해야 한다. 예를 들어 트래픽이 많은 지역과 트래픽이 적은 지역이 있을 수 있다. 애플리케이션에 따라 특정 지역에서 더 인기 있는 기능이 있을 수 있다. 릴리스 일정을 구성할 때는 이러한 모든 특성을 고려해야 한다. 트래픽이 적은 지역으로 롤아웃해 시작하고 싶을 것이다. 이렇게 하면 조기에 발견되는 문제가 거의 영향을 받지 않는 지역으로 제한된다. 초기에 발생하는 문제는 처음 시작하는 지역에서 발견될 만큼 충분히 빨리 나타나기 때문에 매우 심각하다. 따라서 이러한 문제가 고객에게 미치는 영향을 최소화하는 것이 좋다. 다음으로 트래픽 양이 많은 지역에 배포하고자 할 것이다. 트래픽이 적은 지역을 통해 새롭게 릴리스된 애플리케이션이 정상적으로 동작하는지 확인한 후 규모에 따라 정상적으로 동작하는지 확인하려고 할 것이다. 이를 수행할 수 있는 유일한 방법은 트래픽이 많은 단일 지역으로 롤아웃하는 것이다. 트래픽이 적은 지역과 트래픽이 많은 지역 모두에 성공적으로 배포한 경우 애플리케이션이 모든 곳에서 안전하게 배포될 수 있다는 확신이 생길 것이다. 그러나 지역에 따라 차이가 있는 경우 릴리스를 더 넓게 배포하기 전에 다양한 지역에서 더 느리게 테스트할 수도 있다.

릴리스 일정을 진행할 때는 규모에 관계없이 릴리스마다 완벽하게 수행하는 것이 중요하다. 지금까지의 경험을 살펴보면 다른 문제를 해결하고자 릴리스를 빠르게 진행하거나 '안전'하다고 믿었을 때 많은 다운타임이 발생했다.

전 세계 배포를 위한 대시보드와 모니터링

소규모로 개발할 때는 이상한 개념으로 보일 수 있지만 중간 규모나 대규모에서 발생할 수 있는 중요한 문제 중 하나가 바로 다른 버전의 애플리케이션이 다른 지역에 배포돼 있다는 점이다. 이러한 문제는 여러 가지 이유로 발생할 수 있으며(예, 릴리스 실패, 중단 또는 특정 지역에서 문제가 발생한 경우) 주의 깊게 추적하지 않으면 다른 버전 관리로 인한 스노우플레이크 문제가 발생할 수 있다.

따라서 여러 버전의 애플리케이션이 배포될 때 발생하는 경고뿐만 아니라 어떤 지역에서 어떤 버전이 실행 중인지 한눈에 알 수 있는 대시보드를 개발해야 한다. 가장 좋은 방법은 활성 버전의 수를 세 개 이하로 제한하는 것이다. 하나는 테스트, 하나는 롤아웃하고, 다른 하나는 롤아웃으로 교체된다. 이보다 더 많은 활성 버전을 유지할 경우에는 문제를 유발할 수 있다.

요약

22장에서는 소프트웨어 버전, 배포 단계, 전 세계 지역에 대한 개념을 통해 쿠버네티스 애플리케이션을 관리하는 방법의 지침을 소개했다. 또한 애플리케이션 컨피규레이션의 기초가 되는 다음과 같은 원칙을 강조했다. 조직을 위해 파일 시스템에 의존하고 코드 리뷰를 통해 변경 사항에 대한 품질을 보장하며, 피처 플래그나 피처 게이트를 사용해 기능을 점진적으로 추가 및 제거할 수 있게 해야 한다.

다른 모든 것과 마찬가지로 22장에서 소개한 방법은 절대적인 진실이 아니라 참고할 만한 사항으로 받아들여야 한다. 이 책에서 소개하는 지침을 통해 애플리케이션의 특정 상황에 가장 적합한 접근 방법을 찾아야 한다. 그러나 배포를 위한 애플리케이션을 구성할 때는 향후 몇 년 동안 사용해야 할 프로세스를 설정하고 있음을 명심해야 한다.

쿠버네티스 클러스터 구축

쿠버네티스는 주로 퍼블릭 클라우드 컴퓨팅의 가상 세계를 통해 서비스되며, 웹 브라우저나 터미널을 통한 접근으로 경험할 수 있었다. 따라서 쿠버네티스 클러스터를 베어메탈 환경에 물리적으로 구축해보는 것은 보람 있는 경험이 될 수 있다. 노드에 물리적으로 전원과 네트워크를 연결해보고 쿠버네티스의 자가 치유 능력을 확인해보면 쿠버네티스의 유용성을 확인하는 데 있어 그 무엇과도 비교할 수 없는 좋은 경험이 될 것이다.

자신만의 클러스터를 구축하는 일은 어렵고 많은 비용이 발생하는 것처럼 보이지만 다행스럽게도 좋은 방법이 있다. 쿠버네티스를 좀 더 쉽게 설치할 수 있도록 저렴한 시스템 온칩system-on-chip 컴퓨터 보드를 구매할 수 있을 뿐만 아니라 커뮤니티를 통해 쿠버네티스를 쉽게 설치할 수 있는 유용한 정보를 얻을 수 있다. 따라서 몇 시간 내에 작은 규모의 쿠버네티스 클러스터를 구축할 수 있다.

다음에 살펴볼 지침에서는 라즈베리 파이Raspberry Pi 머신 클러스터를 구축하는 데 중점을 두지만 해당 지침을 조금만 수정하면 여러 종류의 단일 보드 머신이나 주변에서 쉽게 볼 수 있는 여러 컴퓨터에서 동작하게 만들 수 있다.

부품 목록

가장 먼저 해야 할 일은 클러스터에 사용되는 부품을 조립하는 것이다. 이 책의 예제에서는 4개의 노드로 구성된 클러스터 구성을 가정한다. 원하는 경우 3개 또는 100개의 노드로 구성된 클러스터를 구성할 수도 있지만 4개면 적당하다. 시작을 위해 클러스터 구축에 필요한 다양한 부품을 구입(또는 대여)해야 한다.

다음은 구매 대상 목록이다. 아래 기술된 금액은 이 책을 집필할 당시의 대략적인 가격이다.

1. 라즈베리 파이 4 보드(최소 2GB의 메모리를 갖추고 있는) 4개: 180달러

2. SDHC 메모리 카드 4개, 최소 8GB(고품질의 제품 필요): 30 ~ 50달러

3. 12인치 카테고리 6 이더넷 케이블 4개: 10달러

4. 12인치 USB A부터 USB C 케이블 4개: 10달러

5. 5포트 10/100 고속 이더넷 스위치 1개: 10달러

6. 5포트 USB 충전기 1개: 25달러

7. 라즈베리 파이 4개가 스택 가능한 케이스 1개: 40달러(또는 자체 제작)

8. 이더넷 스위치에 전원을 공급하는 USB 배럴 플러그 1개(옵션): 5달러

전체 클러스터를 구성하는 데 드는 비용은 약 300달러며, 3개의 노드로 클러스터를 구축하고 스위치 케이스와 USB 전원 케이블을 생략하면 200달러로 줄일 수 있다(케이스와 케이블이 비용 절감이 대부분).

메모리 카드는 지나치게 절약해서는 안 된다. 품질이 낮은 메모리 카드는 예기치 않게 동작할 수 있으며 클러스터를 불안정하게 만들 수 있다. 비용을 절약하는 것이 목적이라면 작고 고품질의 메모리 카드를 고려해야 한다. 고품질의 8GB 메모리 카드는 온라인을 통해 약 7달러에 구입할 수 있다.

부품을 모두 준비했다면 클러스터를 구축할 준비가 된 것이다.

 이번 지침 또한 SDHC 카드를 읽고 쓸 수 있는 장치가 있다고 가정한다. 그렇지 않은 경우 SDHC 메모리 카드를 읽고 쓸 수 있는 USB 컨버터를 구입해야 한다.

이미지 굽기

기본 우분투 20.04 이미지는 라즈베리 파이 4를 지원하며, 상당히 많은 쿠버네티스 클러스터에서 사용되고 있는 공통 운영체제이기도 하다. 가장 쉬운 설치 방법은 라즈베리 파이 프로젝트(https://oreil.ly/4s8Wa)에서 제공하는 라즈베리 파이 이미저^{imager}를 사용하는 것이다.

- 맥OS(https://oreil.ly/g7Lzw)

- 윈도우(https://oreil.ly/Y7CD3)

- 리눅스(https://oreil.ly/Y7CD3)

이미저를 사용해 각 메모리 카드에 우분투 20.4 이미지를 쓸 수 있다. 이미저에서 우분투가 기본 설정이 아닐 수 있지만 옵션을 통해 선택할 수 있다.

첫 번째 부팅

가장 먼저 할 일은 API 서버를 부팅하는 것이다. 클러스터를 구성하고 어느 것이 API 서버 노드가 될 것인지를 결정한다. 메모리 카드를 삽입하고 보드를 HDMI 출력에 연결한 다음 키보드를 USB 포트에 연결한다.

그런 다음 전원을 연결해 보드를 부팅한다.

사용자 이름에는 'ubuntu', 비밀번호는 'ubuntu'를 사용해 명령 프롬프트에 로그인한다.

 라즈베리 파이(또는 새 장치)로 작업을 진행할 때 가장 먼저 해야 할 일은 기본 비밀번호를 변경하는 것이다. 모든 유형의 설치 환경에서 악의적인 사용자는 잘 알려진 기본 비밀번호를 사용해 시스템에 로그인해 악의적인 행위를 수행한다. 이로 인해 모든 사람에게 안전하지 않은 인터넷 환경이 된다. 따라서 우선적으로 기본 비밀번호를 변경하자.

클러스터를 구성하는 각 노드에서 위와 같은 단계를 반복한다.

네트워크 설정

다음 단계는 API 서버에서 네트워크를 설정하는 것이다. 쿠버네티스 클러스터에 대한 네트워킹 설정은 복잡할 수 있다. 다음 예제에서는 무선 네트워킹을 사용해 단일 시스템이 인터넷에 연결된 네트워크를 구성한다. 또한 이 시스템은 유선 이더넷을 통해 클러스터 네트워크에 연결되며 DHCP^{Dynamic Host Configuration} Protocol 서버를 제공해 클러스터를 구성하는 나머지 노드에 네트워크 주소를 부여한다. 이 네트워크 구성도는 다음과 같다.

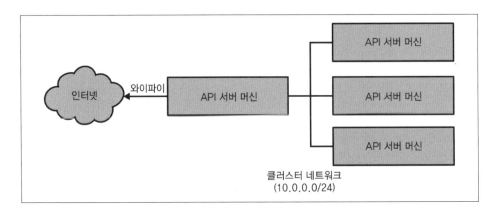

API 서버 및 etcd를 호스팅할 보드를 결정한다. 스택의 맨 위 또는 맨 아래의 노드에 해당 역할을 부여해 기억하는 방법이 가장 쉽지만 라벨 기능을 사용할 수도 있다. 이렇게 하려면 /etc/netplan/50-cloud-init.yaml 파일을 편집한다. 이 파일이 없으면 구성할 수 없으며, 이 파일의 내용은 다음과 같다.

```
network:
  version: 2
  ethernets:
    eth0:
      dhcp4: false
      dhcp6: false
      addresses:
      - '10.0.0.1/24'
      optional: true
  wifis:
    wlan0:
      access-points:
        <your-ssid-here>:
          password: '<your-password-here>'
      dhcp4: true
      optional: true
```

이는 메인 이더넷 인터페이스에 10.0.0.1 주소를 정적으로 할당하고 로컬 와이 파이에 연결하도록 와이파이 인터페이스를 설정한다. 그런 다음 sudo netplan apply 명령을 실행해 지금까지의 새로운 변경 사항을 적용해야 한다.

머신을 재부팅해 10.0.0.1 주소를 할당받는다. 그런 다음 ip addr 명령을 실행해 eth0 인터페이스의 주소를 확인해 올바르게 설정됐는지 확인할 수 있다. 또한 인터넷 연결이 올바르게 동작하는지 확인한다.

다음으로 이 API 서버에 DHCP를 설치해 워커 노드에 주소를 할당한다. 실행 방법은 다음과 같다.

```
$ apt-get install isc-dhcp-server
```

그리고 다음과 같이 DHCP 서버를 구성한다(/etc/dhcp/dhcpd.conf).

```
# 기본적으로 어느 것이든 사용 가능한 도메인 이름

option domain-name "cluster.home";

# 기본적으로 구글 DNS 사용, 다른 대체 ISP가 제공하는 DNS 설정 가능

option domain-name-servers 8.8.8.8, 8.8.4.4;

# 서브넷으로 10.0.0.X 대역 사용

subnet 10.0.0.0 netmask 255.255.255.0 {
    range 10.0.0.1 10.0.0.10;
    option subnet-mask 255.255.255.0;
    option broadcast-address 10.0.0.255;
    option routers 10.0.0.1;
}

default-lease-time 600;
max-lease-time 7200;
authoritative;
```

INTERFACES 환경 변수를 eth0으로 설정하고자 /etc/defaults/isc-dhcp-server를 편집해야 할 수도 있다. sudo systemctl restart isc-dhcp-server 명령을 사용해 DHCP 서버를 재시작한다. 이제 머신에 IP 주소를 할당할 수 있다. 스위치의 이더넷 케이블을 두 번째 머신에 연결해 이를 테스트할 수 있다. 이 두 번째 머신은 DHCP 서버에서 주소 10.0.0.2를 가져와야 한다.

해당 머신의 이름을 node-1로 변경하려면 /etc/hostname 파일을 편집해야 한다. 쿠버네티스가 네트워킹을 수행할 수 있도록 돕고자 브릿지된 네트워크 트래픽을 볼 수 있도록 iptables도 설정해야 한다. br_netfilter만을 포함하는

/etc/modules-load.d/k8s.conf 파일을 생성한다. 그러면 br_netfilter 모듈이 커널에 로드된다.

다음으로 쿠버네티스 네트워킹이 동작하고 노드가 공용 인터넷에 연결될 수 있도록 네트워크 브릿징과 NAT에 대한 일부 systemctl 설정을 활성화해야 한다. /etc/sysctl.d/k8s.conf라는 파일을 생성하고 다음과 같은 내용을 추가한다.

```
net.ipv4.ip_forward=1
net.bridge.bridge-nf-call-ip6tables=1
net.bridge.bridge-nf-call-iptables=1
```

그런 다음 /etc/rc.loal(또는 이와 동등한 파일)을 편집하고 eth0에서 wan0으로(및 그 반대 방향으로) 전달하기 위한 iptables 규칙을 추가한다.

```
iptables -t nat -A POSTROUTING -o wlan0 -j MASQUERADE
iptables -A FORWARD -i wlan0 -o eth0 -m state \
  --state RELATED,ESTABLISHED -j ACCEPT
iptables -A FORWARD -i eth0 -o wlan0 -j ACCEPT
```

이제 기본적인 네트워크 설정이 완료됐다. 나머지 2개의 보드를 연결하고 전원을 연결한다(IP 주소가 10.0.0.3과 10.0.0.4로 할당됐음을 확인할 수 있다). 각 머신에서 /etc/hostname 파일을 편집해 각각의 이름을 node-2와 node-3으로 지정한다.

먼저 /var/lib/dhcp/dhcpd.leases를 확인하고 SSH로 노드에 접속해 이를 확인한다(우선 기본 비밀번호를 변경하는 것을 권장한다). 그 후에 노드가 외부 인터넷과 연결할 수 있는지 확인한다.

추가 크레딧

클러스터를 좀 더 쉽게 관리할 수 있도록 추가할 사항이 몇 가지 있다. 첫 번째는 각 머신에서 /etc/hosts 파일을 편집해 호스트 이름을 올바른 주소에 매핑하는 것이다. 각 머신에 다음과 같은 내용을 추가한다.

```
...
10.0.0.1 kubernetes
10.0.0.2 node-1
10.0.0.3 node-2
10.0.0.1 node 3
...
```

이제 해당 머신에 연결할 때 해당 호스트 이름을 사용할 수 있다.

두 번째는 비밀번호가 없는 SSH 접근을 설정하는 것이다. 이를 위해 ssh-keygen을 실행한 후 $HOME/.ssh/id_rsa.pub 파일을 node-1, node-2, node-3의 /home/ubuntu/.ssh/authorized_keys에 복사해야 한다.

컨테이너 런타임 설치

쿠버네티스를 설치하려면 먼저 컨테이너 런타임을 설치해야 한다. 여기서 사용할 수 있는 런타임은 여러 가지가 있지만 가장 널리 사용되고 있는 것은 도커의 containerd다. containerd는 표준 우분투 패키지 매니저에 의해 제공되고 있지만 버전이 다소 늦어지는 경향이 있다. 약간의 작업을 필요로 하지만 도커 프로젝트 자체로부터 설치하는 것이 좋다.

첫 번째 단계는 도커를 시스템에 패키지로 설치하기 위한 리포지터리를 설정하는 것이다.

```
# 일부 필수 유틸리티를 설치한다.
sudo apt-get install ca-certificates curl gnupg lsb-release

# 도커의 사이닝 키를 설치한다.
curl -fsSL https://download.docker.com/linux/ubuntu/gpg | sudo gpg --dearmor \
-o /usr/share/keyrings/docker-archive-keyring.헿
```

마지막 단계로 다음과 같은 내용의 /etc/apt/sources.list.d/docker.list 파일을 생성한다.

```
deb [arch=arm64 signed-by=/usr/share/keyrings/docker-archive-keyring.gpg] \
https://download.docker.com/linux/ubuntu focal stable
```

이제 도커 패키지를 위한 리포지터리를 설치했기 때문에 다음과 같은 명령을 실행해 containerd.io를 설치할 수 있다. 기본 우분투 패키지가 대신 도커 패키지를 가져오려면 containerd가 아닌 containerd.io를 설치하는 것이 중요하다.

```
sudo apt-get update; sudo apt-get install containerd.io
```

이 시점에서 containerd가 설치되지만 패키지를 통해 제공되는 구성이 쿠버네티스에서 동작하지 않기 때문에 새롭게 구성해야 한다.

```
containerd config default > config.toml
sudo mv config.toml /etc/containerd/config.toml

# 컨피그를 적용하기 위한 재시작
sudo systemctl restart containerd
```

이제 컨테이너 런타임이 설치됐기 때문에 쿠버네티스 자체에 대한 설치로 넘어갈 수 있다.

쿠버네티스 설치

이 시점에서 모든 노드에 IP 주소가 할당돼 있고 인터넷에 접근할 수 있어야 한다. 이제 모든 노드에 쿠버네티스를 설치할 시간이다. SSH로 모든 노드에서 다음 명령을 실행해 kubelet과 kubeadm 도구를 설치한다.

먼저 패키지의 암호화키를 추가한다.

```
# curl -s https://packages.cloud.google.com/apt/doc/apt-key.gpg \
  | sudo apt-key add -
```

그런 다음 리포지터리 목록에 리포지터리를 추가한다.

```
# echo "deb http://apt.kubernetes.io/ kubernetes-xenial main" \
  | sudo tee /etc/apt/sources.list.d/kubernetes.list
```

마지막으로 쿠버네티스 도구를 업데이트하고 설치한다. 또한 시스템의 모든 패키지를 업데이트하면 쿠버네티스 도구에 대한 업데이트가 정상적으로 수행된다.

```
# sudo apt-get update
$ sudo apt-get upgrade
$ sudo apt-get install -y kubelet kubeadm kubectl kubernetes-cni
```

클러스터 설정

API 서버(DHCP를 실행하고 인터넷에 연결된 노드)에서 다음 명령을 실행한다.

```
$ sudo kubeadm init --pod-network-cidr 10.244.0.0/16 \
    --apiserver-advertise-address 10.0.0.1 \
    --apiserver-cert-extra-sans kubernetes.cluster.home
```

외부 주소가 아닌 내부 IP 주소를 광고[advertising]하고 있음에 유의한다.

위 명령 실행 결과 노드를 클러스터에 조인[join]하기 위한 명령이 출력된다. 출력 결과는 다음과 같다.

```
$ kubeadm join --token=<토큰> 10.0.0.1
```

클러스터의 각 워커 노드에서 SSH를 통해 위 명령을 실행한다.

모든 작업이 완료되면 다음과 같은 명령을 통해 클러스터에 조인돼 있는 워커 노드를 확인할 수 있어야 한다.

```
$ kubectl get nodes
```

클러스터 네트워크 설정

지금까지 노드 수준의 네트워크 설정만이 돼 있기 때문에 파드 사이에 사용하는 네트워크에 대한 설정을 진행해야 한다. 클러스터의 모든 노드가 동일한 물리적 이더넷 네트워크에서 실행되기 때문에 호스트(파드가 실행되고 있는 노드) 커널에서 올바른 라우팅 규칙을 설정하기만 하면 된다.

이는 코어OS^{CoreOS}에서 만든 Flannel 도구_(https://oreil.ly/ItaOv)를 사용해 쉽게 관리할 수 있다. Flannel은 다양한 라우팅 모드를 지원한다. 여기서는 host-gw 모드를 사용할 것이다. Flannel 프로젝트 페이지_(https://oreil.ly/RHfMH)에서 예제 컨피규레이션을 다운로드할 수 있다.

```
$ curl https://oreil.ly/kube-flannelyml \
  > kube-flannel.yaml
```

Flannel이 제공하는 기본 컨피규레이션은 vxlan 모드를 사용한다. 이 문제를 해결하고자 기깅 신호가는 편집기를 통해 해당 컨피규레이션 파일을 열어 vxlan을 host-gw로 변경한다.

sed 도구를 사용해 이 작업을 수행할 수도 있다.

```
$ curl https://oreil.ly/kube-flannelyml \
  | sed "s/vxlan/host-gw/g" \
  > kube-flannel.yaml
```

kube-flannel.yaml 파일을 업데이트한 후에는 다음과 같은 명령을 사용해 Flannel 네트워크 설정을 생성할 수 있다.

```
$ kubectl apply -f kube-flannel.yaml
```

이 명령 실행 결과 Flannel을 설정하는 데 사용되는 컨피그맵과 실제 Flannel 데몬을 실행하는 데몬셋이라는 2개의 객체가 생성된다. 다음 명령을 통해 이를 확인할 수 있다.

```
$ kubectl describe --namespace=kube-system configmaps/kube-flannel-cfg
```

```
$ kubectl describe --namespace=kube-system daemonsets/kube-flannel-ds
```

요약

이제 라즈베리 파이에서 동작하는 쿠버네티스 클러스터가 완성됐다. 이는 쿠버
네티스를 이해하는 데 유용하게 활용될 수 있다. 잡^{Job}을 스케줄링해보거나 UI
를 열어보고, 머신을 재부팅하거나 네트워크 연결을 끊어 클러스터를 망가뜨려
보는 등 다양하게 실습해보자.

찾아보기

E

ㅍ

쿠버네티스 시작하기 3/e

3판 발행 | 2023년 8월 31일

옮긴이 | 이 준
지은이 | 브렌던 번스 · 조 베다 · 켈시 하이타워 · 라클런 이븐슨

펴낸이 | 권 성 준
편집장 | 황 영 주
편 집 | 김 진 아
      임 지 원
디자인 | 윤 서 빈

에이콘출판주식회사
서울특별시 양천구 국회대로 287 (목동)
전화 02-2653-7600, 팩스 02-2653-0433
www.acornpub.co.kr / editor@acornpub.co.kr

한국어판 ⓒ 에이콘출판주식회사, 2023, Printed in Korea.
ISBN 979-11-6175-780-3
http://www.acornpub.co.kr/book/kubernetes-up-and-running-3e

책값은 뒤표지에 있습니다.